प्रतीक्षा शिव की

लेखक की अन्य कृतियाँ

ब्रेवहार्ट्स ऑफ भारत: विग्नेट्स फ्रॉम इंडियन हिस्ट्री (2022)
इंडियन क्लासिकल म्यूजिक एंड द ग्रामोफोन, 1900-1930 (2022)
सावरकर: अ कंटेस्टेड लिगसी, 1924-1966 (2021)
वीमेन ऑफ द रिकॉर्ड्स (2021)
सावरकर: इकोज फ्रॉम अ फॉरगॉटेन पास्ट, 1883-1924 (2019)
वॉइस ऑफ द वीणा: एस. बालाचंदर: अ बायोग्राफी
माय नेम इज गौहर जान! द लाइफ एंड टाइम्स ऑफ अ म्यूजिशियन (2010)
स्प्लेंडर्स ऑफ रॉयल मैसूर: द अनटोल्ड स्टोरी ऑफ वोडेयार्स (2008)

प्रतीक्षा शिव की

'ज्ञान वापी' काशी के सत्य का उद्घाटन

विक्रम संपत

अनुवाद
अच्युत सिंह

ink | OCCAM

मूल कृति Waiting for Shiva: Unearthing the Truth of Kashi'
Gyan Vapi का अनुवाद

ISBN: 978-81-968471-1-1

First published in India 2024
This edition published 2024

BluOne Ink Pvt. Ltd
A-76, 2nd Floor, Sector 136, Noida
Uttar Pradesh 201301
www.bluone.ink
publisher@bluone.ink

Printed and bound in India by Thomson Press India Ltd.

ink | OCCAM

समर्पण

समस्त ब्रह्मांड के ईश्वर और रक्षक श्री विश्वनाथ जी को समर्पित, जो काशी, महाश्मशान, आनंदवन, रुद्रवासा और कभी न रिक्त होने वाले अविमुक्त क्षेत्र के स्वामी हैं।

विषय-वस्तु

उपोद्घात

काशी न केवल उत्तर प्रदेश में हिंदुओं का एक पवित्र स्थल है, बल्कि यह पूरे भारतवर्ष में फैले सभी भारतीय धर्मों (जैन, बौद्ध, सिख, आदि) के लिए भी पवित्र है, जो वर्तमान भारत से परे भी फैले हुए हैं। काशी वह अंतिम गंतव्य है जहां लोग मुक्ति पाने के लिए अपनी अंतिम सांस लेने की इच्छा रखते हैं। व्यावहारिक कारणों से यह हर किसी के लिए संभव नहीं है; इसलिए, काशी के साथ निरंतर घनिष्ठता बनाए रखने के लिए, हिंदू अपने गांवों में अभिषेक करने या काशी विश्वेश्वर के नाम पर घर पर पूजा करने हेतु काशी से शिवलिंग लाते हैं। यही कारण है कि हमें हर जगह काशी विश्वेश्वर मंदिर मिलते हैं। यह इस बात का संकेत है कि काशी का प्रभाव उसके ऐतिहासिक महत्व तथा विरासत मूल्य से कहीं अधिक बढ़कर है।

विश्वेशं माधवं ढुंढिं दंडपाणिं च भैरवं ।
वंदे काशीं गुहां गंगां भवानीं मणिकर्णिकां॥

यह श्लोक काशी के महत्व को दर्शाता है और वर्तमान में अदृश्य उत्तर वाहिनी गुहा गंगा के साथ इसके मुख्य देवताओं पर प्रकाश डालता है। इनके अलावा, काशी में 33 प्रकार के देवता, उनके विभिन्न अवतार और विविध रूप हैं।

यद्यपि सभी लिंग शिव का प्रतीक हैं, फिर भी उनकी अभिषेक प्रक्रियाओं, प्रयुक्त मंत्रों, उनके वास स्थान और दिए गए नामों के आधार पर उनकी अपनी अनूठी विशेषताएं हैं। तदनुसार ये सभी इच्छित प्रभाव उत्पन्न करते हैं अथवा फल प्रदान करते हैं। उदाहरण के लिए, सोमेश्वर

ज्योतिर्लिंग सोम (चंद्रमा) के गुण को प्रदर्शित करता है, जो मन (मानस) का देवता है। इसी प्रकार सभी 12 ज्योतिर्लिंगों की अपनी-अपनी विशेषताएँ और प्रभाव हैं। यह एकता और विविधता का भी उदाहरण है, जो हिंदू धर्म का मौलिक गुण है।

देवताओं के अस्तित्व के अलावा, काशी का भूगोल स्वयं पवित्र है; इसका आकार अरंडी के पत्ते (एरंडपत्रमाकारम्) के समान है और इसे स्वयं शिव का रूप में माना जाता है। इसलिए आज भी जो लोग इस तथ्य से परिचित हैं वे काशी में जूते-चप्पल पहनकर नहीं घूमते और न ही इस पवित्र क्षेत्र में शौचालय बनवाते हैं।

मुझे करपात्री स्वामीजी महाराज के एक वरिष्ठ शिष्य, शंकराचार्य स्वामीजी द्वारा बताई गई एक घटना याद आती है, कि एक बार बनारस हिंदू विश्वविद्यालय के संस्थापक पंडित मदन मोहन मालवीयजी असाध्य रूप से बीमार थे और विश्वविद्यालय परिसर में इलाज करा रहे थे, जो काशी के उपरोक्त भूगोल के बाहर है। ऐसे में एक वैदिक विद्वान ने उनसे प्रश्न किया। विद्वान ने पूछा, 'वह अपने अंतिम दिन पवित्र क्षेत्र में क्यों नहीं बिता रहे हैं।' 'क्या उन्हें श्रद्धा (विश्वास) नहीं है कि वहां शरीर त्यागने से मुक्ति मिलती है?' मालवीयजी ने उत्तर दिया कि उन्होंने जानबूझकर काशी में रहने से परहेज किया। वह उस जन्म में मुक्ति नहीं चाह रहे थे क्योंकि उनकी दृष्टि एक बड़े हिंदू गुरुकुल की स्थापना करने की थी जहां छात्र का विकास प्राचीन ज्ञान प्रथाओं पर आधारित हों जो वर्तमान में भी प्रासंगिक है। लेकिन यह सपना कुछ और ही बनकर रह गया, क्योंकि बी.एच.यू. का पहला स्नातक बैच 'मैकाले' की संतानें थीं। इसे ठीक करने के लिए मालवीयजी ने दूसरे जन्म की कामना की। उन्हें लगा कि यदि उनकी मृत्यु काशी में हुई तो वे इस अवसर से चूक जायेंगे। काशी में मुक्ति की प्रभावकारिता में उनका दृढ़ विश्वास था, जो सभी अभ्यस्त हिंदुओं के लिए भी आम है।

इसे मात्र एक विश्वास प्रणाली के रूप में न सोचें। प्राण विद्या की सहायता से इसे सिद्ध किया जा सकता है। प्राण विद्या की संचरण परंपरा के लुप्त होने के कारण, संस्कृत विद्वान भी प्रतीकवाद और सांस्कृतिक अध्ययन के यूरोपीय मॉडल से प्रभावित विश्वास प्रणाली के आधार पर हर चीज की व्याख्या कर रहे हैं। एक व्यक्ति जिसकी प्राण विद्या तक पहुंच

है, वह इन पवित्र स्थानों पर बैठकर प्राण की प्रतिध्वनि और कुंडलिनी के उदय का अनुभव कर सकता है।

आधुनिक शिक्षा और अब्राहमिक विचार प्रक्रियाओं से प्रभावित व्यक्ति मंदिरों को केवल प्रार्थना कक्ष के रूप में देखते हुए प्रार्थना के लिए विशिष्ट स्थानों के महत्व पर सवाल उठा सकते हैं। जबकि हिंदुओं के लिए, पवित्र स्थल का महत्व पारंपरिक प्रार्थनाओं से परे है; इसमें प्राण विद्या शामिल है। इस संदर्भ में, किसी स्थान की पवित्रता प्राण की तीव्रता से निर्धारित होती है, जो साधकों को उनकी चेतना को ऊपर उठाने में सहायता करती है।

वाराणसी सिर्फ इसलिए पवित्र नहीं है क्योंकि इसका उल्लेख शास्त्रों (धर्मग्रंथों) में किया गया है। हम शास्त्र आधारित सभ्यता नहीं हैं। कोई भी साधक जो प्राण-संबंधी प्रथाओं को जानता है, वह काशी जा सकता है और भूगोल की शक्ति का अनुभव करने के लिए अपनी साधना कर सकता है। इसलिए, भले ही सांस्कृतिक शिक्षा में, कानूनी प्रक्रिया में औपचारिक और अनौपचारिक रूप से शास्त्रों को उद्धृत करना महत्वपूर्ण हो, परंतु एक साधक के लिए, आध्यात्मिक अनुभव स्वयं शास्त्रों को उद्धृत करने या उनके वाचन से अधिक महत्वपूर्ण है।

इतिहास लेखन के लिए स्वदेशी या भारतीय दृष्टिकोण आज के तरीकों से काफी भिन्न था। मुख्य रूप से मौखिक परंपराओं के माध्यम से प्रसारित, इस इतिहास को बाद में कवियों द्वारा काव्यात्मक रूप में प्रलेखित किया गया। कल्हण की राजतरंगिणी जैसी जीवनी संबंधी कविताएँ यूरोपीय शैली के विपरीत हैं, जो केवल जानकारी एकत्र करने पर केंद्रित है। हालाँकि, भारतीय दृष्टिकोण लोगों को महान व्यक्तियों के गुणों के बारे में शिक्षित करने पर जोर देता है। उदाहरण के लिए, तुलसीदास का रामचरित मानस का उद्देश्य राम और अन्य लोगों के चरित्र को चित्रित करना है (चरित, चरित्र का संस्कृत रूप है), जिसका हमारे जीवन में पालन किया जा सकता है। यहां तक कि वाल्मिकी भी कहते हैं कि उनकी रामायण का लेखन उद्देश्य केवल ऐतिहासिक डेटा प्रस्तुत करने के बजाय सीता (सीतायाः चरितं महत्) के आचरण को उजागर करना है। इसलिए, हमारा इतिहास वर्णन हमारे लिए एक शिक्षाप्रद और आत्म-सुधारात्मक प्रक्रिया है, न कि केवल युद्ध और घटनाओं का विवरण।

वाराणसी विभिन्न प्रकार के आगंतुकों को आकर्षित करता है, जिनमें सिद्ध, साद्य, गंधर्व, साधक, छात्र, पर्यटक और विभिन्न अन्य लोग शामिल हैं, जिनमें से प्रत्येक का अपना अलग उद्देश्य है। उनमें से अधिकांश के लिए, ऐतिहासिकता कोई मायने नहीं रखती। साधक उस गहन ऊर्जा या प्राण शक्ति की ओर आकर्षित होते हैं, जो इस स्थान पर गूंजती है, और उन्हें उनके आध्यात्मिक अनुशीलन में मदद करती है। लेकिन अभी भी काशी की कहानी को समकालीन इतिहास लेखन की शैली में बताने की जरूरत है ताकि दुनिया वैश्विक इतिहास और संस्कृति में काशी के स्थान को समझ सके। भारतीय सभ्यता की कहानी हमारी अगली पीढ़ी के साथ-साथ पूरी दुनिया को इतिहास के रूप में बताना जरूरी है और यह इतिहास लेखन तप की तरह ही विभिन्न प्रकार की चुनौतियों से जुड़ा एक अत्यंत विद्वत्तापूर्ण तथा श्रमसाध्य कार्य है। इसके लिए अत्यधिक समर्पण, दृढ़ता और निष्पक्षता की आवश्यकता होती है। यह देखकर बहुत खुशी हो रही है कि डॉ. विक्रम संपत ने काशी और ज्ञान वापी मामले की कहानी बताने की जिम्मेदारी ली है, क्योंकि विभिन्न स्रोतों द्वारा पहले से उपलब्ध कराई गईं जानकारी मामले की सम्पूर्ण तस्वीर पेश नहीं करती। उदाहरण के लिए, सैकड़ों बार वाराणसी का दौरा करने और वाराणसी में एक वर्ष बिताने के बावजूद, जब तक मैंने इस पुस्तक में विक्रम संपत की उत्कृष्ट व्याख्या नहीं पढ़ी, मुझे अविमुक्तेश्वर और विश्वेश्वर के बीच अंतर नहीं पता था, भले ही मैंने दोनों नाम सुने थे।

पुस्तक अपने प्रारंभिक अध्याय में काशी के विभिन्न युगों, धार्मिक महत्व, दार्शनिक योगदान, आध्यात्मिक गूंज और ऐतिहासिक समयरेखा पर इसके परिवर्तन का परिचय देती है। आगे यह काशी की ऐतिहासिकता को बताती है, जिसमें पौराणिक और मध्ययुगीन कालक्रम भी शामिल है। अनेक विनाशों और पुनरुत्थानों का विवरण यहां दिया गया है। ज्ञान वापी की कहानी को संक्षेप में बताते हुए कई कानूनी लड़ाइयों को व्यापक विवरण के साथ संभाला गया है। स्वतंत्रता के बाद घटी घटनाओं और समाज के ताने-बाने तथा हिंदू मंदिरों के संबंध में नीति-निर्माण पर उनके प्रभाव को भी दर्शाया गया है। समयरेखा में इन सभी गड़बड़ियों के बावजूद, काशी तथा भारत कैसे जीवित और लचीले हैं, इसे डॉ. विक्रम संपत ने अद्भुत ढंग से व्यक्त किया है। यह देखकर खुशी होती है कि लेखक

ने इतिहास की एक किताब में लिंग पूजा के संबंध में गलत व्याख्याओं को स्पष्ट करने हेतु दार्शनिक और सांस्कृतिक व्याख्याओं के लिए पर्याप्त स्थान समर्पित किया है।

मैं कामना करता हूं कि पुस्तक लिखने के पीछे डॉ. विक्रम संपत की मंशा श्री विद्याशंकर और शरदंबा, जिनकी मैं हमेशा पूजा करता हूं, की कृपा से पूरी हो।

नारायण।

श्री श्री अभिनव शंकर भारती,
72वें शंकराचार्य,
श्रीमद् जगद्गुरु शंकराचार्य, कुदाली श्रृंगेरी महासंस्थान दक्षिणाम्नाय
श्री शारदा पीठ, कुदाली

अयोध्या,
20 जनवरी 2024

पूरोवाक्

भारत विश्व की सबसे पुरानी सभ्यता है, फिर भी विद्वानों के बीच प्रायः यह शिकायत मिलती है कि यह संस्कृति अपने इतिहास को अच्छी तरह से अभिलिखित नहीं करती। सावधानीपूर्वक रिकॉर्ड रखने की इस कमी ने विशेष रूप से, पश्चिमी दिमाग को भ्रमित कर दिया है और निराश इतिहासकार इस जटिल बहुरूपदर्शी संस्कृति का कालानुक्रमिक अर्थ निकालने का प्रयास कर रहे हैं। भारत द्वारा अपने इतिहास का प्रतिपादन प्रत्यक्षतः तर्क में लिपटे आधुनिक दिमाग के लिए सनक भरा लग सकता है। लेकिन हमें यह समझने की आवश्यकता है कि एक ऐसी सभ्यता के लिए जिसने कला, खगोल विज्ञान, चिकित्सा, दर्शन, विज्ञान, ज्ञानमीमांसा, गणित और आध्यात्मिकता जैसे विविध क्षेत्रों में कुछ अत्यंत आश्चर्यजनक काम किए हैं, उसके ऐतिहासिक तथ्यों और कालक्रमिक घटनाओं का अभिलेखन सरल तथा निष्पक्ष ढंग से होना चाहिए। लेकिन यह, जैसा कि इस संस्कृति के हर पहलू में है, एक जाग्रत विकल्प है। भारत अपने इतिहास की गाथा द्वंद्वात्मक तरीके से सुनाता है, केवल तथ्यों, तिथियों और घटनाओं के रूप में नहीं, बल्कि कहानियों या पुराणों के रूप में जो हर समय और हर इंसान के लिए प्रासंगिक रहते हैं।

विशेष रूप से बात जब काशी की आती है, जिसका गौरवशाली अतीत सभी मानवीय अभिलेखों से पुराना है, तब इसके इतिहास को बुनने वाले रहस्यमयी धागों को सुलझाना लगभग असंभव लगने लगता है। तथ्य हो या किंवदंती, इतिहास हो या पुराण, भारत के आध्यात्मिक पथ पर काशी का मौलिक प्रभाव गहरा और निर्विवाद है। हालाँकि, 'कब' से अधिक महत्वपूर्ण हैं 'क्या' और 'क्यों'।

क्या है काशी? इसे क्यों बनाया गया? ग्रह पर सबसे जटिल और परिष्कृत मशीन है - काशी। इसका निर्माण एक नगर के रूप में, एक भव्य यंत्र के रूप में किया गया था। 54 किलोमीटर के दायरे में, पांच संकेंद्रित परतों में व्यवस्थित ज्यामितीय अनुपात की एक जटिल मशीन जिसके केंद्र में प्रकाश की एक मीनार - 'काशी' है। जटिल ऊर्जावान अधिरचना के साथ एक विशाल मानव शरीर की तरह यह यंत्र, सूक्ष्म जगत (व्यक्तिगत मानव) और स्थूल जगत (ब्रह्मांड) के बीच मिलन हेतु निर्मित किया गया था। इसे इस तरह से डिजाइन और साकार किया गया था कि एक इंसान को ब्रह्मांडीय वास्तविकता के साथ एकजुट होने की अभूतपूर्व संभावना प्राप्त हो सके।

इस यंत्र-शहर की परिकल्पना अपनी महत्वाकांक्षा और पैमाने में इतनी चौंका देने वाली थी कि इसे शायद ही कभी दोहराया जा सके। यह वह अपूरणीय गुण है जिसने काशी को कई सहस्राब्दियों से इस सभ्यता का आधार, इस भूमि और लोगों की चेतना में एक स्थाई प्रकाशस्तंभ बना दिया है। इस पुस्तक के साथ, विक्रम संपत इस सातत्य को उजागर करने में आश्चर्यजनक रूप से सफल हुए हैं।

वैसे तो काशी की किंवदंती और दर्ज इतिहास का उनका चित्रण श्रमसाध्य, सूक्ष्म और प्रेमपूर्ण रहा है, परंतु मेरे लिए पुस्तक की मुख्य उपलब्धि यह है कि यह मार्मिक रूप से रेखांकित करती है कि काशी कैसे समय, आक्रमण, उपेक्षा, मुकदमेबाजी और संघर्ष के बावजूद भारत के आध्यात्मिक चरित्र की धड़कन बनी हुई है। काशी एक अटूट धागा है, वह सूत्र है जिस पर भारत की आध्यात्मिक गाथा के विभिन्न अध्याय पिरोए गए हैं।

पिछले हज़ार वर्षों में इस शहर, इसके मंदिरों और आत्मा को उत्पीड़न तथा क्रूर बर्बरता द्वारा तीन बार नष्ट किया गया। ऐसे में, काशी के हालिया अराजक इतिहास को बिखरे हुए विवरणों के भीतर से बहुत श्रमपूर्वक बाहर निकालना पड़ा है। विक्रम ने विविधता से भरे शहर के इस सुव्यवस्थित संकलन तथा प्रबुद्ध संरेखण में भक्तों के साथ-साथ अकादमिक रूप से रुचि रखने वाले दोनों वर्गों का ध्यान रखा है। इस मोड़ पर, जब मानवता विश्व पर अपने प्रभुत्व की पुष्टि हेतु ब्रह्मांड के नाथ, 'विश्वनाथ' की प्रतीक्षा कर रही है, यह पुस्तक हमें याद दिलाती है कि यह

पुनरुत्थान इतना महत्वपूर्ण क्यों है और इसे इतना महत्व क्यों दिया जाना चाहिए।

काशी विश्वनाथ से मेरी पहली मुलाकात अद्‌भुत थी। जिस स्थान पर अब मंदिर खड़ा है, वह काशी की ऊर्जावान संरचना में अपने मूल स्थान पर स्थित नहीं है। यद्यपि उन्होंने छोटे गर्भगृह को यथासंभव मूल ऊर्जा केंद्र के करीब बनाए रखने की कोशिश की है, तथापि सदियों से चली आ रही अपवित्रता और उल्लंघनों ने उसके प्रभाव क्षमता को नुकसान पहुंचाया है। अभिषेक की प्रकृति के कारण, ऊर्जा संरचना ज़मीनी स्तर पर नहीं है, और इसलिए यह अभी भी शक्तिशाली है, हालाँकि उस सीमा तक नहीं जितना मूल रूप से इसका उद्देश्य था।

हम विश्वनाथ गर्भगृह में सप्तऋषि आरती देखने गए। मुझे यह देखकर आश्चर्य हुआ कि शताब्दियों से विनाश के कई दौर देखने के बावजूद यहां कुछ ऐसा है जो अपरिवर्तित रहा है, जो सदैव नित्य है। मैं इस पर विश्वास नहीं कर सका! जैसा कि मैंने देखा, उन्होंने एक बहुमंजिले स्मारक की तरह, ऊर्जा के ढेर पर ढेर बनाएं हैं। यह बिल्कुल स्पष्ट है कि ये लोग (मंदिर के पुजारी) केवल स्वयं की ऊर्जा से ऐसा नहीं कर सकते हैं, अपितु वे बिना किसी विकृति के इस प्रक्रिया का पालन कर रहे हैं और खुद से परे कुछ निर्मित कर रहे हैं। मैंने कभी किसी मंदिर में ऐसा कुछ नहीं देखा था। यह अविश्वसनीय प्रक्रिया जिसे स्वयं शिव ने सप्त ऋषियों को प्रदान की थी, जो समय की मार से बच गई! यह इस तथ्य का शानदार प्रमाण है कि समय और संघर्ष के थपेड़ों के बावजूद, यह लचीली संस्कृति अपने मूल स्वरूप को बचाए रखने में कामयाब रही है। वर्ष 2017 में, जब हमने कोयंबटूर के ईशा योग केंद्र में योगेश्वर लिंग की प्रतिष्ठा की, तबसे हर साल काशी विश्वनाथ मंदिर के सात पुजारी शीतकालीन संक्रांति के दिन योगेश्वर की सप्तर्षि आरती करने के लिए आते हैं।

सभ्यता के केंद्र के रूप में अपने लंबे कार्यकाल में, काशी ने कई उतार-चढ़ाव का सामना किया है और भाग्य में कई बदलाव देखे हैं। आज, हम फिर एक परिवर्तन बिंदु पर खड़े हैं। लंबे समय से अपने केंद्र से विक्षिप्त विश्वेश्वर, घर वापसी की प्रतीक्षा कर रहे हैं। जब मनुष्य ने अपनी पहचान, आस्था और अचल संपत्ति के छोटे-मोटे झगड़ों को सुलझा लिया है, तो मानवता उनके द्वारा प्रदत्त संभावनाओं का स्वागत कर सकती है।

अब समय आ गया है कि दुनिया प्रतिशोध के देवताओं से ऐसे देवताओं की ओर बढ़े जो समावेशी हों, जिनमें न केवल सभी मनुष्य बल्कि प्रत्येक प्राणी शामिल हो। योगेश्वर का यही मतलब है, विश्वनाथ का यही आशय है - वह पशुपति हैं, सभी जीवित प्राणियों के भगवान - सजीव और निर्जीव सभी चीजों को समाहित करते हुए, बिना किसी भेदभाव के। विश्वनाथ एक ऐसी संभावना हैं जो हर उस व्यक्ति के लिए उपलब्ध है जो परम तत्व की तलाश में अंदर की ओर मुड़ना चाहता है। सत्य और एकता की इसी खोज में दुनिया का भविष्य निहित है।

दुनिया उन मनुष्यों से आबाद हो जो काशी में प्रकाश स्तंभ देखने और उसकी प्रशंसा के लिए नहीं आते, बल्कि जो आते हैं स्वयं प्रकाश की मीनार बनने की आकांक्षा लिए।

शुभाशीष।

सद्गुरु

प्राक्कथन

'काश्यं हि काशते काशी'

'एक सहिष्णु समाज को बनाए रखने के लिए, समाज को असहिष्णुता के प्रति असहिष्णु होने का अधिकार बनाए रखना चाहिए।'

-कार्ल पॉपर (1945)

प्रतिष्ठित इतिहासकार डॉ. विक्रम संपत द्वारा लिखित इस उत्कृष्ट पुस्तक, 'प्रतीक्षा शिव की' के प्राक्कथन के रूप में कुछ शब्द लिखते हुए मुझे अत्यंत खुशी हो रही है। यह शीर्षक पौराणिक कथाओं के उनके स्वयं के पाठ से प्रेरित है: किंवदंतियों में दर्शाया गया है कि कैसे भगवान शिव को काशी से 'निर्वासित' किया गया था, जिसे पुनः प्राप्त करने के लिए वह पूरे शाही गौरव के साथ प्रतीक्षा कर रहे हैं: जाहिर तौर पर, यहां लुटेरी मुस्लिम भीड़ द्वारा हमारे पवित्र तीर्थस्थलों पर किए गए दुष्कृत्यों का छिपा हुआ संकेत दिया गया है।

यद्यपि काशी-खंड (स्कंद पुराण का भाग) जैसे नए पौराणिक ग्रंथों ने भी काशी की महिमा का गुणगान करना जारी रखा, साथ ही टोडरमल के गुरु, नारायण भट्ट (1514-1594) द्वारा लिखित एक पाठ, त्रिस्थली सेतु में खुले तौर पर म्लेच्छादि-दुष्ट राजाओं, क्रूर मुस्लिम शासकों के घृणित कृत्यों का उल्लेख किया गया है, और लोगों से आग्रह किया गया है कि वे काशी के मूल स्थान का सम्मान जारी रखें।

काशी ही क्यों? इस प्रसिद्ध शहर का उल्लेख हमारे प्राचीन ग्रंथों-रामायण व महाभारत, और यहां तक कि वैदिक ग्रंथों (शतपथ ब्राह्मण)

में भी मिलता है। मार्क ट्वेन (1897) का मानना था कि 'बनारस इतिहास से भी पुराना है, परंपरा से भी पुराना, किंवदंतियों से भी पुराना है, और उन सभी को मिलाकर भी उनसे दोगुना प्राचीन दिखता है'; एम एच शेरिंग (इंडोलॉजिस्ट) ने (1868) भी संक्षेप में कहा है कि यह शहर 'धार्मिक और बौद्धिक रूप से भारत का प्रतिनिधित्व करता है।' सभी हिंदू अपने जीवनकाल में कम से कम एक बार काशी जाने की इच्छा रखते हैं, और यहां तक कि वहां मरने की अभिलाषा भी उनके मन में रहती हैं। एक प्रमुख ज्योतिर्लिंग स्थल, ज्ञान वापी, 'ज्ञान का कुआं' भी यहां स्थित है, जिसमें भगवान तरल रूप में निवास करते हैं, और जिसका पानी पीने, या यहां तक कि स्पर्श मात्र से व्यक्ति पवित्र हो जाता है। आज हमारी अदालतों में चल रहा विवाद इसी पवित्र स्थान को लेकर है।

मुस्लिम राजाओं की नज़र शहर की दौलत पर भी थी: इलियट और डाउसन (1869) के अनुसार, 'शहाब-उद-दीन मोहम्मद गोरी (1194), 1400 ऊँटों पर अपना खजाना लादकर ले गया; हसन निज़ामी (इतिहासकार) लिखते हैं कि वहाँ एक हजार मंदिरों में तोड़फोड़ की गई। मंदिरों का स्थान मस्जिदों ने ले लिया, जिनमें कई बार नंदिरों की ही सामग्री का उपयोग किया जाता था; या इससे भी बदतर, जैसा कि संपत ने इस पुस्तक में उल्लेख किया है, उनकी 'सामान्य विकृत मान्यताओं' को ध्यान में रखते हुए, मंदिरों के आधे हिस्से को लूटकर शेष आधे भाग को छोड़ दिया गया - यह शेष बचा भाग हिंदुओं को लगातार स्मरण कराने के लिए डिज़ाइन किया गया था - कि उनके साथ कितनी सख्ती, घृणा और तिरस्कार का व्यवहार हुआ है! फिर भी, कोई भी पूरे इतिहास में हिंदुओं के 'प्रत्येक आपदा के बाद लचीले पुनरुत्थान' (जैसा कि संपत ने ठीक ही कहा है) को कभी भूल नहीं सकता।

हमें यह नहीं भूलना चाहिए कि नवीनीकरण की मुख्य प्रेरणा ब्राह्मणों द्वारा समय-समय पर तैयार किए गए संस्कृत ग्रंथों से आई। अकबर के शासनकाल के दौरान सूखा प्रभावित अवधि के दौरान टोडरमल द्वारा अनुरोध किए जाने पर, जगत-गुरु के रूप में प्रसिद्ध श्री नारायण भट्ट ने मंदिर के पुनरुद्धार की शर्त पर वर्षा कराने का वादा किया, और 24 घंटों के भीतर बारिश लाकर उन्होंने अपनी क्षमता साबित भी की। फलतः एक भव्य मंदिर निर्मित हो गया जिसे बाद में औरंगज़ेब जैसे पागल कट्टरपंथी

ने नष्ट कर दिया। काशी (17वीं से 19वीं शताब्दी) की यात्रा करने वाले विदेशी यात्रियों - टेवर्नियर, मुंडी और प्रिंसेप के वृत्तांतों की तुलना करने के अलावा, संपत ने मंदिरों के जीर्णोद्धार के संबंध में मराठों के अपार योगदान तथा इंदौर की महारानी अहिल्या बाई होल्कर के उत्कृष्ट अखिल भारतीय प्रयासों को भी स्पष्ट किया है।

'मूर्तिपूजा' के खिलाफ पश्चिमी व्यंग्यचित्रों और इस्लामी निंदाओं (साथ ही, कुछ स्थानीय आक्षेपों) को निराधार सिद्ध करते हुए, संपत ने लिंग-पूजा की आध्यात्मिक नींव, रूपक संकेत और प्रतीकात्मक अभिव्यक्तियों को समाहित किया है। मुस्लिम शासकों ने काशी की तीर्थयात्रा पर जाने वाले हिंदुओं पर निर्लज्जतापूर्वक जजिया कर लगाया: गहढ़वाल राजाओं को नागरिकों पर तुरुष्क-दंड (तुर्क कर) लगाने के लिए बाध्य किया गया था और जैसा कि शिलालेखों से पता चलता है, कर्नाटक के एक राजा ने (1279 में) जजिया की भी व्यवस्था की थी।

किसी मंदिर के लिए स्थल-चयन करने हेतु भी कुछ महत्वपूर्ण मानदंड हैं, और कुछ सामाजिक/राजनीतिक लाभ के लिए किसी मंदिर को किसी अन्य स्थान पर स्थानांतरित करना अकल्पनीय है; आख़िरकार, मंदिर मस्जिद नहीं हैं। यह ध्यान देने योग्य है कि 'ज्ञानव्यापी मस्जिद' मामले का फैसला एक वर्ष (1936-1937) के भीतर सुनाया गया था! और उसमें मुस्लिम वादियों की मनगढ़ंत बातों को तुरंत ही समझ लिया गया कि वे स्पष्ट धोखाधड़ी थीं। इस पुस्तक के अंतिम सौ पृष्ठों में एक हास्यास्पद पाठ है, जिसमें मुस्लिम दावेदारों की हरकतों का विवरण दिया गया है, जिसमें एक मुस्लिम वकील द्वारा एक मनगढ़ंत पुस्तक (जहीरुद्दीन फारुकी की औरंगज़ेब एंड हिज टाइम्स, 1935 में प्रकाशित, जब मुकदमा उठाया जा रहा था) प्रस्तुत करना भी शामिल है। यह याद रखने योग्य है कि तब भी यह नोट किया गया था कि मस्जिद आख़िरकार वैध नहीं है; इसके अलावा एक और अपील को निराधार बताकर ख़ारिज कर दिया गया और इसकी कीमत वादी पक्ष पर थोप दी गई!

नेहरूवादी युग की धर्मनिरपेक्षता को देखें तो यहां एक ऐसे प्रधानमंत्री रहे हैं, जिन्हें यह दावा करने में कोई शर्म नहीं थी कि वह एक हिंदू के रूप में शर्मसार हैं; यहां तक कि जब सोमनाथ मंदिर का कायाकल्प किया जा रहा था, वह 'पुनरुद्धारवाद से परेशान थे'। संपत

ने मामले के कई अज्ञात विवरण सामने लाए हैं। प्रार्थना स्थल (विशेष प्रावधान) अधिनियम, 1991 के घिनौने प्रीक्वल और सीक्वल के बारे में सीधे-सीधे तरीके से बताया है।

पुनर्जीवित मामला, जो 1991 से अब तक चल रहा है - पूरी नाटकीयता के साथ (अधिवक्ताओं/पांच वादियों को मामला वापस लेने के लिए धमकियां/प्रलोभन : प्रत्येक को 1 करोड़ रुपये की पेशकश!)- पुस्तक में मनोरम ढंग से वर्णित है।

संपत उन कम भारतीय इतिहासकारों में से हैं, जो ठोस तथ्यों पर टिके रहते हैं और विषय-वस्तु को सरल शैली में प्रस्तुत करते हैं। प्रामाणिकता और मूल स्रोतों के प्रति उनका प्रेम भी उतना ही सराहनीय है।

यह पुस्तक वास्तव में भारतीय इतिहास पर एक मौलिक कार्य के रूप में सामने आएगी: यह प्रत्येक हिंदू द्वारा अवश्य पढ़ी जानी चाहिए - यह जानने के लिए कि क्या हुआ था, यह समझने के लिए कि क्या हो रहा है: यह सुनिश्चित करने के लिए कि भविष्य में क्या होने वाला है और यह निर्णय लेने के लिए कि उसे वास्तव में क्या करना चाहिए।

हम इस सत्यशोधक, निडर इतिहासकार से ऐसी ही और आँखें खोल देने वाली पुस्तकों की आशा करते हैं।

और लेखक का एक सारगर्भित कथन अविस्मरणीय है: 'मंदिर उठे, मंदिर गिरे। लेकिन काशी के हिंदुओं ने कभी हार नहीं मानी, एक बार भी नहीं!' (पृ. xx)

के.एस. कन्नन, डी.लिट.
अध्यक्ष प्रोफेसर (सेवानिवृत्त)
भारतीय प्रौद्योगिकी संस्थान, मद्रास

बेंगलुरु
मकर संक्रांति,
शोभाकृत संवत्सर,
15 जनवरी, 2024

आभार ज्ञापन

मैं श्रद्धेय श्री हरि शंकर जैन जी और उनके पुत्र श्री विष्णु शंकर जैन का अत्यंत आभारी हूँ जिन्होंने मेरे मन में इस पुस्तक का बीजवपन किया। इन पिता और पुत्र के साथ मेरे साक्षात्कारों ने केवल मुझे इस मामले की गहराई का बोध कराया, बल्कि भविष्य के लिए मुझे प्रेरित व ऊर्जस्वित भी किया। उनके जैसे धार्मिक योद्धा इन अथक लड़ाइयों के लिए जो वे नि:स्वार्थ भाव से लड़ रहे हैं, हमारी सामूहिक कृतज्ञता के पात्र हैं।

एक बार जब इस पुस्तक का विचार मेरे मन में उत्पन्न हुआ, तो चीजें चमत्कारिक रूप से अपने आप ठीक होने लगीं और बिल्कुल अप्रत्याशित क्षेत्रों से मदद भी मिलने लगी। मुझे कुदाली श्रृंगेरी महासंस्थानम दक्षिणाम्नाय मूला श्री शारदा पीठम परमपूज्य शंकराचार्य श्री श्री अभिनव शंकर भारती स्वामीजी (72वें पीठाधिपति स्वामीजी) से संपर्क करने का सौभाग्य प्राप्त हुआ। स्वामीजी इस परियोजना को गहराई से प्रोत्साहित कर रहे थे और उन्होंने धैर्यपूर्वक मुझे इस विषय के कई गूढ़ पहलुओं को सरल तरीके से समझाया, जिसके कारण मैं विषय को गहराई से आत्मसात कर सका। उन्होंने पांडुलिपि देखी और मुझे सुधार हेतु बहुमूल्य सुझाव भी दिए, साथ ही अपनी उपोद्घात के साथ पुस्तक को आशीर्वचन भी दिया। इसके लिए उन्हें मेरा सादर प्रणाम। मुझे ईशा फाउंडेशन के संस्थापक और प्रमुख श्रद्धेय श्री सद्‌गुरु से मिलने का भी सौभाग्य मिला, जो आध्यात्मिकता के प्रचार-प्रसार के साथ-साथ काशी की महिमा और आदि योगी के रूप में भगवान शिव के बारे में जागरूकता बढ़ाते हुए अथक मानवीय सेवा कर रहे हैं। कोयंबटूर के पास विशाल ईशा परिसर के शांत वातावरण में,

मैंने पुस्तक पर सद्गुरु के सुझाव मांगे और अपने समय तथा सलाह के मामले में वे बहुत उदार निकले। व्यस्त कार्यक्रमों के बीच, उन्होंने पांडुलिपि को पढ़ने तथा पूरोवाक् के रूप में अपना आशीर्वाद देने के लिए समय भी निकाला। इसके लिए मैं उनका और ईशाफाउंडेशन के सभी प्रफुल्लित सदस्यों का अत्यंत आभारी हूं।

श्री श्री अभिनव शंकर भारती स्वामीजी ने मुझे प्रो. के.एस. कन्नन, संत राजिंदर सिंह जी महाराज चेयर प्रोफेसर (सेवानिवृत्त), आईआईटी-मद्रास और डॉ. एच.आर. मीरा से मिलवाया; दोनों ही संस्कृत के उत्कृष्ट विद्वान हैं। मैं बजाय पश्चिमी अनुवादों पर निर्भर रहने के, जो अक्सर पक्षपातपूर्ण या दोषपूर्ण होते हैं, उन जैसे विद्वानों के माध्यम से संस्कृत के प्राथमिक स्रोतों तक पहुंचने के लिए उत्सुक था। डॉ. कन्नन और डॉ. मीरा दोनों बेहद उदार रहें और उन्होंने मुक्त हृदय से त्रिस्थली सेतु और कृति-कल्पतरु के अनुवाद में मदद प्रदान कर मेरा मार्गदर्शन किया। स्वादिष्ट स्नैक्स और गर्म, भाप से भरी फिल्टर कॉफी के कप हाथ में लिए, हमने इस विषय पर कई बार गहन बातचीत की। उन्होंने न केवल पांडुलिपि का अध्ययन किया और मुझे सुधार के लिए महत्वपूर्ण सुझाव दिए, बल्कि प्रोफेसर कन्नन तो इतने सहज रहें कि उन्होंने पुस्तक को अपना प्राक्कथन भी प्रदान किया। इसके लिए, तथा और भी बहुत कुछ के लिए, मैं उन दोनों का सदैव आभारी रहूँगा।

मैं उत्तर प्रदेश के माननीय मुख्यमंत्री के ऑफ़िसर ऑन स्पेशल ड्यूटी (ओएसडी) श्री संजीव सिंह का बहुत आभारी हूं, जिन्होंने वाराणसी में मेरे शोध कार्य में मदद की, जिसमें सभी महत्वपूर्ण स्थलों का दौरा करने के साथ-साथ फोटो खींचने की अनुमति भी शामिल थी। वाराणसी के जिला प्रशासन और आयुक्त तथा श्री काशी विश्वनाथ मंदिर ट्रस्ट के सीईओ डॉ. सुनील वर्मा व उनकी टीम के सदस्यों और उत्तर प्रदेश के पुलिस अधिकारी श्री अभिषेक सिंह को सभी सुविधाओं एवं सहायता के लिए मेरा हार्दिक धन्यवाद। मैं श्री हरि शंकर जैन के कार्यालय में वकील सुश्री मणि मुंजाल का भी बेहद आभारी हूं, जिन्होंने कानूनी दस्तावेजों में मेरी मदद की और अपनी बहुमूल्य प्रतिक्रिया के साथ पांडुलिपि का अध्ययन भी किया। मैं अपने प्रिय मित्र और बड़े भाई डॉ. आनंद रंगनाथन का भी आभारी हूं, जिन्होंने मुझे इस पुस्तक को लिखने के लिए प्रोत्साहित

किया और पुस्तक का समर्थन भी किया; काशी में आदि विश्वेश्वर मंदिर के पुजारी पं. सिद्धार्थ दवे का भी, उनके बहुमूल्य इनपुट के लिए आभारी हूं।

यह एक समयबद्ध और त्वरित परियोजना थी जिसके लिए एक ऐसी टीम की आवश्यकता थी जो उसी जुनून के साथ काम करे जो मेरे भीतर मौजूद थी। मैं बेहद भाग्यशाली रहा कि मुझे ब्लूवन इंक के श्री प्रवीण तिवारी के रूप में एक मित्र और कमीशनिंग एडिटर मिले, जिनका प्रोजेक्ट के प्रति उत्साह कई बार मुझसे भी ज्यादा होता था। मैं उनका और ब्लूवन इंक का हृदय से आभारी हूं कि उन्होंने मुझ पर और इस प्रोजेक्ट पर भरोसा किया तथा इस किताब को आकार देने में अपना जीवन और आत्मा लगा दी। मैं पांडुलिपि की देखरेख करने और सभी संपादकीय विसंगतियों को दूर करने के लिए श्री थांगलेनहाओ हाओकिप का बहुत आभारी हूं। व्यक्तिगत परिस्थितियों के बावजूद वह यह सब करने में सफल रहें, यह बहुत ही मार्मिक बात थी।

केवल शब्दों में उस सहयोगी भूमिका और पालन-पोषण का वर्णन नहीं किया जा सकता जो मुझे हमेशा मेरे प्रिय पिता (डैडी) से मिला है; वो मेरे हर काम में एक सबल समर्थन स्तंभ रहे हैं और सच कहा जाए तो मेरे पंखों के नीचे की हवा हैं। केवल उनके लिए और माँ (मेरी दिवंगत माँ) के कारण, मैं कभी भी कोई अनजान, अज्ञात रास्ता चुनने का साहस नहीं जुटा पाता जो बारूदी सुरंगों और जोखिमों से भरा हो।

किसी ऐसे व्यक्ति के बारे में कोई क्या कह सकता है जो आपके सभी उपक्रमों में सदैव तत्पर एक बारहमासी पत्ते और एक ध्वनि बोर्ड के समान हो? एक ऐसा ध्वनि बोर्ड जिस पर आप अपने नवीन विचारों, अपने रचनात्मक सोच की धुन को परखते हों! श्री संदीप सिंह चौहान हमेशा से मेरे लिए और इस प्रोजेक्ट में भी यही रहे हैं। उनके लिए धन्यवाद महज एक औपचारिकता और अल्पकथन जैसा प्रतीत होता है। मेरी अंतहीन परेशानियों को धैर्यपूर्वक सुनने और इस परियोजना में आए उतार-चढ़ाव के मद्देनजर मेरे मिजाज को सहन करने से लेकर, मुझे विद्वतापूर्ण सलाह तथा कुछ शानदार प्रतिक्रिया एवं सुझाव देने तक, संदीप एक वास्तविक वरदान की तरह रहे हैं जिसे मैं हमेशा अपने जीवन में संजो कर रखूंगा! सिद्ध सुदर्शन साक्षी धाम के मेरे आध्यात्मिक गुरु सद्‌गुरु साक्षी श्री हमेशा मेरे मार्गदर्शक रहे हैं और मैं उनके प्रति आदर

भाव रखता हूं। उन सभी के प्रति, साथ ही मेरे प्रिय लियो के प्रति भी जिन्होंने इस पुस्तक को लिखने में रात भर की थका देने वाली मेहनत के बाद भी मेरे थके हुए चेहरे पर मुस्कान ला दी, मैं उनका बहुत आभारी हूँ। इस लेखन यात्रा के दौरान मुझे स्थिर और प्रेरित बनाए रखने वाले अनन्य मित्रों, परिवार-जनों और शुभचिंतकों का भी मैं आभारी हूं।

सबसे महत्वपूर्ण और अंत में, मैं इस पुस्तक को काशी के इष्टदेव श्री विश्वनाथ को पूरी निष्ठा, भक्ति व सम्मान के साथ समर्पित करता हूं, जिनके आशीर्वाद और कृपा ने इस असंभव प्रतीत होने वाली परियोजना को वास्तविक बना दिया। मेरा परम सौभाग्य है कि दुनिया को उनके 'अविमुक्त क्षेत्र' की कहानी बताने के लिए, एक माध्यम के रूप में उन्होंने मुझे चुना।

प्रस्तावना

हम 22 जनवरी 2024 को अयोध्या में राम मंदिर के ऐतिहासिक उद्घाटन के साथ एक महत्वपूर्ण क्षण के शिखर बिंदु पर पहुँच गए हैं। खासकर उस वर्ष में जब देश आगामी आम चुनाव हेतु एक कड़े मुकाबले के लिए खुद को तैयार कर रहा है, मंदिर को लेकर चारों ओर प्रतिस्पर्धी राजनीति का दौर जारी है; ऐसे में यह मंदिर उन आम भारतीयों के लिए आशा और विश्वास की एक आश्वस्त अभिव्यक्ति है, जिनका कोई स्पष्ट राजनीतिक या वैचारिक झुकाव नहीं है। हममें से कई लोगों के लिए आम चुनाव महत्वहीन है परंतु मंदिर का होना अपरिहार्य और हृदयस्पर्शी घटना है। भगवान श्री राम जैसे महान-सभ्यतावादी नायक राष्ट्र की सीमाओं से परे भक्ति और मानवीय मूल्यों के उत्प्रेरक हैं। वे वियतनाम, इंडोनेशिया, फिलीपींस, कंबोडिया, थाईलैंड आदि देशों के जन-जीवन में मणि-मुकुट रूप में विराजमान हैं; यहां तक कि बाली में केकक या थाईलैंड में खोन जैसे कला रूप, भित्ति चित्र, नृत्य नाटक उनकी जीवन-कहानी से प्रेरित हैं और थाईलैंड में उनकी जीवनी 'रामकियेन' को एक राष्ट्रीय महाकाव्य का सम्मान प्राप्त है। ऐसे नायक के जन्मस्थान पर एक भव्य मंदिर का न होना एक राष्ट्रीय शर्म की बात थी, जिसे अब ठीक किया जा रहा है। इसीलिए यह दौर वास्तव में एक युगांतकारी क्षण है, जब लंबे समय से दबी हुई सभ्यता की आत्मा को अंततः वाणी मिल रही है। समारोह के लिए आम लोगों ने भी अपना अल्प योगदान दिया है। पूरे भारत के मंदिर उस दिन रोशनी से जगमगा उठें। सामूहिक प्रार्थनाओं और राम नाम व हनुमान चालीसा की अनुगूँज चारों तरफ व्याप्त हो गई। लोगों ने इस दिन को दिवाली से इतर अपने घरों के सामने मिट्टी के दीपक प्रज्वलित कर भगवान श्री राम के वनवास से लौटने के प्रतीक के रूप में यादगार

बनाया। अमेरिका समेत दुनिया भर के हिंदू मंदिरों ने उत्सव का लाइव प्रसारण किया। संक्षेप में, हर कोई वह लौकिक गिलहरी बना, जिसने लंका के लिए राम के महत्वाकांक्षी पुल निर्माण में छोटा ही सही परंतु अपना अहम योगदान दिया।

लंबे समय तक, एक हिंदू को खुद को पूरी तरह से रक्षात्मक और क्षमायाचक के रूप में देखने के लिए बाध्य किया गया था, और यह विश्वास दिलाया गया था कि हम (हिंदू) एक जड़हीन सभ्यता हैं जो केवल कानूनों के निष्फल संहिताकरण पर चलती है। या कम से कम संवैधानिक देशभक्त हमें यही विश्वास दिलाते हैं। इससे उन्हें कोई फर्क नहीं पड़ता कि उसी संविधान के भाग-III में, जो हमारे मौलिक अधिकारों का वर्णन करता है, राम, सीता और लक्ष्मण की पेंटिंग हैं, जो हमारी सभ्यता के प्रतीक और आदर्श सद्गुणों की सर्वोत्तम अभिव्यक्ति हैं। हम वहां से कितनी दूर आ गए हैं, जहां अपने हिंदू होने का दावा करना भी अभिशाप है और इसे कट्टरता की घातक अभिव्यक्ति के रूप में देखा जाता है। भारत में हर दूसरा समुदाय गर्व से अपनी पहचान और विश्वास को अपनी आस्तीन पर चढ़ा सकता है। लेकिन किसी हिंदू के लिए ऐसा करना प्रतिगामी तथा सांप्रदायिक माना जाता है और इसके अपमानजनक अर्थ भी निकाले जाते हैं। हिंदुओं को लगातार उन्मत्त अफवाहों से परेशान किया जाता रहा है कि वे एक अलग आस्था वाले लोग हैं जो सामूहिकता में विश्वास नहीं करते - उनकी तीर्थ-यात्राओं और शाही-स्नानों के बावजूद। कुंभ मेले से लेकर कुंभकोणम में महामगम तक तथा ज्योतिर्लिंगों, शक्तिपीठों, चार धाम यात्रा, 108 दिव्य देशम और कई तीर्थ सर्किटों की तीर्थयात्रा के साथ हिंदू धर्म देवत्व की बाह्य खोज और उसी परम चेतना की आंतरिक खोज का एक आनंददायक मिश्रण रहा है। इन्हें परस्पर अनन्य या एक दूसरे से अलग होने के रूप में नहीं देखा जाता है। फिर भी, एक हिंदू की अपनी आस्था की अभिव्यक्ति (विशेष रूप से स्वतंत्रता के बाद) को शांत, मंद, लगभग अदृश्य करना पड़ा, और ऐसा करना पड़ा जिससे मुख्य अल्पसंख्यकों के निशाने पर या नज़र में न आने पाएं। आख़िरकार, अल्पसंख्यकों को सहज बनाना ही भारतीय धर्मनिरपेक्षता का एकमात्र लक्ष्य था जिसे विकृत ढंग से प्राप्त किया गया। परंतु आज के भारत में इस मान्यता को भी जबरदस्त झटका लग रहा है।

मैं यहां अयोध्या मामले पर थोड़ा ध्यान केंद्रित कर रहा हूं क्योंकि यह इसी तरह के वैचारिक दृष्टिकोण का एक खाका तैयार करता है, वस्तुतः यह पुस्तक काशी विश्वनाथ मंदिर से संबंधित है। अयोध्या मामले के इतिहास के बारे में अब बहुत कुछ पता चल चुका है। कोएनराड एल्स्ट और मीनाक्षी जैन जैसे विद्वानों द्वारा लिखी गई कुछ मौलिक पुस्तकें लंबे सम्य से चले आ रहे संघर्ष के पूरे इतिहास को उजागर करती हैं। यह लगभग 500 वर्षों के उस दृढ़ लचीलेपन का प्रमाण है जो हिंदुओं ने अपने सबसे पवित्र स्थानों में से एक को पुनः प्राप्त करने के लिए दिखाया था। विलियम फिंच, थॉमस हर्बर्ट, जोसेफ टिफेन्थेलर, रॉबर्ट मोंटगोमरी मार्टिन और कई अन्य विदेशी यात्रियों और ब्रिटिश प्रशासकों ने बताया है कि कैसे, बाबर द्वारा नष्ट किए जाने के बावजूद, राम के जन्मस्थान को धर्मनिष्ठ हिंदुओं की भक्ति एवं निष्ठा प्राप्त हुई। मराठों और निहंग सिखों के प्रयासों से लेकर 1858 के बाद से ब्रिटिश अदालतों में चले कई मुकदमों तक, यहां एक भव्य राम मंदिर के निर्माण की इच्छा कोई नई घटना नहीं थी। भारतीय पुरातत्व सर्वेक्षण (एएसआई) द्वारा किए गए सर्वेक्षण से सामने आए साहित्यिक, ऐतिहासिक और कानूनी सबूतों के साथ-साथ पुरातात्विक साक्ष्यों की प्रचुरता इस बात को और अधिक विश्वसनीय बनाती है। इसे हमेशा मस्जिद-ए-जन्मस्थान कहा जाता था न कि बाबरी मस्जिद, जो इस बात का एक ठोस संकेत था कि यह किसके जन्मस्थान का स्मरणोत्सव मना रहा है।

फिर भी, हिंदुओं को पांच शताब्दियों तक धैर्यपूर्वक इंतजार करना पड़ा और आजादी के बाद भी, जो उनका वास्तविक अधिकार था उसे वापस पाने के लिए यातनाप्रद कानूनी प्रक्रियाओं से गुजरना पड़ा। और आज, जब वह पोषित सपना साकार हो रहा है, तो उनसे कहा जा रहा है कि इसे बहुत अधिक या किसी आडंबर अथवा भव्यता के साथ न मनाएं। एक तरह से, अयोध्या अभिषेक भारत के उस विकृत नेहरूवादी विचार को हमेशा के लिए ध्वस्त कर देता है, जहां प्राचीन को खत्म कर उसके स्थान पर एक नया भारत लाना था, जिसका अपने अतीत के साथ एक कमजोर संबंध था। आज भारत के सांस्कृतिक युद्ध इस तथ्य पर आधारित हैं कि भारतीय राष्ट्र का निर्माण 1950 में, संविधान लागू होने के साथ ही नहीं हुआ था। दरअसल एक राष्ट्र को केवल राष्ट्र-राज्य की तरह क्षेत्रीय या कानूनी शर्तों में परिभाषित नहीं किया जा सकता, बल्कि गहरी जड़ें जमा

चुके सभ्यतागत प्रतिमानों और रूपकों के माध्यम से भी परिभाषित किया जाता है; जिसमें एक सामान्य क्षेत्रीय तथा सांस्कृतिक इकाई से भावनात्मक जुड़ाव की साझी भावना भी निहित होती है। और उस पहलू में, जिस तरह से साहित्यकारों और टिप्पणीकारों ने 'भारत के विचार' की परिकल्पना की है, उसमें कई सहस्राब्दियों से आश्चर्यजनक समानताएं रही हैं। संविधान इसी सभ्यतागत लोकाचार से प्रेरित है, न कि इसके विपरीत। यह स्वीकार करने में किसी को खेद व्यक्त करने की आवश्यकता नहीं है कि यह राष्ट्रीय लोकाचार अपने व्यापक आधारों में हिंदू ही है, जरूरी नहीं कि यह अनुष्ठानिक या धार्मिक अर्थ में हो, लेकिन सांस्कृतिक रूप से निश्चय ही है।

भारत में, विशेष रूप से स्वतंत्रता के बाद, धर्मनिरपेक्षता की भ्रामक वेदी पर इस सांस्कृतिक गर्भनाल को नकारना और निंदा करना त्रासदपूर्ण था। जैसा कि इस पुस्तक में चर्चा की जाएगी, सोमनाथ फ्लैशप्वाइंट एक ऐसा मामला था जहां भारत के पहले प्रधानमंत्री पं. जवाहरलाल नेहरू ने इस अभ्यास को 'हिंदू-पुनरुत्थानवादी' कहा था और माना था कि यह विदेश में उनकी सरकार की धर्मनिरपेक्ष छवि को प्रभावित करेगा। यहां तक कि उन्होंने भारत के तत्कालीन राष्ट्रपति डॉ. राजेंद्र प्रसाद को भी उद्घाटन में भाग न लेने के लिए मना लिया। नेहरू ने ज्योतिर्लिंग को पुनः स्थापित करने के बजाय मंदिर का जीर्णोद्धार कर उसे एएसआई को दे दिया होता। अतीत को एक जीवाश्म संग्रहालय के टुकड़े के रूप में सराहा जाना अच्छा था, लेकिन एक जीवित, समृद्ध परंपरा के रूप में नहीं। नतीजतन, हिंदू पवित्र स्थल, विशेष रूप से उत्तर भारत के, चाहे वह अयोध्या, काशी, वृन्दावन, प्रयाग, गया, या मथुरा हों, बिना किसी महत्वपूर्ण बुनियादी ढांचे, स्वच्छता या पर्यटन सुविधाओं के पूरी तरह गंदगी और बदहाली में डूबे रहे हैं। लाखों श्रद्धालुओं को आकर्षित करने वाले ऐसे पवित्र शहरों में, आध्यात्मिक पर्यटन के व्यावसायिक मूल्य (जैसे अच्छी कनेक्टिविटी, हवाई अड्डे, स्वच्छ होटल और अन्य सुविधाओं की उपलब्धता) संबंधी सामान्य समझ तो होनी चाहिए थी; लेकिन स्वतंत्र, धर्मनिरपेक्ष भारत में ऐसा नहीं रहा।

निस्संदेह, सबसे बड़ी विडंबना यह है कि उसी 'धर्मनिरपेक्ष' राज्य को केवल हिंदू मंदिरों और शैक्षणिक संस्थानों को नियंत्रित करने में कोई

दिक्कत नहीं है। केवल 10 राज्यों की सरकारें 110,000 से अधिक हिंदू मंदिरों को नियंत्रित करती हैं, तमिलनाडु मंदिर ट्रस्ट स्वयं 478,000 एकड़ मंदिर भूमि का मालिक है और 36,425 मंदिरों और 56 मठों को नियंत्रित करता है।[2] धर्मनिरपेक्ष भारत में अन्य सभी अल्पसंख्यक संस्थानों को अपने धार्मिक और शैक्षणिक संस्थानों के स्वामित्व, संचालन और प्रबंधन का अधिकार है, जबकि बहुसंख्यक समुदाय इन अधिकारों से काफी हद तक वंचित है।

प्रार्थना स्थल अधिनियम, 1991 जैसे कठोर कानून, हिंदुओं को उन चीज़ों की शांतिपूर्ण, कानूनी वापसी की मांग करने से भी रोकते हैं जो उनसे जबरन छीन ली गई हैं। विश्व के किस न्यायप्रिय लोकतंत्र में इस तरह के प्रावधान होंगे? यहां तक कि जब टूटे हुए मंदिरों के दृश्य स्पष्ट दिखाई देते हैं जिनके ऊपर गुंबद बनाए गए हैं (जैसे काशी में), तब सामाजिक सद्भाव को बढ़ावा देने के लिए अल्पसंख्यकों से कभी भी उदार हृदय रखने अथवा मक्का या यरूशलेम जैसे पवित्र स्थलों को हिंदुओं को सौंपने के लिए क्यों नहीं कहा जाता! यहां तक कि मुस्लिम देशों में भी, सड़कों को चौड़ा करने या रेलवे लाइन बिछाने जैसी भौतिक जरूरतों के लिए मस्जिदों को नियमित रूप से विस्थापित किया जाता है। लेकिन भारत में धर्मनिरपेक्षता का दारोमदार हमेशा हिंदू कंधों पर रहता है। हिंदू संस्थानों के वैध संसाधनों को हड़पना संवैधानिक नैतिकता से समझौता करना नहीं कहलाता, लेकिन प्रधानमंत्री द्वारा एक प्रतिष्ठित मंदिर का उद्घाटन करना हमारी धर्मनिरपेक्षता के नाजुक ताने-बाने का भंजक बन जाता है!

हमारे देश की अदालतों में अयोध्या फैसले और मंदिर उद्घाटन पर मौजूदा उत्साह भी विचारधारा से प्रेरित इतिहासकारों द्वारा निभाई गई खतरनाक भूमिका पर गहरा आघात करता है। उन्होंने अदालत में स्पष्ट रूप से झूठ बोला और समुदायों के बीच इतनी अधिक दुर्भावना और शत्रुता पैदा करने के बावजूद भी, वे छल-कपट के माध्यम से बिना किसी परिणाम के बच निकले। जैसा कि एएसआई के पूर्व क्षेत्रीय निदेशक (उत्तर) डॉ. के.के. मुहम्मद, जो अयोध्या सर्वेक्षण टीम का हिस्सा थे, ने खुलासा किया है कि इन संदिग्ध इतिहासकारों ने मुस्लिम समुदाय का ब्रेनवॉश किया, जो शुरू में सौहार्दपूर्ण था और उनमें झूठी उम्मीदें जगाई

कि वे उनके पक्ष में सबूत जुटायेंगे। अपनी मलयालम आत्मकथा 'नजन एन्ना भारतीयन' [मैं, एक भारतीय] में, मुहम्मद क़हते हैं:

> *'जवाहरलाल नेहरू विश्वविद्यालय में रोमिला थापर, बिपिन चंद्रा और एस. गोपाल जैसे वामपंथी इतिहासकारों की एक टीम ने तर्क दिया कि उन्नीसवीं सदी से पहले मंदिर को तोड़ने का कोई उल्लेख नहीं मिला और अयोध्या एक बौद्ध-जैन केंद्र था। बाद में, इरफ़ान हबीब, आर.एस. शर्मा, अतहर अली, डी.एन. झा, सूरजभान जैसे इतिहासकार भी इसी तर्क परंपरा में शामिल हो गए और यह एक बड़ा समूह बन गया...(उन्होंने) बीएमएसी [बाबरी मस्जिद एक्शन कमेटी] को झूठी उम्मीदें दीं और उनमें साहस पैदा किया। इसके परिणामस्वरूप मुसलमानों के बीच विचार प्रक्रिया उलट गई, जो तब तक मस्जिद को वापस देने तथा मामले को सौहार्दपूर्ण ढंग से निपटाने के बारे में पूरे दिल से विचार कर रहे थे। वे नये सिरे से इस निष्कर्ष पर पहुंचे कि मस्जिद नहीं दी जायेगी...* [3]

उनके झूठ की मीनारें और प्रतिष्ठा आज ध्वस्त हो गई हैं, साथ ही पौराणिक नेहरूवादी सर्वसम्मति भी। सौभाग्य से काशी विश्वनाथ मंदिर और मथुरा श्री कृष्ण जन्मस्थली के आसपास मौजूदा कानूनी विवादों में अपनी उंगलियों तथा प्रतिष्ठा को बुरी तरह से जलाने के बाद, ये मार्क्सवादी इतिहासकार अपनी अनुपस्थिति के कारण बेनक़ाब हो गए हैं। उन्होंने हमारे अतीत के बारे में हमारी समझ को जो नुकसान पहुंचाया है, वह अपने आप में एक महगाथा है। जैसा कि इस पुस्तक में भी देखा जाएगा, पट्टाभि सीतारमैया या बिशंभर नाथ पांडे जैसे कांग्रेसियों और गार्गी चक्रवर्ती तथा के.एन. पणिक्कर जैसे मार्क्सवादी इतिहासकारों द्वारा काशी विश्वनाथ सहित कई मामलों में बिना किसी स्रोत के अप्रमाणित प्रचार को इतिहास के रूप में पारित कर दिया गया था। उन्होंने अत्यंत घृणित दावा किया कि औरंगज़ेब ने काशी विश्वनाथ मंदिर को अपनी इच्छा से नहीं, बल्कि हिंदू राजाओं की सलाह पर नष्ट किया था, जो कच्छ की रानी के साथ पुजारियों द्वारा छेड़छाड़ करने से नाराज थे। इन कहानियों का कोई स्रोत नहीं था, कोई विवरण नहीं था, लेकिन फिर भी, मौखिक रूप

से और इनमें से कुछ योग्य लोगों के व्यापक प्रभाव के माध्यम से इन गल्पों को सच्चे इतिहास के रूप में प्रसारित किया गया। ब्राह्मण को बदनाम करना, हिंदू आस्था को कमजोर करना, इस्लामी कट्टरपंथियों का क्षमाप्रार्थी के रूप में महिमामंडन तथा लीपापोती करना नेहरूवादी धर्मनिरपेक्ष इतिहासलेखन का एक स्पष्ट पैटर्न था। आज इसे भी अवैध घोषित कर दिया गया है और इस पर गरमागरम बहस जारी है।

जब राम जन्मभूमि आंदोलन अपने चरम पर था, वी.एस.नायपॉल ने इसे 'एक नई, ऐतिहासिक जागृति' के रूप में देखा। उनके अनुसार, 'भारतीय अपने इतिहास के प्रति जीवित हो रहे हैं' और 'यह समझने लगे हैं कि भारत में बहुत बड़ी बर्बरता हुई है।' विजय की प्रकृति और हिंदू समाज की प्रकृति के कारण ऐसी समझ भारतीयों में पहले नहीं थी।'[4] इस महत्वपूर्ण अवसर पर जब भगवान श्री राम 500 वर्षों के वनवास के बाद अपने जन्म-नगर लौटे, टिप्पणीकार, राजनेता, इतिहासकार और विश्लेषक इसे मंदिर बनाम रोजगार या भाजपा बनाम गैर-भाजपा के अवयस्क द्वैत के रूप में देख रहे हैं, जबकि इस वास्तविक सभ्यतागत पुनर्जागरण तथा जागृति को न समझ पाना उनका बचकानापन हैं। भारत बहुत पहले ही नेहरूवादियों और उनके मिश्रित इतिहासकारों तथा दरबारियों के कुलीन समूहों की पकड़ से दूर हो गया है। इस वास्तविकता के प्रति जाग्रत होना और देर-सबेर मिलने वाली पराजय से दुःखी न होना, उन सभी के लिए बहुत लाभदायक होगा।

पांडिचेरी के समुद्र तटीय शहर में यह एक अच्छी, सुहावनी शाम थी, जहां मैं अलो पल, पार्थ हरिहरन, अजीत दत्ता और उनकी टीम द्वारा बेहतरीन ढंग से आयोजित पोंडी लिट् फेस्ट में वक्तव्य देने गया था। रात्रिभोज पर चर्चा के दौरान, मुझे प्रसिद्ध वकील श्री विष्णु शंकर जैन के साथ बातचीत करने का अवसर मिला, जिनके साहस और स्पष्टवादी स्वभाव का मैं हमेशा से प्रशंसक रहा हूँ। उन्होंने मुझे उन मामलों के बारे में बहुत उत्सुकता के साथ समझाया कि कैसे वह और उनके पिता, श्रद्धेय वरिष्ठ वकील श्री हरि शंकर जैन हमारे मंदिरों की मुक्ति के लिए लगातार संघर्ष कर रहे थे। उन्होंने इस मामले को लेकर गंभीर खतरों और भयावह धमकियों का सामना किया, लेकिन फिर भी अपने मिशन से डिगे नहीं। उनके वर्तमान कार्यों में उल्लेखनीय है अदालतों में काशी और मथुरा के

तीर्थस्थलों के मामलों का प्रतिनिधित्व करना। दोनों ही स्थल औरंगज़ेब की कट्टरता की भेंट चढ़ गए थे। हम उस शाम लंबे समय तक एक साथ बैठे रहे, विष्णु जैन जी ने नक्शे और रेखाचित्रों के साथ मामले की रूपरेखा, इसके इतिहास के बारे में बताया। मैं मंत्रमुग्ध हो गया था। उस शाम काशी और ज्ञानवापी के पूरे संघर्ष के बारे में कुछ बातों ने मुझे पूरी तरह मोहित कर लिया। ध्यातव्य है कि राम जन्मभूमि मामला, इसके लिए चलाए गए लोकप्रिय आंदोलन के कारण एक जन आंदोलन बन गया था, पर अफ़सोस की बात है कि काशी या मथुरा का इतिहास वास्तव में लोकप्रिय चेतना में नहीं समा पाया। यह वस्तुस्थिति भारत की कई अदालतों में काशी ज्ञान वापी मामले में चल रही गतिविधियों से लेकर मीडिया जगत में पिछले कुछ समय से हो रहे हलचलों के बावजूद है। ऐसा महसूस हुआ कि यह एक इतिहासकार का बोझ है, जिम्मेदारी नहीं कि उन दस्तावेजों और तथ्यों को सार्वजनिक जीवन में प्रकाश में लाए, जो अब तक केवल अदालती कक्षों में ही गरमागरम बहस बने हुए थे। लगभग सहज भाव से, मैंने इन सबको एक अच्छी तरह से प्रलेखित पुस्तक के रूप में एक साथ रखने का निर्णय लिया। विष्णु जैन निश्चित रूप से मामले से संबंधित कुछ अदालती कागजात के माध्यम से मेरी मदद करने को लेकर बहुत खुश थे, परंतु मैं पुस्तक को केवल कानूनी तथ्यों तक ही सीमित नहीं रखना चाहता था।

काशी एक भावना है, एक लोकाचार है जिसने सहस्राब्दियों से हिंदू मन को अभिमंत्रित किया है। कई हिंदुओं की यह इच्छा रहती है कि वे अपने जीवन में कम से कम एक बार काशी अवश्य आएं या इस शहर में अपने नश्वर कुंडल छोड़ दें जो उनकी आत्मा की मुक्ति का आश्वासन देता है। धर्मग्रंथों और संस्कृत की लंबी-चौड़ी रचनाओं (निबंध) तथा पवित्र स्थान की स्तुतियों (महात्म्य) से संबंधित विस्तीर्ण लेखों ने सदियों से इस प्रकाश शहर से जुड़ी विभिन्न परंपराओं और कहानियों को प्रलेखित किया है। इसलिए, अगले कई महीनों तक, मैंने उन्नीसवीं शताब्दी से लेकर आज तक के ग्रंथों, मिथकों, कहानियों, यात्रा वृतांतों तथा अदालती-इतिहासकारों के वृत्तांतों और प्रचुर मात्रा में उपलब्ध कानूनी दस्तावेजों का अवलोकन किया। हमारे धर्मग्रंथों में वर्णित शानदार कहानियों को तथ्यपरक व निर्जीव औपनिवेशिक या कानूनी दस्तावेजों

के साथ संतुलित करना काफी कठिन काम था। इतने विविध स्रोतों से एक ठोस कथा की झलक मिल सके जो समय, भाषा, संदर्भ और सामग्री में अलग-अलग हों, एक लेखक के नजरिए से यह एक अनोखी चुनौती थी जिसका सामना मैंने पहले कभी नहीं किया था। लेकिन इन्हें एक साथ लाना यह समझने के लिए अत्यंत आवश्यक था कि आज जिस कानूनी मामले पर हम सबकी नजरें टिकी हुई हैं, असल में उसकी वास्तविक रूपरेखा क्या है!

धीरे-धीरे लेकिन निश्चित रूप से, हिंदू कल्पना और चेतना में काशी की सर्वोत्कृष्टता तथा आस्था के इस सबसे पवित्र स्थलों में से एक को, पुनः प्राप्त करने की आवश्यकता की एक स्पष्ट तस्वीर उभरने लगी। पश्चिम में, 1095 और 1291 ई. के बीच ईसाई लैटिन चर्च के नेतृत्व में धर्मयुद्ध या धार्मिक युद्धों की श्रृंखला का उद्देश्य मुस्लिम शासन से यरुशलम और उसके आसपास के क्षेत्रों की पवित्र भूमि को पुनः प्राप्त करना था। यूरोप में धर्मयुद्ध, पुनर्जागरण (1300 ई. के बाद) के लिए एक महत्वपूर्ण उत्प्रेरक और अग्रदूत थे, जिसके पश्चात आधुनिक युग (1500 ई. के बाद से) की शुरुआत हुई। खोज का युग, अंतर्राष्ट्रीय व्यापार, उपनिवेशवाद और शास्त्रीय ज्ञान की वापसी सभी धर्मयुद्ध के परिणाम थे।

काशी जैसे पवित्र शहरों के मामले में, उन्हें मुक्त कराने के लिए कोई प्रत्यक्ष धार्मिक युद्ध शुरू नहीं किया जा सका क्योंकि भारत पहले से ही अरबों और तुर्कों के घातक घुसपैठ के साथ मध्य पूर्वी उपनिवेशवाद की चपेट में आ चुका था, परंतु एक मूक धर्मयुद्ध हमेशा से चलता रहा है जिसे यह पुस्तक स्पष्ट करेगी। इस दृढ़ हिंदू विश्वास ने कि मंदिर सदैव एक मंदिर और पवित्र स्थल होता है, ऐतिहासिक रूप से हिंदू शासकों और आम लोगों को हठपूर्वक उस चीज़ को वापस पाने के लिए अपने संघर्ष को जारी रखने हेतु प्रेरित किया है जो उनके लिए इतना पवित्र है। जैसा कि पाठक इस पुस्तक में पाएंगे, इस बात के कई मर्मस्पर्शी उदाहरण हैं कि कैसे भीषणतम बर्बरताओं के बीच भी, हिंदू राजघरानों और आम लोगों ने, इन पवित्र स्थलों के प्रति अपनी आस्था तथा भक्ति की लौ को प्रज्वलित रखा। काशी को लुटेरे कुतुबुद्दीन ऐबक (1194 ई.) के घातक प्रहार का सामना करने के बमुश्किल दो दशक बाद, विश्वरूप नामक बंगाल के एक सेन राजा ने, शहर के ठीक बीच में एक बलिदान स्तंभ और एक विजय

स्तंभ बनवाया जो इस बात की घोषणा थी कि मंदिर भले ही नष्ट हो गया हो, लेकिन शहर उसके देवता विश्वेश्वर का ही है। दक्षिण भारत में होयसल राजा वीर नरसिम्हा तृतीय से लेकर, (जिन्होंने 1279 ई. में तीर्थयात्रियों को काशी जाने के लिए क्रूर और दमनकारी तीर्थ कर का भुगतान करने में मदद हेतु एक पूरा गांव देने का वादा किया था), गुजराती व्यापारी सेठ वास्तुपाल तक, (जिसने मंदिर के पुनर्निर्माण में बड़ी रकम दान की थी), काशी जैसे शहरों के पवित्र होने की चेतना उत्तर, दक्षिण, पूर्व व पश्चिम अर्थात पूरे देश भर के हिंदू मन में व्याप्त थी। यह सामान्य भावनात्मक जुड़ाव जो उन्हें उनके पूर्वजों से विरासत में मिला है, वह एक राष्ट्रीय बल्कि सभ्यतागत चेतना का गठन करता है। ऐसी चेतना जिसे केवल राजनीतिक सीमाएं खींचने या कानूनों की घोषणा से हासिल नहीं की जा सकती।

काशी और उसके मंदिरों को बहुत सारी लूट और आक्रमणों का सामना करना पड़ा। ऐबक (1194 ई.), रज़िया सुल्तान, जौनपुर के शर्की राजवंश से लेकर 1494-96 में सिकंदर लोदी द्वारा विनाशकारी विध्वंस तक, पवित्र शहर और इसके पावन मंदिर खंडहरों के ढेर और पीड़ा के विलाप में छोड़ दिए गए। फिर भी, हिंदुओं ने हर बार अपने बिखरे हुए मंदिरों के टुकड़ों को उठाकर, मूल मंदिर के ध्वंसावशेषों पर उन्हें पुनः खड़ा किया है। उन्होंने उन स्थलों को कभी नहीं छोड़ा जो पीढ़ियों से उनके लिए मायने रखते थे। ये स्थल उनके पूर्वजों की भक्ति, अश्रु और उत्साह के प्रतीक थे, जिनका रक्षण उनकी अपनी जिम्मेदारी थी। इस मामले में पुनर्जागरण की शुरुआत इन स्थलों की महानतम स्मृतियों को जीवित रखने हेतु देश भर में प्रचुर साहित्य सृजन के साथ हुई। महाराष्ट्र और कर्नाटक के ब्राह्मण (जिन्हें दक्षिणी पंडित भी कहा जाता है) इन कठिन परिस्थितियों में संस्कृत शिक्षा और साहित्य की उस लौ को पुनः प्रज्वलित करने के लिए काशी चले आएं, जिसे इस्लामी कट्टरपंथियों ने बेरहमी से बुझा दिया था। और इस प्रकार, हम महत्वपूर्ण रचनाओं की एक श्रृंखला देखते हैं जिसमें लक्ष्मीधर का कृत्यकल्पतरु (लगभग 1125-1145 ई.), स्कंद पुराण का काशी खंड, ब्रह्मवैवर्त पुराण (लगभग 1250-1400 ई. के बीच) का काशी रहस्य, वाचस्पति मिश्र की तीर्थ चूड़ामणि (लगभग 1460 ई.), नारायण भट्ट का त्रिस्थली सेतु (लगभग 1580 ई.)

और मित्र मिश्र का तीर्थ प्रकाश (1600 ई.) आदि प्रमुख हैं। इन रचनाओं का अन्य भारतीय भाषाओं में भी अनुवाद किया गया। उदाहरण के लिए, जब श्रीनाथ ने 1440 ईस्वी के आसपास काशी खंड का तेलुगु में अनुवाद किया, तब यह रचना दक्षिण भारत के कई हिस्सों में लोकप्रिय हो गई, यह अनुवाद कार्य संभवतः विजयनगर राज्य के संरक्षण में हुआ था। मराठी में सोलहवीं सदी के गुरु चरित्र ने भक्तों के मन में काशी और उसके इष्टदेव की स्मृतियों को जीवित रखा। इस प्रकार, धर्मस्थलों को भले ही क्रूरतापूर्वक ध्वस्त कर दिया गया, लेकिन लोगों के मन, स्मृतियों और साहित्य में काशी और उसके विश्वनाथ का महत्व बरकरार रहा। यह चीनी तीर्थयात्री ह्वेनसांग (सातवीं शताब्दी ई.) व ईरानी विद्वान अलबरूनी (ग्यारहवीं शताब्दी) से लेकर ब्रिटिश यात्री पीटर मुंडी (1632), फ्रांसीसी यात्री जीन बैप्टिस्ट टैवर्नियर (1668), ब्रिटिश प्रोटेस्टेंट मिशनरी मैथ्यू एटमोर शेरिंग (1860), और ब्रिटिश प्राच्यविद् तथा पुरातत्ववेत्ता जेम्स प्रिंसेप तक कई विदेशी आगंतुकों के यात्रा वृत्तांतों और लेखों से भी प्रमाणित हुआ है।

ग्रंथ लिखने से आगे बढ़ते हुए, नारायण भट्ट जैसे विद्वानों ने अपने समय के राजनीतिक वर्ग के साथ अपने संबंधों व प्रभाव का लाभ उठाया, खासकर जब अकबर जैसे मुगल शासकों के तहत माहौल थोड़ा अनुकूल था, तब उन्होंने राजा टोडरमल की सहायता से 1580 ई. में एक भव्य विश्वनाथ मंदिर का निर्माण करवाया। मंदिर को विनाश का अंतिम झटका धर्मांध और इस्लामी कट्टरपंथी औरंगज़ेब द्वारा मिला, जिसने वर्ष 1669 में काशी विश्वनाथ मंदिर को बेरहमी से ध्वस्त कर दिया। वाराणसी का नाम बदलकर मुहम्मदाबाद और मथुरा का नाम इस्लामाबाद करने की औरंगज़ेब की बेतुकी चालें, हिंदू आस्था को मिटाने के उसके व्यर्थ प्रयास थे। जैसे-जैसे मराठों ने राजनीतिक प्रभुत्व हासिल किया, पेशवा और उनके सहयोगी इन पवित्र शहरों को मुगलों, अवध के नवाबों तथा बाद में ईस्ट इंडिया कंपनी से वापस लेने के लिए बार-बार प्रयास करते रहे, लेकिन उन्हें सफलता नहीं मिली। औरंगज़ेब के दानवी कृत्यों के लगभग सौ साल बाद, इंदौर की महान रानी अहिल्या बाई होल्कर ने 1780 ई. के आसपास भगवान विश्वनाथ का एक छोटा मंदिर बनवाया। पंजाब के सिख महाराजा रणजीत सिंह ने

1839 में अहिल्या बाई द्वारा निर्मित इस मंदिर के गुंबदों और शिखरों को सोने की परत चढ़ाने के लिए उदारतापूर्वक दान देकर, अपनी सभ्यतागत पवित्रता के प्रतीकों के प्रति उदात्त भारतीय आस्थाओं को उजागर किया। यह भी उल्लेखनीय है कि उसी रणजीत सिंह ने 1797 में शाह ज़मान दुर्रानी को हराने के बाद गुजरात में सोमनाथ मंदिर के प्रवेश द्वार को वापस लौटाने की मांग भी की थी, जिसे महमूद गजनी ने लगभग आठ शताब्दी पहले लूट लिया था। आख़िर किस चीज़ ने इसकी स्मृति को इतनी शताब्दियों तक, विभिन्न पीढ़ियों और विभिन्न भौगोलिक क्षेत्रों में जीवित रखा? इस प्रश्न का उत्तर इस बात में निहित है कि 1950 में आधुनिक गणतंत्र के अस्तित्व में आने से बहुत पहले, भारतीय होने का क्या मतलब था। चाहे पंजाब हो या महाराष्ट्र, सिख हो या हिंदू, पुरुष हो या महिला, सत्रहवीं या अठारहवीं शताब्दी, काशी विश्वनाथ (और ऐसे अन्य पवित्र स्थानों) के महत्व की स्मृति को मिटाने के लिए की गई सभी बर्बरताओं के बावजूद यथावत बने रहें। यही इस सभ्यता की मूलभूत ताकत है, जिसने इतने सारे घातक हमलों का सामना किया, फिर भी अपने लचीलेपन एवं अस्तित्व को बरकरार रखा है।

इस विशाल इतिहास और अंतर-पीढ़ीगत स्मृति के बावजूद, आज स्वतंत्र भारत में हिंदू अपने अतीत को भूलने तथा जो वैध रूप से उनका है उसे वापस पाने के लिए दशकों से संघर्ष करने के लिए मजबूर हैं। काशी या मथुरा के मंदिरों के पक्ष में इतने आश्चर्यजनक साक्ष्य मौजूद हैं। साहित्य, पुरालेख, ऐतिहासिक और कानूनी दस्तावेज़ हिंदू आस्था के कुछ सर्वोत्कृष्ट व पवित्र तीर्थस्थलों की निर्विवाद उपस्थिति का संकेत देते हैं। उन्हें पुनः प्राप्त करना या हमारे पूर्वजों के साथ हुए ऐतिहासिक गलतियों को न्याय प्रदान करना किसी भी परिपक्व, आधुनिक लोकतंत्र की पहचान होनी चाहिए। लेकिन दुःख की बात है कि भारत में ऐसा नहीं है। अतीत के अत्याचारों के लिए आज के समुदाय ज़िम्मेदार नहीं हैं। लेकिन इसके साथ ही, उन्हें खुद को उन आक्रमणकारियों तथा बर्बर लोगों के साथ नहीं जोड़ना चाहिए जिन्होंने अपनी क्रूर कट्टरता के माध्यम से इस सभ्यता के परिदृश्य को कलंकित किया है। यदि ऐसा किया जाता है तो सद्भाव और भाईचारे की उम्मीद करना दिवास्वप्न देखने जैसा होगा। गैर-टकराववादी

तरीके से जिन स्थानों पर किसी अन्य मंदिर के अस्तित्व के पुरातात्विक, साहित्यिक तथा पुरालेखीय साक्ष्य प्रचुर मात्रा में प्राप्त हैं, उन्हें लंबे मुकदमे और कटु बहस में शामिल होने के बजाय सौहार्दपूर्ण सह-अस्तित्व के माहौल में स्वेच्छा से आदान-प्रदान किया जाना चाहिए। सामाजिक एकता, सद्भाव और धर्मनिरपेक्षता ये सभी दो-तरफा रिश्ते हैं और सभी समुदायों को इस रिश्ते को बराबर निभाना चाहिए। काशी विश्वनाथ मंदिर के मामले में, 2022 के एडवोकेट कमिश्नर सर्वेक्षण से पता चला कि कैसे लोग अपनी प्रार्थना से पहले रोजाना अपने गंदे पैर और मुंह धोकर शिवलिंग को अपवित्र कर रहे थे। संभवतः यह जानने के बावजूद कि टैंक के अंदर क्या था। एक साथी भारतीय और उसकी आस्था के प्रति इससे अधिक अपमानजनक और अनादर वाली बात क्या हो सकती है? और इसे काल्पनिक मिथक या कोरी कल्पना के रूप में प्रचारित करना अथवा एक लिंग न मानकर एक फव्वारा कह अपमानित करना, निश्चित रूप से सांप्रदायिक सौहार्द के लिए अच्छा नहीं है। ऐसे में अलगाव और अशांति इतिहास के अपरिहार्य घाव बन जाते हैं।

इस पुस्तक के माध्यम से मेरी हार्दिक इच्छा काशी विश्वनाथ मंदिर की सर्वोत्कृष्टता और उसके पुराने अतीत के बारे में जागरूकता पैदा करना है। इसके साथ ही हमारे पूर्वजों ने तमाम बाधाओं के बावजूद इसकी महिमा को जीवित रखने में जो अनथक संघर्ष किए हैं, उन्हें भी प्रकाश में लाना मेरा मुख्य ध्येय रहा है। मुझे उम्मीद है कि वर्तमान समय में इस बात को लेकर एक बेहतर समझ कायम होगी कि इस तरह के पवित्र स्थल विषाक्त राजनीति और सामाजिक अशांति के लिए खेल के मैदान न बनने पाएं, साथ ही राष्ट्रीय एकता एवं सद्भाव के लिए, उदारतापूर्ण आदान-प्रदान की भावना के साथ, इन स्थलों को उनके खोया हुआ गौरव व वैभव प्राप्त हो जाएं।

हर हर महादेव!

डॉ. विक्रम संपत
बेंगलुरु
जनवरी, 2024

1

प्रकाशमान शहर

एक पवित्र स्थल का पता

जैसे ही भारत की सांस्कृतिक और आध्यात्मिक जीवन रेखा, पवित्र गंगा उत्तर की ओर एक विस्तृत मोड़ लेती है, उसके पश्चिमी तट पर एक अति प्राचीन शहर दिखाई पड़ता है, जो इस सभ्यता की आत्मा का प्रतीक है। अपने लंबे, जटिल इतिहास के विभिन्न युगों में कई नामों से जानी जाने वाली, काशी का सामान्य अर्थ प्रकाशमान, चमकदार, उज्ज्वल और शानदार के रूप में लिया जाता है, जो संस्कृत के 'कश' धातु से उद्धृत है। जैसे ही उगते सूरज की किरणें पवित्र गंगा के विशाल प्रवाह और उसके किनारों पर बने घाटों पर पड़ती हैं, नदी एक अलौकिक चमक से जगमगा उठती है, जो शहर के लिए इस विशेषण को बिल्कुल सही ठहराती है। काशी (जिसे 'काशिका' भी कहा जाता है) नाम की व्युत्पत्ति के संबंध में कई सिद्धांत मौजूद हैं। कुछ लोग इसका श्रेय एक निश्चित पौराणिक राजा काश को देते हैं, जो पुरुरवा के वंशजों में सातवें और विधि निर्माता मनु के पोते थे, जिन्होंने इस पर शासन किया था, या जैसा कि कुछ लोगों का मानना हैं कि इसकी स्थापना की थी। कुछ अन्य लोग इसे इसी नाम की लंबी, चांदी के फूल वाली घास से भी जोड़ते हैं जो इस क्षेत्र के नदी तटों पर प्रचुर मात्रा में पाई जाती है।

दूसरा नाम जो अब आम बोलचाल में काफी प्रचलित है, वह है- 'वाराणसी' (अपने अपभ्रंश रूप में 'बनारस' के साथ)। पिछली कई

शताब्दियों से, इन नामों का परस्पर उपयोग किया जाता रहा है। लेकिन सुदूर अतीत में, वे अलग-अलग संस्थाएं थीं, काशी राज्य था और वाराणसी इसकी राजधानी थी। वैदिक, पौराणिक और बौद्ध जातक ग्रंथों में वाराणसी का वर्णन वरुणा नदी, (जो इसके उत्तरी भाग में प्रवाहित होती है), और असी नदी (जो शहर के दक्षिणी छोर से बहते हुए गंगा में विलीन होती है) के बीच घिरे हुए क्षेत्र के रूप में मिलती है। इस प्रकार वाराणसी दो धाराओं के बीच स्थित विस्तृत भू-भाग है। हालाँकि इनमें से कुछ ग्रंथों में असी नदी का वर्णन 'शुष्क नदी' या सूखी हुई नदी के रूप में किया गया है। पद्म पुराण में कहा गया है कि अपने शुरुआती समय में काशी तीन पहाड़ियों या टीलों के ऊपर स्थित थी, जो इस लोकप्रिय धारणा को प्रबल बनाती है कि काशी सांसारिक पृथ्वी-तल पर मौजूद न होकर, अपने इष्टदेव भगवान शिव के त्रिशूल के तीन कोनों के ऊपर स्थित है। अपने उथल-पुथल भरे अतीत की लंबी यात्रा के दौरान, काशी कई राज्यों और शासकों के उत्थान-पतन की गवाह तथा भागीदार रही है, जो इस उपमहाद्वीप के मूल इतिहास का प्रतीक है। अमेरिकी लेखक मार्क ट्वेन ने ठीक ही कहा है: 'बनारस इतिहास से भी पुराना है, परंपरा से भी पुराना, यहां तक कि किंवदंतियों से भी पुराना है, और इन सबको मिलाकर भी देखें तो यह उनसे दोगुना पुराना दिखता है।'[1]

इसमें कोई आश्चर्य नहीं कि मैथ्यू एटमोर शेरिंग, एक ब्रिटिश प्रोटेस्टेंट मिशनरी और इंडोलोजिस्ट, जिन्होंने उन्नीसवीं शताब्दी के मध्य में यहां कई वर्ष व्यतीत किए थे, और जो इस स्थल को जीवंत बनाने वाले दृश्यों, ध्वनियों तथा अनुष्ठानों से स्पष्ट रूप से मोहित थे, कहते हैं,

> *किसी देश का इतिहास कभी-कभी उसके प्रमुख शहरों में से एक के इतिहास में अंकित होता है। बनारस शहर धार्मिक और बौद्धिक भारत का प्रतिनिधित्व करता है, जैसे पेरिस, फ्रांस की राजनीतिक भावनाओं का प्रतिनिधित्व करता है। दुनिया में ऐसे कुछ ही शहर हैं जो इतने प्राचीन हैं, परंतु उनमें से कोई भी ऐसा नहीं है जिसने अपनी प्राचीन प्रसिद्धि और विशिष्टता को इतने निर्बाध रूप से बरकरार रखा हो। बनारस में सबसे पहले बौद्ध धर्म प्रवर्तित हुआ; बनारस में, हिंदू धर्म ने अपने सबसे प्रबल समर्थकों के बीच अपना*

> *घर बनाया। अतैव, इस शहर ने उन दो धर्मों को प्रेरणा और शक्ति दी है जो आज तक आधी दुनिया पर शासन करते हैं।*[2]

उन्नीसवीं सदी के ब्रिटिश इंडोलॉजिस्ट और पुराविद् जेम्स प्रिंसेप ने काशी के बारे में कहा था:

> *यह [काशी] ब्रह्मा [ब्रह्मा] के सौ जन्मों से बची हुई है, जिनमें से प्रत्येक दिन 4320 मिलियन (432 करोड़)वर्षों के बराबर है; यह पृथ्वी से अलग खड़ा है, महादेव [शिव] के त्रिशूल पर टिका हुआ है, भूकंप से कभी हिलता नहीं है; और पूरा शहर एक समय शुद्ध स्वर्ण का था, लेकिन मानवीय सद्गुणों के तेजी से ह्रास के साथ यह पत्थर और ईंट में परिवर्तित हो गया है।*[3]

शहर की इस भयावह प्रकृति ने यात्रियों, साधकों, दार्शनिकों और दुख की बात है कि मूर्तिभंजकों को भी आकर्षित किया है, जिन्होंने विभिन्न अवधियों के दौरान इसे अपवित्र कर दिया। वाराणसी का प्राचीन शहर, जैसा कि यह आठवीं शताब्दी ईसा पूर्व से सातवीं शताब्दी ईस्वी के बीच अस्तित्व में था, तब प्रकट हो गया जब इसके उत्तर में पुराने राजघाट पठार में खुदाई की गई। यद्यपि काशी का इतिहास अस्पष्टता में डूबा हुआ हो सकता है, लेकिन इस तथ्य से इनकार नहीं किया जा सकता है कि इसकी प्राचीनता प्रारंभिक भारतीय इतिहास के धुंधले युगों 'वैदिक तथा प्रागैतिहासिक काल के बादलों और कुहरे' तक में अस्पष्ट हो जाती है।[4] हालाँकि काशी को भगवान शिव की नगरी के रूप में पहचाना जाता है, फिर भी काशी को दार्शनिक और धार्मिक मान्यताओं के कई क़िस्सों के लिए एक क्रूसिबल बनना पड़ा; यहां वैष्णव, शाक्त, बौद्ध और जैन परंपराएँ शैव परंपराओं के साथ सह-अस्तित्व में थीं और इस पिघलने वाले पात्र अर्थात इस समन्वयवादी शहर में पनपीं। पौराणिक साहित्य में भी काशी के शैव गढ़ बनने से पूर्व एक पवित्र वैष्णव स्थल होने की चर्चा मिलती है, इसीलिए यहां भगवान शिव और भगवान विष्णु दोनों की पूजा करना आवश्यक माना जाता था। वास्तव में, विश्वेश्वर मंदिर के मुक्ति मंडप में, मुख्य देवता के गर्भगृह में जाने से पहले भगवान विष्णु की पूजा करने की अपेक्षा की जाती थी।[5]

काशी न केवल एक प्राचीन स्थल है, बल्कि इसकी पवित्रता और पावनता की छवि सदियों से भारतीय मानस में दृढ़ता से अंकित है। काशी के रूप में पुरातनता और पवित्रता की इस बेदाग छवि को न केवल जीवित रखा गया है, बल्कि साहित्य और कला के कई कार्यों के माध्यम से इसे पीढ़ी दर पीढ़ी बढ़ाया भी गया है। जिस तरह एक धर्मनिष्ठ मुसलमान अपने जीवन में कम से कम एक बार मक्का जाने की इच्छा रखता है या एक ईसाई यरूशलम में कदम रखने का इंतजार करता है, उसी प्रकार धर्मनिष्ठ हिंदुओं के लिए काशी भी सदियों से उनकी आस्था व प्रतिष्ठा का शिखर बिंदु रही है।

काशी की यात्रा करने और इसके पवित्र आलिंगन में मरने की यह लालसा, मोक्ष की गारंटी वाली जगह होने की शास्त्रीय गारंटी से उत्पन्न होती है, जो मानव आत्मा को आवागमन के अंतहीन चक्र से मुक्त करती है। लिंग पुराण में, जिसके बारे में माना जाता है कि इसकी रचना पाँचवीं से दसवीं शताब्दी के बीच हुई थी, भगवान शिव अपनी पत्नी देवी पार्वती को इस 'पवित्र केंद्र' के बारे में बताते हैं:

> *जिसका मन मुझमें रमा हुआ है, जो मेरे प्रति समर्पित है, जो सदैव अपने पवित्र संस्कार मुझे समर्पित करता है, उसे यहां जैसी मुक्ति कहीं और नहीं मिलती। हे! सुंदरी! जो प्राणी यहां मरता है वह मोक्ष प्राप्त करने में सक्षम हो जाता है... इस पवित्र केंद्र का न तो मैंने कभी त्याग किया है और न ही मैं कभी त्याग करूँगा। इसलिए, इस पवित्र केंद्र को "अविमुक्त" के नाम से जाना जाता है... यह अविमुक्त प्रयाग से भी अधिक शुभ है, जो सभी पवित्र केंद्रों में सर्वप्रमुख है।*[6]

चूँकि इस स्थान को इसके इष्टदेव ने कभी न त्यागने का वादा किया है, इसीलिए काशी का दूसरा आध्यात्मिक नाम 'अविमुक्त' है, अर्थात जिसे कभी न छोड़ा जाए। प्रत्येक धर्मनिष्ठ हिंदू की आकांक्षा न केवल एक तीर्थयात्री के रूप में इस पवित्र स्थान की यात्रा करना है, बल्कि यहीं जीना और मरना भी है। 'काशी खंड', जिसे छठी शताब्दी ईस्वी की कृति 'स्कंद पुराण' में तेरहवीं-चौदहवीं शताब्दी के बाद के उपांग के रूप में जोड़ा गया था, भक्तों को इस शाश्वत वादे की गारंटी देता है:

> *मृत्यु के समय जब शरीर के अशक्त संवेदनशील अंगों में छिद्र हो जाता है और वे गठिया से पीड़ित हो जाते हैं, तब मनुष्य की स्मरण शक्ति भी नष्ट हो जाती है। ऐसे में, जिस समय आत्मा बाहर आती है, भगवान विश्वेश्वर स्वयं तारक ब्रह्म (छह अक्षरों का राम मंत्र) मंत्र प्रदान करते हैं, जिससे व्यक्ति स्वयं को पहचान लेता है (परमात्मा, यानी मुक्त हो जाता है)*[7]

शास्त्र ऐसे व्यक्ति के भाग्य की निंदा करते हैं जो अन्यत्र प्रवास के लिए, यहीं मरकर मुक्त होने का इतना बड़ा अवसर गंवा देता है; ऐसा व्यक्ति, शास्त्रों के अनुसार, उस खजाने से अनभिज्ञ है जिसका यहां वादा किया गया है। कुछ हद तक क्रूर अंदाज में, पुराण सलाह देते हैं कि काशी आने वाले तीर्थयात्री के पैर पत्थर से तोड़ दिए जाएं ताकि वे टूटे पाँव के साथ पवित्र शहर से भाग न पाएं![8]

लिंग पुराण में वाराणसी का एक सुंदर और मनमोहक चित्र भी प्रस्तुत किया गया है।[9] इसमें भगवान शिव का अपनी पत्नी और वाहन नंदी के साथ अपने पसंदीदा शहर में आने तथा देवी को अविमुक्त काशी की सुंदरता दिखाने की बात कही गई है। उनके यहां पैर रखने पर, तलवों से पांच क्रोश (1 क्रोश लगभग 3 किमी) मापने वाला अविमुक्त का यह पवित्र स्थान तुरंत निर्मित हो गया। घने जंगलों के कारण, यह पूरी तरह से खिले हुए पेड़ों, फूलों और पौधों के कई समूहों के साथ सुंदर तथा शांत बना हुआ था। पक्षियों की विभिन्न प्रजातियाँ - सारस, हंस, जल कौवे, मोर, बत्तख और अन्य इस रमणीय स्थल पर हर पल चहचहाती रहती थीं। इन शांत बगीचों में अपने साथियों के साथ मदमस्त मधुमक्खियों के झुंड भिनभिनाते रहे थें। हिरणों के झुंड पेड़ों की ठंडी छाया के नीचे आराम कर रहे थें। जानवर अपनी सभी प्राकृतिक प्रतिद्वंद्विता और शत्रुता को भूलकर एक-दूसरे के साथ पूर्ण सद्भाव में रहते थे। इस दिव्य वन में हर रंग और गंध के फूल खिले हुए पाए जा सकते थें। सुंदर युवतियाँ यहां देखी गई सुंदरता से प्रेरित होकर खुशी से नाचने लगीं। उनकी खनकती पायल की आवाज़ ने उस जगह के संगीत को और भी बढ़ा दिया, जहाँ पहले से ही बहुत सारी प्राकृतिक ध्वनियाँ विद्यमान थीं। यहां कई झीलें थीं जिनमें पूर्ण विकसित लिली और कमल दूर-दूर तक फैले हुए थे और

भगवान शिव के मंदिर की ओर जाने वाले रास्ते को रोशन कर रहे थे। आनंद का जंगल होने के कारण, काशी का नाम आनंद वन या आनंद कानन भी रखा गया। अपने पूर्वजों की मुक्ति हेतु राजा भगीरथ की तपस्या के कारण स्वर्ग की नदी गंगा के मणिकर्णिका अवतरण से यह स्थान और भी पवित्र हो गया।

काशी खंड में उल्लेख है कि यहां रुद्र (शिव का पुराना नाम) के रूप में अन्यत्र की तुलना में कहीं अधिक जीव हैं। इसलिए, अविमुक्त को रुद्रवास, या रुद्रों का निवास भी कहा जा सकता है।[10] आज भी वाराणसी में बोलचाल की भाषा में लोग अक्सर कहते हैं, 'काशी के कंकर में शंकर हैं' (काशी के कण-कण में शिव का वास है)। काशी एक शाश्वत श्मशान भी है, जहां सभी तत्व शव की तरह पड़े रहते हैं। इसलिए, इसे महाश्मशान या महान सृजन भूमि भी कहा जाता है।[11] जहां दाह संस्कार के अन्य स्थानों को अशुद्ध या अपवित्र माना जाता है, वहीं काशी में मृत्यु और दाह संस्कार रोजमर्रा की जिंदगी का एक अनिवार्य हिस्सा है और पवित्र कृत्यों के रूप में मनाया जाता है।

इस प्रकार, एक शहर, इतने सारे नाम, जिनमें - काशी, वाराणसी, बनारस, अविमुक्त, आनंद वन, रुद्रवास, महाश्मशान, बस कुछ ही नाम हैं।

एक पवित्र स्थल का निर्माण

हिंदू कल्पना में, ऐसे कई स्थान समय के साथ तीर्थ या पवित्र स्थान के रूप में विकसित हुए। विभिन्न लक्ष्यों और इच्छाओं की पूर्ति के लिए तीर्थ-यात्राएं करना आध्यात्मिक रूप से सबसे सराहनीय माना जाता था। पौराणिक साहित्य ने इन पवित्र स्थानों की प्रसिद्धि, जादुई शक्तियों और चमत्कारों की कहानियों के साथ-साथ उनसे जुड़े कई मिथकों, मान्यताओं एवं उनकी पवित्रता को बढ़ावा दिया। सदियों से संस्कृत साहित्य ऐसे ग्रंथों से भरा पड़ा है जो विशेष रूप से इन तीर्थों की स्तुतियों से संबंधित हैं जिन्हें महात्म्य कहा जाता है। ये साहित्य पौराणिक कथाओं पर आधारित हैं जो तीर्थ स्थलों की प्रशंसा के साथ भक्तों को विभिन्न अनुष्ठानों, व्रतों, तपस्या, बलिदान, पश्चाताप तथा दान के बारे में स्पष्ट दिशा-निर्देश भी देते हैं। उस तीर्थ से जुड़ी विभिन्न भौगोलिक विशेषताएं, चाहे वे

नदियाँ, पहाड़, झीलें, टैंक, धाराएँ, फव्वारे, जंगल आदि हों, उन्हें भी दिव्य गुणों और जादुई शक्तियों के साथ आबद्ध किया गया। ये 'किसी सामान्य शहर के बारे में तथ्यात्मक विवरण नहीं हैं, बल्कि एक पवित्र शहर के बारे में आस्था के बयान हैं।'[12]

देश में अनगिनत तीर्थ हैं और जैसे-जैसे चमत्कार देखे गए, नए तीर्थ उभरते गए तथा इनकी कहानियाँ पौराणिक साहित्य के मौजूदा संग्रह में जुड़ती चली गईं। ब्रह्म पुराण के अनुसार, तीर्थ चार प्रकार के होते हैं- देव, असुर, आर्ष और मनुष्य।[13] पहले में हिंदू देवताओं ब्रह्मा, विष्णु और शिव की त्रिमूर्ति द्वारा प्रकट किए गए पवित्र स्थान शामिल हैं। यदि इन तीन देवताओं ने किसी तीर्थ को पवित्र कर दिया है, तो वह परम पवित्रता प्राप्त कर लेता है। काशी, पुष्कर और प्रभास इसके उदाहरण हैं। आर्ष तीर्थ अपनी पवित्रता ऋषियों (मुनियों) से और असुर राक्षसों से प्राप्त करते हैं, जबकि मानव तीर्थों का निर्माण उन शासकों द्वारा किया जाता है जिनकी वंशावली संबंधित पुराण में वर्णित है। प्रमुख तीर्थ के रूप में काशी के बारे में विद्वान के.वी.रंगास्वामी अयंगर लिखते हैं,

> *काशी के लिए, इसकी प्रधानता वास्तव में पुराणों का उपहार था जिसने शिव के पंथ को फैलाने का काम किया। भगवान (शिव) की भक्ति की तुलना में वैदिक यज्ञों की हीनता पर जोर देकर (जैसा कि बाद के भक्ति मार्ग ने किया) शुरुआत करते हुए, उन्होंने 'शिव की नगरी' (शिवपुरी, यानी काशी) को उन यज्ञों के प्रदर्शन के लिए सर्वोत्तम स्थान बनाकर समाप्त किया। काशी में वैदिक और गैर-आर्यन पंथों के इस समन्वय में इसकी व्यापक अपील और हमारे तीर्थों में प्रथम स्थान के रूप में इसके उदय का रहस्य छिपा है।*[14]

पौराणिक साहित्य और बाद के संस्कृत ग्रंथों में उल्लेख है कि कैसे काशी में, भगवान शिव ने खुद को एक लिंग के प्रतीक के रूप में प्रकट करने का फैसला किया, जो धरती को वेध-कर खुद को प्रकट करता है। इसे स्वयं प्रकट या स्वयंभू लिंग कहा जाता था, जो इतना दीप्तिमान था कि इसे ज्योतिर्लिंग, या दीप्तिमान, प्रकाशमान लिंग भी कहा गया। महात्म्य की सच्ची भावना में, काशी आधारित सभी ग्रंथ इसे एक अलौकिक और उदात्त

स्थान के रूप में प्रतिष्ठित करते हैं। यह संपूर्ण विश्व का सूक्ष्म जगत था जिसमें सभी शुभ और दिव्य चीज़ें समाहित थीं। प्रत्येक पवित्र इकाई या पूजनीय भौगोलिक विशेषता यहां पाई जानी थी। यह पृथ्वी का केंद्र है और दिव्य त्रिशूल द्वारा प्रदान की गई ऊंचाई से ऊपर स्थित है। इसकी कल्पना उस स्थिर, दृढ़ अभिकेन्द्रीय शक्ति के रूप में की गई थी जिसके चारों ओर भौतिक संसार की सभी घटनाएँ, समय और स्थान की गतिविधियाँ, उसकी स्थिति तथा अभिविन्यास से विचलित हुए बिना घटित होती थीं।

काशी खंड बताता है कि कैसे लंबे, उलझे बालों वाला ईशान नाम का एक दिव्य प्राणी पवित्र अविमुक्त में प्रवेश कर गया और सभी पत्तों के बीच चमकते ज्योतिर्लिंग की सुंदरता से चकित हो गया। उन्होंने तुरंत लिंग को ठंडे पानी के घड़े से स्नान कराने की इच्छा जताई। वहां मिले जल निकायों से संतुष्ट न होकर, उन्होंने अपना एक जलाशय बनाने का फैसला किया। अपने त्रिशूल से उसने ज़मीन पर प्रहार किया जिससे एक गहरा गड्ढा बन गया और उसमें से मीठा पानी बाहर निकला जो बर्फ की तरह ठंडा और चांदनी की तरह चमकीला था।[15] अपने हृदय की संतुष्टि के लिए ईशान ने इस दिव्य जल के हजारों घड़ों से लिंग को स्नान कराया। प्रसन्न होकर भगवान शिव प्रकट हुए और उन्होंने ईशान से वरदान मांगने को कहा। उन्होंने अनुरोध किया कि यह स्थान एक अद्वितीय तीर्थ हो जो भगवान के नाम से जुड़ा हुआ हो। यह अनुरोध तुरंत स्वीकार कर लिया गया। इसके अलावा, ईशान द्वारा बनाए गए इस गड्ढे से निकलने वाले पानी में शिव जी द्वारा जादुई शक्तियां भी समाहित थीं। शिव ने बताया कि उनके नाम का अर्थ है- ज्ञान, और यहां यह ज्ञान तरल रूप में प्रदान किया गया था। उस गड्ढे को एक कुआँ बनने का आशीर्वाद दिया गया जहाँ से ज्ञान का यह जल सभी भक्तों के लिए सदैव उपलब्ध रहेगा। उस स्थान को स्वयं 'ज्ञान-तीर्थ', या ज्ञान का केंद्र कहा जाना था, और इस प्रकार निर्मित कुएँ का नाम 'ज्ञान-वापी', या ज्ञान का कुआँ हो गया। जो कोई भी इस कुएँ का पानी पीकर या केवल स्पर्श कर अथवा वहां प्रसाद चढ़ाकर इस स्थान की तीर्थयात्रा शुरू करता था, उसे बहुत लाभ होता था।[16] ज्ञान-वापी की चमत्कारी शक्तियों के निरूपण के रूप में, ग्रंथ में वर्णन किया गया है कि कैसे कलावती नाम की एक राजकुमारी को जब काशी

का नक्शा दिया गया, तो उसने केवल अपनी उंगलियों से मानचित्र में ज्ञान वापी को छुआ और उसे तुरंत अपने अतीत के जीवन और उसकी सभी घटनाएँ याद आ गई।[17]

काशी खंड का वही अध्याय, यह भी वर्णन करता है कि कैसे असंख्य अन्य लिंग ब्रह्मांड के स्वामी 'विश्वेश्वर' या 'विश्वनाथ' नामक मुख्य ज्योतिर्लिंग के आसपास प्रकट होने लगे। जैसा कि हम बाद में देखेंगे, इन लिंगों का नाम, प्रधानता और सापेक्ष महत्व सदियों से और विभिन्न पाठ्य संदर्भों के माध्यम से बदलता रहा है। प्रत्येक लिंग के पास विशिष्ट आशीर्वाद और वरदान थे जो वे उन भक्तों को प्रदान करते थे, जो निर्धारित विधि-विधान से उनकी पूजा करते थे। लेकिन लिंगों की इस विशाल श्रृंखला के भीतर भी, विश्वेश्वर की प्रधानता पर स्पष्ट रूप से मुहर लगाते हुए, 'काशी खंड' स्वयं शिव की वाणी के माध्यम से जोरदार ढंग से कहता है:

> *विश्वनाथ के समान कोई लिंग नहीं है। मणिकर्णिका के अतिरिक्त कोई तीर्थ नहीं है। मेरे आनंदवन के समान अन्यत्र कोई भव्य तपस्या कुंज नहीं है। संपूर्ण वाराणसी तीर्थों से परिपूर्ण है। इसका नाम ही समस्त तीर्थों का तीर्थ है। वहीं परम पवित्र मणिकर्णिका है, जो मेरी प्रसन्नता का आधार है। जिस स्थान पर मेरा शाही महल है, वहां से शहर उत्तर और पूर्व के बीच, बाईं ओर 300 हाथ (हरिश्चंद्रेश्वर तक) और दाईं ओर 200 हाथ (गंगा केशव तक) तक फैला हुआ है। गंगा में मणिकर्णिका उत्तर से दक्षिण तक पांच सौ हाथ तक फैली हुई है। यह तीनों लोकों का सार है। यह महान आत्मा का मूल आधार है। जो लोग यहां वास करते हैं वे मेरे हृदय में रहते हैं।*[18]

स्वाभाविक रूप से ग्रंथों में उन विभिन्न मार्गों का भी विस्तार से वर्णन किया गया है, जो यहां प्रकट हुए असंख्य लिंगों को प्रसन्न करने के लिए अपनाए जा सकते हैं। आरंभिक पांच क्रोशों पर, जिन पर यह स्थल फैला हुआ है, एक पंच क्रोशी परिक्रमा की जाती है। केवल पाँच स्थलों वाली सबसे छोटी पंचनद तीर्थ यात्रा से लेकर, ये यात्राएँ संख्या में भिन्न थीं और

इसमें चंद्र कैलेंडर की तारीखें भी निर्धारित थीं जब इसे शुरू किया जा सकता था।

काशी की पवित्रता का उल्लेख महाकाव्यों में भी मिलता है। इसकी पवित्र प्रकृति के सबसे शुरुआती संदर्भों में से एक, महाभारत में इसका उल्लेख तीर्थ स्थान के रूप में किया गया है। जबाला उपनिषद और रामायण भी इसके गुणों का बखान करते हैं। इस प्रकार, पाँचवीं या छठी शताब्दी ईसा पूर्व से बहुत पहले ही काशी को एक पवित्र स्थान के रूप में पहचाना जाने लगा था।

एक अद्भुत मिश्रण वाला पवित्र स्थल

संभवतः छठी शताब्दी ईसा पूर्व के आसपास, वाराणसी में एक विशेष आगंतुक आया था। एक राजकुमार जिसने अपना शाही जीवन त्याग दिया था और अस्तित्व के सही अर्थ की खोज में निकल पड़ा था, ज्ञान प्राप्त करने के बाद उसने अपने पवित्र ज्ञान तथा बौद्धिक वातावरण का आह्वान किया। गौतम बुद्ध ने अपना पहला उपदेश देने के स्थान के रूप में आज के सारनाथ में इसिपत्तन मृगदेव या हिरण पार्क को चुना, जो वाराणसी के उत्तर-पूर्व में लगभग चार मील की दूरी पर, वरुणा नदी के पार स्थित है। इस उपदेश को धर्म चक्र प्रवर्तन कहा गया। जैसा कि शेरिंग ने लिखा है, इस समय के आसपास वाराणसी पहले से ही काफी शक्ति और महत्व का शहर रहा होगा और 'धार्मिक विषयों पर जिसकी राय का महत्व आम तौर पर देश में बहुत व्यापक था,'[19] और इसलिए बुद्ध ने भी अपनी आध्यात्मिक यात्रा शुरू करने के लिए इसी स्थान को चुना। पांच ब्राह्मणों ने उनके प्राथमिक शिष्य के रूप में उनकी शिक्षाओं को ग्रहण किया। उनके साथ वाराणसी के एक धनी व्यापारी सुजात का पुत्र यश और उसके चौवन (54) शाही साथी भी थे जिन्होंने बुद्ध की शिक्षाओं को अपनाया। फिर ये साठ (60) लोग अपने शिक्षक का संदेश फैलाने के लिए अलग-अलग दिशाओं में निकल पड़े। जल्द ही, मगध के सम्राट बिंबिसार के बुद्ध का शिष्य बनने के साथ, नवोदित पंथ को शाही संरक्षण प्राप्त हो गया।

चौथी शताब्दी ईसा पूर्व में, सम्राट अशोक ने वाराणसी में 74 फीट ऊंचे स्तूप का निर्माण कराया, जिसे चौखंडी स्तूप के नाम से जाना

जाता है।[20] एक स्तंभ पर, उन्होंने चार शेरों की छवि रखी जो बाद में स्वतंत्र भारत का राजकीय चिह्न बन गया। सारनाथ बौद्ध धर्म के महायान संप्रदाय के प्रमुख केंद्र के रूप में उभरा। जातक कथाओं में भी काशी के कई नाम हैं। उन्हें सुरंधन, सुदर्शन, ब्रह्मवर्धन, पुष्पावती, युवंजया, रम्मा नगर और मोलिनी के रूप में वर्णित किया गया है।[21] यह न केवल आध्यात्मिक गतिविधियों का शहर था बल्कि एक हलचल भरा वाणिज्यिक शहर भी था जहां व्यापार और वाणिज्य फलता-फूलता था। राजघाट से प्राप्त मुहरें और सिक्के इस बात के प्रमाण हैं। दूसरी शताब्दी ईसा पूर्व में, व्यवसायियों द्वारा काशी को जितवारी कहा जाता था क्योंकि उन्हें वहां जबरदस्त मुनाफा होता था।[22] बारहवीं शताब्दी के अंत तक, जब तक कि इस्लामिक विजय की तलवार गिर नहीं गई और बौद्ध धर्म को नष्ट नहीं कर दिया, बौद्ध धर्म का वज्रयान संप्रदाय भी यहां फला-फूला।

अशोक के सदियों बाद, जब सातवीं शताब्दी ईस्वी में चीनी तीर्थयात्री ह्वेनसांग ने भारत का भ्रमण किया, तब उसका वाराणसी शहर में भी आगमन हुआ, जिसे उसने 'पो-लो-नी-से' कहा, जो लगभग तीस मठों और 3000 भिक्षुओं से भरा हुआ था।[23] हिरण पार्क का मठ चारों ओर से एक दीवार से घिरा हुआ दिखाई देता था जिसमें चार दरवाजे थे, जिसके अंदर दो मंजिला महल और एक विहार था, जो 200 फीट ऊंचा था।[24] ह्वेनसांग ने लिखा है कि आलों की सैकड़ों पंक्तियाँ थीं जिनके भीतर सोने से जड़ी हुई बुद्ध की मूर्तियाँ थीं। यहां कांस्य निर्मित बुद्ध की एक विशाल प्रतिमा भी प्रतिष्ठित थी। बुद्ध के जीवन के विभिन्न पड़ावों और गतिविधियों को चिह्नित करने के लिए, (उनके वाराणसी प्रवास से संबंधित) कई स्तूपों का निर्माण किया गया था। ह्वेनसांग ने शहर का वर्णन लगभग तीन मील लंबा और एक मील चौड़ा तथा गांवों के घने समूहों के साथ किया है। यह एक हरा-भरा, जंगली इलाका था जिसमें लगभग 100 मंदिर थे और हर दिशा में ताजे पानी की कलकल बहती धाराएँ थीं। यह एक समृद्ध स्थान था जहाँ धनी परिवार कीमती वस्तुओं से भरे आलीशान घरों में रहते थे। उन्होंने शहर के लोगों को सौम्य, सौहार्दपूर्ण, सुसंस्कृत, मानवीय और सीखने के प्रति समर्पित पाया।[25] हर तरह से, ह्वेनसांग

ने जो वाराणसी देखी, वह आनंद के उस जादुई जंगल, या आनंद वन का दर्पण लगती थी, जिसे पुराणों ने हमारे लिए चित्रित किया था। वे आगे लिखते हैं:

> *वे [शहर के लोग] ज्यादातर अविश्वासी हैं [मतलब गैर-बौद्ध], कुछ लोग बुद्ध के नियमों का सम्मान करते हैं... लगभग 10,000 संप्रदायों वाले सौ या उससे अधिक देव मंदिर हैं। वे मुख्य रूप से महेश्वर (ता-त्सेउ-त्साई) का सम्मान करते हैं। कुछ लोग अपने बाल काट लेते हैं, कुछ अपने बालों में गांठ लगा लेते हैं और बिना कपड़ों के नग्न (निर्ग्रंथ) हो जाते हैं; वे अपने शरीर को राख (पाशुपत) से ढकते हैं और सभी प्रकार की तपस्या के माध्यम से जन्म और मृत्यु से बचना चाहते हैं। राजधानी में बीस देव मंदिर हैं, जिनके टॉवर और हॉल तराशे गए पत्थर और नक्काशीदार लकड़ी के हैं। पेड़ों की पत्तियाँ मिलकर (स्थलों को) छाया देती हैं, जबकि पानी की शुद्ध धाराएँ उन्हें घेर लेती हैं। ताऊ-शिह (देशी तांबे) से बनी देव महेश्वर की मूर्ति, 100 फीट से कुछ कम ऊंची है। इसका स्वरूप गंभीर और राजसी है, और ऐसा प्रतीत होता है मानो वास्तव में जीवित हो।*[26]

ह्वेनसांग ने महेश्वर की जिस 100 फीट की मूर्ति का उल्लेख किया है, वह संभवतः शहर का प्रमुख देवता है, और इसका मंदिर सबसे प्रमुख है। लेकिन किसी को यकीन नहीं है कि वास्तव में क्या यह वही है, जो वह इंगित करता है क्योंकि इससे पता चलता है कि यह मूर्ति एक मानव रूप में थी न कि लिंग रूप में।

जैसे-जैसे बुद्ध की शिक्षाओं को वरीयता मिलनी शुरू हुई तथा आम लोगों और राजघरानों में समान रूप से लोकप्रिय होने लगी, मौजूदा वैदिक प्रणाली के भीतर भी एक तीव्र मंथन हुआ। इस प्रतिस्पर्धा के कारण हिंदू दर्शन के कई विद्यालयों- सांख्य, न्याय, वैशेषिक, योग, पूर्व मीमांसा और उत्तर मीमांसा का उदय हुआ। इनमें से कई विद्यालयों और विद्वानों का वाराणसी से कोई न कोई संबंध रहा था या वे यहां के निवासी थे। अपने लंबे इतिहास के दौरान, वाराणसी विद्वता, शिक्षा, संस्कृत और

वैदिक अध्ययन के केंद्र के रूप में जाना जाता था। ये प्रतियोगिताएं, शास्त्रार्थ और बौद्धिक बहसें सभ्यता की पहचान थीं और वाराणसी में उन्नत मस्तिष्कीय जीवन का भी प्रतीक थीं। जैसा कि ब्रिटिश कला इतिहासकार ई.बी. हैवेल लिखते हैं,

> *न्यायिक जांच के तरीके एवं तलवार और दांव-पेंच के तर्क कभी भी हिंदू धर्म गुरुओं के बीच लोकप्रिय नहीं हुए। हिंदू व्यवस्था के खिलाफ चाहे जो भी तर्क दिया जाए, यह स्वीकार किया जाना चाहिए कि यह हमेशा अंतरात्मा की पूर्ण स्वतंत्रता के लिए खड़ा रहा है। एक के बाद एक कई धार्मिक आंदोलन भारतीय धरती पर छा गए, लेकिन जब तक मुहम्मडन विजय नहीं हुई, तब तक उपदेशक की आवाज और दार्शनिक के तर्क को यातना, रक्तपात और न्यायिक हत्या से दबाना कभी भी उचित या आवश्यक नहीं माना गया।*[27]

जब अद्वैतवादी दार्शनिक आदि शंकराचार्य ने दक्षिणी केरल के अपने छोटे से गाँव से वेदों के सिद्धांतों को (जो अनुपयोगी हो गए थे) फिर से स्थापित करने के लिए पूरे उपमहाद्वीप का भ्रमण करते हुए, चार प्रमुख बिंदुओं में चार मठों के माध्यम से स्थापित किया, तो वे इस दौरान वाराणसी में भी लंबे समय तक रुके।[28] हालाँकि उनके जीवन और यात्राओं का सटीक विवरण अधूरा है, परंतु वाराणसी वह स्थान बन गया जहाँ पहले से ही प्रबुद्ध शंकर को और अधिक ज्ञान का प्रकाश मिला। बनारस में उनके पास एक चांडाल, अर्थात (तत्कालीन समाज में) बहिष्कृत वर्ग के व्यक्ति का रूप बनाकर स्वयं शिव जी आएं, जिन्होंने आदि शंकर के मस्तिष्क से जातिगत मतभेदों के बंधनों को तोड़ दिया। चांडाल ने उनसे प्रश्न किया कि यदि सभी आत्माओं में व्याप्त एक ही चेतना का मौलिक अद्वैत सिद्धांत सत्य है, तो फिर उसकी उपस्थिति ने शंकर जैसे ब्राह्मण को अपवित्र कैसे कर दिया! उस जाति से बहिष्कृत व्यक्ति को गुरु के रूप में स्वीकार करते हुए, जिसने उन्हें ऐसा मौलिक सत्य सिखाया था, शंकर ने बाद में मनीषा पंचकम की रचना की, जो पांच छंदों (श्लोकों) वाला एक स्तोत्र था। मुख्य विषय पहले श्लोक में उल्लिखित है:

यदि किसी व्यक्ति को यह दृढ़ ज्ञान प्राप्त हो गया है कि वह अनुभव की वस्तु नहीं है, बल्कि शुद्ध चेतना है जो जाग्रत, स्वप्न तथा सुषुप्ति की अवस्थाओं में दृष्टिगोचर होती है, और जो पूरे ब्रह्मांड के साक्षी के रूप में सभी शरीरों (सृष्टिकर्ता ब्रह्मा से लेकर चींटी तक) में निवास करती है, तो वही व्यक्ति मेरा मेरा गुरु है, फिर चाहे वह जातिच्युत व्यक्ति हो या ब्राह्मण। यह मेरा दृढ़ विश्वास है।[29]

शंकराचार्य और उनके शिष्य कुमारिल भट्ट तथा अन्य लोगों की भव्य दार्शनिक बहस के कारण आम जनों का बौद्ध धर्म से धीरे-धीरे मोहभंग हो गया। समय के साथ, इससे हिंदू/वैदिक जीवन पद्धति का पुनरुत्थान हुआ।

यहां तक कि जैन लोग भी वाराणसी को पवित्र मानते हैं क्योंकि उनके संप्रदाय के 7वें आध्यात्मिक गुरु, या जिन, सुपार्श्व का जन्म वहीं हुआ था। इसी क्रम में 23वें गुरु पार्श्वनाथ, जो आठवीं शताब्दी ईसा पूर्व के आसपास रहते थे, का जन्म भी वाराणसी में हुआ था। उनके बाद छठी शताब्दी ईसा पूर्व में सबसे प्रसिद्ध जिन और तीर्थंकर[30] महावीर आएं, जो बुद्ध के समकालीन थे। ऐसा कहा जाता है कि अपने मत के प्रचार-प्रसार हेतु उन्होंने जीवन के चार दशकों तक वाराणसी का दौरा किया था। इस तरह के महत्वपूर्ण शहर में अपनी पहचान बनाना और आध्यात्मिक प्रभाव पैदा करना, सदियों से सभी दार्शनिकों और साधकों की आकांक्षाओं में से एक रहा है।

स्त्री के दैवीय स्वरूप की स्तुति करने वाली शाक्त परंपराएँ भी शैव और वैष्णव परंपराओं के साथ-साथ काशी में पूरी महिमा के साथ विकसित हुईं। वैष्णव परंपराओं तथा संप्रदायों के लगभग सभी समर्थकों ने या तो वाराणसी का दौरा किया या यहां अपने मठ और मंदिर स्थापित किए। वल्लभाचार्य कई वर्षों तक वाराणसी में रहे, उन्होंने भगवद् गीता और बदरायण के ब्रह्म सूत्र पर अपनी टिप्पणियाँ लिखीं और यहां तक कि इसी शहर में उनकी मृत्यु भी हुई। चौदहवीं और पंद्रहवीं शताब्दी में, रामानंद और कबीर ने यहां अपने दर्शन का प्रतिपादन किया और कुछ ही समय में अपने स्वयं के अनुयायियों का संप्रदाय खड़ा कर दिया। आज भी, हिंदू धर्म के सभी प्रमुख संप्रदायों, शंकर, रामानुज, माधव और वल्लभ के

अनुयायियों के मठ केंद्र काशी में हैं, जैसे कि तांत्रिक गोरखनाथी योगी, अघोर, दक्षिण भारत के वीरशैव, रामानंदी और कबीर पंथी आदि।

इस प्रकार, शिव का प्रकाशमान शहर, जो उनके त्रिशूल पर टिका था, विचार और दर्शन, शिक्षा एवं पांडित्य तथा भौतिक समृद्धि के विभिन्न पहलुओं का एक अद्भुत मिश्रण बन गया। भले ही यह हिंदू तीर्थयात्रा के सबसे प्रमुख और पवित्र केंद्रों में से एक के रूप में विकसित हुआ, पर इसमें एक महत्वपूर्ण बौद्ध मठ की उपस्थिति भी थी। यह सब बारहवीं शताब्दी के अंत तक बदल जाना था, जब कुतुब-उद-दीन ऐबक की लुटेरी सेनाओं ने वाराणसी के हिंदू मंदिरों में तोड़फोड़ की और सारनाथ को पूरी तरह से नष्ट कर दिया। गैर-संस्थागत ढांचे और उनके संप्रदायों की बहुलता के कारण, हिंदू, जैसा कि हम बाद में देखेंगे, प्रत्येक आघात से उबरते रहे और फिर से मजबूत होकर प्रकट हुएं। दुर्भाग्य से, बौद्ध परंपरा, जो पूरी तरह से अपने भिक्षुओं, मठों और शिक्षा केंद्रों पर निर्भर थी, इन केंद्रों के नष्ट हो जाने पर लगभग मानचित्र से ही मिट गई।[31]

लेकिन काशी इतिहास के इन तमाम उतार-चढ़ावों और झटकों से बचकर एक शाश्वत शहर बनी रही। जैसा कि शेरिंग भावपूर्ण उत्कर्ष के साथ लिखते हैं:

> *पच्चीस शताब्दी पहले तक, कम से कम, यह प्रसिद्ध था। जब बेबीलोन वर्चस्व के लिए नीनवे के साथ संघर्ष कर रहा था, जब टायर अपने उपनिवेश स्थापित कर रहा था, जब रोम के ज्ञात होने से पहले एथेंस की ताकत बढ़ रही थी, या ग्रीस फारस के साथ संघर्षरत था, या साइरस ने फारसी राजशाही की चमक बढ़ा दी थी, या नबूकदनेस्सर ने यरूशलम पर क़ब्ज़ा कर लिया था, और यहूदिया के निवासियों को बंधक बनाया जा रहा था, उस समय भी वह (काशी/बनारस) पहले से ही महिमा नहीं तो महानता तक पहुंच चुकी थी। नहीं, उसने सुलैमान की कीर्ति सुनी होगी, और उसके महलों की शोभा बढ़ाने के लिये अपने हाथीदांत, वानर और मोर भेजे होंगे; जबकि आंशिक रूप से अपने सोने से उसने प्रभु के मन्दिर को मढ़ा होगा। बनारस न केवल अपनी सम्मानजनक उम्र*

> *के लिए उल्लेखनीय है, बल्कि उस जीवन शक्ति और जोश के लिए भी उल्लेखनीय है, जिसे, जहां तक हम जानते हैं, उसने लगातार प्रदर्शित किया है। जबकि कई शहर और राष्ट्र क्षय में पड़ गए और नष्ट हो गए, उसका सूर्य कभी अस्त नहीं हुआ; इसके विपरीत, पिछले कई युगों से यह लगभग मध्याह्नीय वैभव के साथ चमकता रहा है। उसका गौरवशाली नाम पीढ़ी-दर-पीढ़ी चला आ रहा है और विशाल हिंदू परिवार द्वारा सदैव एक घरेलू शब्द, पूजनीय और प्रिय बना हुआ है।*[32]

यह प्रकाश के प्रदीप्त शहर के इतिहास की लंबी, नाज़ुक और उथल-पुथल भरी यात्रा है, जिसकी ओर अब हम रुख कर रहे हैं।

2

ऐतिहासिक नगर

प्रारंभिक युग

इतनी प्राचीनता से भरे काशी शहर के आरंभिक राजनीतिक इतिहास के बारे में अस्पष्टता का होना आम बात है। पुराणों में इस स्थान पर शासन करने वाले शासकों का एक लंबा कालक्रम मिलता है। काशी के शासकों के वंश में पौराणिक धन्वंतरि भी थे, जो देवताओं के दिव्य चिकित्सक थे और समुद्र के पौराणिक मंथन के दौरान प्रकट हुए थे। लेकिन जैसा कि हम आज समझते हैं, पौराणिक राजाओं को एक निश्चित समय क्रम में फिट करना अक्सर कठिन होता है। वे सभी महाभारत-पूर्व युग से संबंधित हैं, जो अपने आप में एक चकित कर देने वाले अतीत को समेटे हुए है।[1] जैसा कि इतिहास के व्यवस्थित रिकॉर्ड नहीं रख पाने के लिए बदनाम हिंदुओं को, गैर-भारतीयों द्वारा डांटे जाने की प्रथा प्रचलित थी, काशी राज्य के प्रति अपने आकर्षण के बावजूद, शेरिंग ने लिखा है,

> *उत्कृष्ट व्याकरणविद् होते हुए भी वे [हिंदू] अल्प इतिहासकार हैं। उनके पास दस हजार अलग-अलग पांडुलिपियों में से एक भी रिकॉर्ड उपलब्ध नहीं है, जिनसे उनके प्राचीन साहित्य की रचना की गई है, जिसकी ऐतिहासिक शुद्धता पर कोई भी बहुत भरोसा कर सकता है। पौराणिक कहानियाँ वास्तविक घटनाओं के साथ इतनी घुलमिल गई हैं, और एक का जाल दूसरे के ताने-बाने के साथ इतना घनिष्ठ रूप से जुड़ा हुआ है, तथा दोनों इतने समरूप हैं कि यूरोप की*

बेहतरीन सूक्ष्म बुद्धि, धैर्यपूर्वक और लंबे समय तक निरंतर परीक्षण के बाद भी, यह पता लगाने की कोशिश में उलझी ही रह गई कि कौन सी कहानी काल्पनिक है और कौन सी वास्तविक...नतीजा यह हुआ कि बनारस शहर, जिसकी प्राचीनता बहुत महान है, ने उस गौरव को खो दिया है जो उसका उचित अधिकार था। हालाँकि, एक प्रतिद्वंद्वी पंथ [बौद्ध धर्म] को धन्यवाद - जो संभवतः ईसा पूर्व छठी शताब्दी में अस्तित्व में आया था - जिसने इतिहास को कुछ हद तक विश्वसनीयता के साथ रखा और हम उस प्रारंभिक युग में इस शहर के संबंध में कुछ विशिष्ट जानकारी प्राप्त करते हैं।[2]

हालाँकि उपरोक्त में से कुछ को ठेठ औपनिवेशिक, पश्चिमी और यूरो-केंद्रित दिमाग के रूप में खारिज किया जा सकता है, जो अपने अतीत के दस्तावेजीकरण के भारतीय तरीके की सराहना नहीं करता, लेकिन वाराणसी के पुराने इतिहास के शुरुआती काल का पुनर्निर्माण आज के आधुनिक इतिहासकार के लिए चुनौती पेश करता है। आठवीं से छठी शताब्दी ईसा पूर्व तक फैले सोलह महान साम्राज्यों (षोडश महाजनपदों) के समय के दौरान, काशी सबसे शक्तिशाली व स्वतंत्र प्रभुत्वसंपन्नों में से एक था। बौद्ध ग्रंथ अंगुत्तर निकाय में इन सोलह राज्यों की सूची दी गई है, जिनमें काशी, अंग, अस्माक, चेदि, गांधार, कंबोज, कोशल, मगध, मल्ल, मत्स्य, पांचाल, वज्जि आदि शामिल हैं।[3] काशी शक्तिशाली परंतु विरोधी पड़ोसियों से घिरा हुआ था - उत्तर में कोशल और पूर्व में मगध। कई जातक कथाएँ अन्य स्थानों की तुलना में काशी की श्रेष्ठता, राजनीतिक शक्ति और वाणिज्यिक समृद्धि के एक उत्कृष्ट केंद्र के रूप में इसके महत्व के बारे में बताती हैं। कहानियों में तीन राज्यों के बीच निरंतर सत्ता संघर्ष का भी उल्लेख मिलता है, जिसमें सत्ता की धुरी लगातार बदलती रहती है। काशी के राजाओं में से एक, बृहद्रथ, कोशल को अपने अधीन करने में कामयाब रहें परंतु बुद्ध के समय राजा कंस के अधीन कोशल ने काशी को अपने अधीन कर लिया। जब व्यापार और वाणिज्यिक गतिविधियों की बात आती है तो काशी का अधिग्रहण कोशल के लिए भी महत्वपूर्ण बन जाता है।

काशी का उल्लेख महाभारत में बार-बार मिलता है। सर्वसेन नामक राजा की बेटी का विवाह शकुंतला और दुष्यन्त के पुत्र भरत से हुआ था,

जो पूरे भारत का सम्राट माना जाता था। काशी के राजा की बेटियों, अंबिका और अंबालिका का भीष्म ने अपने सौतेले भाई त्रिचित्रवीर्य के लिए अपहरण कर लिया था और उन्होंने क्रमशः पांडवों और कौरवों के पिता पांडु और धृतराष्ट्र को जन्म दिया था। ऐसे भी संदर्भ हैं कि कैसे महाभारत युद्ध के बाद वासुदेव कृष्ण की सेनाओं ने पौंड्रक नामक धोखेबाज और उसके सहयोगी काशी के राजा को हराने के अलावा अज्ञात कारणों से शहर पर हमला किया और जला दिया।[4] इससे एक स्वतंत्र राज्य के रूप में काशी की स्वायत्तता का अंत हो गया।

हालाँकि, ईसा पूर्व छठी शताब्दी तक, यह मगध ही था जो एक प्रमुख शक्ति केंद्र के रूप में उभरा और कोशल की शक्ति को चुनौती दी। दोनों राज्यों के बीच वर्चस्व की इस लड़ाई में, काशी बुरी तरह फंस गई और इस हाथ से उस हाथ तक उछाली जाती रही। अपने अस्तित्व को खतरे में डालने वाली, इस तीव्रगामी शक्ति की मित्रता को सुरक्षित करने के लिए, कोशल के शासक ने मगध शासक बिंबिसार को काशी शादी के तोहफे के रूप में दे दी। उन्होंने अपनी बेटी और बिंबिसार के बीच सुविधा का एक वैवाहिक गठबंधन बनाया। हालाँकि इस गठबंधन की एक शर्त यह थी कि शहर का राजस्व रानी के स्नान और इत्र के खर्च के लिए जाएगा।[5] जब बिंबिसार को उसके पुत्र अजातशत्रु ने मार डाला, तो कोशलन रानी की दुःख से मृत्यु हो गई। अपनी बेटी और दामाद की मौत का बदला लेने के लिए, कोशल के राजा ने अजातशत्रु को युद्ध में आमंत्रित किया, उसे हराया तथा काशी को वापस छीन लिया। लेकिन एक बार पुनः, राजा ने शांति स्थापित की तथा एक और वैवाहिक गठबंधन में काशी को दहेज के रूप में अजातशत्रु को दे दिया। इस प्रकार, काशी इन प्रतिस्पर्धी शासकों के हाथों में एक सुविधाजनक राजनीतिक मोहरा बनकर रह गई थी। जैसे-जैसे सदी आगे बढ़ी, मगध सर्वोपरि शक्ति बन गया और कोशल पिछड़ता चला गया।

चौथी शताब्दी ईसा पूर्व में मौर्य वंश की स्थापना से लेकर चौथी से छठी शताब्दी ईस्वी में गुप्तों के शासन के बीच बीते हजार वर्षों में, काशी का राजनीतिक महत्व भले ही कम हो गया हो, लेकिन आध्यात्मिक आंदोलनों की भट्टी के रूप में इसकी भूमिका निरंतर जारी रही। हालाँकि मौर्यों ने बौद्ध धर्म को संरक्षण दिया, जिसे इस दौरान भारी बढ़ावा मिला, साथ ही काशी में ब्राह्मणवाद भी फला-फूला। शुंगों के अधीन,

जिनका झुकाव ब्राह्मणवाद की ओर अधिक था, हमारे पास पुष्यमित्र जैसे शासक थे, जिनके बारे में कहा जाता है कि उन्होंने वाराणसी में दो बार वैदिक अश्वमेध यज्ञ, या घोड़े की बलि दी थी। पहली शताब्दी ईस्वी तक, मध्य एशिया के कुषाण राजाओं ने वाराणसी को अपने नियंत्रण में ले लिया। कुषाण शासक कनिष्क बौद्ध धर्म का महान संरक्षक था। अशोक द्वारा बौद्ध मिशनरियों को दूसरे देशों में भेजने के बाद, यह कनिष्क ही था जिसने यह सुनिश्चित किया कि पहले बौद्ध भिक्षु चीन जाएं।

गुप्तकाल में अनेक पुराणों की रचना प्रारम्भ हुई। इससे हिंदू धर्म के आस्तिक और मूर्तिपूजक पंथ को अत्यधिक प्रोत्साहन मिला, जिसने पहले की वैदिक, गैर-मूर्तिपूजा को ग्रहण करना शुरू कर दिया। गुप्त काल के दौरान और उसके बाद वास्तुशिल्प तथा मूर्तिकला के चमत्कारों के प्रसार के साथ मंदिरों का निर्माण व देवताओं की मूर्ति स्थापना देखी गई। जैसा कि पहले उल्लेख किया गया है, काशी इन पौराणिक रचनाओं और परिणामस्वरूप मंदिरों की निर्माण गतिविधियों की लाभार्थी थी।

आठवीं सदी के मध्य से, गुर्जर-प्रतिहार उत्तरी क्षेत्र में प्रतिष्ठित हो गए, उन्होंने पहले उज्जैन से और बाद में कन्नौज (कान्यकुब्ज) से शासन किया। कन्नौज की विजय 833 ई.से पहले इसके एक प्रसिद्ध शासक नागभट्ट द्वितीय (795-833 ई.) ने की थी। जब अरबों ने भारत पर आक्रमण किया और सिंध पर कब्ज़ा किया, तो प्रतिहारों ने भी अरबों की ताकत को रोकने में महत्वपूर्ण भूमिका निभाई थी। मिहिर भोज (836-885 ई.) और महेंद्रपाल प्रथम (885-910 ई.) जैसे शासकों के अधीन, प्रतिहारों ने एक विशाल शाही शक्ति हासिल कर ली, जिससे उनके प्रभाव की धुरी करनाल से लेकर उत्तरी बंगाल तथा काठियावाड़ प्रायद्वीप तक फैल गई। उनका गढ़ अंतर्वेद क्षेत्र, या गंगा और यमुना के बीच स्थित समृद्ध व उपजाऊ दोआब था, जिसका वाराणसी भी एक हिस्सा था। लेकिन राष्ट्रकूट राजा इंद्र तृतीय (915-927 ई.) के बार-बार आक्रमण और उसके बाद, तुर्क आक्रमणों ने प्रतिहार शक्ति को गंभीर रूप से नुकसान पहुँचाया।

ग़ज़नी से ख़तरा

जब उत्तर भारत में ये राजनीतिक परिवर्तन हो रहे थे, तब ज़ाबुलिस्तान (आज का पूर्वी अफगानिस्तान) के ग़ज़ना शहर में एक नई शक्ति का उदय

हुआ। खुरासान के समानी राजवंश के एक तुर्की गुलाम अधिकारी, नासिर उद-दौला सुबुक्तिगिन ने अलग होकर अपना राजवंश बनाया था - ग़ज़नवित्स (977-1186) का। सुबुक्तिगिन और उसके बेटे महमूद (ग़ज़नी के सुल्तान महमूद के नाम से प्रसिद्ध) के काल में, राजनीतिक और धार्मिक दोनों उद्देश्यों के लिए विस्तारवाद तुर्की विजय का आदर्श बन गया। अब्बासी खलीफा के विखंडन के बाद उन्होंने इस्लामी दुनिया में एक स्थायी और व्यापक साम्राज्य छोड़ा। कहा जाता है कि महमूद ने हर वर्ष भारत (हिन्द) के विरुद्ध पवित्र युद्ध (जिहाद) करने की प्रतिज्ञा की थी।[6] भारत के विरुद्ध उसके द्वारा किए गए बारह से सत्रह अभियानों के बारे में विभिन्न विवरण उपलब्ध हैं। वर्ष 1001 ई. से ही, महमूद ने भारत के विभिन्न हिस्सों पर कई हमले किए, खजाने लूटे, मंदिरों का अंधाधुंध विनाश किया और लोगों को जबरन इस्लाम में परिवर्तित कराया। काबुल से लेकर कश्मीर तक तथा पंजाब से लेकर कन्नौज और ग्वालियर तक, उत्तर एवं पश्चिम भारत लगातार उसके बर्बर हमलों का शिकार होता रहा।

कपिशा (काबुल) के शाही शासक जयपाल द्वारा कई बार तुर्की आक्रमणों का मुंहतोड़ जवाब दिया गया। उसने 986-987 ई. के आसपास ग़ज़नी के क्षेत्र पर धावा बोल दिया।[7] इस युद्ध में, महमूद को बड़ी निराशा हुई और जयपाल के साथ शांति स्थापित करनी पड़ी। फ़ारसी इतिहासकार फ़रिश्ता का कहना है कि जब शांति समझौते के बाद भी तुर्की घुसपैठ का खतरा जारी रहा, तो जयपाल ने ग़ज़नी की बढ़ती शक्ति को कुचलने के लिए तोमरस (तोमर), चाहमानों (चौहान) और चंदेलों का एक संघ बनाया।[8] अंततः, जयपाल को ग़ज़नी की सेना ने अपने अधीन कर लिया, और हार की शर्मिंदगी में, जयपाल ने आत्मदाह कर लिया। आनंदपाल, त्रिलोचनपाल और उनके बेटे 'निडर' भीम जैसे शासकों के तहत, शाहियों ने महमूद की घुसपैठों को जोरदार जवाब देना जारी रखा। इसलिए ऐसा नहीं था जैसा कि आम तौर पर लोकप्रिय मार्क्सवादी इतिहासलेखन में बताया जाता है कि महमूद भारत को तबाह करने की खुली छूट लेकर आया, बल्कि उसके प्रत्येक वार्षिक दुस्साहस के समक्ष कड़े प्रतिरोध का प्रदर्शन किया गया था।

दुर्भाग्यवश, जब प्रतिहार शासक राजपाल के प्रभुत्व पर संकट आया तो वह टिक नहीं सका। उत्बी और इब्न उल अथिर जैसे समकालीन इतिहासकारों ने लिखा है कि जब महमूद ने 1018 ई. में कन्नौज पर छापा

मारा, तो राजपाल डर के मारे भाग गया।[9] इसके बाद महमूद ने पवित्र नगर मथुरा को उजाड़ दिया और लूट लिया। उसके मथुरा अभियान के बारे में फ़रिश्ता लिखता है,

ऐसा कहा जाता है कि सुल्तान को मुत्तरा [मथुरा] में माणिक (रूबी) की आँखों वाली शुद्ध सोने की पाँच बड़ी मूर्तियाँ मिलीं, जिनमें से प्रत्येक की कीमत पचास हजार दीनार थी। एक अन्य मूर्ति पर, उसे एक नीलमणि मिला, जिसका वजन चार सौ मिस्कल था; और मूर्ति के पिघलने से अट्ठानवे हजार तीन सौ मिस्कल शुद्ध सोना निकला। इनके अलावा, चाँदी की सौ से अधिक मूर्तियाँ थीं तथा सौ ऊँटों पर सोना लदा हुआ था। सुल्तान यहां बीस दिनों तक रहा, इस दौरान शहर को आग से बहुत नुकसान हुआ, तबाही और उजाड़ के अलावा, उसने इन जिलों में अन्य किलेबंद स्थानों पर भी चढ़ाई की...[10]

यह न केवल ग़ज़नी में अपना साम्राज्य बनाने के लिए भारत से खजाना लूटने की लालसा थी, बल्कि अपने पंथ के प्रचार-प्रसार की तीव्र इच्छा भी थी जिसने महमूद को खतरनाक नियमितता के साथ वापस लौटने के लिए प्रेरित किया। 'पृथ्वी के लगभग पूरे क्षेत्र में धर्म फैलाने' के उनके प्रयासों की एक सूची नियमित रूप से बगदाद के लोगों को खुश करने के लिए, खलीफा को भेजी जाती थी। तुर्क आक्रमणों ने एक समान पैटर्न का पालन किया - पूजा स्थलों में तोड़फोड़, उनके खजाने को लूटना और हिंदुओं का नरसंहार - बचने का एकमात्र तरीका इस्लाम स्वीकार करना था।[12] यह भारतीय शक्तियों के लिए एक अभूतपूर्व परिदृश्य था, जिन्होंने अब तक धार्मिक मामलों में इतनी पाशविक शक्ति कभी नहीं देखी थी।[13]

जब 1025 ई. में महमूद ने सोमनाथ के ज्योतिर्लिंग पर हमला किया, तो वहां के पुजारियों ने उसे कुछ करोड़ सोने की रिश्वत देने की पेशकश की, ताकि वह देवता को नष्ट किए बिना वहां से चला जाए। सुल्तान ने अहंकारपूर्वक उत्तर दिया कि इस प्रस्ताव को स्वीकार करने से वह मूर्तियों का विक्रेता (सौदागर) बन जाएगा परंतु उसे मूर्तियों को तोड़ने वाले की उपाधि अधिक सम्मानजनक प्रतीत होती है। मूर्ति को निर्दयतापूर्वक उसकी नींव से उखाड़ दिया गया तथा छोटे-छोटे टुकड़ों

में तोड़ दिया गया। इसके कुछ हिस्से को मस्जिद की सीढ़ियों पर रखने के लिए ऊंटों से वापस ग़ज़नी भेज दिया गया, जबकि बाकी को मक्का और मदीना रवाना कर दिया गया। मूर्ति के नीचे पाए गए हीरे, माणिक और मोतियों की विशाल संपत्ति ने महमूद को आश्चर्यचकित कर दिया, क्योंकि ये पुजारियों द्वारा दी जा रही रिश्वत से कहीं अधिक थी। '[उसे] इस मंदिर में पहले कभी मौजूद किसी भी शाही खजाने की तुलना में कहीं अधिक मात्रा में आभूषण और सोना मिला, जैसा कि उसने सोचा था।'[14] यह सब उसकी राजधानी वापस जाने के लिए लाद दिया गया था। यद्यपि महमूद ने कन्नौज और मथुरा पर आक्रमण किया, परन्तु काशी उसके निशाने से बच गई।

लेकिन प्रतिहार शासक की कायरता, घोर आत्मसमर्पण और निकम्मेपन से निराश होकर उत्तर भारत के कई समकालीन राजाओं ने उसके विरुद्ध एक गुट बना लिया। प्रतिहार के पूर्व सामंत जेजाकभुक्ति (आधुनिक बुंदेलखण्ड) के चंदात्रेय, त्रिपुरी के हैहय-कलचुरी, शाकम्बरी के चाहमान और धारा के परमार, सभी ने मध्य देश नामक इस क्षेत्र में अपनी ताकत आज़माना शुरू कर दिया। इतने सारे आक्षेपों का सामना करने में असमर्थ, समय के साथ प्रतिहार शक्ति समाप्त हो गई। इसके बाद, अंतर्वेद के पूर्वी क्षेत्र - जिसमें वाराणसी और प्रयाग शामिल थे - कलचुरी शासक गांगेयदेव (1015-1041 ई.पू.) के अधीन चले गए, जबकि कान्यकुब्ज परमार वंश के भोजदेव (1010-1055 ई.पू.) के अधीन चले गए। इन नई शक्ति गतिशीलता ने पश्चिम के हमलावरों को नहीं रोका, जिनमें यामिनी सुल्तान भी शामिल थे, जो 1030 ईस्वी में महमूद गजनी की मृत्यु के बाद भी लूटपाट करने आते रहे।

वाराणसी पर प्रथम आक्रमण

वाराणसी ने अपना पहला इस्लामी हमला 1033 ई. में अनुभव किया जब महमूद गजनी के कोषाध्यक्ष अहमद नियाल्तगिन की सेना अचानक शहर के सामने आ गई। वह वहां लूटपाट करने आया था और बमुश्किल कुछ घंटों के लिए ही शहर में था। निस्संदेह, इस अभियान में हिंदू पूजा स्थलों को भी नष्ट कर दिया गया, लेकिन नुकसान अभी सीमित था।[15]

समसामयिक इतिहासकार अबुल फजल अल-बहाक़ी ने नियाल्तगिन द्वारा वाराणसी आक्रमण का वर्णन इस प्रकार किया है:

> *अप्रत्याशित रूप से वह एक ऐसे शहर में पहुंचे, जिसे बनारस कहा जाता है और जो गंग [कलचुरि शासक गांगेयदेव[16]] के क्षेत्र से संबंधित था। इस स्थान पर कभी कोई मुहम्मदी सेना नहीं पहुँची थी। शहर दो परसंग वर्ग का था, और इसमें प्रचुर मात्रा में पानी था। खतरे के कारण सेना केवल सुबह से दोपहर की प्रार्थना तक ही वहाँ रह सकती थी। कपड़ा बेचने वालों, इत्र बनाने वालों और जौहरियों के बाज़ार लूटे गए, लेकिन इससे अधिक करना असंभव था। सेना के लोग धनवान हो गए, क्योंकि वे सब सोना, चाँदी, इत्र और जवाहरात ले गए, और सुरक्षित लौट आए।*[17]

अगले वर्ष, 1034-35 ई.पू. के आसपास, महमूद का भतीजा सैयद सालार मसूद, जो पहले भी अपने चाचा के साथ भारत पर हमले में शामिल था और कहा जाता है कि उसने ही उसे सोमनाथ पर हमला करने के लिए राजी किया था, ने ग़ज़नी के सुल्तान से भारत पर हमला करने और वहां इस्लाम फैलाने की अनुमति मांगी। उसकी सेना का एक हिस्सा मलिक अफ़ज़ल अलावी के नेतृत्व में वाराणसी भेजा गया था। हालाँकि, सालार मसूद को भारत-नेपाल सीमा के करीब, बहराईच में बहुत कठिन युद्ध का सामना करना पड़ा और कहा जाता है कि उसकी शादी से ठीक एक रात पहले एक हिंदू शासक (संभवतः राजा सुहेलदेव) ने उसकी हत्या कर दी।[18] जिस स्थान पर उसे मारा गया, उसे मुसलमानों ने एक प्रकार का तीर्थस्थल बना दिया; साथ ही उसे एक शहीद के रूप में पदोन्नत कर, उसका नाम ग़ाज़ी मियां (ग़ाज़ी का अर्थ इस्लाम का धार्मिक योद्धा) रख दिया गया।

इस बीच, मलिक अफ़ज़ल अलावी की सेनाएँ वाराणसी की सीमा तक पहुँच गईं, लेकिन यहां हुए एक घमासान युद्ध में पूरी तरह से हार गईं। ऐसा माना जाता है कि इस लड़ाई का स्थल वह स्थान है जहां काशी रेलवे स्टेशन के पास मस्जिद है, जिसे अब मस्जिद-ए-गंज-ए-शाहिदन

कहा जाता है।[19] हालाँकि इस युद्ध में हमलावर सैन्य कमांडर मारा गया था, लेकिन सच्ची हिंदू परंपरा के अनुसार उसके साथ आए नागरिकों, महिलाओं और बच्चों को शहर के उत्तर की ओर वन क्षेत्र में बसने की अनुमति दी गई। बाद में, इस बस्ती, जहां वे बसे थे, का नाम उनके नेता मलिक अफ़ज़ल अलावी के नाम पर अलावीपुरा रखा गया और आज तक इसका यही नाम बरकरार है (जिसे अलाई पुरा भी कहा जाता है)। यह बड़े पैमाने पर मुस्लिम बुनकरों द्वारा बसा हुआ है और इन आक्रमणकारियों, ग़ाज़ी मियां और अल्वी शाहिद (शाहिद का अर्थ शहीद है) के सम्मान में यहां तीर्थ स्थल बने हुए हैं।

इस प्रकार, ऐसे दो अवसर आएं जब काशी इस्लामिक सेनाओं के हमलों के मद्देनज़र पूर्ण विनाश से बच सकी, एक नियाल्तगिन के तहत और दूसरा अलावी के तहत।

उत्तर भारत में एक नई शक्ति का उदय

भोज की मृत्यु के साथ, परमारों ने धीरे-धीरे कलचुरियों के सामने अपना प्रभुत्व खो दिया। लेकिन यह भी अल्पकालिक था क्योंकि कलचुरियों को जल्द ही चंद्रदेव के अधीन गहड़वाल नामक एक नए राजवंश द्वारा पराजित किया जाना था। वाराणसी के चंद्रावती में पाए गए एक शिलालेख से यह अनुमान लगाया जाता है कि लगभग 1089-1090 ई. में चंद्रदेव ने काशी, उत्तर कोशल (अयोध्या) और इंद्रस्थानिका (दिल्ली) पर विजय प्राप्त की थी।[20] चूंकि कन्नौज, जो अंतर्वेद का महत्वपूर्ण शाही शक्ति केंद्र था, बार-बार होने वाले तुर्क आक्रमणों से पूरी तरह से तबाह हो गया था, जिसमें 1079-80 में हुआ आक्रमण भी शामिल था,[21] गहड़वालों ने अपनी राजधानी कन्नौज से वाराणसी स्थानांतरित कर दी। वे संभवतः शहर के उत्तरी छोर, राजघाट क्षेत्र में रहने लगे। जैसा कि हंस बेकर कहते हैं, 'वाराणसी के कदम को इस्लाम की चुनौती के प्रति गहड़वालों की प्रतिक्रिया तथा प्रतिष्ठा एवं मनोबल बढ़ाने और समर्थन जुटाने की रणनीति के रूप में देखा जा सकता है।'[22] सदियों के बाद, वाराणसी, जो हमेशा आध्यात्मिक महत्व का केंद्र रहा था, ने भी अपने राजनीतिक महत्व

को पुनः प्राप्त कर लिया जो कि षोडश महाजनपदों के समय से खो गया था। अपने पहले ज्ञात शिलालेखों में, गहड़वालों ने खुद को '(उत्तर) भारतीय पवित्र स्थलों (तीर्थ) का रक्षक' घोषित किया।[23]

चंद्रदेव के पोते गोविंदचंद्र, जो 1115 ईस्वी में सिंहासन पर बैठे, राजवंश के सबसे शानदार शासकों में से एक थे, और उन्होंने आगे की इस्लामी विजय के लिए एक मजबूत प्रतिरोध प्रस्तुत किया और क्षेत्र की रक्षा की। गोविंदचंद्र ने अपने राज्य की रक्षा के लिए एक सरल तरीका अपनाया, जिसमें वाराणसी भी शामिल था। उसने अपने पड़ोसियों को अपने अधीन कर लिया और उन्हें अपना सामंत बना लिया। इस प्रकार, सभी पड़ोसियों- दिल्ली में तोमर, बदायूँ के राष्ट्रकूट, और[24] कन्नौज में गाधिपुराधिपति गोपाल के राजवंश - सभी ने संभावित तुर्क हमलों के खिलाफ मजबूत ढाल के रूप में काम किया। सारनाथ में एक अदिनांकित शिलालेख में, गोविंदचंद्र की पत्नी कुमारदेवी ने दुष्ट तुरुष्कों (या तुर्कों) से शहर की रक्षा करने के लिए अपने पति की प्रशंसा की।[25] गौड़ राजा को हराने के उनके कार्य का भी रहान प्लेटों (1109 ई.) में सजीव वर्णन किया गया है।[26] 1100 ई. के एक शिलालेख में चोल राजा कुलोत्तुंगा के साथ गठबंधन का भी उल्लेख मिलता है।[27] गहड़वालों को जल्दी ही एहसास हो गया कि इस्लामी आक्रमणों के आगमन के साथ शत्रु की प्रकृति और विजय का स्वरूप बदल गया है। इस प्रकार तुर्कों द्वारा उत्पन्न खतरों से निपटने के लिए एक स्थायी सेना बनाए रखने की लागत को पूरा करने के लिए 'तुर्क कर' या तुरुष्कदंड लगाया गया।[28]

अपेक्षाकृत शांति की अवधि के दौरान, साहित्य, कला, आध्यात्मिकता और मंदिर निर्माण को गहड़वालों, विशेष रूप से गोविंदचंद्र के तहत एक बड़ा प्रोत्साहन मिला। राजधानी होने के नाते, वाराणसी इस उदारता का लाभार्थी था। उनके दरबार को सुशोभित करने वाले कई विद्वानों में मिथिला के एक ब्राह्मण लक्ष्मीधर भी थे। वे गोविंदचंद्र के अधीन युद्ध और शांति (महासंधि विग्राहिका) मंत्री थे। लक्ष्मीधर का सबसे सराहनीय योगदान उनकी महान कृति है, जिसकी रचना 1125 से 1145 ईस्वी के बीच हुई थी, जिसे 'कृत्य-कल्पतरु' कहा जाता है। कृत्य-कल्पतरु अर्थात कर्तव्यों, अनुष्ठानों और संस्कारों की इच्छा-पूर्ति करने वाला वृक्ष। यह

हिंदू परंपराओं का एक वास्तविक पुनर्जागरण था क्योंकि इसमें महाकाव्यों, पुराणों, धर्मशास्त्रों और अन्य ग्रंथों के संकलन को एक साथ लाया गया था। चौदह खंडों में वर्गीकृत इस पुस्तक में, एक रूढ़िवादी ब्राह्मण के घरेलू कर्तव्यों, दैनिक अनुष्ठानों, पूर्वजों की पूजा अनुष्ठानों (श्राद्ध), दान, तपस्या, मंदिरों का निर्माण, पापों का प्रायश्चित, राजा एवं शाही कर्तव्यों से लेकर विविध विषयों को शामिल किया गया है। पहले के पौराणिक साहित्य की शैली में, 'तीर्थ विवेचन कांड' (तीर्थों की चर्चा) शीर्षक वाला एक खंड पूरी तरह से उस समय के प्रमुख तीर्थों के महात्म्य या स्तुतियों को समर्पित था।

पुस्तक में काशी का महत्वपूर्ण स्थान है और लगभग आधा हिस्सा इस नगर की पवित्रता को समर्पित है। इसका कारण केवल यह नहीं कहा जा सकता कि लक्ष्मीधर शहर के निवासी थे या वहां शासन करने वाले राजवंश के मंत्री थे बल्कि बारहवीं शताब्दी ईस्वी तक, काशी ने वास्तव में भारत में एक प्रमुख क्षेत्र, या पवित्र स्थान के रूप में एक उत्कृष्ट दर्जा प्राप्त कर लिया था। दसवीं शताब्दी ईस्वी से, सुदूर दक्षिण भारत में पाए गए शिलालेख भी काशी में ब्राह्मणों और गायों की हत्या को सभी पापों में सबसे घातक बताते हुए, पवित्र स्थानों में काशी की सर्वोच्चता की अप्रत्यक्ष गवाही देते हैं।[29] यह ग्यारहवीं शताब्दी ईस्वी के ईरानी विद्वान और बहुज्ञ अल्बरूनी जैसे विदेशी के वृत्तांतों से भी प्रमाणित होता है। वह महमूद गजनी के साथ आये थे और उन्होंने जो भारत देखा और अनुभव किया उसके बारे में विस्तार से लिखा। वाराणसी के बारे में, वह लिखते हैं,

> *हिंदुओं के कुछ ऐसे स्थल हैं जो उनके विधि और धर्म से जुड़े कारणों से पूजनीय हैं, जैसे कि बनारस। क्योंकि उनके लंगरवाले उसमें भटकते रहते हैं और सदैव वहीं रहते हैं, जैसे काबा के निवासी सदैव मक्का में रहते हैं। वे अपने जीवन के अंत तक वहीं रहना चाहते हैं, ताकि मरने के बाद उन्हें इसका बेहतर प्रतिफल मिल सके। वे कहते हैं कि एक हत्यारे को उसके अपराध के लिए ज़िम्मेदार ठहराया जाता है और उसके अपराध के कारण सज़ा दी जाती है, सिवाय उस स्थिति के जब वह बनारस शहर में प्रवेश करता है, जहाँ उसे क्षमा प्राप्त होती है।*[30]

गोविंदचंद्र सहित गहड़वालों का झुकाव वैष्णववाद की ओर अधिक था और उन्होंने आदि केशव के मंदिर को कई अनुदान दिए। लेकिन, काशी में शिव की प्रधानता को देखते हुए, उन्होंने उनके मंदिरों जैसे विश्वेश्वर, वेदेश्वर, त्रिलोचनेश्वर, अघोरेश्वर, कृत्तिवासेश्वर, इंद्रेश्वर, ओंकारेश्वर, स्वप्नेश्वर, या लोलार्क के रूप में सूर्य आदि को भी भव्य अनुदान दिए। उनके मौजूदा ताम्रपत्रों में से एक में, गोविंदचंद्र द्वारा विश्वेश्वर के मंदिर में पूजा करने का प्रमाण भी मिला है।[31] उन्होंने विष्णु, शिव और सूर्य के मंदिरों में अपने धर्मार्थ दान को अंकित करते हुए 50 से अधिक शिलालेख छोड़े हैं। उनकी दो रानियों ने बौद्ध धर्म का समर्थन किया, इसलिए यह गहड़वालों के अधीन आस्था के सभी पहलुओं का एक समन्वित सम्मिलन था।

अंतिम आघात

1155 ई. में गोविंदचंद्र की मृत्यु के साथ, गहड़वालों के भाग्य पर ग्रहण लग गया। वे सामंत जो एक मजबूत केंद्रीकृत कमान के तहत एकजुट थे और सामरिक महत्व की दृष्टि से, मध्य भूमि की रक्षा के लिए पश्चिमी सीमा केंद्रों पर सुरक्षा चक्र के रूप में कार्य करते थे, धीरे-धीरे अलग होने लगे। लेकिन उनमें से किसी को भी एहसास नहीं हुआ कि यह सभी शक्तियों के लिए आत्मघाती था क्योंकि इसने उत्तर भारत को हमलों के लिए अतिसंवेदनशील बनाने में प्रभावी रूप से योगदान दिया। 1170 ई. में गहड़वाल शासक जयचंद्र, जो सिंहासन पर बैठा था, का एक अन्य शक्तिशाली पूर्ववर्ती सामंत (लेकिन अब स्वतंत्र शासक), पृथ्वीराज चाहमान (पृथ्वीराज चौहान) के साथ निरंतर तनाव और प्रतिद्वंद्विता आरम्भ हो गई।

जब भारत में शक्ति परिवर्तन की ये बयार चल रही थी, महमूद के ग़ज़नवी साम्राज्य को एक बड़ा झटका लगा। बारहवीं शताब्दी के मध्य में, सूरी सरदारों के नेतृत्व में अफगानों के एक कबीले ने विद्रोह कर दिया। इन विद्रोहियों को इतिहास में ग़ुरिद या ग़ोरी के नाम से जाना जाता था, जो उनके मूल स्थान ग़ोर के नाम से लिया गया था, जो हेरात और बामियान (आज के अफगानिस्तान में) के बीच स्थित एक पहाड़ी इलाका है। प्रमुख

ग़ोरी विद्रोही अलाउद्दीन हुसैन ने 1150 ई. में ग़ज़नी शहर को लूटा और जला दिया, जिससे उसे जहान सोज़ या वर्ल्ड बर्नर की घातक उपाधि मिली। यहां तक कि जब उसने डरे हुए ग़ज़नवी सुल्तान को राजधानी से भागने के लिए मजबूर करने के बाद व्यापक विस्तारवादी सैन्य अभियान शुरू किया, तो अपने भाई मुइज़-उद-दीन मुहम्मद बिन साम को भारतीय उपमहाद्वीप में पूर्वी विजय का प्रभारी बना दिया। इतिहास में यह व्यक्ति भारत में इस्लामी शासन के संस्थापक मुहम्मद ग़ोरी के नाम से जाना जाता है। उसने 1175 ई. से भारत पर अपने हमले शुरू किये।

दूरदर्शिता की कमी और आपस में आंतरिक प्रतिद्वंद्विता के कारण उत्तरी शक्तियाँ बर्बाद हो गईं। जब गोरी ने गुजरात पर हमला किया, तो चालुक्य सोलंकी शासक रानी नायकी देवी ने इन तुर्क हमलों के खिलाफ एक संयुक्त संघ बनाने के लिए पृथ्वीराज चौहान का समर्थन मांगा। परंतु संदेह होने पर पृथ्वीराज ने उसका प्रस्ताव ठुकरा दिया। नायकी देवी किसी तरह 1178 ई. में कसाहरादा की लड़ाई में ग़ोरी को हराकर खुद को बचाने में सफल रहीं। इसके बाद ग़ोरी ने अपना ध्यान अन्य राज्यों की ओर लगा दिया। जल्द ही, पृथ्वीराज की भी बारी आने वाली थी, और उस समय उसके कट्टर प्रतिद्वंद्वी जयचंद्र ने एक आम दुश्मन के खिलाफ एकजुट होने के बजाय दूसरी तरफ मुँह मोड़ लिया। हर किसी ने सोचा कि यह किसी और की लड़ाई है, और खतरे को तब तक नहीं समझा गया जब तक कि यह खुद उनके दरवाजे पर नहीं आ गया। 1192 ई. में तराइन के दूसरे युद्ध में ग़ोरी की सेना द्वारा पृथ्वीराज का विनाश कर दिया गया। वाराणसी में सुरक्षित रूप से विराजमान जयचंद्र को इस बात का जरा भी एहसास नहीं था कि दो साल बाद ही उनके द्वार पर खतरा मंडराने लगेगा। 1194 ई. में मुहम्मद ग़ोरी के सैन्य कमांडर कुतुबुद्दीन ऐबक ने एक बड़ी सेना के साथ वाराणसी पर आक्रमण किया। जयचंद्र ने चंदावर में आक्रमणकारी का सामना किया। इसके बाद जो कुछ हुआ उस पर अनेक समकालीन इतिहासकार खुशियाँ मनाते हैं। कामिलु-त-तवारीख में, इब्न असीर लिखते हैं,

ग़ज़नी के राजा शहाबु-द-दीन ग़ोरी ने अपने गुलाम कुत्बु-द-दीन को हिंद के राजकुमारों के खिलाफ युद्ध करने के लिए भेजा... बनारस का राजा भारत का सबसे महान राजा था और उसके पास

चीन की सीमाओं से लेकर मालवा प्रांत तक और समुद्र से लाहौर की दस दिनों की यात्रा तक की चौड़ाई तक फैला सबसे बड़ा क्षेत्र था। जब उन्हें इस घुसपैठ के बारे में सूचित किया गया, तो उन्होंने [बनारस के राजा] ने अपनी सेनाएँ एकत्र कीं और वर्ष 1194] 590 ईस्वी] में, उन्होंने मुहम्मदियों के क्षेत्रों में प्रवेश किया...उनके हिंदू राजकुमार के पास 700 हाथी थे और उसकी सेना में कई सरदार थे...जब दोनों सेनाएँ मिलीं तो भारी नरसंहार हुआ...हिन्दुओं का भारी कत्लेआम हुआ; महिलाओं और बच्चों को छोड़कर किसी को भी नहीं बख्शा गया, और पुरुषों का नरसंहार तब तक जारी रहा जब तक कि पृथ्वी थक नहीं गई... हिंदू राजा की हत्या कर दी गई, और किसी ने भी उसकी लाश को नहीं पहचाना होगा, लेकिन उसके दांतों की वजह से, जो अपनी जड़ों से कमजोर थे, उन्हें सोने के तार से बांधा जा रहा था। हिंदुओं की उड़ान के बाद, शहाबु-द-दीन ने बनारस में प्रवेश किया, और चौदह सौ ऊंटों पर लादकर अपना खजाना ले गया।[32]

हसन निज़ामी ताजु-एल-मासिर में लिखते हैं,

बनारस के राय, जयचंद, मूर्तिपूजा और विनाश के प्रमुख, एक सेना के साथ शाही सैनिकों का विरोध करने के लिए आगे बढ़े, जो रेत के कणों के समान अनगिनत थी...बनारस के राय, जो अपनी सेना और युद्ध हाथियों की संख्या पर गर्व करते थे, एक ऊँचे हौदे पर बैठे हुए थे, अचानक एक तीर से घायल होकर अपने ऊँचे स्थान से भूमि पर आ गिरे। उनके सिर को भाले की नोक पर सेनापति के पास ले जाया गया और बाकी शरीर को तिरस्कार की धूल में फेंक दिया गया। उस भूमि से मूर्तिपूजा की अशुद्धियों को तलवार के पानी से साफ कर दिया गया और हिंद देश को बुराई और अंधविश्वास से मुक्त कर दिया गया। अपार लूट प्राप्त हुई, जिसे देखने वाले की आँखें थक जाएँगी, जिसमें एक सौ हाथी (कुछ संस्करणों के अनुसार तीन सौ) भी शामिल थे। फिर शाही सेना ने असनी के किले पर कब्ज़ा कर लिया जहाँ राय का खजाना जमा था...वहाँ से शाही सेना बनारस की ओर बढ़ी, जो हिंद देश

का केंद्र है, और यहां उन्होंने लगभग 1000 मंदिरों को नष्ट कर दिया तथा उनकी नींव पर मस्जिदें खड़ी कर दी गई। इसके पश्चात कानून का ज्ञान प्रचारित किया गया तथा धर्म की नींव स्थापित की गई; साथ ही दीनार और दिरम का चेहरा राजा के नाम तथा प्रशंसात्मक उपाधियों से सुशोभित किया गया। हिंद के रईस और सरदार अपनी निष्ठा प्रकट करने के लिए आगे आये। तब देश का शासन राज्य के सबसे प्रतिष्ठित और उन्नत सेवकों में से एक को सौंपा गया ताकि वह न्याय वितरित कर सके और मूर्तिपूजा का दमन कर सके।[33]

एक बार जब कुतुब-उद-दीन ऐबक दिल्ली की गद्दी पर बैठा, तो मुहम्मद बकर को वाराणसी का गवर्नर बनाया गया। वाराणसी पर ऐबक के हमले से राजनीतिक राजधानी और पवित्र शहर पर गहरा आघात लगा। हालाँकि यह भाग्यशाली रहा था जो कि हमलों की पिछली लहरों से बच गया, लेकिन यह झटका अत्यंत क्रूर था। जैसा कि हसन निज़ामी ने गर्व से बताया था, पवित्र शहर में लगभग 1,000 मंदिरों को बेरहमी से जमींदोज कर दिया गया था। शहर के ब्राह्मणों का दक्षिण भारत में बड़े पैमाने पर प्रवास हुआ ताकि वे हमलावर सेनाओं की पहुंच से बहुत दूर रह सकें। बनारस गजेटियर ने निराशापूर्वक लिखा, 'एक समय के लिए यह पवित्र शहर तुलनात्मक रूप से महत्वहीन हो गया। इसका पूरी तरह से विनाश कर दिया गया था और शायद उस जगह को ज़मीन से समतल भी कर दिया गया। सभी घटनाओं में, इसका लंबे समय तक इतिहास में शामिल होना बंद हो गया।'[34]

जैसा कि पहले उल्लेख किया गया है, सारनाथ को भी पूरी तरह से ध्वस्त कर दिया गया था, जिसके बाद बौद्ध धर्म का तेज़ी से ह्रास होने लगा। ज्योतिर्लिंग सहित सभी प्रमुख मंदिर, जो अनादि काल से प्रतिष्ठित और पूजनीय थे, मूर्तिभंजन की इस क्रूर आंधी में शायद धूल खा गए। गहड़वालों के लिए यह झटका राजनीतिक रूप से विनाशकारी था, जिसकी शक्ति उसके बाद तेजी से कम होने लगी। जयचंद्र के नवजात पुत्र, हरिश्चंद्र को सिंहासन पर बिठाया गया और उन्होंने कुछ समय तक शासन किया। आक्रमणकारियों द्वारा तत्कालीन साम्राज्य पर तुरंत कब्ज़ा नहीं

किया गया था। वाराणसी, कन्नौज, बदायूँ, जौनपुर, चुनार और अधिकतर अयोध्या जैसे स्थान कुछ समय तक मुस्लिम राजनीतिक प्रभाव के क्षेत्र से बाहर रहे।[35] लेकिन यह सिर्फ समय की बात थी, और 1206 ईस्वी में दिल्ली सल्तनत, या गुलाम वंश की स्थापना होने के बाद, इन सभी क्षेत्रों का अधिग्रहण किया गया। वाराणसी सबसे पहले सुल्तान शम्स-उद-दीन इल्तुतमिश की संपत्ति की सूची में एक प्रांत के रूप में दिखाई दी, जो ऐबक के उत्तराधिकारी था। ग़ियास-उद-दीन बलबन के दिनों में, गवर्नर हाजी इदरीस था, जिसके नाम पर शहर के हाजीदरस मोहल्ले का नाम रखा गया।

इसके बाद, वाराणसी कभी भी राजनीतिक और शाही तौर पर अपना पिछला गौरव हासिल नहीं कर सका। लेकिन जब बात उन पवित्र स्थानों की रक्षा और उन्हें फिर से संगठित करने की आई जो कलंकित हो चुके थे, तब प्रतिरोध और लचीलेपन की इस्पाती भावना जारी रही। मंदिर भले ही ध्वस्त कर दिया गया हो, लेकिन हिंदुओं के मानस पटल और विश्वासों पर पहले से ही इसकी जो स्थायी छाप थी, उसने उन्हें कभी भूलने नहीं दिया या इन स्थानों का उनके लिए क्या महत्व था, इसकी यादें मिटने नहीं दीं। उनके पास सहारा लेने के लिए प्रचुर मात्रा में पवित्र साहित्य था; नया साहित्य भी लिखा जा रहा था, जिसका उद्देश्य अतीत के गौरव को पुनर्जीवित करना और उनके तथा उनके पूर्वजों द्वारा सहे गए प्रचंड विनाश एवं अपमान के घावों को मिटाना था। इसके बाद जो हुआ वह दृढ़ता, लगन और अतुल्य संकल्प की कहानी थी।

मंदिर उठे भी और गिरे भी, लेकिन काशी के हिंदुओं ने कभी हार नहीं मानी, एक बार भी नहीं।

मंदिर का पुनर्जीवन और पुनर्विध्वंश

लगभग पचास वर्षों तक, वाराणसी के तीर्थस्थल पूरी तरह से खंडहर बने रहे। किसी भी पुनर्निर्माण का प्रयास नहीं किया जा सका क्योंकि दिल्ली के सुल्तानों द्वारा नियुक्त मुस्लिम गवर्नरों ने कड़ी निगरानी रखी थी। हालाँकि, 1236 से 1240 ई. तक, केवल चार वर्षों के बहुत ही अल्पकालिक और अशांत शासन में, रज़िया सुल्तान को वाराणसी में अपने नाम पर एक मस्जिद बनाने का समय मिला, जो रज़िया मस्जिद के रूप में प्रसिद्ध थी।

जब मुस्लिम गवर्नरों और स्थानीय अधिकारियों ने थोड़ी सी भी नरमी दिखाई, तो हिंदुओं ने इस अवसर का उपयोग अपने मंदिरों के पुनर्निर्माण के लिए किया। इन हमलों ने उनके विश्वास को डिगाने में कोई खास योगदान नहीं दिया; इसके विपरीत, अपने पवित्र स्थानों को पुनः प्राप्त करने के उनके संकल्प को और भी मजबूत किया।

1296 ई. या उससे पहले वाराणसी में एक और विश्वेश्वर मंदिर का निर्माण इस तथ्य को प्रमाणित करता है; साथ ही पद्मेश्वर नामक एक अन्य नवनिर्मित भव्य विष्णु मंदिर (दिनांकित बुधवार, 15 मई 1296) के एक शिलालेख में कहा गया है,

> *ॐ! गणपति की जय! अयोध्या में पहले सधेसाधु रहते थे, सत्य वक्ता, सत्पुरुषों के प्रिय, जिनका आनंद सभी प्राणियों के कल्याण में निहित था। उनके पुत्र प्रसिद्ध साधुनिधि थे, जिनके दृढ़ गुण वाले पुत्र पद्मसाधु ने, बुधवार के दिन, कृष्ण पक्ष के बारहवें दिन, काशी में विश्वेश्वर मंदिर के प्रवेश द्वार के उत्तर की ओर भगवान पद्मेश्वर का एक ठोस और ऊंचा मंदिर बनवाया। ज्येष्ठ, प्लव वर्षः संवत् 1353 [अर्थात्, 1296 ई.], जिस दिन यह स्तुति लिखी गई थी।*[36]

इस समय अलाउद्दीन खिलजी दिल्ली पर शासन कर रहा था, लेकिन ऐसा प्रतीत होता है कि उसने कम से कम वाराणसी में ज्यादा हस्तक्षेप नहीं किया था, और ये तीर्थस्थान तेजी से विकसित होने लगे।

खिलजियों के उत्तराधिकारी तुगलकों द्वारा वाराणसी में किए गए मूर्तिभंजक उपायों का अधिक प्रलेखित संदर्भ नहीं है। हालाँकि, 1376 ई. में, फ़िरोज़ शाह तुगलक ने जौनपुर में जयचंद्र द्वारा निर्मित अटाला देवी मंदिर को गिराकर अटाला मस्जिद का निर्माण शुरू किया। सुकुल का अनुमान है कि यदि जौनपुर में अटाला देवी मंदिर जैसे प्रमुख मंदिर को ध्वस्त कर दिया गया था, तो यह मान लेना उचित है कि वाराणसी के लोगों को भी नहीं बख्शा गया होगा।[37] वाराणसी में फ़िरोज़ शाह के प्रतिनिधि पुराने हिंदू मंदिरों के स्थान पर उन्हें ध्वस्त करने से प्राप्त सामग्री से कई मस्जिदों का निर्माण कर रहे थे। इसलिए, कोई यह मान सकता है कि वाराणसी में इन मंदिरों को सबसे पहले गिराया गया होगा। प्रसिद्ध अरहाई-कांगड़ा मस्जिद, चौखंभा मस्जिद और गोलाघाट में

मस्जिद, साथ ही अलावीपुरा वार्ड में कई अन्य मस्जिदें इसी अवधि की हैं, और बकरिया कुंड में लगभग पूरी इमारत योजना का निर्माण भी उसी समय किया गया था।[38]

वर्ष 1393 ई. तक, तुगलक के स्थान पर शर्की वंश ने पड़ोसी जौनपुर में सत्ता का केंद्र बना लिया। इससे वाराणसी के पहले से ही कम हो रहे महत्व को और अधिक ग्रहण लग गया। शर्की साम्राज्य के इतिहास में यह शहर मुश्किल से ही कभी शामिल हुआ। इस राजवंश के इब्राहिम शाह के अधीन, फ़िरोज़ शाह की अटाला मस्जिद, जो अधूरी छोड़ दी गई थी, 1408 में पूरी हुई।[39] कई अन्य मस्जिदों का निर्माण पाँचवीं से चौदहवीं शताब्दी के ध्वस्त मंदिरों के पत्थरों और सामग्रियों से पूरा किया गया। ऊपर वर्णित पद्मेश्वर शिलालेख को लाल दरवाजा मस्जिद की दीवारों में स्थापित करने के लिए वाराणसी से जौनपुर तक ले जाया गया था। मस्जिद का निर्माण 1447 में सुल्तान महमूद शर्की की रानी बीबी राजी ने करवाया था। गुप्त काल के कई पत्थर के स्तंभों का उपयोग मस्जिद के बगीचों में स्टूल के रूप में भी किया गया था।[40] इसलिए, जाहिर है, ध्वस्त मंदिरों का मलबा जौनपुर ले जाया जा रहा था और मस्जिद निर्माण में लगातार उपयोग किया जा रहा था। उदाहरण के लिए, लाल दरवाजा मस्जिद का निर्माण आंशिक रूप से '1296 में बनारस के विश्वनाथ मंदिर के पास बने पद्मेश्वर के राजसी मंदिर के क्षतिग्रस्त होने से प्राप्त पत्थर की सामग्री से' किया गया था।[41] अब तक, वाराणसी के हिंदुओं को यह एहसास हो गया था कि बड़े, आडंबरपूर्ण मंदिरों के निर्माण का कोई मतलब नहीं है क्योंकि कोई भी निश्चित नहीं हो सकता कि मूर्तिभंजन और बर्बरता की कुल्हाड़ी कब उन पर गिर जाएगी।

1474 ई. में शर्की ने लोदियों के लिए रास्ता बना दिया। राजवंश के सबसे कट्टर शासकों में से एक, सिकंदर लोदी (1489-1517 ई.) ने जो पहला काम किया, वह था वाराणसी में उस समय मौजूद सभी मंदिरों को थोक में ध्वस्त करने का आदेश देना। 1494-96 ई. के आसपास वाराणसी विनाश के एक और भयानक दौर से गुज़रा। इसके सभी मंदिर तथा शैक्षणिक स्थल खंडहर हो गए, और लगभग 89 वर्षों तक वीरानी में विलाप करते हुए ऐसे ही पड़े रहे।[42] जैसा कि प्रोफेसर ए.एस. अल्टेकर कहते हैं,

'1550-1200 ईस्वी की अवधि सामान्यतः भारत के हिंदू धर्म और विशेष रूप से बनारस के लिए अंधकारमय थी। दुर्भाग्य से, हमारे पास

इतिहास का कोई हिंदू स्रोत नहीं है जिससे हम बनारस के हिंदुओं की भावनाओं और गतिविधियों की प्रत्यक्ष जानकारी प्राप्त कर सकें, क्योंकि इस अवधि के दौरान कई शासकों द्वारा उन पर व्यवस्थित उत्पीड़न किया गया था।'[43]

अधिकांश हिंदू और ब्राह्मण परिवारों के दक्षिण की ओर सुरक्षित आश्रयों में चले जाने के कारण, सदियों से संस्कृत विद्वता और शिक्षा के लिए प्रसिद्ध वाराणसी में इनकी कमी होने लगी। ऐसा प्रतीत होता है कि 1200 से 1500 ई. के बीच यहां संस्कृत की कोई महत्वपूर्ण रचना नहीं रची गई। अध्यात्म और पांडित्य की वह दीप्तिमान लौ जो वाराणसी में सदैव प्रज्वलित रहती थी, बेरहमी से बुझा दी गई, लेकिन अंगारे अभी भी बने हुए थे। हवा का एक ही झोंका उस लौ को फिर से प्रज्वलित करने के लिए काफी था।

पुनरुत्थान का युग

सोलहवीं शताब्दी की शुरुआत के आसपास, महाराष्ट्र और कर्नाटक से कई विद्वान ब्राह्मण वाराणसी में आकर बसने लगे। धर्माधिकारी के परिवार में शेष, भट्ट और मौनी प्रमुख थे। रोजालिंड ओ'हनलोन इस प्रवास का श्रेय 1294 ईस्वी में देवगिरी के यादव राजवंश के पतन को देती हैं: पास के पैठण का पतन, जो ब्राह्मण शिक्षा का केंद्र था, और दक्कन पठार की खराब तथा अकाल-प्रवण कृषि अर्थव्यवस्था वे कारक थे जो इन ब्राह्मण परिवारों को बेहतर अवसरों की तलाश में वाराणसी ले गए।[44] हालाँकि, यह समझना मुश्किल है कि वाराणसी ने कौन से बेहतर अवसर प्रदान किए थे जो स्वयं ही खंडहर हो चुके थे और जहां पांडित्य तथा सीखने की लौ लगभग पूरी तरह से बुझ चुकी थी। ओ'हैनलॉन इस प्रवास के लिए केवल सांसारिक कारणों को जिम्मेदार मानती हैं, जैसे कि मुगल और मुगल युग से पहले नकद राजस्व की मांग ने क्षेत्रीय राज्यों की राजस्व प्रणालियों में ब्राह्मण पदाधिकारियों के लिए पर्याप्त नए लाभ पैदा किए, साथ ही व्यवस्थित कृषि के विस्तार से उन लोगों को फायदा हुआ विशेष रूप से ब्राह्मणों को, क्योंकि इनके पास विकास के लिए पूंजी तक पहुंच थी'।[45] लेकिन एक अधिक प्रशंसनीय व्याख्या संभवतः यह तथ्य हो सकती है कि अतीत की काशी की पवित्र स्थिति

का गुणगान करने वाले साहित्य में तेजी आई थी, जो आज तबाह हो चुके खंडहरों में पड़ा हुआ है।

काशी खंड, जिसका अध्याय-1 में व्यापक रूप से उल्लेख किया गया है, के बारे में कहा जाता है कि इसकी रचना 1250 और 1400 ईस्वी के बीच हुई थी। इसके बाद इसे सबसे बड़े प्रचलित पुराणों में से एक स्कंद पुराण के साथ जोड़ दिया गया। इसने उस पवित्र स्थान की स्मृति और आकांक्षा पैदा की जो लंबे समय से विस्मृत था, और जिससे उसकी महिमा छीन ली गई थी। काशी खंड में एक पौराणिक शासक दिवोदास की कहानी है, जो दिव्य चिकित्सक धन्वंतरि के वंश से संबंधित था। उन्होंने काशी पर धर्मपूर्वक शासन किया, लेकिन देवताओं ने उन्हें धोखा दिया, जिन्हें उन्होंने अपने पुण्य कर्तव्यों से विमुख होने के लिए राज्य से निष्कासित कर दिया था। इस समय, शिव काशी से निर्वासन में थे और मंदार पर्वत पर रहते थे, लेकिन उनका हृदय लौटने के लिए उत्सुक था। ये कहानियाँ शायद इस बात का रूपक हैं कि कैसे तीर्थस्थलों के विनाश का मतलब प्रमुख देवता, शिव का निर्वासन था। ऐसा कहा जाता है कि स्वयं शिव ने दिवोदास को लुभाने और उसे पुण्य के मार्ग से हटाने के लिए 64 योगिनियों या देवी-देवताओं को प्रेरित किया था:

> *हे! योगिनियों! शीघ्र ही मेरे नगर वाराणसी की ओर चलो, जहाँ राजा दिवोदास धर्म का पर्याप्त पालन करते हुए राज्य करते हैं। हे योग और माया की शक्ति से सुसज्जित बुद्धिमान योगिनियों, उस तरीके से आगे बढ़ों जिससे राजा अपने कर्तव्य से विमुख हो जाए और काशी को त्याग दे। शीघ्र कोई ऐसा उपाय करो जिससे मैं इसका जीर्णोद्धार करके वाराणसी जा सकूं।'*[46]

वे नर्तक, माला बनाने वाले, नाई, भविष्यवक्ता, हस्तरेखा विशेषज्ञ, जादूगर आदि के रूप में काशी आएं। लगभग एक वर्ष तक अपने सभी प्रयासों के बावजूद, वे दिवोदास को विचलित करने में सफल नहीं हो सके। अपनी असफलता से शर्मिंदा होकर और मंदार लौटने तथा शिव का सामना करने का साहस न जुटा पाने के कारण, उन सभी ने खुद को काशी में ही तीर्थस्थल के रूप में स्थापित कर लिया।[47] सूर्य, ब्रह्मा, गणेश और

अन्य लोगों द्वारा ऐसे कई असफल प्रयास किए गए, जो काशी आने के बाद इस स्थान से बहुत अधिक मंत्रमुग्ध हो गए और अपना उद्देश्य भूलकर वहां अपने संबंधित मंदिरों में बसने लगे। यह वह खाका था जिसे शास्त्र ने काशी में इन सभी देवताओं के नए मंदिरों के प्रकटीकरण के लिए बनाया था। आख़िरकार, यह विष्णु की मध्यस्थता थी जिसने दिन बचा लिया। एक बौद्ध भिक्षु का वेश धारण करके, पुण्यकृति ने, अपनी पत्नी विज्ञानकौमुदी के साथ, जो एक नन के वेश में थी, जनता के बीच मंत्रों और जादू के माध्यम से बुद्ध के शब्द का प्रसार करना शुरू कर दिया, जो उस समय के धर्म के विपरीत था। इससे प्रजा में अपने ही राजा के प्रति बड़े पैमाने पर असंतोष फैल गया और इस प्रकार दिवोदास को अपना सिंहासन खाली करना पड़ा तथा मोक्ष का वरदान देना पड़ा।[48] हालाँकि तब तक बौद्ध धर्म का पतन हो चुका था, काशी खंड के पाठ ने इसे स्थिर राजनीति के लिए हिंदू धार्मिक सिद्धांतों की प्रधानता पर मुहर लगाने के एक साधन के रूप में इस्तेमाल किया।

'काशी रहस्य', जिसे कथित तौर पर ब्रह्मवैवर्त पुराण में परिशिष्ट के रूप में जोड़ा गया था, संभवतः उसी समय के आसपास रचित, इस कहानी का थोड़ा भिन्न रूप है। इसमें कहा गया है कि काशी पर पहले शिव का शासन था, लेकिन ब्रह्मा की चाल के कारण, उन्होंने अपने राज्य पर नियंत्रण खो दिया। फिर शिव अपने भक्तों के साथ नर्मदा के तट पर एक और पवित्र स्थान स्थापित करने के लिए चले गए। इस बीच ब्रह्मा के पसंदीदा शिष्य, दिवोदास को काशी में सिंहासन पर बिठाया गया था। जब शिव अपने निर्वासन से लौटे, तो वे यह देखकर हैरान और क्रोधित हो गए कि उनके अधिकार की अनदेखी की गई और उनके अपने राज्य में प्रवेश पर प्रतिबंध लगा दिया गया। दिवोदास को चकमा देने के लिए इसी तरह की चाल का उपयोग करते हुए, शिव ने धुंडिराज का उपयोग करके दिवोदास को एक अपवित्र कार्य करने के लिए प्रेरित किया और इस तरह उसने अपना राज्य खो दिया। इसके बाद, शिव ने अपने सेवकों और भक्तों के साथ पूरे शाही वैभव के साथ अपने पूर्ववर्ती राज्य में प्रवेश किया और काशी के सिंहासन को फिर से संभाला।[49]

इन कहानियों में वर्तमान की दु:खद वास्तविकता अंतर्निहित थी, जहां शिव ने वास्तव में उस शहर पर अपनी पकड़ खो दी थी, जिसका नेतृत्व उन्होंने प्रतिमाभंजन की कई लहरों के बाद प्रमुख देवता के रूप में

किया था। वे वास्तव में निर्वासन में थे क्योंकि सभी तीर्थस्थल खंडहर हो चुके थे। लेकिन इस निराशा के साथ-साथ आशा की एक किरण भी थी कि भविष्य उज्ज्वल है, कि अंततः धर्म की जीत होगी और शिव की प्रतीक्षा समाप्त होगी, तथा उनका पवित्र शासन फिर से स्थापित होगा। इस प्रकार इन ग्रंथों में भक्तों के लिए एक संदेश भी निहित था कि वे निराशा त्यागकर खड़े हों और उस पुनर्जागरण का हिस्सा बनें जिसने काशी की महिमा के पुनरुत्थान की शुरुआत करने और शिव को उसके न्यायसंगत शासक के रूप में बहाल करने का वादा किया था।

पंद्रहवीं शताब्दी के अंत से पहले काशी खंड पूरे भारत में बहुत लोकप्रिय था। 1440 ई. में श्रीनाथ द्वारा इसका तेलुगु में अनुवाद किया गया। यह संभवतः इस तथ्य के कारण था कि विजयनगर का हिंदू साम्राज्य दक्षिण भारत में उभरा था, जहां तेलुगु दरबार की भाषा थी। वायु पुराण से जुड़े आनंदकानन-महात्म्य या काशी की महानता पर अध्यायों का तेलुगु में अनुवाद सम्राट कृष्णदेवराय के प्रसिद्ध दरबारी तेनाली रामय्या के दामाद लिंगमगुंटा राम कवि द्वारा किया गया था।

पूर्वी भारत में, मिथिला (आधुनिक बिहार में) में, एक विद्वान, तर्कशास्त्री, और अनुष्ठान एवं न्यायिक संहिताओं के लेखक, जिन्हें स्थानीय मिथिला शासक वाचस्पति मिश्र का संरक्षण प्राप्त था (नौवीं-दसवीं शताब्दी के अद्वैत विद्वान के साथ भ्रमित न हों, जो समान नाम वाले थे) ने न्यायशास्त्र और हिंदू कानूनों पर कई संस्कृत रचनाएँ लिखीं। उनकी कृतियों में से एक तीर्थ चिंतामणि (द विशिंग ज्वेल ऑफ तीर्थस) थी, जो लगभग 1460 ई. में लिखी गई थी। पहले के महात्यमों की तरह, इसने भी उस समय के पवित्र स्थानों की स्तुति की। पूर्व से आने के कारण, गया और उत्कल ने स्वाभाविक रूप से उनके कृति में बड़ा स्थान प्राप्त किया, जबकि काशी और प्रयाग ने भी उनके काम का लगभग पांचवां हिस्सा पूर्ण किया।

महाराष्ट्र क्षेत्र में जहां से ब्राह्मण परिवार वाराणसी में चले गए, गुरु चरित्र की रचना पंद्रहवीं-सोलहवीं शताब्दी के आसपास सरस्वती गंगाधर द्वारा की गई थी। चौदहवीं-पंद्रहवीं शताब्दी की मराठी शैली में और दत्तात्रेय संप्रदाय के श्री नृसिंह सरस्वती (1378-1459 ई.) के जीवन पर आधारित इस पुस्तक में कई अध्याय थे जो काशी की उत्कृष्ट प्रकृति

पर प्रकाश डालते थे। पुस्तक में वर्णित कुछ महत्वपूर्ण स्थापनाएँ इस प्रकार हैं:

काशी एक उत्कृष्ट स्थान है, सभी इच्छाओं और वरदानों की दाता है, यह पंच क्रोश में फैली हुई है...बिना किसी देरी के वहां जाएं, यह आपकी सभी इच्छाओं और इच्छाओं को पूरा करने में मदद करेगी, अपने मन में कोई संदेह न रखें; वहाँ चार पुरुषार्थ प्राप्त किये जा सकते हैं। वहाँ का ईश्वर बहुत दयालु है; वह जो खेल खेलता है वह अजीब है। इसका नाम आनंदकानन है; काशी सभी धर्मों की राशि या खजाना है, सभी जीवित प्राणियों के लिए मोक्ष का स्थान है। यदि आप काशीवासियों के दर्शन मात्र कर लें तो आपके सारे पाप दूर भाग जायेंगे। इस स्थान की महिमा के बारे में मैं क्या कह सकता हूँ? यह तारक मंत्र का स्थान है, जो इसके स्वामी [शिव] द्वारा आपको उपदेश के रूप में फुसफुसा कर सुनाया जाएगा। यदि कोई वहां नहीं जाता है, तो यह मानव जीवन की बर्बादी है, या इससे भी बेहतर होगा कि वह वहीं निवास करे।[50]

ऐसा प्रतीत होता है कि दक्षिण, पश्चिम और पूर्व सभी ऐसे समय में काशी तथा उसकी पवित्रता को बढ़ावा देने वाले साहित्य के प्रसार में योगदान दे रहे थे जब यह स्थान स्वयं बुरे समय से घिर गया था। यह लगभग वैसा ही था मानो देश की सामूहिक चेतना काशी के पुनरुत्थान के लिए तरस रही हो। इस संदर्भ में, ब्राह्मण परिवारों का वाराणसी में प्रवास अधिक बोधगम्य लगता है। काशी में रहते हुए, ये परिवार गहन बौद्धिक कार्यों में लगे रहे और संस्कृत ग्रंथों का एक नया संग्रह तैयार किया। जबकि धर्माधिकारी परिवार के नंद पंडित (1570-1630 ई.) ने, जो बीदर से वाराणसी स्थानांतरित हो गए,'दत्तक मीमांसा' लिखी। इसी परिवार के खांडेराय ने धर्मशास्त्र पर 'परशुराम प्रकाश' लिखा। शेष वंश के शेष विष्णु ने सोलहवीं शताब्दी में 'महाभाष्य' लिखा था। शेष कृष्ण और उनके भाई चिंतामणि ने उस शताब्दी के अंत में कई कृतियों की रचना की, विशेष रूप से 'रसमंजरी परिमाला'। भट्टोजी दीक्षित जैसे शेष वंश के शिष्यों ने 'सिद्धांतकौमुदी' की रचना की, जिसका अध्ययन अभी भी संस्कृत पाठशालाओं या स्कूलों में किया जाता है।[51] इस प्रकार, पांच शताब्दियों के क्रूर मुस्लिम शासन में काशी से संस्कृत की शिक्षा और

सृजनात्मक गतिविधियाँ लगभग समाप्त हो गई थी, लेकिन धीरे-धीरे फिर से स्थापित की जा रही थी।

जबकि ये विद्वान वाराणसी और संस्कृत शिक्षा के बौद्धिक केंद्र के पुनर्निर्माण में लगे हुए थे, भक्त कवियों और संतों ने ऐसे कठिन समय में जनता के बीच भक्ति की लौ को जीवित रखने में मदद की। चौदहवीं सदी में रामानंद, पंद्रहवीं सदी में कबीर और रैदास तथा तुलसीदास, जो 1623 ई. तक जीवित रहे, ने वाराणसी को मध्ययुगीन भक्ति आंदोलन का वास्तविक केंद्र बनाया तथा आम हिंदुओं को सभी प्रतिकूलताओं के बावजूद अपनी आस्था प्रणालियों से जुड़े रहने के लिए प्रेरित किया।

नारायण भट्ट का योगदान

भट्ट परिवार इन्हीं ब्राह्मण परिवारों में से एक था। इस वंश के सबसे प्रखर विद्वानों में से एक श्री नारायण भट्ट (लगभग 1514-1595 ई.) थे। उन्हें कई कृतियों की रचना का श्रेय दिया जाता है, जिनमें 1580 ई. के आसपास प्रयाग रत्न और त्रिस्थली सेतु उल्लेखनीय हैं। उनकी विद्वता और पांडित्य के लिए, उन्हें जगद्गुरु, ब्रह्मांड उपदेशक की उपाधि दी गई और उन्होंने विद्वानों की कई भावी पीढ़ियों पर काफी प्रभाव डाला। त्रिस्थली सेतु (तीन पवित्र स्थानों के लिए एक पुल) एक उल्लेखनीय पाठ था जिसे पूर्व के तीर्थ महात्म्य के प्रारूप पर तैयार किया गया था। लक्ष्मीधर के तीर्थ विवेचा काण्ड और वाचस्पति मिश्र के तीर्थ चिंतामणि की तरह, यह पाठ भी निबन्ध रूप में, या पौराणिक विद्या के सार-संग्रह के रूप में था। नारायण भट्ट ने केवल तीन तीर्थों, प्रयाग, काशी और गया का चयन किया, जिनकी पवित्रता को उस समय पूरे देश में बहुत सम्मान मिला। इस पाठ का लगभग दो तिहाई (लगभग 244 पृष्ठ) केवल काशी को समर्पित है, जिससे यह स्पष्ट हो जाता है कि किस पवित्र स्थान की सबसे अधिक प्रशंसा की गई थी और उसे पुनरुत्थान की कितनी सख्त जरूरत थी। धर्मनिष्ठ हिंदुओं को एक मर्मभेदी सलाह में, नारायण भट्ट ने उनसे कहा कि वे विश्वेश्वर के ज्योतिर्लिंग की अनुपस्थिति के बारे में निराश न हों:

भले ही समय की कठिनाई के कारण यहां विश्वेश्वर का लिंग कहीं से हटा दिया गया हो और दूसरा लाकर मानव हाथों द्वारा स्थापित कर दिया गया हो, उस स्थान पर जो कुछ भी स्थापित है उसकी पूजा की जानी चाहिए, या जिस स्थान पर वह है, उसे स्वयं पूजा जाना चाहिए ...पूजा के इन कृत्यों को उस स्थान पर क़ब्ज़ा करने वाले विभिन्न लिंगों के संबंध में किया जाना चाहिए, भले ही प्राथमिक विश्वेश्वर ज्योतिर्लिंग वहां मौजूद नहीं है...और यदि, दुष्ट विदेशी शासकों (म्लेच्छादि दुष्ट राजा) की शक्ति के कारण उस स्थान पर कोई लिंग उपस्थित नहीं है, फिर भी, उस स्थान के धर्म का पालन परिक्रमा, अभिवादन आदि के संस्कारों के साथ किया जाना चाहिए और इस तरह दैनिक तीर्थ (नित्य यात्रा) की जानी चाहिए... इस तरह के प्रदर्शन को लिंग के प्रतिस्थापन या प्रतिमा (छवि) के प्रतिस्थापन की स्थितियों में भी समान माना जाना चाहिए।[52]

और एक भव्य मंदिर स्थापित हो गया

इस समय के आसपास, मुगल बादशाह अकबर था, जिसने आगरा से शासन किया था। उनके शासनकाल के पहले दस-बारह वर्षों में वाराणसी के लिए बहुत सारी परेशानियाँ देखी गईं क्योंकि बादशाह यहां अपने सेनापतियों के साथ झगड़ों में उलझे हुए थे। लेकिन 1567 ई. तक चीजें व्यवस्थित होने लगीं। उन्होंने राजपूत कुलीन वर्ग के एक वर्ग पर जीत हासिल की और उन्हें प्रशासन में उच्च पदों पर नियुक्त किया, जिससे हिंदू समुदाय को फायदा हुआ। अपने पूर्ववर्तियों की तुलना में, अपने शासनकाल के उत्तरार्ध में, वह अधिक सहिष्णु और हिंदू धार्मिक मान्यताओं को स्वीकार करने वाला था। उनके शासनकाल के दौरान कई मंदिरों का पुनर्निर्माण शुरू हुआ, विशेष रूप से अंबर के राजा मान सिंह और जयपुर शाही परिवार के अन्य सदस्यों द्वारा, जिनका सम्राट द्वारा बहुत सम्मान किया जाता था।[53] नारायण भट्ट, राजा टोडरमल, (जो अकबर के प्रमुख मंत्रियों में से एक थे और वित्त का प्रबंधन भी करते थे) और उनके बेटे गोवर्धन, जो जौनपुर के गवर्नर थे, के प्रति गहरा सम्मान रखते थे।

ऐसा कहा जाता है कि टोडरमल 1580 ई. में मोन्घिर में एक सैन्य विजय के बाद वाराणसी में रुका था। तब तक नारायण भट्ट की सार्वभौम गुरु और ख्याति प्राप्त विद्वान के रूप में प्रसिद्धि हर जगह फैल चुकी थी और टोडरमल भी उन्हें अपना गुरु मानते थे। कहा जाता है कि वाराणसी में अपने प्रवास के दौरान, भट्ट ने अपने संरक्षक से हिंदू मान्यताओं के लिए सर्वोपरि महत्व के इस मंदिर के पुनर्निर्माण करने का आग्रह किया था। पुनर्निर्माण के पीछे की प्रेरणा के संबंध में कई किंवदंतियाँ प्रचलित हैं। एक का कहना है कि अकबर के समय में एक बड़े हमले ने साम्राज्य को तबाह कर दिया था। उनके अधीनस्थों ने बारिश के लिए प्रार्थना करने हेतु नारायण भट्ट से संपर्क किया, जो तब तक लगभग रहस्यमयी प्रसिद्धि प्राप्त कर चुके थे। भट्ट को विश्वास था कि वह चौबीस घंटों से भी कम समय में वर्षा कराने में सक्षम होंगे। जैसे-जैसे उनके मंत्रोच्चार और प्रार्थनाएँ तेज होती गईं, आकाश स्पष्ट रूप से खुल गया तथा बादलों ने अपनी कृपा बरसानी शुरू कर दी। 1937 में ब्रिटिश काल के एक बाद के अदालती फैसले में इस प्रकरण के बारे में गया है और यह भी उल्लेख किया गया है कि मुस्लिम अदालत के इतिहासकारों ने इसे कम महत्व क्यों दिया होगा:

> *यदि यह कहानी (सूखे और बारिश की) सच है, तो इसने हिंदू पूजा और मंत्रों की प्रभावशीलता स्थापित की है, और इसलिए, यह संभव है कि मुस्लिम इतिहासकारों ने इस तथ्य का वर्णन नहीं किया होगा। उन और पिछले दिनों में इतिहास लिखने में हिंदुओं की उदासीनता लौकिक है। हालाँकि, यह एक ऐतिहासिक तथ्य है कि अकबर ने आम तौर पर मंदिरों के निर्माण और पुनर्निर्माण की अनुमति दी थी, यद्यपि उसके द्वारा यदि कोई अनुमति नहीं भी दी गई होती, फिर भी यह असंभव नहीं है कि इस मंदिर का पुनर्निर्माण उसके समय के दौरान किया गया हो, और बाद के समय के हिंदुओं ने यह कहानी गढ़ी हो कि मंदिर का पुनर्निर्माण अकबर की अनुमति से किया गया था ताकि बाद के समय में मुसलमान इसे ध्वस्त न कर सकें।*[54]

वाराणसी में एक और किंवदंती यह है कि जब टोडरमल ने अपने गुरु नारायण भट्ट को अपने पिता की अंत्येष्टि या श्राद्ध समारोह करने के लिए आमंत्रित किया, तो उन्हें अपने पूर्वजों का एक दर्शन हुआ, जिन्होंने उनसे खुद को इस पुनर्निर्माण में शामिल करने का आग्रह किया, जिससे उन्हें और उनकी पिछली पीढ़ियों को अत्यधिक लाभ हो।[55] कारण जो भी हो, निस्संदेह, भट्ट और उनकी विद्वता से प्रेरित होकर, टोडरमल ने एक भव्य विश्वेश्वर मंदिर के पुनर्निर्माण की अनुमति लेने के लिए सम्राट से संवाद किया। अकबर ने इस प्रस्ताव को हरी झंडी दे दी। इसके बाद, नारायण भट्ट के मार्गदर्शन और प्रेरणा के तहत, 1585 ईस्वी में उन्यासी वर्षों के बाद एक शानदार नया मंदिर बनाया गया।

वास्तुकारों और इंजीनियरों को पुराने खंडहरों में मंदिर का पुनर्निर्माण करना पड़ा, जहां तीर्थयात्री धार्मिक रूप से आते थे और खाली अभयारण्यों तथा जीर्ण-शीर्ण मंदिरों, अदृश्य या गुप्त देवताओं के स्थलों पर अपनी पूजा करते थे, जैसा कि नारायण भट्ट ने भी लोगों को करने की सलाह दी थी। नया मंदिर अपने आकार और क्रियान्वयन में भव्य था। मौजूदा मंदिर के खंडहरों के आधार को सात फीट ऊपर उठाया गया और उत्तर में निकटवर्ती सड़क के स्तर पर लाया गया।

उन्नीसवीं सदी में जेम्स प्रिंसेप (1799-1840) वाराणसी आये। प्रिंसेप, जर्नल ऑफ द एशियाटिक सोसाइटी ऑफ बंगाल के संस्थापक संपादक थे, और उनके स्थायी योगदानों में से एक प्राचीन भारत की खरोष्ठी और ब्राह्मी लिपियों के गूढ़ अर्थ को समझना था। उन्होंने नारायण भट्ट द्वारा निर्मित मंदिर का एक लिथोग्राफ तैयार किया, जो इस भव्य मंदिर की वास्तुकला योजना को समझने के लिए प्रामाणिक जानकारी के रूप में हमारे एकमात्र स्रोतों में से एक है। मंदिर परिसर एक वर्ग पर स्थित था जिसकी माप 124 फीट गुणा 124 फीट थी। पूर्व में एक विस्तृत मंडप, रंगमंडप, जिसकी माप 125 फीट गुणा 35 फीट थी, का उपयोग धार्मिक उपदेश के लिए किया जाता था। अल्टेकर का अनुमान है कि चूंकि रंगमंडप में कोई मूर्ति नहीं थी, इसलिए इसे मुस्लिम शासकों द्वारा पूरी तरह से नष्ट नहीं किया गया होगा, और इसलिए टोडरमल के वास्तुकारों को इस व्यापक हॉल को पुनर्स्थापित करने के लिए केवल कुछ छोटी-मोटी

मरम्मत करनी पड़ी। दीवारों को सजाने के लिए बहुत अधिक आकृति वाली मूर्तियों का उपयोग नहीं किया जा सकता था, अन्यथा इससे मुस्लिम शासकों और गवर्नरों को ठेस पहुँच सकती थी।[56]

चित्र 1, *प्रिंसेप के 'बनारस इलस्ट्रेटेड' से पुनरुत्पादित, हमें उस मंदिर के मूल नक़्शे (ज़मीनी योजना) की जानकारी प्रदान करता है जिसका निर्माण 1585 ईस्वी में किया गया था।*

चित्र 2.1: *एल. हेघ द्वारा पत्थर पर उकेरी गई बनारस के प्राचीन विश्वेश्वर मंदिर की ज़मीनी योजना (बाएं) और उन्नयन (दाएं), जेम्स प्रिंसेप के एक रेखाचित्र से साभार।*

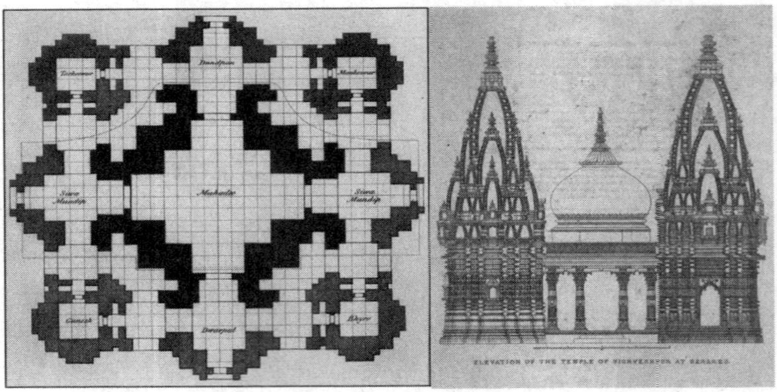

(स्रोत: बनारस इलस्ट्रेटेड इन ए सीरीज़ ऑफ़ ड्रॉइंग्स, जेम्स प्रिंसेप, पृष्ठ 103 ,94)

जैसा कि चित्र 1 (बाएं) में देखा गया है, मंदिर एक वर्गाकार था, जिसके प्रत्येक भुजा की लंबाई 124 फीट थी। केंद्र में मुख्य गर्भगृह था, जिसमें विश्वेश्वर की मूर्ति स्थित थी। यह 32 फीट के वर्ग में था। प्रिंसेप ने हमें यह भी बताया कि विश्वेश्वर का मुख्य लिंग 'केंद्र में एक अलंकृत जलाशय में स्थित था, जिसके नीचे दिन और रात लगातार गंगा के जलप्रवाह की व्यवस्था थी।'[57] गर्भगृह 12 वर्ग फीट के अष्ट मंडपों या आठ मंडपों से घिरा हुआ था। उनके चारों कोनों पर गणेश (उत्तर-पश्चिमी तरफ), भैरो [भैरव] (दक्षिण-पश्चिमी तरफ), मंकेश्वर (दक्षिण-पूर्वी तरफ), और तारकेश्वर (उत्तर-पूर्वी तरफ) के मंदिर थे। दंडपाणि मंदिर गर्भगृह के पूर्व में और रक्षक, या द्वारपाल, पश्चिम में आते थे।

इस केंद्रीय अभयारण्य से सटे चार प्रवेश कक्षों की माप 16 फीट गुणा 10 फीट है। इसके बाद 12 फीट गुणा 8 फीट के छोटे-छोटे बरामदे बने, जो चार मंडपों या मंडपों से जुड़े हुए थे। इन चार मंडपों को मुक्ति मंडप, श्रृंगार मंडप, ऐश्वर्य मंडप और ज्ञान मंडप कहा जाता था, जो काशी खंड के अनुसार, मुख्य मंदिर के क्रमशः दक्षिण, पश्चिम, उत्तर और पूर्व में थे। चारों मंडप 16-16 वर्ग फीट के थे। मंदिर के चारों ओर गलियारे में कई देवी-देवताओं के असंख्य मंदिर थे। यह प्रदक्षिणा, या परिक्रमा का स्थान था, जैसा कि हिंदू मंदिरों में आम है, और इन असंख्य देवताओं से सुसज्जित था, कुछ में मुख्य मंदिर की बाहरी दीवारों में केवल ताक थे जबकि अन्य में स्वतंत्र मंदिर थे।

नंदी, या शिव का पवित्र बैल, मुक्ति मंडप से परे मंदिर के बाहर रखा गया था, वह अपने स्वामी को आदरपूर्वक देख रहा था, जैसा कि आमतौर पर सभी शिव मंदिरों में होता है। अल्टेकर का अनुमान है कि मंदिर की ऊंचाई लगभग 128 फीट थी। प्रत्येक मंडप के शीर्ष पर स्थित शिखर संभवतः 64 फीट और 48 फीट की अलग-अलग ऊंचाई के थे।

दिलचस्प बात यह है कि भट्ट के परिवार का इतिहास, गाधिवंशानुचरित, इस मंदिर के पुनर्निर्माण में नारायण भट्ट की भूमिका पर चुप हैं। हालाँकि, नारायण भट्ट के पोते, नीलकंठ द्वारा लिखित दानहारावली में कहा गया है कि यह उनके पूर्वज थे जिन्होंने मंदिर का निर्माण करवाया था।[58] अल्टेकर का अनुमान है कि परिवार के इतिहास में शायद इस सबसे महत्वपूर्ण उल्लेख को छोड़ दिया गया है क्योंकि उसकी रचना मंदिर के निर्माण से कई साल पहले नारायण भट्ट के बेटे शंकर भट्ट ने की थी।[59] टोडरमल की जीवनी में भी काशी में इस मंदिर के निर्माण में उनकी भागीदारी का कोई उल्लेख नहीं है, हालाँकि उनके द्वारा वृन्दावन में गोविंददेव मंदिर की प्रतिष्ठा कराने का उल्लेख मिलता है। ऐसा शायद इसलिए था क्योंकि अधीन स्थिति में होने के कारण मुगल साम्राज्य के हिंदू, विशेष रूप से शक्तिशाली और प्रतिष्ठित पदों पर बैठे लोग, अपने मूल विश्वास के प्रति उदारता के अपने कृत्यों पर अधिक जोर नहीं देते थे, कहीं ऐसा न हो कि इससे मुस्लिम शासकों की ओर से नकारात्मक प्रतिक्रिया और ईर्ष्या उत्पन्न हो।

उल्लेखनीय बात यह है कि नारायण भट्ट के परपोते विश्वेश्वर भट्ट, जिन्हें गागाभट्ट (गंग भट्ट) के नाम से जाना जाता है, को छत्रपति शिवाजी

महाराज का करीबी विश्वासपात्र बनना था। इतिहासकार गजानन भास्कर मेहेंडेल ने यह साबित करने के लिए शिवप्रशस्ति जैसे कई संस्कृत आदेशों और दस्तावेजों का हवाला दिया है कि शिवाजी महाराज अप्रैल 1664 से पहले गागाभट्ट को हिंदू धर्मशास्त्र, या न्याय संहिता के विद्वान के रूप में जानते थे।[60] गागाभट्ट को भी उस साहसी युवक के वीरतापूर्ण कारनामों और उपलब्धियों के बारे में पता था, भले ही वह वाराणसी में बस गया था। ऐसा कहा जाता है कि शिवाजी राजे की इच्छा को पूरा करने के लिए, गागाभट्ट ने एक हिंदू सम्राट हेतु अनुष्ठानिक राज्याभिषेक समारोह आयोजित किया था, जिसे सदियों के इस्लामी क़ब्ज़े के कारण लंबे समय तक भुला दिया गया था। गागाभट्ट ने इस अवसर के लिए जो ग्रंथ लिखा, श्रीशिवराजाभिषेकप्रयोग, उन सभी अनुष्ठानों को सूचीबद्ध करता है जिन्हें करने की आवश्यकता है। राज्याभिषेक समारोह 30 मई 1674 और 6 जून 1674 के बीच रायगढ़ में आयोजित किए गए थे। मेहेंडेल कहते हैं, 'हिंदू रीति-रिवाज के अनुसार एक हिंदू के सिंहासन पर बैठने का ऐसा भव्य आयोजन तत्कालीन इतिहास में एक बेमिसाल घटना थी। यह कहानी कि ब्राह्मण समुदाय ने शिवाजी के राज्याभिषेक का विरोध किया था, किसी भी समसामयिक या विश्वसनीय साक्ष्य द्वारा समर्थित नहीं है। वास्तव में, शिवाजी के सिंहासनारूढ़ होने का आम तौर पर हिंदू जनता ने स्वागत किया, जिसमें ब्राह्मण भी शामिल थे।'[61] इस प्रकार, पवित्र शहर वाराणसी के साथ मराठा साम्राज्य का जुड़ाव इसके प्रसिद्ध संस्थापक के समय से चला आ रहा है।

बाह्य यात्रियों की दृष्टि में

उन यात्रियों में कुछ प्रत्यक्षदर्शी गवाह मौजूद हैं जो वाराणसी घूमने आए थे और उन्हें इस भव्य मंदिर को देखने का अवसर मिला था। उनमें से किसी ने भी साइट पर या उसके आस-पास मौजूद किसी मस्जिद का उल्लेख नहीं किया है। फ्रांसीसी यात्री जीन बैप्टिस्ट टैवर्नियर, जो आभूषणों का व्यापारी था, ऐसे ही एक व्यक्ति थे। उन्होंने 1636 और 1668 ई. के बीच भारत की छह यात्राएँ कीं। 1668 ई. में अपनी अंतिम यात्रा में उन्होंने बनारस का दौरा किया और लिखा,

मैं बनारस के शिवालय में आता हूं, जो कि, जगन्नाथ के बाद, पूरे भारत में सबसे प्रसिद्ध है और समान रूप से पवित्र है, जो गंगा के किनारे पर और उस शहर में बनाया गया है जो इसके नाम पर आधारित है। इसके बारे में सबसे उल्लेखनीय बात यह है कि शिवालय के दरवाजे से नदी तक पत्थर की सीढ़ियों से उतरना होता है, जहां बीच-बीच में चबूतरे और छोटे, बल्कि अंधेरे कक्ष हैं, जिनमें से कुछ ब्राह्मणों के आवास के रूप में काम करते हैं, और अन्य रसोई के रूप में जहां वे अपना भोजन तैयार करते हैं।[62]

पीटर मुंडी (1596-1667 ई.), सत्रहवीं सदी के ब्रिटिश यात्री, वाणिज्यिक व्यापारी और लेखक ने अपने संस्मरणों में दर्ज किया है कि उन्होंने वाराणसी और उसके मुख्य मंदिर में क्या देखा, जिसे वे कैसिबेस्सुआ [बिशेशर, विश्वेश्वर का एक अपभ्रंश रूप] कहते हैं। 3 सितंबर 1632 के अपने नोट में, पीटर मुंडी लिखते हैं,

मैंने भारत में जितने भी शहर और कस्बे देखे हैं, उनमें से कोई भी यूरोप के शहरों और कस्बों से इतना मेल नहीं खाता, जितना दूर स्थित इस बानारोज [बनारस] से मिलता-जुलता है, क्योंकि इसमें कई महान और ऊंचे शिखर हैं, जो पैगोड्स या हिंदू चर्चों के हैं। इसके अलावा जब हम इसमें आये, तो हमने पाया कि यह अद्भुत आबादी वाला है, इसमें, अच्छी इमारतें, पक्की सड़कें, लेकिन संकरी और टेढ़ी-मेढ़ी थीं।[63]

अगले दिन, 4 सितम्बर 1632 को, वह विश्वेश्वर मंदिर की अपनी यात्रा के बारे में लिखते हैं:

यह स्थान आम तौर पर 3 प्रकार के हिंदुओं से भरा हुआ है, अर्थात् खत्री [खत्री], ब्राह्मण [ब्राह्मण], और बनियन [बनिया] और गंगा नदी (जो इसके पास से बहती है) के प्रति अपनी अंधविश्वासी श्रद्धा से यहां खींचा चला आता है, साथ ही गोताखोरों, पगोडे, डेवरेस [डुएरा, मंदिर] या चर्चों के लिए भी।

सबसे प्रमुख को महादेवु [महादेव, शिव] का होने के कारण कैसिबेस्सुआ [बिशेशर] कहा जाता है; मैं इसमें गया, जहां बीच में, एक ऊंचे स्थान पर, एक पत्थर है जो हैटर्स ब्लॉक की तरह सादा और अनगढ़ है...जिस पर वे नदी का पानी, फूल, चावल, मक्खन डालते हैं, जो यहां (गर्मी के कारण) आमतौर पर तरल होता है, जबकि ब्रामने (ब्राह्मण) कुछ ऐसा पढ़ता या कहता है जिसे अशिष्ट नहीं समझता। इसके ऊपर रेशम का एक छत्र लटका हुआ है और इसके चारों ओर कई दीपक जलाए गए हैं। उस सादे कुंद रूप का अर्थ, जैसा कि मुझे एक सादे कुंद साथी द्वारा बताया गया था, यह था कि यह महादेव पौरुष सदस्य के प्रमुख का प्रतिनिधित्व करता था।यदि ऐसा है, तो कुछ रहस्य की कल्पना की जा सकती है कि क्यों छोटे बच्चों को उनकी माताएँ ठीक होने के लिए इस संत के पास लाती हैं। संभवतः इसमें संरक्षण के साथ-साथ संतति इच्छा भी निहित है। अन्य देवरे में उनकी छवियाँ हैं जिनकी वे बहुत पूजा करते हैं, जैसे नाक के बजाय हाथी की सूंड वाले गुनेश की, 6 चेहरे, 6 भुजाओं और हाथों वाले चतुर्भुज [चतुर्भुज] की। इसके अलावा, उनके अधिकांश डेवरेस में, सबसे निजी और सबसे प्रमुख स्थान पर, एक महिला की छवि है, जो गहनों से सजी हुई, क्रॉस-लेग्ड (पालथी मारकर) बैठी हुई है। यह आगरा से पश्चिम की ओर बहुत श्रद्धेय है, लेकिन महादेव अधिकांश भाग के लिए यहां से दूर है। इसके अलावा आमतौर पर उनके देवरे में जाने से पहले, उनके पास एक बछड़े या युवा बैल [नंदी, शिव का बैल वाहन] की छवि होती है। यहां उनके विशाल पगोडे में अलग-अलग कमरों की तरह कई चित्र थे, जिनमें से कई ऐसे थे जो विविध स्थानों पर ऊपर और नीचे पड़े हुए थे, उचित आकार के थे, और सबसे अच्छी नक्काशी थी जो मैंने अभी तक भारत में देखी है। मैं जिन अन्य लोगों से मिला, वे अधिकांशतः विकृत थे।[64]

मुंडी ने विश्वेश्वर की मूर्ति के गर्भगृह में महिलाओं द्वारा जल-अर्घन करते हुए जो देखा उसका एक रेखाचित्र भी बनाया है।(चित्र 2 देखें)

चित्र 2.2: स्रोत: ट्रेवल्स ऑफ पीटर मुंडी, खंड 2, पृष्ठ 122

सत्रहवीं शताब्दी के मध्य में, वेनिस के लेखक, चिकित्सक और यात्री निकोलो मनुची भारत आए और उन्होंने 'स्टोरिया डो मोगोर' शीर्षक से 1653 से 1708 की अवधि के दौरान के मुगलों का विवरण लेखनबद्ध किया। उन्होंने वाराणसी का दौरा किया, जिसके बारे में लिखा है, 'यह शहर छोटा है, लेकिन बहुत प्राचीन है, और वहां एक मंदिर तथा बहुत प्राचीन मूर्ति होने के कारण हिंदू इसे पूजते हैं। मेरी यात्रा के कुछ वर्ष बाद, औरंगज़ेब ने इसको नष्ट करने के आदेश जारी कर दिए, साथ ही उसने सभी मंदिरों को ध्वस्त करने का कार्य किया।'[65]

अंतिम प्रहार

जैसा कि मनुची ने उल्लेख किया है, नारायण भट्ट के हस्तक्षेप पर निर्मित मंदिर के गौरवशाली दिन अल्पकालिक थे। अकबर की सहिष्णु

शाही नीति उसके पोते शाहजहाँ के सत्ता में आने तक बदल गई थी। उनके आदेश से, जो मंदिर बनाए जा रहे थे - अकेले बनारस में छिहत्तर से कम नहीं, सभी नष्ट कर दिए गए।[66] यह नारायण भट्ट के समय के बाद काफी बौद्धिक शक्ति और प्रभाव रखने वाले प्रसिद्ध विद्वान 'विद्यानिधि' कवींद्र आचार्य सरस्वती के हस्तक्षेप के कारण था, जिससे हिंदुओं को कुछ राहत मिली। कवींद्र आचार्य एक समृद्ध व्यक्ति थे, जो संभवतः शाहजहाँ द्वारा निज़ाम शाही प्रभुत्व के क़ब्ज़े के बाद गोदावरी के तट से काशी चले गए थे। उनके पास दुर्लभ पांडुलिपियों का सबसे बड़ा संग्रह था और वह अपने समय के सर्वोत्कृष्ट कवि और विद्वान थे। हिंदुओं की दयनीय स्थिति से आहत होकर, जिन्हें काशी, प्रयाग और अन्य पवित्र केंद्रों की तीर्थयात्रा करने के लिए भारी तीर्थयात्रा कर का भुगतान करना पड़ता था, कविंद्र आचार्य ने सम्राट तथा उनके बेटे दारा शिकोह से मिलने के लिए आगरा की ओर प्रस्थान किया। दारा शिकोह गैर-मुसलमानों के प्रति विनम्र और सहिष्णु थे और उन्होंने कई धर्मों के अनुयायियों के साथ मधुर संबंध बनाए थे। ऐसा कहा जाता है कि आचार्य ने शाहजहाँ के दरबार में हिंदुओं के पक्ष को इतनी दृढ़ता, समृद्धि और वाक्पटुता के साथ पेश किया था कि दरबार में उपस्थित इराक, ईरान, बदख्शां, बल्ख, काबुल, कंधार, कश्मीर, पंजाब और सिंध के सभी महानुभाव स्तब्ध रह गए।[67] शाहजहाँ के पास तीर्थयात्रा कर को समाप्त करने के अलावा कोई विकल्प नहीं बचा था। एक प्रभावित सम्राट ने कवींद्र आचार्य को 'सर्व विद्या निधान', या सभी ज्ञान के भंडार की उपाधि भी दी। कविंद्र पूरे भारत से कृतज्ञ हिंदुओं द्वारा उपाधियों, संबोधनों और उपहारों की वर्षा के साथ एक नायक के रूप में वाराणसी लौटे। उनके कोषाध्यक्ष (भंडारी) कृष्ण भट्ट, जो एक कुशल कवि भी थे, ने संस्कृत में लगभग सौ ऐसी स्तुतियाँ संकलित कीं जो उनके गुरु के सम्मान में लिखी गई थीं। ऐसा कहा जाता है कि ये एशियाटिक लाइब्रेरी के संग्रह में मौजूद हैं।[68]

लेकिन हिंदुओं के लिए इस अस्थायी राहत के बाद सबसे बुरा समय आना अभी बाकी था। शाहजहाँ का बेटा, औरंगज़ेब, जो नाटकीय परिस्थितियों में सिंहासन पर बैठा, जिसमें अपने पिता को कैद करना और अपने भाइयों की हत्या करना शामिल था, बेजोड़ धार्मिक उन्माद,

कट्टरता तथा हिंदू मंदिरों के प्रति घृणा से भरा हुआ था। उसने अपने पूर्ववर्तियों की तुलना में अधिक कठोर शर्तों के साथ, गैर मुस्लिम लोगों पर जो अपनी मान्यताओं का पालन करना चाहते थे या तीर्थयात्रा करना चाहते थे, जज़िया कर फिर से लागू कर दिया।[69] सिंहासन पर बैठने के केवल एक वर्ष के भीतर, 1659 ई. में, औरंगज़ेब ने वाराणसी के हृदय, दारानगर में स्थित कृत्तिवासेश्वर के प्रसिद्ध शिव मंदिर को ध्वस्त करने का आदेश दिया। इसके स्थान पर आलमगिरी मस्जिद का निर्माण किया गया। आज तक, वहाँ केवल एक छोटा, खाली तालाब है जो इस मंदिर के पहले, दूसरे और तीसरे पुनर्निर्माण के स्थल को चिह्नित करता है। इसे केवल महाशिवरात्रि के अवसर पर संक्षिप्त पूजा हेतु भक्तों के लिए इस विशिष्ट शर्त के साथ खुला रखा गया कि प्रसाद को मस्जिद के मुतवल्ली (वक़्फ़ संपत्ति का प्रबंधन करने के लिए मौखिक रूप से या किसी विलेख के तहत नियुक्त व्यक्ति) के साथ साझा किया जाना चाहिए। इस ध्वस्त मंदिर से थोड़ी दूरी पर, उन्नीसवीं सदी में बनारस के राजा पटनीमल ने एक छोटा मंदिर बनवाया था और देवता की पुनर्प्रतिष्ठा की थी।[70]

ऐसे कुछ असत्यापित दावे हैं कि औरंगज़ेब की सेना ने 1664 में काशी विश्वनाथ मंदिर को ध्वस्त करने की कोशिश की थी परंतु वाराणसी के महानिर्वाणी अखाड़े के सशस्त्र नागा साधुओं द्वारा उन्हें पूरी तरह से हरा दिया गया था।[70A]

औरंगज़ेब के पास इनायतुल्ला खान कश्मीरी नामक एक विश्वसनीय सहायक था, जिसने साकी मुस्तैद खान को औरंगज़ेब के शासनकाल का इतिहासकार नियुक्त किया था। मुस्तैद ने व्यवस्थित ढंग से शाही दरबार की सभी कार्यवाही और पत्र-व्यवहार को मासिर-ए-आलमगिरी नामक दस्तावेज़ में दर्ज किया। इसमें 1707 में औरंगज़ेब की मृत्यु तक के शासन के लगभग पांच दशकों का लेखा-जोखा है और यह उसकी शासन प्रणालियों तथा नीतिगत निर्णयों को समझने का एक महत्वपूर्ण स्रोत है। इस पाठ में कहा गया है कि जब औरंगज़ेब ने सुना कि वाराणसी में ब्राह्मण अपने झूठे धर्म को पढ़ाने और फैलाने में लगे हुए हैं, तो उसने तुरंत सभी मंदिरों, विशेष रूप से विश्वेश्वर मंदिर और शिक्षा केंद्रों को ध्वस्त करने का आदेश दिया:

17वीं ज़िल-कादा, 1079 [18 अप्रैल 1669] को यह बात मज़हब के संरक्षक, महामहिम के कान तक पहुंची, कि थट्टा, मुल्तान और बनारस के प्रांतों में, लेकिन विशेष रूप से बनारस में, मूर्ख ब्राह्मणों को अपने स्कूलों में तुच्छ पुस्तकों की व्याख्या करने की आदत थी, और छात्र तथा शिक्षार्थी, मुसलमान और हिंदू, उनके द्वारा पढ़ाए जाने वाले दुष्ट विज्ञान से परिचित होने की इच्छा से, लंबी दूरी से भी वहां आ जाते थे। मज़हब के रहनुमा ने परिणामस्वरूप प्रांतों के सभी हाकिमों को काफिरों के स्कूलों और मंदिरों को स्वेच्छा से नष्ट करने का आदेश जारी किया; और उन्हें मूर्तिपूजा के तरीकों की शिक्षा और अभ्यास पर पूर्ण रोक लगाने का सख्त आदेश दिया गया।[71]

शाही आदेशों का पालन किया गया; उनके लोगों को वाराणसी में जो कुछ भी मिला उसे नष्ट करने में पांच महीने से भी कम समय लगा। पाठ में कहा गया है, '15वें रबी-उल-अखिर [2 सितंबर 1669] को, उनके धार्मिक महामहिम, एकतावादियों के नेताओं को सूचित किया गया था कि आदेश का पालन करते हुए, सरकारी अधिकारियों ने बनारस में बिशनाथ [विश्वनाथ] के मंदिर को नष्ट कर दिया था।'[72] जैसा कि आम विकृत प्रथा थी, आंशिक रूप से ध्वस्त विश्वनाथ मंदिर के पश्चिमी हिस्से को उसी स्थिति में (आधे-खंडहर के रूप में), आने वाले समय में हिंदुओं को नाराज करने के लिए छोड़ दिया गया था।[73] इन खंडहरों ने जेम्स प्रिंसेप को एक समय के भव्य विश्वेश्वर मंदिर की संभावित ज़मीनी योजना के पुनर्निर्माण में मदद की।

वास्तुशिल्प अवशेषों और प्रिंसेप के लिथोग्राफ के आधार पर, अल्टेकर ने उस कार्रवाई के तरीके का पुनर्निर्माण किया जो औरंगज़ेब द्वारा नियुक्त इंजीनियरों ने किया होगा (भले ही बेहद उदासीन और संवेदनहीन तरीके से), साइट पर एक नई, भव्य मस्जिद के निर्माण पर बहुत अधिक पैसा खर्च किए बिना:

औरंगज़ेब के इंजीनियर अपनी नई मस्जिद के लिए पूरे मंदिर क्षेत्र का उपयोग कर सकते थे, अगर उन्होंने मंदिर की पश्चिमी दीवार

को अपनी मस्जिद की मिहराब दीवार में बदलने का फैसला किया होता। लेकिन इससे विश्वनाथ के पुण्यस्थल को मस्जिद के केंद्रीय हॉल में परिवर्तित करना संभव नहीं हो सका, जो औरंगज़ेब की मुख्य अभिलाषा थी। इसलिए, उन्होंने केवल मंदिर के पश्चिमी हॉल और उसके निकटवर्ती सहायक मंदिरों को गिराने का निर्णय लिया। उन्होंने उपयोगी निर्माण सामग्री हटा दी, मलबे को समतल कर दिया और उसे उसी कच्ची स्थिति में रहने दिया, क्योंकि वह क्षेत्र उनकी मस्जिद के पीछे था। यह आज भी उसी हालत में है। मलबा मस्जिद प्रांगण के स्तर के बराबर है और प्रदक्षिणा पथ से पश्चिम की ओर इसकी ऊंचाई चार से छह फीट तक है। इस पश्चिमी मंडप की अधिरचना का एक हिस्सा आज भी खंडहरों में देखा जा सकता है। यह हमें यह निष्कर्ष निकालने में सक्षम बनाता है कि इसका गुंबद मेहराब के सिद्धांत द्वारा कवर नहीं किया गया था, जिसका आमतौर पर मुसलमानों द्वारा पालन किया जाता था, बल्कि पत्थरों के क्रमिक उभार और पार्श्व में सभी कोणों को काटकर, ताकि वर्ग को एक बहुभुज में और वहां से धीरे-धीरे एक वृत्त में बदला जा सके।[74]

एक बार जब इस मंडप और आसपास के सभी मंदिरों को ध्वस्त कर दिया गया, तो मुख्य गर्भगृह के पश्चिमी दरवाजे तथा दक्षिण और उत्तर के प्रत्येक मंडप को भी बंद कर दिया गया। ऐसा उसके स्थान पर बनी नई मस्जिद की पश्चिमी दीवार के निर्माण को सक्षम बनाने के लिए किया गया था। ये भरे हुए तीन दरवाजे मस्जिद की पिछली दीवार पर आज भी दिखाई देते हैं। मंदिर की पश्चिमी दीवार को शिखरों के ऊपर तक वैसे ही रहने दिया गया, जिसे बाद में तोड़ दिया गया और उनके स्थान पर तीन गुंबद लगाए गए। इस प्रकार, संरचनात्मक रूप से, उन्होंने मस्जिद बनाने के लिए केवल केंद्रीय गर्भ गृह (32 फीट वर्ग) और इसके उत्तर तथा दक्षिण के निकटवर्ती हॉल का उपयोग किया। दिलचस्प बात यह है कि वर्तमान मस्जिद का केंद्रीय हॉल भी बिल्कुल उसी आयाम का है। बरामदे बरकरार रखे गए और मस्जिद के केंद्रीय हॉल के आसपास अभी भी देखे जा सकते हैं। मंदिर के उत्तर और दक्षिण में बने मंडप

मस्जिद के पार्श्व हॉल बन गए। चूंकि ये 16 वर्ग फीट के छोटे आकार के थे, इसलिए बगल के 8 फीट चौड़े बरामदे को जोड़कर इन्हें 24 वर्ग फीट तक बढ़ा दिया गया। पूर्वी भाग जिसका उपयोग नहीं किया जा सकता था, पूरी तरह से ध्वस्त कर दिया गया। इसके बाद इसका एक हिस्सा मस्जिद के तीन हॉलों के सामने एक विशाल बरामदा बनाने के लिए इस्तेमाल किया गया था। इस बरामदे में उपयोग किए गए सभी खंभे पुराने मंदिर के थे और उन पर अभी भी कमल की आकृति बनी हुई है।[75] पूर्व में विशाल रंगमंडप को 125 फीट गुणा 25 फीट के आयाम के 125 फीट गुणा 58 फीट के विशाल प्रांगण में विस्तारित करने के लिए स्लैब से ढक दिया गया था। ऐसा माना जाता था कि यह उत्सव के अवसरों पर अपेक्षित बड़ी सभाओं के लिए अनुकूल था। वाराणसी के हिंदुओं के लिए, यदि उनके सबसे पवित्र मंदिर को टुकड़े-टुकड़े होते देखने का आघात पर्याप्त नहीं था, तो एक समय खड़े भव्य मंदिर के अवशेष और खंडहरों को देखना, जिसके ऊपर अब एक मस्जिद के गुंबद खड़े थे, ने एक दैनिक अपमान का चोट अवश्य जोड़ा होगा। और वास्तव में उस व्यक्ति और उसके वास्तुकारों का इरादा भी यही था जिसने विध्वंस का आदेश दिया था। यह अपमान इतना महत्वपूर्ण रहा होगा कि शहर के प्रत्येक धर्मनिष्ठ हिंदू की आत्मा को पीड़ा हुई होगी।

कुबेर नाथ सुकुल ने फ़ारसी साहित्य में इस विध्वंस के प्रति आम हिंदू के रवैये के बारे में एक दिलचस्प प्रसंग का उल्लेख किया है। शाहजहाँ के दरबार में कथित तौर पर एक ब्राह्मण था, जिसका नाम चंद्रभान था; उन्होंने बरहमान उपनाम से लिखा। उन्होंने एक बार सम्राट की उपस्थिति में गर्व से घोषणा की थी कि वह एक ब्राह्मण के रूप में पैदा हुए थे, एक ब्राह्मण के रूप में जिए, और एक ब्राह्मण के रूप में ही मरेंगे और एक ही रहेंगे, भले ही उन्हें सौ बार मक्का में काबा ले जाया जाए। उन्होंने कुछ ढीठतापूर्वक घोषणा की, 'मेरा दिल कुफ़्र (सभी हिंदुओं को काफ़िर कहा जाता था और मुसलमानों के अनुसार हिंदू धर्म कुफ़्र था) से इतना मोहित हो गया है कि अगर मैं सौ बार भी काबा जाऊँ, तो भी मैं एक ब्राह्मण को लौटाऊँगा।'[76] इस तरह के दुस्साहसिक बयान के लिए यह पूरी उम्मीद थी कि बेचारे कवि को अपना सिर खोना पड़ता। वह भाग्यशाली था कि उसे दरबारियों के रूप में कुछ शुभचिंतक मिले, जो तुरंत उसके बचाव में कूद

पड़े और उन्होंने क्रोध से उबल रहे सम्राट को सादी के शब्दों का हवाला देते हुए समझाया कि यदि ईसा मसीह का गधा काबा नें जाता है, तो वापस लौटने पर वह भी गधा ही रहेगा। किसी तरह, सम्राट आश्वस्त हो गया, और चंद्रभान एक और दिन देखने के लिए जीवित बच गया। वह इतना दुर्भाग्यशाली था कि उसे वह दिन देखना पड़ा जब विश्वनाथ को बिना पछतावे के पदच्युत कर दिया गया। मस्जिद के निर्माण के बाद, औरंगज़ेब, जिसने अभी भी इस व्यक्ति को अपने दरबार में रखा था, उसके घावों पर नमक छिड़कना चाहता था। उसने कवि से पूछा कि क्या वह अपने सबसे प्रतिष्ठित मंदिर पर मस्जिद के निर्माण के अवसर पर कोई काव्यात्मक टिप्पणी करना चाहेगा। चंद्रभान ने खुद को संभाला और एक दोहा सुनाया जो कुछ इस तरह था: 'ओह! शेख, मेरे मंदिर की अद्भुत महानता देखो कि यह अपने पतन के बाद ही (तुम्हारे) भगवान का घर बन गया', जिसका तात्पर्य है कि जब यह अपनी पूर्ण महिमा में था तो कितना ऊँचा था।[77] औरंगज़ेब गुस्से से आग बबूला था लेकिन कथित तौर पर चुप रहा।

दृढ़ संकल्प जारी

उन पर किए गए इस विनाशकारी राक्षसी व्यवहार के बाद भी, जो स्पष्ट रूप से शोक और दुःख की लंबी अवधि हो सकती थी, हिंदुओं ने टुकड़ों को उठाया और अपने पैरों पर खड़े हो गए। कोई निश्चित नहीं है कि यह वास्तव में कब था, लेकिन कुछ ही समय बाद, ज्ञानवापी कुएँ के दक्षिण में एक अगोचर और गुप्त स्थान पर एक बार फिर विश्वेश्वर का मंदिर खड़ा हो गया। अलग-अलग वृत्तांत हैं कि पुजारियों को औरंगज़ेब की योजना का अंदाजा हो गया था और उन्होंने लिंग को उसके स्थान से हटाकर उसका एक प्रतिरूप वहां रख दिया, जिसे औरंगज़ेब के सैनिकों ने टुकड़े-टुकड़े कर दिया था। कुछ लोग कहते हैं कि इसे कुछ समय के लिए ज्ञानवापी कुएँ में छुपाया गया था और फिर पुन: प्रतिष्ठित करने के लिए इसे वापस लाया गया। अन्य लोगों का मत है कि लिंग को ब्राह्मण पुजारी के घर में छिपा दिया गया था, जहाँ कुछ समय तक पूजा होती रही। एक बार जब सभी तीर्थस्थलों के नष्ट हो जाने के बाद वाराणसी पर शाही नजर हट गई, तो लिंग को वापस लाया गया और ज्ञान वापी कुएँ के

दक्षिण में स्थापित किया गया। नई-नई किंवदंतियाँ आकार लेने लगीं। जेम्स प्रिंसेप ने ऐसी ही एक आम धारणा दर्ज की है, जिसे स्थानीय हिंदुओं ने उन्हें तथ्यात्मक रूप से सुनाया होगा:

> *विश्वेश्वर के मूल मंदिर के लिंगम को महादेव या शिव के वास्तविक स्वरूप के रूप में देखा जाता था, जो इस स्थान पर स्वर्ग से गिरा था, और पत्थर में परिवर्तित हो गया था। ऐसा दावा किया गया है कि जब मूसुलमैनों ने विनाश का अपना काम शुरू किया, तो क्रोधित छवि अपने आप ही ज्ञान बापी (ज्ञान के कुएँ) में छलांग लगा गई, जहां वह अभी भी बनी हुई है। तब से इस कुएँ को अनत्रिगृही जात्रा [अंतरगृह यात्रा: इस पर बाद में और अधिक] या पवित्र सर्किट का केंद्र माना जाता है, हालांकि घटनास्थल के पास बनाया गया एक आधुनिक शिवाला, वास्तविक लिंगम को बहाल करने का दिखावा करता है, और इस व्यवस्था को अपनाने का चलन तेजी से बढ़ता जा रहा है।*[78]

जो भी मामला हो, विश्वेश्वर के इस नए निवास के लिए कोई दिखावा नहीं था, कोई भव्य भवन, दीवारें और शिखर नहीं थे, बस एक छोटा सा मंदिर छिपा हुआ था, जहां श्रद्धालु मुस्लिम अधिकारियों से अनजान होकर अपनी पूजा करते थे, जो तब तक इस आत्मसंतुष्टि के साथ कि वे पवित्र मंदिर को तोड़ने में सफल हो गए शांत हो चुके थे।

यह नया शिवाला, या शिव का मंदिर, जो एक कोने में बना था, निश्चित रूप से उसी कट्टर औरंगज़ेब के समय का था। कहा जाता है कि कई राजपूत शासकों ने विस्थापित देवता को प्रणाम करने के लिए गुप्त रूप से इस स्थान का दौरा किया था। इस बात के प्रमाण हैं कि रीवा के महाराजा भाव सिंह ने 1672 में, उदयपुर के महाराणा जगत सिंह ने 1677 में और रीवा के महाराजा अनिरुद्ध सिंह ने 1695 में बनारस में इस विश्वेश्वर की पूजा की थी। 1734 में, उदयपुर के महाराजा जवान सिंह ने इस मंदिर के पास एक शिव लिंग की प्रतिष्ठा की थी। अब भी वहां जवानेश्वर है जिसकी उन्होंने प्रतिष्ठा करायी थी। 1749 में, उदयपुर के महाराणा संग्राम सिंह ने विश्वेश्वर को अपनी श्रद्धांजलि अर्पित की,

जिसके बाद 1765 में महाराजा असी सिंहजी ने इसे अपनाया।[79] इस प्रकार, बर्बर विध्वंस के बाद लगभग एक शताब्दी तक आम और कुलीन हिंदुओं का विश्वास और संकल्प अटल रहा। वाराणसी का नाम बदलकर मुहम्मदाबाद और मथुरा का नाम इस्लामाबाद करने की औरंगज़ेब की बेतुकी चालें उतनी ही बड़ी विफलता थीं जितनी कि हिंदुओं की आस्था को खत्म करने की उसकी कोशिशें। इन नए नामों को 'कभी भी लोगों का समर्थन नहीं मिला, और केवल आधिकारिक दस्तावेजों में थोड़े समय के लिए ही जीवित रहे। यह उसके और उसके बाद के शासनकाल के सिक्कों में भी पाया जाता है, बनारस अकबर के दिनों से एक टकसाल शहर रहा है।[80]

मराठा और वाराणसी

1707 में औरंगज़ेब की मृत्यु के बाद जैसे ही मुगल साम्राज्य धीरे-धीरे लड़खड़ाने लगा तथा वाराणसी अवध के नए स्वतंत्र नवाबों के नियंत्रण में चला गया। इसी के साथ, जैसे-जैसे मराठा शक्ति बढ़ने लगी, पवित्र हिंदू स्थानों पर अपना नियंत्रण मजबूत करने की उनकी इच्छा भी लगातार बढ़ने लगी। 1740 के दशक से ही हम देखते हैं कि अवध के नवाबों से काशी और प्रयाग पर कब्ज़ा करने के लिए उनके द्वारा कई प्रयास किए जा रहे थे। इसे हम नानासाहब पेशवा के वाराणसी दौरे के समय लिखे गए पत्रों में भी देख सकते हैं हैं।[81]

मराठा संघ के अन्य क्षत्रपों के मन में भी काशी और विश्वनाथ मंदिर के बारे में यही चेतना थी। इंदौर के प्रमुख मल्हार राव होल्कर वास्तव में मस्जिद को ध्वस्त कर उसकी जगह पर एक भव्य मंदिर का पुनर्निर्माण करना चाहते थे। यहां तक कि उन्होंने शहर पर कब्ज़ा करने की भी तैयारी कर ली थी। हालाँकि, स्थानीय ब्राह्मणों को मुस्लिम पक्ष की ओर से हिंसक प्रतिक्रिया की आशंका थी और ऐसा प्रतीत होता था कि उन्हें पीछे हटने के लिए मजबूर होना पड़ा। 27 जून 1743 का एक पत्र इस संबंध में घटनाओं की श्रृंखला का सारांश प्रस्तुत करता है:

> *मल्हारजी की इच्छा है कि ज्ञानवापी में मस्जिद को तोड़कर मंदिर बनाया जाए। हालाँकि, पंच-द्रविड ब्राह्मणों [कर्नाटक, तेलुगु,*

द्रविड़ यानी तमिलनाडु व केरल, महाराष्ट्र और गुर्जर से] को चिंता है कि मस्जिद प्रसिद्ध है। बिना सम्राट के आदेश के पाटिल मंदिर बनायेंगे। एक बार जब सम्राट बुरे रास्ते पर आ गया, तो ब्राह्मण मर जायेंगे। वह उनकी जान ले लेगा।' इस प्रान्त में यवनों [मुसलमानों] का बोलबाला है। वे सब इसे स्वीकार नहीं करेंगे। इसे दूसरी जगह बनाना बेहतर है। ब्राह्मण चिंतित हैं। उनकी हालत ख़राब होगी। गंगा सर्वशक्तिमान है! काशी में ब्राह्मण परेशान हैं। हालाँकि, ऐसा करने से ब्राह्मणों को कोई ख़तरा नहीं होगा, यह पवित्र होगा। फिर भी विश्वेश्वर को जो उचित लगेगा, वह करेंगे। चिंता की क्या बात है? यदि वे मन्दिर तोड़ने लगें तो ब्राह्मण आकर श्रीमंत को प्रार्थना पत्र भेजेंगे---अभी यही विचार है।[82]

तब पेशवा नानासाहब ने अपनी विशाल सेना के बिना वाराणसी की निजी यात्रा की। नाव से गंगा पार करके वह मस्जिद के बगल में स्थित विश्वनाथ के छोटे से मंदिर में पहुंचे और वहां प्रार्थना की। पेशवा की इस यात्रा से सतर्क होकर, मंसूर अली खान, जिसके अधिकार क्षेत्र में पवित्र शहर स्थित था, उस स्थान की रक्षा के लिए पटना से अवध वापस आ गया। लेकिन तब तक नानासाहब गया के लिए प्रस्थान कर चुके थे। लेकिन पेशवाओं और होल्कर जैसे सरदारों ने अपनी लगातार मांग जारी रखी कि पवित्र स्थानों को अवध के नवाब के नियंत्रण से उन्हें सौंप दिया जाए। अगस्त 1754 में, मल्हार राव होल्कर ने लिखा कि उनके प्रबंधक गंगाधर यशवंत इस बातचीत को संभाल रहे थे और उन्हें उम्मीद है कि यह जल्द ही सफल होगी।[83] शुजाउद्दौला उस समय अवध के नवाब थे और उनके साथ बातचीत चल रही थी।

लेकिन मल्हार राव इन जगहों पर कब्ज़ा करने में कामयाब नहीं हुए और जब नवाब शुजा-उद-दौला के साथ बातचीत चल रही थी, तभी एक भयानक और दुर्भाग्यपूर्ण खबर आई। 22 सितंबर 1755 को, कट्टरता से ग्रसित होकर, एक स्थानीय काजी (मुस्लिम विहित कानून के न्यायाधीश) और मुहतासिब (नैतिकता के सेंसर) ने कट्टर मुसलमानों के एक समूह को एकजुट किया और विश्वनाथ मंदिर को नष्ट कर दिया। एक दुर्लभ पांडुलिपि, दिल्ली क्रॉनिकल, इस दुर्भाग्यपूर्ण घटना का दस्तावेजीकरण करती है:

'उन्होंने [काजी और मुहतासिब] ने शीर्ष पर लगे सोने के घड़े को उखाड़ फेंका... उन्होंने कुछ लोगों को लूट लिया जो इसकी पूजा करने जा रहे थे, एक पीपल के पेड़ को काट दिया और कुएँ में फेंक दिया गया।'[84] यह औरंगज़ेब द्वारा मंदिर पर किए गए घातक हमले के बाद एक और दुखद झटका था, जो उसके बाद सामने आया था। इस बर्बरता के कारण वाराणसी में सभी हिंदू दुकानदारों ने आम हड़ताल कर दी और अपनी दुकानें बंद कर दीं। पाटणकरों के प्रतिष्ठित परिवार से आने वाले पेशवाओं के धार्मिक गुरु, नारायण दीक्षित, इस कट्टर कृत्य के खिलाफ अपना कड़ा विरोध दर्ज कराने के लिए अनिश्चितकालीन उपवास पर भी चले गए। अंततः इसे बनारस के राजा बलवंत सिंह और जिले के नायब फौजदार जय सिंह की अनुनय शक्तियों पर छोड़ दिया गया, ताकि वे गुरु को कुछ फल खाकर अपना उपवास तोड़ने के लिए मना सकें। जब तक गुरु ने अनशन समाप्त नहीं किया, तब तक असंगठित हिंदू समुदाय द्वारा निष्क्रिय प्रतिरोध के एक दुर्लभ प्रदर्शन में, सभी दुकानदारों ने अपने शटर बंद रखे।[85] ए.एल. श्रीवास्तव का अनुमान है कि यद्यपि कारोबार फिर से सामान्य रूप से शुरू हो गया होगा, 'लेकिन दोनों समुदायों के बीच संबंध कुछ समय के लिए कटु बने रहे होंगे और प्रांत के प्रशासन के लिए कठिनाइयाँ पैदा हुई होंगी।'[86]

तब तक, चूँकि मराठों ने वज़ीर के रूप में उनके प्रतिद्वंद्वी इमदाद-उल मुल्क का समर्थन करना शुरू कर दिया था, शुजा-उद-दौला के साथ बातचीत टूट गई और पवित्र स्थलों के मराठा नियंत्रण में आने की सभी संभावनाएँ ख़त्म होने लगीं। फिर भी, यह शहर, कई अन्य पवित्र स्थानों की तरह, मराठा चेतना में जीवित बना रहा। नगर में घाटों और मंदिरों के निर्माण और मरम्मत के लिए उनके द्वारा अनेक अनुदान दिये गये थे, जो आज भी गंगा के तटों पर देखे जाते हैं। पेशवा माधव राव प्रथम, जो पानीपत की तीसरी लड़ाई में पराजय के बाद मराठों के लिए एक महत्वपूर्ण और संवेदनशील समय पर सत्ता में आए थे, सत्ताईस वर्ष की आयु में उनकी मृत्यु हो गई। अपनी मृत्यु से कुछ महीने पहले, उन्होंने 30 अगस्त 1772 की एक वसीयत छोड़ी थी। इस वसीयत में नौ में से तीन बिंदु काशी से संबंधित थे। इसमें कहा गया है,

- मेरे पूज्य पिता [नानासाहेब पेशवा] की इच्छा थी कि प्रयाग और बनारस पर कब्ज़ा हो जाए। मेरी हमेशा से यही इच्छा रही है.

इसलिए, यह मेरी इच्छा है कि ये स्थान अब या तो विनिमय द्वारा या अन्यथा, जो भी समीचीन हो, प्राप्त किए जा सकें।

- मैं विनती करता हूं कि मेरी आदरणीय मां, जो बनारस जाकर रहने की इच्छा रखती हैं, उन्हें ऐसा करने की अनुमति दी जाए।
- इस तिथि से बनारस में वार्षिक दान को आधा बढ़ा दिया जाए। मेरी ओर से बनारस में दो लाख ब्राह्मणों को भोजन कराया जाए और प्रत्येक को भोजन कराया जाए

तीसरे एंग्लो मैसूर युद्ध (1790-92) के दौरान राजनयिक वार्ता के चरम पर, जिसमें मराठों ने मैसूर के टीपू सुल्तान के खिलाफ अंग्रेजों के साथ गठबंधन किया था, विद्वान मराठा राजनेता नाना फड़नवीस, जो वास्तव में राज्य के संचालक थे, ने अंग्रेजों पर पवित्र शहर वाराणसी को मराठों के हाथों में सौंपने के लिए दबाव डाला, जहां भगवान विश्वनाथ के पवित्र मंदिर को औरंगज़ेब ने ध्वस्त कर दिया था। परन्तु गवर्नर जनरल लॉर्ड चार्ल्स कॉर्नवालिस ने इस मांग को अस्वीकार कर दिया।[88] इस प्रकार, विश्वेश्वर और उनके मंदिर की पवित्रता भारत के हिंदू शासकों और राजवंशों के मानस में हमेशा सक्रिय रूप से मौजूद थी।

मराठी में, एक बहुत लोकप्रिय कहावत इस प्रकार है: 'काशीस जावे, नित्य वड़ावे' (हर दिन विचार करते रहें और कहते रहें कि आप अपने जीवन के किसी दिन काशी जाएंगे; तब शायद यह सच हो जाएगा)। जो लोग शायद उन दिनों काशी की महँगी और कठिन तीर्थयात्रा करने का जोखिम नहीं उठा सकते थे, उनके लिए यह कहावत तुरंत ही उम्मीद और आशावाद से भर देती है कि मोक्ष की इस नगरी में जाने के बारे में सोचना ही काफी है ताकि एक दिन यह भी साकार हो सके। कई श्रद्धालु हिंदुओं के बीच यह धारणा मजबूत रही है कि अपने वृद्ध माता-पिता को काशी की तीर्थ यात्रा पर ले जाने से महान आध्यात्मिक लाभ होगा। बेशक, अगर वे अपने नश्वर कुंडल वहां छोड़ देते थे, तो इसके पीछे विश्वेश्वर का उन्हें मोक्ष देने का वादा हमेशा एक अतिरिक्त आकर्षक प्रोत्साहन होता था। अब भी, कई हिंदू शादियों में, विशेष रूप से दक्षिणी भारत में, एक नकली अनुष्ठान किया जाता है, जहां दूल्हा और दुल्हन के विवाह के बंधन में बंधने से ठीक पहले, दूल्हा सब कुछ त्याग कर 'काशी यात्रा' पर जाने

का फैसला करता है। यहां तक कि वह हाथ में छाता, चप्पल और बांस की छड़ी लेकर जल्दी से विवाह हॉल से बाहर निकलता है, इससे पहले कि दुल्हन के पिता पीछे से दौड़ते हुए आते हैं और उसे इस विचार को छोड़ने और उसकी जगह अपनी बेटी से शादी करने के लिए मना लेते हैं। यहां तक की काशी, लोकप्रिय समकालीन कल्पना में भी, आध्यात्मिक उन्नयन, तपस्या और त्याग की एक पवित्र स्थली बन गई है - जो सभी इष्टदेव विश्वेश्वर द्वारा प्रदान किए जाते हैं।

अठारहवीं सदी के मास्टर संगीतकार, कवि, रहस्यवादी और कर्नाटक शास्त्रीय संगीत की त्रिमूर्ति में से एक मुथुस्वामी दीक्षितर (1775-1835) ने वाराणसी का दौरा किया, जहां उन्हें अपने आध्यात्मिक गुरु श्री चिदंबरनाथ योगी मिले, जिन्होंने उन्हें आध्यात्मिक प्रथाओं में दीक्षित किया। चिदंबरनाथ योगी ने वाराणसी में समाधि प्राप्त की, और माना जाता है कि दीक्षितर वहां आठ वर्षों तक रहे और अपने गुरु की समाधि पर पूजा की। इस समय के दौरान, उन्होंने उत्तर भारत, विशेषकर वाराणसी के काव्यात्मक, गीतात्मक और संगीतमय प्रभावों को आत्मसात किया। उत्तर के कई रागों को संगीत की दक्षिणी शैली में शामिल किया गया। उनकी भव्य रचनाओं में से एक या कृति, 'काशी विश्वेश्वर माम पाही' है, या मेरी रक्षा करो, हे! काशी विश्वेश्वर, राग कंभोजी में सेट है। काशी का प्रभाव दीक्षितर की कई अन्य उत्कृष्ट कृतियों में देखा जा सकता है, जिनमें 'जम्बूपथे' (राग यमुना कल्याणी में, और उनकी पंचलिंग कृतियों में से एक है) और 'गंगे माम पाही' (राग झिंझुटी में) शामिल हैं। यह भी माना जाता है कि हनुमान घाट के तट पर संगीत की देवी सरस्वती द्वारा रहस्यमय तरीके से वीणा उपहार में दिए जाने से उन्हें संगीत का आशीर्वाद मिला था। इस घाट के तट पर अभी भी श्री चक्र लिंगेश्वर मंदिर पाया जाता है, जहां दीक्षितर अपने गुरु के साथ रहते थे, और जहां अभी भी रहस्यवादी चिदंबरनाथ योगी की समाधि है।

यहां तक कि देश के सुदूर दक्षिणी छोर पर भी विश्वेश्वर का आकर्षण स्पंदित होता था। स्वाति थिरुनल, जिन्होंने 1813 से 1846 तक सुदूर दक्षिणी प्रांत त्रावणकोर में शासन किया था और संभवतः अपनी राजधानी पद्मनाभपुरम से अलेप्पी तक की यात्रा पैदल की थी, उन्हें कर्नाटक और हिंदुस्तानी दोनों शैलियों में कई गीतों और रचनाओं के

सृजन का श्रेय दिया जाता है, जिसमें सदियों पुरानी पौराणिक महात्म्य शैली में तीर्थक्षेत्रों की प्रशंसा की गई है। गुरुवयूर और पुदुक्कोट्टई से लेकर तिरुवरूर और निस्संदेह, काशी तक, अनगिनत गीत प्रचुर मात्रा में हैं। ऐसा एक सदाबहार भजन जिसके बारे में कहा जाता है कि उन्होंने इसे हिंदुस्तानी शैली में राग सिंधु भैरवी में बनाया था, वह काशी के विश्वेश्वर पर आधारित था, जो इस प्रकार है:

विश्वेश्वर दर्शन कर चल मन तुम काशी।
विश्वेश्वर दर्शन जब किन्हो बहु प्रेम सहित
काटे करुणानिधान जनन मरण फाँसी।
बहती जिनकी पुरी मो गंगा, पय के समान
वा के तट घाट घाट भर रहे सन्यासी।
भस्म अंग भुज त्रिशूल उर में लसे नागमाल
गिरिजा अर्धांग धरे त्रिभुवन जिन दासी।
पद्मनाभ कमलनयन त्रिनयन शम्भू महेश
भज ले इन दो स्वरूप रहिए अविनाशी।

(हे मन! भगवान विश्वेश्वर के दर्शन के लिए काशी की तीर्थयात्रा अवश्य कर। यदि आप उनसे प्रेमपूर्वक प्रार्थना करते हैं, तो वे दयानिधान, निश्चित रूप से आपके लिए जन्म और मृत्यु के चक्र को काट देंगे। गंगा नदी शुद्ध दूध की तरह शहर से होकर बहती है। नदी के तट पर ऋषियों का एक समूह निवास करता है। भगवान अपने रूप पर पवित्र राख का लेप करते हैं, अपने हाथों में त्रिशूल रखते हैं। उनके गले में सर्प शोभा पाता है। वह अपना रूप पर्वतों की पुत्री गिरिजा के साथ साझा करते हैं। तीनों लोकों के समस्त लोग उनके चरणों में हैं। हे मन! कमल-नेत्र भगवान पद्मनाभ और त्रि-नेत्र महेश्वर की पूजा कर और अमर बन।)

मूर्तिभंजन की पिछली लहर के मद्देनजर, भारत की सामूहिक चेतना एक बार पुनः विश्वेश्वर के गौरव को पुनर्जीवित करने के लिए एकजुट होती दिख रही थी। ऐसा लग रहा था कि इतिहास एक बार फिर खुद को दोहरा रहा है। जबकि औरंगज़ेब की क्रूर ताकत और शाही आधिपत्य, अत्याचार और हिंसा तथा राजनीतिक शक्ति के बावजूद, लोगों के मानस

में या समय की रेत पर मुहम्मदाबाद या इस्लामाबाद का नाम दर्ज कराने में विफल रहा; विश्वेश्वर तीर्थ की ध्वस्त विरासत और पवित्रता सदैव जीवित रही। जैसा कि पुराणों में वर्णित है, उन्होंने (विश्वेश्वर ने) अपने पसंदीदा अविमुक्त को कभी न छोड़ने का, अपने भक्तों से किया वादा सचमुच निभाया।

मस्जिद के बगल में फिर से उभरे अगोचर मंदिर पर छत बनाने का काम मराठा संघ की एक उल्लेखनीय रानी - इंदौर की महारानी अहिल्या बाई होल्कर, मल्हार राव होल्कर की बहू, के पवित्र कंधों पर आ गया, जिन्होंने हमेशा मंदिर की मुक्ति के लिए काम किया। 1766 में अपने ससुर मल्हार राव होल्कर की मृत्यु के बाद विधवा रानी ने इंदौर की बागडोर संभाली। इंदौर पर उनके शासन के तीस साल किसी भी मानक की दृष्टि से असाधारण थे। ये प्रांत के लिए एक स्वर्णिम काल और होल्कर राज्य के लिए एक वरदान समान थे। शासन व्यवस्था पर उनका दृष्टिकोण बहुत आधुनिक था। अपने शासन के दौरान, उन्होंने अपनी प्रजा को उत्कृष्ट भौतिक और संस्थागत बुनियादी ढाँचा प्रदान करने का प्रयास किया, कराधान नीति के मामले में उदारवादी रहीं, कानून के शासन को सख्ती से लागू किया, संपत्ति के व्यक्तिगत अधिकारों का जोरदार बचाव किया और लोगों के बीच मुद्दों को समझौते के माध्यम से सौहार्दपूर्ण ढंग से हल करने का प्रयास किया। जोर-जबरदस्ती का प्रयोग अंतिम उपाय के रूप में किया गया। अहिल्या बाई खुद को लोगों की ट्रस्टी के रूप में देखती थीं, न कि उनके शासक के रूप में।

लेकिन अहिल्या बाई के उदार शासन की महान विरासतों में से एक उनके द्वारा जीवन भर किए गए दान के विशाल कार्य थे। ये केवल उनके राज्य या इंदौर तक ही सीमित नहीं थे बल्कि अखिल भारतीय थे। उन्होंने तीर्थस्थलों, धर्मशालाओं या थके हुए यात्रियों के लिए विश्राम स्थलों, नदी के किनारे घाटों, शैक्षणिक संस्थानों, मंदिरों और मठों के निर्माण तथा जीर्णोद्धार के लिए उदारतापूर्वक अनुदान दिया, जो भारत में सदियों की इस्लामी विजय के बाद जीर्ण-शीर्ण हो गए थे। अरबों के आक्रमण से लेकर औरंगज़ेब के निरंकुश शासनकाल तक, हजारों हिंदू मंदिरों को अपवित्र कर दिया गया था, और पूरे देश में हिंदू पुनर्जागरण एवं पुनरुत्थान के प्रतीक के रूप में अहिल्या बाई ने उन्हें उनके दयनीय

खंडहरों से, उनके अतीत के गौरव पर पुनः स्थापित किया। शैव और वैष्णव मंदिर, देश भर में फैले बारह ज्योतिर्लिंग[89], चार धाम,[90] और सात पुरी[91] सभी उनकी उदारता के लाभार्थी थे। उनके कृत्यों को केवल संरचनाओं के निर्माण के लिए दान में धन के वितरण के रूप में नहीं माना जा सकता है। उन्होंने तीर्थयात्रा और पवित्र भूगोल के माध्यम से एक अभूतपूर्व सांस्कृतिक तथा आध्यात्मिक पुनर्जागरण में योगदान दिया - जो प्राचीन काल से भारतीय सभ्यता में अंतर्निहित था।

उन्होंने श्रीनगर, हरिद्वार, केदारनाथ, बद्रीनाथ, ऋषिकेष, काशी, प्रयाग, नैमिषारण्य, पुरी, रामेश्वरम, सोमनाथ, नासिक, ओंकारेश्वर, महाबलेश्वर, पुणे, इंदौर, श्रीशैलम, उडुपी, गोकर्ण और काठमांडू में जो मंदिर बनवाये, वे पवित्र होने के साथ एक अनोखे तरीके से उपमहाद्वीप को एकता के सूत्र में बांध देते थे। वह दक्षिण भारत के तीस से अधिक मंदिरों में उनकी धार्मिक आवश्यकताओं के लिए नियमित रूप से पवित्र गंगा का जल भी पहुँचाती थीं।

अहिल्या बाई की दानशीलता, मंदिर निर्माण और करुणा ने उन्हें पूरे देश में एक संत की आभा प्रदान की, जिसने इंदौर को किसी भी आक्रमण से एक सुरक्षा ढाल प्रदान की। उन्होंने अपने कई समकालीनों - ओडिशा के राजा से लेकर हैदराबाद और अवध के नवाबों तक को पत्र लिखकर अपने राज्यों में मंदिर बनाने की अनुमति मांगी। एक संत-रानी के रूप में उनकी प्रतिष्ठा को देखते हुए, वे तुरंत सहमत हो गए। उनकी कूटनीति और शासन कला की इस अनूठी प्रकृति ने इंदौर और उनके समकालीन रियासतों के बीच मैत्रीपूर्ण संबंधों को मजबूत करने में भी मदद की।

काशी में, मस्जिद के दक्षिण में कुछ मीटर की दूरी पर, जिसे 'ज्ञान वापी मस्जिद' के नाम से जाना जाने लगा (संस्कृत नामकरण को ध्यान में रखते हुए, नाम की एक क्रूर विडंबना) अहिल्या बाई ने 1777 में लिंग के ऊपर एक छोटा सा मंदिर बनवाया था, जहां औरंगज़ेब की कुल्हाड़ी के प्रहार से ध्वस्त मंदिर के अवशेषों पर पहले से ही कई लोगों द्वारा पूजा की जाने लगी थी। यह बताता है कि क्यों विश्वेश्वर लिंग गर्भगृह के एक कोने में स्थित है, बीच में नहीं, जैसा कि हिंदू मंदिरों में आम प्रथा है। उनका मंदिर स्पष्ट रूप से उस भव्य संरचना से मेल नहीं खा रहा था जिसे नारायण भट्ट बनाने में कामयाब रहे थे। यह लगभग 50 वर्ग फीट के एक

छोटे से भूखंड पर खड़ा था। मंदिर छोटा 8½ वर्ग फीट का था और मंडप 16 वर्ग फीट का था। शिखर बमुश्किल 60 फीट ऊँचा था। मंडप के ऊपर का गुंबद मुस्लिम शैली में था, संभवतः मंदिर को किसी हानि से बचाने के लिए। फिर भी, अहिल्या बाई के योगदान ने इस पवित्र स्थान के इतिहास में एक बड़ा मील का पत्थर साबित किया और भावी पीढ़ी के लिए इसके अस्तित्व को चिह्नित किया।

शेरिंग ने विस्तार से बताया कि न केवल काशी बल्कि पूरे उत्तर भारत के मौजूदा मंदिरों की वास्तुकला शैली और निर्माण उनके दक्षिणी समकक्षों की राजसी भव्यता की तुलना में इतना प्रभावशाली क्यों नहीं था:

> *जब हमने यह पता लगाने का प्रयास किया कि मुसलमानों ने बनारस में अपनी प्राचीन इमारतों में हिंदुओं के लिए क्या छोड़ा है, तो हम अपनी जांच के परिणाम से चौंक जाते हैं। हालाँकि शहर हर दिशा में मंदिरों से भरा पड़ा है, कुछ जगहों पर तो बहुत सघनता से, फिर भी मेरा मानना है कि पूरे बनारस में औरंगज़ेब के काल के या 1658 से 1707 के बीच के बीस मंदिर ढूँढना मुश्किल होगा। नये मंदिरों की तुलना में पुराने मंदिरों का वही असमान अनुपात पूरे उत्तर भारत में दिखाई देता है। इसके अलावा, मौजूद लगभग सभी मंदिरों का छोटा आकार मुस्लिम शासन की कठोरता का एक और शक्तिशाली साक्ष्य है। यह स्पष्ट प्रतीत होता है कि, अधिकांश भाग में, सम्राटों ने हिंदुओं को विशाल मंदिर बनाने से मना किया था, और उन्हें अपनी मूर्तियों के लिए पिंजरे के आकार की केवल छोटी संरचनाएँ बनाने के लिए कहा गया था, और इनमें सुंदरता का कोई दिखावा नहीं था। परिणाम यह हुआ कि वर्तमान समय के हिंदू, दो शताब्दी पहले के अपने पूर्ववर्तियों के उदाहरण का आँख बंदकर अनुसरण करते हुए, आमतौर पर पहले की तरह ही बौने आकार की अपनी धार्मिक इमारतें बनाते हैं; लेकिन, सादे, बदसूरत इमारतों के बजाय, वे अक्सर सुरुचिपूर्ण ढंग के निर्माण के होते हैं। उनमें से कुछ, वास्तव में, बाहरी रूप से इतनी नाजुक ढंग से नक्काशी की गई हैं, राहत और सूक्ष्म मूर्तिकला से इतनी भरी हुई तथा भव्यता से अलंकृत हैं कि देखने वाले की आंखें तृप्त और थकी*

हुई हो जाती हैं। आकार के संबंध में, उत्तरी और दक्षिणी भारत के मंदिरों के बीच एक उल्लेखनीय अंतर है; बाद वाला अक्सर विशाल आयाम का होता है।[92]

लेकिन फिर भी, महारानी और उनके मंदिर की प्रतिष्ठा इतनी थी कि ब्रिटिश गवर्नर-जनरल वॉरेन हेस्टिंग्स ने भी 1781 में बनारस के मजिस्ट्रेट इब्राहिम अली खान को मंदिर (नौबतखाना, या ड्रम हाउस) के लिए एक अलंकृत प्रवेश द्वार बनाने का निर्देश दिया था। मराठों के लिए काशी प्रिय बनी रही। दौलत राव सिंधिया की विधवा महारानी बैजा बाई ने ज्ञानवापी कुएँ की रक्षा के लिए उन्नीसवीं सदी की शुरुआत में एक मंडप का निर्माण करवाया था, जो अब अहिल्या बाई के नए मंदिर के उत्तर में आता है। काशी और उसके विश्वेश्वर मंदिर की श्रेष्ठता अखिल भारतीय थी, यह इस तथ्य से स्पष्ट हो जाता है कि 1839 में पंजाब के महाराजा रणजीत सिंह ने इस मंदिर के शिखरों और गुंबदों को सोने की चादरों से जड़वाया था।[93] 1868 में नए मंदिर की यात्रा के अपने अनुभव के बारे में लिखते हुए, शेरिंग रिकॉर्ड करते हैं,

बिशेश्वर का मंदिर [sic] एक चतुर्भुज के बीच में स्थित है, जो एक छत से ढका हुआ है, जिसके ऊपर मंदिर का टॉवर दिखाई देता है। प्रत्येक कोने पर एक गुंबद है, और दक्षिण-पूर्व कोने पर, शिव का पवित्र मंदिर है। जब छत की ऊंचाई से दूर से देखा जाता है, तो इमारत तीन अलग-अलग हिस्सों में दिखाई देती है। पहला महादेव के मंदिर का शिखर है, जिसका आधार नीचे चतुर्भुज में है; दूसरा एक बड़ा सोने का गुंबद है; और तीसरा स्वयं बिशेश्वर मंदिर का सोने का पानी चढ़ा हुआ टॉवर है। ये तीनों वस्तुएँ चतुर्भुज के केंद्र में एक पंक्ति में हैं, जो एक ओर से दूसरी ओर तक अधिकांश स्थान को भरती हैं। उन पर की गई नक्काशी विशेष रूप से प्रभावशाली नहीं है; लेकिन सूरज की रोशनी में चमकते हुए गुंबद और मीनार चमकते हुए सोने के विशाल ढेर की तरह दिखते हैं... उन्हें सोने का पानी चढ़ाने का खर्च लाहौर के दिवंगत महाराजा रुनजीत सिंह [sic] द्वारा वहन किया गया था। मीनार, गुंबद और शिखर, अलग-

अलग, एक तीव्र बिंदु पर समाप्त होते हैं। पहले से जुड़ा हुआ एक ऊंचा खंभा है जिस पर एक छोटा झंडा है और जिस पर त्रिशूल लगा हुआ है। टॉवर सहित बिशेश्वर मंदिर की ऊंचाई इक्यावन फीट है...परिक्षेत्र के बाहर, उत्तर की ओर देवताओं का एक बड़ा संग्रह है, जिन्हें एक मंच पर खड़ा किया गया है, जिसे मूल निवासियों द्वारा 'महादेव का दरबार' कहा जाता है...ये स्पष्ट रूप से आधुनिक निर्माण के नहीं हैं...संभावना है कि इन्हें बिशेश्वर के पुराने मंदिर के खंडहरों से लिया गया था, जो वर्तमान संरचना के उत्तर-पश्चिम में था, और सम्राट औरंगज़ेब द्वारा ध्वस्त कर दिया गया था...इस प्राचीन मंदिर के व्यापक अवशेष अभी भी दृश्यमान हैं। वे मोहम्मडन मस्जिद की पश्चिमी दीवार का एक बड़ा हिस्सा बनाते हैं, जिसे हिंदुओं के इस कट्टर उत्पीड़क ने अपनी जगह पर बनाया था। इन खंडहरों के अनुपात को देखते हुए, यह स्पष्ट है कि बिशेश्वर का पहले का मंदिर मौजूदा संरचना की तुलना में ऊंचा और अधिक विशाल रहा होगा; और प्रांगण आधुनिक मंदिर के क़ब्ज़े वाले पूरे क्षेत्र की तुलना में चार या पांच गुना अधिक विशाल है...मस्जिद हालांकि छोटी नहीं है, लेकिन किसी भी तरह से एक भव्य वस्तु नहीं है। यह सादा और अरुचिकर है, और इसमें शायद ही कोई नक्काशी या आभूषण प्रदर्शित होता है। भीतर और बाहर, इसकी दीवारें थोड़े से रंग के साथ गंदे सफेदी से पुती हुई हैं।[94]

इस प्रकार, इस प्रतिष्ठित शहर के लंबे, तूफानी इतिहास और विश्वेश्वर के रूप में इसके व्यक्तित्व में, हर आपदा के बाद एक लचीला पुन: उदय होता है, जिसे कोई भी नोटिस कर सकता है। ऐसा, कई सदियों से आस्था को खत्म करने, कमज़ोर करने और अपमानित करने के कई प्रयासों के बावजूद हुआ। जैसा कि शेरिंग ने मार्मिक और भविष्यसूचक तरीके से निष्कर्ष निकाला,

यदि मुस्लिम काल के संबंध में कोई एक परिस्थिति है जिसे हिंदू अन्य की तुलना में बेहतर ढंग से याद करते हैं, तो वह मुसलमानों का अपमानजनक गौरव, उनके धार्मिक विश्वासों पर किए गए

अत्याचार और उनके मंदिरों और तीर्थस्थलों को व्यापक क्षति पहुंचाना है। यह सही है कि यूरोपीय लोगों को यह स्पष्ट रूप से समझना चाहिए कि मोहम्मदवाद की यह भावना अपरिवर्तनीय है, और यह कि, यदि किसी भी संयोग से, भारत फिर से इस पंथ के लोगों के क़ब्ज़े में आ जाता है तो सभी चर्च, कॉलेज और मिशन संस्थान एक सप्ताह की खरीदारी के लायक नहीं बचेंगे।[95]

3

शिवलिंग की अवधारणा

इससे पहले कि हम आधुनिक काल में आगे बढ़ें जब काशी विश्वनाथ मंदिर लगातार विवाद का स्थल बन गया, शिव लिंग के गूढ़ अर्थ और उसके महत्व को समझना उचित होगा। यह एक आध्यात्मिक और दार्शनिक प्रश्न है, जो इस पुस्तक के दायरे से बहुत परे है। हालाँकि, एक समर्पित हिंदू के लिए इसका क्या अर्थ है, इसे संक्षेप में समझाने का प्रयास किया गया है तथा कुछ सूक्ष्म महत्वों और अर्थों पर नजर डाली गई है, जिन्हें वह गुलामी तथा उपनिवेशवाद की कई शताब्दियों में भूल गया है।[1]

यहां दो बुनियादी मुद्दे उठते हैं। सबसे पहले, यह लंबे समय से इंजीलवादियों और इस्लामी प्रचारकों द्वारा प्रचारित किया गया है कि मूर्ति पूजा किसी भी तरह की पूजा का एक निम्न और अनावश्यक रूप है। हिंदू धर्म के भीतर भी ऐसे वर्ग हैं जो इसका बचाव करते हुए कहते हैं कि मूर्ति पूजा वैदिक ग्रंथों में बिल्कुल भी मौजूद नहीं है। उनका तर्क है कि चूँकि यह आवश्यक हिंदू धर्म का हिस्सा नहीं है, इसलिए उपनिषद की शिक्षाएं ही सच्चा हिंदू धर्म हैं। लेकिन इस तरह के तर्क में कोई व्यक्ति वैदिक ज्ञान प्रणालियों के मौलिक सिद्धांत को भूल जाता है, जिसमें वैदिक छंद सीधे तौर पर किसी भी बात पर टिप्पणी, अनुमोदन या खंडन नहीं करते हैं। इसके बजाय, वे अपने स्वतंत्र संदर्भ में रहते हैं, किसी को उपदेश देने का उनका कोई इरादा नहीं होता। लेकिन समय के साथ भाष्यकार वेदों के प्रत्येक कथन पर स्पष्टता प्रदान करते हैं, जिसके माध्यम से हम ज्ञान या निष्कर्ष प्राप्त कर सकते हैं। मान लीजिए कि कोई ज्ञान परंपरा में भाष्यों (टिप्पणियों) और शेष ग्रंथों को स्रोत या संदर्भ नहीं मानता है और

कोड बुक की तरह मूल वेद से अनुमोदन या निषेध की मांग करने पर अड़ा है, तो यह अपेक्षा वैसी ही है जैसी हम बाइबल या क़ुरान से प्राप्त करते हैं- सटीक और लक्षित कथन। हालाँकि, जब वैदिक ज्ञान प्रणालियों की बात आती है तो ऐसा नहीं है। वेदों के माध्यम से अनुमोदन की मांग करने की यह प्रवृत्ति ईसाई धर्म के अत्यधिक प्रोटेस्टेंट संस्करण से भी आती है। वहां भी यह माना जाता था कि केवल मूल हिब्रू बाइबिल ही सबसे भरोसेमंद स्रोत है। बाइबल में शामिल की गई हर दूसरी किताब को विश्वासियों का शोषण करने के लिए पुरोहित वर्ग की साजिश करार दिया गया और इसलिए खारिज कर दिया गया। वेद उन चीज़ों से संबंधित नहीं है जो मानवीय इंद्रिय बोध, अनुभव (प्रत्यक्ष), या अनुमान (अनुमान) द्वारा स्पष्ट रूप से जानी जाती हैं।

दूसरा मुद्दा यह है कि पश्चिमी व्याख्याकार (और उनके मॉडल का अनुसरण करने वाले भारतीय) हर चीज़ को शाब्दिक और अंकित मूल्य पर मानते हैं। वे अर्थवाद जैसी भारतीय अवधारणाओं को नहीं समझते हैं। अर्थवाद का अर्थ है शास्त्रों में कुछ वस्तुओं, कृत्यों, फलों आदि की प्रशंसा और निंदा। दार्शनिक रूप से कहें तो, यहां निंदा का मतलब उस चीज की निंदा करना नहीं है जिसकी निंदा की जा रही है, बल्कि इसका मतलब केवल प्रति सिद्धांत पर जोर देना या उसकी प्रशंसा करना है। उदाहरण के लिए: वैष्णव ग्रंथों के संदर्भ में शिव अधीन हैं, लेकिन यहाँ, इसका अर्थ केवल विष्णु पर जोर है, और इसका मतलब सामान्य रूप से शिव का कोई ह्रास नहीं है। चारों वेदों के छह अंग हैं, जिन्हें वेदांग कहा जाता है और प्रत्येक की कई टिप्पणियाँ हैं। हिंदू सिद्धांत में, वेद, वेदांग, दर्शन, 18 पुराण आदि के अलावा, हमारे पास पांच प्रमुख संप्रदायों या परंपराओं में से प्रत्येक के लिए सैकड़ों आगम ग्रंथ भी हैं। सभी परंपराओं से संबंधित उपासकों के पास अपने स्वयं के ग्रंथ हैं, जो इस विचार के आसपास विकसित हुए हैं कि उनके देवता निर्माता, संरक्षक और विध्वंसक हैं। बात सिर्फ इतनी है कि वे बहुत कम अपवादों को छोड़कर, अब्राहमिक विश्व दृष्टिकोण जैसी अन्य परंपराओं से नफरत नहीं करते हैं। इसलिए, यदि आपको किसी चीज़ के बारे में शाक्त आगम या देवी भागवत का संदर्भ मिलता है, तो आपको शैव संप्रदाय से संबंधित किसी अन्य आगम में इसके विपरीत कुछ मिल सकता है। शाक्त संप्रदाय (दिव्य स्त्री की पूजा

से संबंधित) के भीतर, 77 आगम हैं और उनमें प्रथाओं तथा दर्शन में भी विविधता हो सकती है। इसलिए, यदि कोई किसी कहानी की ऐसी व्याख्या लेकर आता है जो घृणित या अपमानजनक लगती है, तो विभिन्न ग्रंथों के अन्य संस्करण इसका खंडन कर सकते हैं। पुराणों और आगमों की कहानियों का कोई एक निश्चित और पूर्ण संस्करण नहीं है। इसी पृष्ठभूमि में हमें हिंदू ग्रंथों और कहानियों को समझना चाहिए।

क्या यह लिंग पूजा है?

बार-बार दोहराई जाने वाली उपहासात्मक टिप्पणी यह है कि शिव लिंग वास्तव में भगवान शिव का लिंग या पुरुष जननांग है जिसकी पूजा की जाती है। पूजा के पतनशील और अशोभनीय स्वरूप के कारण अक्सर हिंदुओं का मज़ाक उड़ाया जाता है और उनका उपहास उड़ाया जाता है। औपनिवेशिक साहित्य और वर्तमान समय में उनके वफ़ादार उत्तराधिकारियों के पास ऐसे संदर्भ प्रचुर मात्रा में हैं।

स्कंद पुराण की एक कहानी में शिव के लिंग को हाथों नें पकड़कर नग्न घूमने का उल्लेख है। किसी के श्राप से वह भूमि पर गिर पड़ा और बढ़ने लगा तथा संपूर्ण जगत को जलाने लगा। इसे नियंत्रण में लाने के लिए शक्ति या देवी को हस्तक्षेप करना पड़ा और योनि (गर्भ या महिला जननांग) का रूप लेना पड़ा। जो कोई भी इसे रूपक के रूप में नहीं बल्कि शाब्दिक रूप से लेता है, वह हिंदुओं को लिंग के उपासक के रूप में उपहास कर सकता है, जो उनके अनुसार घृणित है। कुछ पश्चिमी व्याख्याकार लिंगोपासना या लिंग की पूजा को प्रजनन पंथ के रूप में भी देखते हैं। उनका मानना है कि हिंदू प्रजनन क्षमता के कारण या निःसंतान होने के डर से लिंग की पूजा करते हैं। लेकिन चूंकि यह व्याख्या सामान्य रूप से आम हिंदुओं के लिए इतनी अप्रासंगिक है कि यह बात उनके दिमाग में शिवलिंग की पूजा करते समय आती भी नहीं, इसलिए शायद ही उन बातों का विरोध किया जाता है, हालांकि ये धारणाएं अकादमिक आइवरी टावरों या एजेंडा-संचालित प्रवचनों में निहित हैं। तो, इन व्याख्याओं में लिंग और कुछ नहीं बल्कि शिव का लिंग या जननांग अंग बन जाता है। लेकिन अगर आप किसी आम उपासक से पूछें, तो निश्चित

रूप से उनके पास ऐसा नकारात्मक दृष्टिकोण नहीं है। लिंग की पूजा इसलिए नहीं की जाती क्योंकि वह शिव का अंग है या उसके अंगत्व के कारण। लिंग में निहित किसी देवता की पवित्रता या स्थिति इसलिए नहीं है क्योंकि यह शिव के शरीर का एक हिस्सा है। इसके बजाय, लिंग की पूजा स्वयं शिव के रूप में या लिंग के शिवत्व के कारण की जाती है।

स्कंद पुराण के 'सह्याद्रि खंड' में रावण द्वारा तीव्र तपस्या के माध्यम से भगवान शिव को प्रसन्न करने की एक प्रसिद्ध कहानी बताई गई है। उसकी भक्ति से प्रसन्न होकर, शिव ने अपना 'आत्म लिंग', जो कि शिव का सार या आत्मा है, रावण को इस शर्त पर दिया कि इसे ज़मीन पर नहीं रखा जाएगा। इसका मतलब था शिव की सर्वोत्कृष्टता को त्याग देना और इसलिए यदि देवत्व की रक्षा करनी है तो इस प्रयास को हर कीमत पर विफल करना होगा। इसलिए, जब रावण 'आत्म लिंग' को ले जा रहा था, गणेश ने एक युवा ब्रह्मचारी का रूप धारण किया, शरारती ढंग से चाल चली, और रावण से उस 'आत्म लिंग' को ज़मीन पर रखवा दिया। यदि लिंग का अर्थ लिंग या पुरुष जननांग है, तो इस कहानी का अर्थ यह होना चाहिए कि शिव ने अपना जननांग अंग काटकर रावण को दे दिया होगा। लेकिन हकीकत में ऐसा नहीं है। इस प्रकार, बार-बार दोहराया जाने वाला तर्क कि शिवलिंग लिंग है, अकेले इस एक विरोधाभासी कहानी से गलत साबित हो गया है। ऐसे कई प्रति-उदाहरण हमारे धर्मग्रंथों और उनकी कहानियों में पाए जाते हैं, जो पहले बताई गई आवश्यकता को रेखांकित करते हैं कि जब किसी हिंदू चीज की बात आती है तो चीजों को अंकित मूल्य पर नहीं, बल्कि रूपक के रूप में लिया जाता है।

'लिंग' शब्द की व्युत्पत्ति

भाषा के बारे में पर्याप्त जानकारी के बिना संस्कृत के शब्दों की व्याख्या करने में एक बार फिर समस्या यह है कि जब ग्रंथों की व्याख्या की बात आती है तो शाब्दिक अनुवाद, जैसा कि पश्चिमी विद्वानों द्वारा कई बार किया जाता है, बहुत कम उपयोग का होता है। संस्कृत में प्रत्येक शब्द के उपयोग के संदर्भ के आधार पर कई अर्थ हो सकते हैं। उदाहरण के लिए, 'लिंग' शब्द में भी बहुत सारे प्रासंगिक अंतर हैं, जैसा कि कई ग्रंथों में देखा गया है।

संस्कृत में लिंग का मूल अर्थ इस प्रकार है: लिङ्ग्यते अनेन इति लिङ्गं (एक संकेत जो समझ की ओर ले जाता है)। ग्रंथ लिंग का प्राथमिक अर्थ एक संकेत या लक्षण के रूप में बताते हैं। उदाहरण के लिए, भारतीय दर्शन की एक शाखा, जिसे न्यायशास्त्र या तर्कशास्त्र कहा जाता है, में कहा गया है 'वाह्निव्याप्य धूमावनायं पर्वतः इति लिंग परमर्षः' (किसी चिन्ह या विशेषता का पता लगाना या उस पर विचार करना, उदाहरण के लिए, धुआं एक 'चिह्न' या संकेत (लिंग) है, अग्नि के अस्तित्व का।)

महाभारत में लिंग शब्द का उपयोग दो संदर्भों में किया गया है - एक सूक्ष्म बात को समझने के साधन के रूप में और दूसरा भौगोलिक मार्कर के रूप में। उदाहरण के लिए, महाभारत का 'शांति पर्व' कहता है:

इन्द्रियैर्गृह्यते यद् यत् तत्तद् व्यक्तिमिति स्थितिः ।
अव्यक्तमिति विज्ञेयं लिङ्गग्राह्यमतीन्द्रियम् ॥ 15/189

[जो कुछ भी आप देख सकते हैं, सुन सकते हैं, स्पर्श सकते हैं या महसूस कर सकते हैं उसे दृश्य कहा जाता है। दूसरी ओर, जिन चीजों को नियमित इंद्रियों द्वारा देखा नहीं जा सकता है, लेकिन केवल सूक्ष्म इंद्रियों के माध्यम से समझा जा सकता है, उन्हें अदृश्य कहा जाता है (सूक्ष्म को समझने वाले लक्षणों को इस श्लोक में लिंग कहा गया है)]।

महाभारत में दूसरा संदर्भ जहां लिंग शब्द का प्रयोग भौगोलिक चिह्न के रूप में किया गया है वह इस प्रकार है:

येन लिङ्गेन यो देशो युक्तः समुपलक्ष्यते ।
तेनैव नाम्ना तं देशं वाच्यमाहुर्मनीषिणः ॥ 1.2.8

[बुजुर्गों का कहना है कि जिन विशिष्ट विशेषताओं के माध्यम से किसी स्थान की पहचान की जा सकती है, उन्हीं विशेषताओं के आधार पर उस स्थान का नाम रखा जाना चाहिए। इस श्लोक में लिंग का अर्थ भौगोलिक सूचक है।]

इसी प्रकार, मनुस्मृति में, लिंग शब्द का प्रयोग कभी-कभी धार्मिक चिह्नों या प्रतीकों के रूप में किया जाता है जिन्हें कोई इस्तेमाल करता है। अन्यत्र, इसी पाठ में, मनु ने लिंग शब्द का प्रयोग व्यक्ति की शिक्षा के रूप में किया है। ऊपर के श्लोक कुछ उदाहरण मात्र हैं। लिंग के सन्दर्भ में भी लिंग का प्रयोग संकेत या चिह्न के रूप में ही किया जाता है। इसी तरह, विभिन्न संदर्भों के अनुसार कई अर्थ प्रचुर मात्रा में होते हैं जो हमें मिल सकते हैं। इस प्रकार, सूक्ष्मताओं और अर्थों की विविधता को बकवास कहकर नकारना तथा लिंग को केवल एक पुरुष अंग करार देना अत्यधिक अपमानजनक और बौद्धिक रूप से बचकाना है।

शिवलिंग का गूढ़ अर्थ

वैष्णव [भगवान विष्णु से संबंधित] और कुछ हद तक, कुछ शाक्त [देवी से संबंधित] परंपराओं में, एक अलग इकाई के रूप में देवता का बहुत अधिक मानवीकरण किया गया है। लेकिन लिंग की पूजा आत्म साधना या आत्म-साक्षात्कार की दिशा में एक उन्नत कदम के अलावा और कुछ नहीं है। यहां इतना अधिक मानवीकरण नहीं है और यह सिर्फ लिंग या आत्मा का चिह्न है। यह लिंग पूजा न तो मूर्ति पूजा है और न ही निराकार ईश्वर का विचार है। लिंग एक प्रतीक, एक मार्कर, स्वयं और स्वयं की चेतना के संकेत के रूप में कार्य कर रहा है। उस चेतना की निराकारता भी लिंग में अंतर्निहित है। इसलिए, यह आत्म साधना या स्वयं की खोज के अलावा और कुछ नहीं है।

लेकिन प्रतिमा-विद्या में, लिंग के अलावा इसके आधार पर एक देवी, दिव्य स्त्री भी है। जैसा कि लिंग पुराण में कहा गया है:

लिङ्गवेदी महादेवी लिङ्गं साक्षान्महेश्वरः ।
तयोः सम्पूजनान्नित्यं देवी देवश्च पूजितौ ॥ 20-1.73.19

[लिंग-वेदी (लिंग का आधार) महादेवी हैं और लिंग स्वयं शिव हैं। इन दोनों (लिंग-वेदी और लिंग) की पूजा (और कुछ नहीं) पार्वती और शिव की पूजा है।]

इस प्रकार, लिंग की पूजा पुरुषत्व और स्त्रीत्व की दोहरी प्रकृति का भी प्रतीक है। हर पुरुष के शरीर में कुछ स्त्रियोचित गुण भी विद्यमान होते हैं। उसी प्रकार स्त्री शरीर में पुरुषत्व के तत्व मौजूद होते हैं। कोई भी व्यक्ति पूर्ण रूप से पुल्लिंग या स्त्रीलिंग नहीं है, क्योंकि यह सृष्टि की प्रकृति नहीं है। यहां तक कि प्रत्येक शरीर में श्वास को दोनों का संयोजन कहा जाता है, जैसे बाईं ओर की नासिका श्वास इड़ा (महिला) है, और दाईं ओर की श्वास पिंगल (पुरुष) है। इसके अलावा, जब हम हिंदू विवाह में बोले जाने वाले वैदिक मंत्रों के अर्थों का अवलोकन करते हैं, तो वे प्रत्येक पुरुष को स्त्रीत्व को शामिल करने और महिला के जीवन में पुरुषत्व लाकर खुद को पूर्ण करने का मार्ग प्रशस्त करते हैं। अत: कोई भी व्यक्ति तभी 'संपूर्ण' होता है, जब स्त्रीत्व और पुरुषत्व समान रूप से विद्यमान हों। इस पूर्णता या दोनों के संतुलन को प्राप्त करना जीवन का अंतिम लक्ष्य माना जाता है, और इसे अर्ध-नारीश्वर के रूप में दर्शाया गया है जहां शिव और पार्वती एक शरीर के दो हिस्सों का निर्माण करते हैं - वही लिंग और उसकी वेदी या आधार की प्रतीकत्मक अभिव्यक्ति है।

अब, स्त्री के समान होने और पूजा के योग्य होने का यह सिद्धांत अब्राहमिक विचार के लिए अभिशाप है तथा विशुद्ध रूप से एक विदेशी अवधारणा है जिसमें दिव्य स्त्री की कोई अवधारणा नहीं है। इसलिए, जैसे ही पुरुषत्व और स्त्रीत्व को तस्वीर में लाया जाता है, लोग तुरंत उन्हें सेक्स और कामुकता से जोड़ देते हैं, इस विचार में फंस जाते हैं कि महिलाएं निर्माता द्वारा पुरुषों के हाथों में उनके आनंद के लिए सौंपी गई संसाधन मात्र हैं। निःसंदेह, यह अंतर्निहित पश्चिमी धर्मशास्त्रीय दृष्टिकोण भी है कि सेक्स वर्जित या गंदा कार्य है - कुछ ऐसा जिसकी धार्मिक विश्वदृष्टि में कोई मंजूरी नहीं है। इस प्रकार, ऐसी विकृत मानसिकता के साथ, शिव लिंग के प्रति एक आम हिंदू भक्त के दृष्टिकोण को समझना लगभग असंभव हो जाता है और इसलिए लिंग आदि की विचित्र तथा विकृत व्याख्याएं सामने आती हैं।

अलग-अलग समयावधियों में रचित अनेक ग्रंथों के श्लोकों में लिंग की शिव पूजा का वर्णन किया गया है। लिंग का स्वरूप और उसका महत्व शैव परंपराओं में भी भिन्न हो सकता है क्योंकि इसमें पाशुपत, कपालिक, वीराचार, अघोरा आदि संप्रदाय हैं। इसके अलावा, लिंग के बारे में वेदांतिक दृष्टिकोण

और भक्ति परंपराओं का दृष्टिकोण भिन्न हो सकता है। इन सबके बीच, कुछ लोग एक-दूसरे से आगे निकल सकते हैं या एक-दूसरे का खंडन भी कर सकते हैं। इसलिए, संदर्भों या विवरणों से गुज़रते समय, किसी को यह मानने की ज़रूरत नहीं है कि यह सभी हिंदुओं के लिए एकमात्र सटीक दृष्टिकोण है।

लिंग के महत्व के संबंध में कई ग्रंथों में उल्लेख मिलता है। स्कंद पुराण अपने सूत संहिता, 'यज्ञ खंड' में, लिंग के बारे में यह कहता है:

1. प्राणं च लिङ्गं प्रवदन्ति केचित् शरीरमन्ये प्रवदन्ति लिङ्गम् ।
वागादि-खानि प्रवदन्ति केचित् समूहम् अन्ये परमेश्वरस्य ॥ 17-28

[कुछ लोग कहते हैं प्राण, जीवन शक्ति ही लिंग है; कुछ लोग कहते हैं कि सूक्ष्म शरीर लिंग है, कुछ कहते हैं ज्ञानेन्द्रियाँ और कुछ कहते हैं उनका समूह (शरीर) ही लिंग है।]

2. यदस्ति यन्नास्ति महेश्वरस्य समास्तम् एतत् प्रवदन्ति लिङ्गम् ।
विशुद्धविद्याः परयोगिनोऽस्य स्वयंप्रभस्यैव न लिङ्गम् ऊचुः ॥ 28

[जो कुछ है या नहीं है, वह सब लिंग ही है। जिन लोगों ने शुद्ध ज्ञान और एकता की चेतना प्राप्त की है, वे कहते हैं कि इस स्वयं-तेजस्वी परमशिव के अलावा किसी भी चीज़ को लिंगम नहीं कहा जा सकता है।]

3. लयनाल्लिङ्गम् इत्याहुरपरे वेदवित्तमाः ।
तदाऽपि लिङ्गं भगवान् स्वयम् एव महेश्वरः ॥ 28

[कुछ लोग कहते हैं कि जो विघटन का कार्य करता है वह लिंगम (लियातेस्मिन इति लिंगम) है। फिर भी (हम ऐसा कहते हैं), लिंग स्वयं महेश्वर ही हैं।]

शिव पुराण में लिंग का वर्णन इस प्रकार है:

लोके लिङ्गात्मकं ज्ञात्वा लिङ्गे योऽर्चयते हि माम् ।
न मे तस्मात् प्रियतरः प्रियो वा विद्यते क्वचित् ॥ 44-1.9.43

[यह समझकर कि संसार लिंग है और जो लिंग के रूप में मेरी पूजा करता है, वह मेरे लिए सबसे प्रिय व्यक्ति है।]

लिंग पुराण में लिंग के महत्व के बारे में यह कहा गया है:

मूले ब्रह्मा तथा मध्ये विष्णुस्त्रिभुवनेश्वरः।
रुद्रपरि महादेवः प्रणवाख्यः सदाशिवः॥ 1.73.19

[(लिंग में) ब्रह्मा इसके मूल में रहते हैं, विष्णु मध्य में रहते हैं, और रुद्र इसके शीर्ष पर रहते हैं, जो तीनों लोकों के स्वामी हैं, और वे महादेव, सदाशिव और प्रणव (ओंकार) भी हैं)]

इसी तरह की प्रतिमा अग्नि पुराण में भी देखी गई है, जो 5वीं शताब्दी ईस्वी पूर्व की है, जिसमें लिंग को ब्रह्मा, विष्णु और शिव की त्रिमूर्ति का प्रतिनिधि बताया गया है। पूजा के लिए लिंग का निर्माण कैसे किया जाना चाहिए, इस पर भी स्पष्ट निर्देश हैं। अग्नि पुराण 53. 3-5 के अनुसार:

> *लिंग को ब्रह्मा और विष्णु भागों में उत्तरोत्तर विस्तारित होना चाहिए। ब्रह्मा के लिए वह चतुर्भुज, विष्णु के लिए आठ, सोलह, बत्तीस या चौंसठ भुजाओं वाली और शिव के लिए गोल होनी चाहिए। पैर से घुटनों तक ब्रह्मा का भाग, घुटनों से नाभि तक विष्णु का भाग और नाभि से सिर के ऊपर तक शिव का भाग होना चाहिए। ब्रह्मा को सौंपा गया भाग ज़मीन में धँसा है, विष्णु के लिए पीठिका के भीतर है, और शिव के लिए पीठिका के ऊपर है।*[2]

इस प्रकार, शिव लिंग की अवधारणा के लिए आमतौर पर उपहासपूर्ण तरीके से प्रसारित की जाने वाली बातों की तुलना में एक बहुत ही अलग प्रतीकात्मक व्याख्या उभर कर सामने आती है।

इन ग्रंथों के अलावा, जैसा कि पहले उल्लेख किया गया है, हिंदू प्रणाली में पांच संप्रदाय या परंपराएं हैं: सौर (ब्रह्मा या सूर्य से संबंधित), वैष्णव (विष्णु से संबंधित), शैव (शिव से संबंधित), शाक्त

(देवी से संबंधित), और गाणपत्य (गणेश से संबंधित)। इनमें से प्रत्येक परंपरा के अपने ग्रंथ हैं जिन्हें आगम कहा जाता है, जो उस परंपरा के अनुसार मंदिर निर्माण, इसकी वास्तुकला और पूजा प्रक्रियाओं के विभिन्न पहलुओं को समझने के लिए महत्वपूर्ण हैं। इन ग्रंथों की विविधता चौंका देने वाली है। सौर में 11 आगम, वैष्णव में 108 आगम, शैव में 28 आगम, शाक्त में 77 आगम और गाणपत्य में 21 आगम हैं।

शैव आगमों में से एक करण आगम के केवल एक अध्याय का शीर्षक 'लिंग लक्षण पटल' है, जिसमें अकेले 301 छंद हैं जो लिंग कैसे प्राप्त करें, किस तरह के इलाके से, नक्काशी के लिए चयन करते समय पत्थर के लिंग की पहचान कैसे करें, गर्भगृह के आकार का विस्तृत विवरण, स्थापना के लिए ज्यामितीय नियम आदि के बारे में आश्चर्यजनक विवरण देते हैं। इसी प्रकार, सभी 28 आगम परंपराओं में संबंधित आगम की प्रकृति और उद्देश्य के अनुसार लिंग के विभिन्न विवरण हैं। सभी आगम परंपराओं में यह भी उल्लेख किया गया है कि लिंग को तराशने के लिए पुरुष वर्ग से संबंधित पत्थर का चयन किया जाना चाहिए और आसन/आधार या पानी पीठ/लिंग-वेदी के लिए महिला वर्ग से संबंधित पत्थर का चयन किया जाना चाहिए, जिस पर लिंग स्थापित किया गया है। आज भी, पारंपरिक रूप से प्रशिक्षित स्थापति/शिल्पी या मूर्तिकार अपनी प्राणिक अनुभूति के आधार पर महज एक स्पर्श या दृष्टि से ही किसी पत्थर के 'लिंग' की पहचान कर सकते हैं। ऐसा माना जाता है कि बिना तराशे गए पत्थरों में भी प्राण या जीवन शक्ति का एक तत्व होता है, (यहां तक कि मूर्ति को प्राण प्रतिष्ठा नामक प्रक्रिया के माध्यम से दिव्यता के साथ जोड़ने से पहले भी)। इसकी प्रतिध्वनि सदियों बाद जे.सी. बोस की मेटल फटीग और कोशिका प्रतिक्रिया के अध्ययन की खोज में मिलती है, जहां उन्होंने प्रदर्शित किया कि पौधे और यहां तक कि धातुएं भावनात्मक उत्तेजनाओं पर प्रतिक्रिया करती हैं।[3]

उम्मीद है कि शिव लिंग और इसके गूढ़ महत्व के बारे में यह संक्षिप्त चर्चा एक धर्मनिष्ठ हिंदू के लिए इसकी प्रतिमा और आध्यात्मिक पवित्रता के महत्व को रेखांकित करेगी, जो अज्ञानता या इसके खिलाफ अक्सर होने वाली हानिकारक निंदा से पूरी तरह से दूर है।

काशी के अ… शिवलिंग

…त्र नगरी में, एक लोकप्रिय स्थानीय कहावत है कि कंकर-काशी …, जिसका अर्थ है कि हर पत्थर में शिव का वास है। जब हम कंकरीली गलियों और भीड़भाड़ वाली सड़कों से गुजरते हैं, तो आज …ड़ पर एक छोटा सा मंदिर मिलता है जिसमें शिवलिंग होता …को श्रद्धालु रोजाना उदारतापूर्वक जल और दूध चढ़ाकर पूजा …। इसलिए, हमें ऐसे बहुत से मंदिर मिलते हैं जिनके पीछे की …यां हैं कि वे कितने महत्वपूर्ण थे, या किस देवता, ऋषि या शासक …हें स्थापित किया था, इत्यादि। उनका नाम अक्सर उनके स्थापत्यकार के नाम पर भी रखा जाता है। उदाहरण के लिए: माना जाता है कि चंद्रेश्वर की स्थापना और पूजा चंद्र, (चंद्रमा) द्वारा तथा शनैश्चरेश्वर की स्थापना शनिश्चर या शनि द्वारा की गई थी। 'काशी खंड' शिव और पार्वती के बीच संवाद का वर्णन करता है जहां शिव अपनी पत्नी से कहते हैं:

> *हे पार्वती! आनंदकानन (काशी) में लिंगों की गणना नहीं की जा सकती। वे स्थूल और सूक्ष्म हैं, विभिन्न प्रकार के रत्नों और विभिन्न धातुओं से बने लिंग हैं। हे देवि, पत्थर के अनेक लिंग बने हुए हैं। उनमें से कई स्वयंभू (अर्थात प्राकृतिक) हैं। कई देवताओं द्वारा, ऋषियों द्वारा स्थापित किए गए हैं...ये सभी मोक्ष प्राप्ति के कारण हैं। कुछ दृश्यमान हैं, कुछ अदृश्य हैं। हे प्रिये, उनमें से कुछ नष्ट हो गए हैं; कुछ समय बीतने के कारण बिखर जाते हैं। हे गौरी, वे भी पूजनीय हैं। एक बार उनकी गिनती सौ परार्धों (एक परार्ध=एक के बाद सत्रह शून्य) में होती थी। गंगा के जल में साठ करोड़ लिंग स्थित हैं। हे देवी, वे सिद्ध लिंग इस कलियुग में अदृश्य हो गये हैं।*[4]

हालाँकि, बाद में उन्होंने इस बहुतायत में से 'काशी खंड' में चौदह सबसे महत्वपूर्ण लिंगों की सूची दी: ओंकारेश्वर, त्रिलोचन, महादेव, कृत्तिवासेश्वर, रत्नेश्वर, चंद्रेश्वर, केदारेश्वर, धर्मेश्वर, वीरेश्वर, कामेश्वर, विश्वकर्मेश्वर, मणिकर्णिकेश्वर, अविमुक्तेश्वर, और विश्वेश्वर।[5] त्रिस्थली सेतु में काशी में पांच गुह्य लिंगों या छिपे हुए, रहस्यमय लिंगों का उल्लेख

है, जिनमें से कृत्तिवासेश्वर, मध्यमेश्वर, ओंकारेश्वर अ[illegible] कपर्दीश्वर के साथ विश्वेश्वर भी एक थे।[6]

लगभग एक सहस्राब्दी तक, यह विश्वेश्वर ही इष्टदेव रह[illegible] में वाराणसी के शासक थे। लेकिन पहली सहस्राब्दी ईस्वी और [illegible]त्व पौराणिक साहित्य में एक अन्य लिंग, अविमुक्तेश्वर, अविमुक्त [illegible] स्वामी, की महिमा का गुणगान किया गया है। बारहवीं शताब्दी [illegible] में, जब लक्ष्मीधर ने कृत्यकल्पतरु के हिस्से के रूप में तीर्थ विवेचन [illegible] लिखा, तो उन्होंने लिंग पुराण से काफी प्रेरणा ली, माना जाता है कि इसकी (लिंग पुराण) रचना पांचवीं और दसवीं शताब्दी ईस्वी के बीच हुई थी। लक्ष्मीधर ने अपने काम में जिन पौराणिक संदर्भों का उपयोग किया है, उनमें विश्वेश्वर का केवल संक्षिप्त उल्लेख है, जबकि अविमुक्तेश्वर प्रमुखता रखते हैं। हालाँकि अविमुक्तेश्वर का मंदिर पौराणिक कथाओं में व्यापक है, परंतु विश्वेश्वर का मंदिर एक 'लोक देवता' के रूप में ज्यादा लोकप्रिय प्रतीत होता है। एक सिद्धांत यह भी है कि अविमुक्तेश्वर को केवल ब्राह्मणों और अन्य उच्च जातियों द्वारा संरक्षण प्राप्त था, लेकिन विश्वेश्वर सभी के लिए थे; उनमें कोई स्पर्श दोष नहीं था और इसलिए अछूतों सहित सभी लोग उनकी पूजा करते समय उन्हें स्पर्श कर सकते थे।[7] इससे शायद यह मंदिर और अधिक लोकप्रिय हो गया।

लेकिन जैसे-जैसे इस्लामिक मूर्तिभंजन के चलते आक्रमण और तीर्थस्थलों को तोड़ना जारी रहा, लिंग पवित्र स्थान की धुरी के चारों ओर घूमते रहे, तथा नए साहित्य के माध्यम से खुद को और अपने महत्व को फिर से स्थापित करते रहे। पवित्र और साहित्यिक कार्यों की तुलना- लिंग पुराण जिसका उपयोग लक्ष्मीधर मुख्य रूप से बाद के पौराणिक परिवर्धनों जैसे स्कंद पुराण में काशी खंड और ब्रह्मवैवर्त पुराण में 'काशी रहस्य' के लिए करते हैं, उसका उपयोग पंद्रहवीं-सोलहवीं शताब्दी के विद्वान, जैसे वाचस्पति मिश्र, नारायण भट्ट और मित्र मिश्र, देवत्व की बदलती धुरी के स्थानान्तरण को प्रदर्शित करने में करते हैं। प्रत्येक पाठ में सटीक निर्देश दिए गए हैं कि प्रत्येक लिंग किस दिशा में और एक दूसरे के सापेक्ष स्थानिक निर्देशांक में पाया जाता है और उनकी पूजा करने से क्या लाभ होता है। यह उम्मीद करना व्यर्थ होगा कि इन लिंगों के स्थान, नाम और महत्व अलग-अलग शताब्दियों में लिखे गए इन पाठ्य विवरणों से

सटीक रूप से मेल खाएंगे, क्योंकि इनमें परिवर्तन होता रहा है। हालाँकि, सभी ग्रंथ पंच कोस के एक पवित्र भूगोल की ओर इशारा करते हैं जिसके भीतर स्वयं प्रकट स्वयंभू ज्योतिर्लिंग मौजूद था। बढ़ते हमलों के बावजूद पुनर्निर्माण के प्रयास जारी रहने से उनकी सटीक स्थिति और सापेक्ष महत्व में बदलाव हो सकता है। यदि कोई शहर को तीन संकेंद्रित वृत्तों से बना देखता है, तो सबसे पवित्र आंतरिक केंद्र अविमुक्त था, यह वाराणसी के अगले संकेंद्रित वृत्त से घिरा हुआ था, और ये सभी काशी की बड़ी परिधि के भीतर आबद्ध थे। त्रिस्थली सेतु में कहा गया है कि अविमुक्त ने केंद्रीय विश्वेश्वर मंदिर के चारों ओर लगभग 200 धनु [1 धनु = 6 फीट] की माप की और निस्संदेह यहां किसी को मोक्ष प्राप्त हुआ।[8]

अपरिमित पवित्र यात्राएँ

आंतरिक केंद्र में अविमुक्त के तीन संकेंद्रित वृत्त, बाहरी वृत्त के रूप में काशी और मध्यवर्ती में वाराणसी, शहर के विभिन्न पवित्र क्षेत्रों का निर्माण करते हैं। अविमुक्त का अंतरतम पवित्र भूगोल विश्वनाथ मंदिर के आसपास केंद्रित है और इसे अंतरगृह या आंतरिक गर्भगृह भी कहा जाता है। त्रिस्थली सेतु 'काशी खंड' में उद्धृत करता है कि अंतरगृह क्षेत्र पूर्व में मणिकर्ण, पश्चिम में गोकर्ण, उत्तर में भारभूत और दक्षिण में ब्रह्मेश से घिरा है।[9] प्रत्येक ग्रंथ इस दायरे में देवताओं के भौगोलिक स्थानों और वितरण का वर्णन करता है। प्रत्येक क्षेत्र का अपना तीर्थ या यात्रा और परिक्रमा या परिक्रमा/प्रदक्षिणा होती है जो विभिन्न ग्रंथों में निर्धारित है। अपनी मौलिक पुस्तक द पंचक्रोसी यात्रा ऑफ बनारस और इस विषय पर कई अन्य शोध पत्रों में, विद्वान राणा पी.बी. सिंह ने इन यात्राओं का विवरण दिया है। कुछ को पाँच दिन लगते हैं; अन्य को एक ही दिन में कवर कर लिया जाता है। काशी का पवित्र घेरा पाँच क्रोश की परिधि में फैला हुआ है। इसलिए इस घेरे में की जाने वाली पवित्र यात्रा को पंचक्रोशी यात्रा कहा जाता है, जबकि आंतरिक गर्भगृह में की जाने वाली यात्रा को अंतरगृह यात्रा कहा जाता है। प्रत्येक पुराण और अन्य महात्म्य विभिन्न तीर्थस्थलों की बात करते हैं जिनकी अनुष्ठान पूजा और दैनिक तीर्थयात्रा के कर्तव्य को पूरा करने के लिए प्रतिदिन पूजा करनी चाहिए। इन मार्गों

में विभिन्न कुओं, नदियों और तालाबों का उल्लेख किया गया है जहां भक्तों को या तो स्नान करना पड़ता है या पवित्र जल पीना पड़ता है और अपनी पूजा यात्रा जारी रखनी पड़ती है।

उदाहरण के लिए, पद्म पुराण में कहा गया है: 'मध्यमेश्वर से शुरू होकर, देहली विनायक तक बढ़ते हुए, उस तार को सभी दिशाओं में घुमाएं ताकि एक चक्र बन जाए। परम पवित्र भूमि [क्षेत्र] वह है जो आर्क के अंदर है। वेद इसे काशी के नाम से जानते हैं। वह स्थान मोक्ष के लिए प्रसिद्ध है।[10] 'जैसे-जैसे तीर्थस्थल उठे और गिरे, कुछ छिप गए और कुछ लुप्त हो गए, जाहिर तौर पर यात्रा के रुकने के स्थान भी बदलते रहे। इस प्रकार हमारे पास इन तीर्थयात्राओं के अलग-अलग विवरण हैं, जिन्हें किसी व्यक्ति द्वारा किए जाने की उम्मीद की जाती है, कुछ दैनिक आधार पर और कुछ अन्य चंद्र माह के विशिष्ट दिनों में। उदाहरण के लिए, प्रत्येक चौदहवें चंद्र दिवस पर 14 तीर्थों की वैशेश्वरी यात्रा की जाती है। श्रद्धालु से ओंकार, त्रिविस्ताप, महादेव, कृत्तिवास, रत्नेश, चंद्रेश, केदार, धर्मेश्वर, वीरेश, कामेश्वर, विषकर्मेश्वर और मणिकर्णेश्वर के दर्शन करने की उम्मीद की जाती है। फिर, अविमुक्तेश्वर को प्रसन्न कर और अंत में विश्वेश की पूजा करके तीर्थयात्रा समाप्त करनी चाहिए। राणा पी.बी. सिंह ने वाराणसी के पवित्र क्षेत्रों में ऐसी तीस उल्लेखनीय यात्राओं की सूची बनाई है। वे विभिन्न नामों से जाते हैं जैसे चौरासीक्रोशी क्षेत्र यात्रा, विश्वेश्वर अंतरगृह यात्रा, अविमुक्त क्षेत्र यात्रा, भैरव यात्रा, सप्त ऋषि यात्रा, देवी यात्रा, अष्टायतन यात्रा, इत्यादि।[11]

यह स्पष्ट है कि समय के अनुसार अलग-अलग ग्रंथों के लिए, तीर्थस्थलों की संख्या और परिणामस्वरूप उनसे जुड़ी यात्राएँ भी भिन्न-भिन्न होती हैं। उदाहरण के लिए, लक्ष्मीधर लिंग पुराण के प्रमाण का उपयोग करते हुए बताते हैं कि काशी में महत्व के 5 विनायक थे। लेकिन जब तक 'काशी खंड' स्वीकृत हुआ, यह संख्या बढ़कर 56 हो गई। श्रद्धालुओं से आग्रह किया गया कि वे तीर्थयात्रा पर दुर्भाग्य से बचने के लिए इन सभी को याद रखें। संभवतः, जब लक्ष्मीधर ने अपना ग्रंथ लिखा तब तक इनमें से कई मंदिरों और लिंगों का पता नहीं लगाया जा सका था, और उन्होंने भी विसंगतियों को ठीक करने या हर मौजूदा मंदिर की एक विस्तृत सूची तैयार करने का कोई प्रयास नहीं किया। इसके विपरीत,

उन्होंने लिंग पुराण में जिन कई लिंगों का उल्लेख किया है, उन्हें सत्रहवीं शताब्दी तक भुला दिया गया जब मित्र मिश्र ने उनके बारे में लिखा।

1868 में, शेरिंग ने काशी में 56 स्थानों पर गणेश की पूजा के बारे में लिखा ('काशी खंड' के अनुरूप), 64 में देवी योगिनी, 9 में दुर्गा, 8 में भैरो, 11 में शिव, 1 में विष्णु और सूर्य, और 12 में सूर्य।[12] उन्होंने अपने समय में काशी में मंदिरों की संख्या 1654 बताई है। लेकिन सिर्फ 30 साल बाद, जेम्स प्रिंसेप इस संख्या को 1000 बताता है। लक्ष्मीधर के ग्रंथ में 350 से कम की गणना की गई है। क्या इसका मतलब यह है कि नए मंदिर बन रहे थे? यह एक असंभव बात लगती है क्योंकि एक दमनकारी इस्लामी शासन में जब मौजूदा तीर्थस्थलों पर लगातार हमले हो रहे थे और स्थानीय अधिकारियों तथा गवर्नरों की निगरानी इतनी सख्त थी, तो हिंदुओं के लिए इतनी बड़ी संख्या में अपने मंदिरों को बढ़ाने का साहस करना और इस तरह के प्रयासों से उनके इस्लामी आकाओं को इसकी जानकारी न होना बिल्कुल असंभव था। इसलिए यह संभव है कि प्रत्येक पाठ में आवश्यक रूप से सभी तीर्थस्थलों की एक विस्तृत सूची नहीं थी और उन्हें किसी क्रम में सूचीबद्ध करने का पहला प्रयास, सभी पिछले कार्यों के उद्धरणों के साथ एक प्रकार का संग्रह, केवल 'काशी खंड' द्वारा किया गया था, वह भी बारहवीं-तेरहवीं शताब्दी तक। कोई इसे 'काशी खंड' के रचनाकारों द्वारा संदर्भों को तत्काल संग्रहित करने के प्रयास के रूप में देख सकता है, इससे पहले कि वे मूर्तिभंजक हमले की अगली लहर से ध्वस्त हो जाएं, जिस घटना की कोई भविष्यवाणी नहीं कर सकता था।

विश्वेश्वर बनाम अविमुक्तेश्वर

निस्संदेह, ये दो अलग-अलग देवता थे, जैसा कि इन सभी पवित्र ग्रंथों में बताया गया है। काशी के महत्वपूर्ण लिंगों को लिंगात्मक, या शरीर के भौतिक ढांचे में दर्शाते हुए, 'काशी खंड' में कहा गया है,

सभी लिंगों में से प्रमुख लिंग का दर्जा कृत्तिवास का है। ओंकारेश्वर को बालों के गुच्छे के रूप में जाना जाता है। त्रिलोचन तीन नेत्रों का निर्माण करते हैं। गोकर्ण और भारभूतेष को कानों के रूप में

> *महिमामंडित किया गया है। दो, विश्वेश्वर और अविमुक्त, दो दाहिने हाथ हैं। दो, धर्मेश और मणिकर्णेश, दो बाएं हाथ हैं। दो निष्कलंक पवित्र चरण कालेश्वर और कपर्दिशा हैं। ज्येष्ठेश्वर कमर है और मध्यमेश्वर नाभि है। महादेव कपारदा (जटा रूपी केश) हैं, श्रुतिश्वर शिखा रत्न हैं। चन्द्रेश उनका हृदय है। आत्मा (अहंकार) महान वीरेश्वर है। केदार यह लिंग है। वे जानते हैं कि शुक्रेश्वर वीर्यवान हैं। अन्य लाखों-करोड़ों लिंगों को शरीर के नाखून, बाल और आभूषण के रूप में जाना जाना चाहिए। ये दोनों दाहिने हाथ (विश्वेश्वर और अविमुक्त) वास्तव में मोह सागर में गिरने वाले जीवों को भय से मुक्ति दिलाकर उन्हें मोक्ष प्रदान करने वाले हैं।*[13]

ये छंद यह भी स्पष्ट करते हैं कि विश्वेश्वर और अविमुक्तेश्वर अलग-अलग थे और संभवतः समान रूप से महत्वपूर्ण थे, जिन्हें दो हाथों के रूप में दर्शाया गया था। अविमुक्तेश्वर लिंग के कई पौराणिक संदर्भ हैं। ब्रह्मवैवर्त पुराण में, अविमुक्तेश्वर का वर्णन इस प्रकार किया गया है: 'ब्रह्मा, नारायण और अन्य लोगों ने अविमुक्तेश्वर की पूजा की है और महान शक्तियों के रूप में फल प्राप्त किया है।' लिंग-पुराण में कहा गया है: 'जो कोई भी यहां अविमुक्त लिंग को देखता है, उसका सौ करोड़ कल्प के बाद भी पुनर्जन्म नहीं होगा।' लिंग की प्रशंसा करते हुए, स्कंद पुराण का दावा है: 'अविमुक्तेश्वर नामक देवता श्मशान से मुक्ति पाने के लिए हैं [अर्थात मृत्यु पर विजय], जहां ऋषि जैगीषव्य द्वारा रुद्र की पूजा की जाती थी। यह वह स्थान है जहां एक बार संध्यावंदन करने से ब्राह्मण को समान फल प्राप्त होता है। जो व्यक्ति संध्योपासना करता है, उसे छह वर्षों तक (जितने वर्ष ऋतुएं होती हैं) बहुत लाभ होता है।'[14] त्रिस्थली सेतु में भी उल्लेख है कि इस लिंग की स्थापना किसी अज्ञात व्यक्ति द्वारा किसी भी साधन से किसी यादृच्छिक स्थान पर नहीं की गई थी। कोई नहीं जानता कि लिंग का आकार कैसा होगा। ब्रह्मा, अच्युत और अन्य लोगों के साथ-साथ वशिष्ठ तथा अन्य ऋषियों ने अविमुक्त का आकार देखा एवं लिंग की स्थापना की। इसे आदिलिंग (आदिम लिंग), इस महान अविमुक्तेश्वर के रूप में प्रतिष्ठित किया जाता है। बाद में अन्य

लिंग पृथ्वी पर प्रकट हुए। यहां तक कि 'अविमुक्त' नाम सुनने मात्र से ही व्यक्ति पिछले कई जन्मों के सभी संचित पापों से एक पल में मुक्त हो जाता है।[15]

'काशी खंड' में आगे कहा गया है: 'सभी विश्वेश [विश्वेश्वर] की पूजा करते हैं। लेकिन ब्रह्मांड के निर्माता विश्वेश अविमुक्तेश्वर लिंग की पूजा करते हैं जो मोक्ष और सांसारिक आनंद प्रदान करता है। इससे पहले किसी ने भी कहीं भी किसी का लिंग स्थापित नहीं किया था। न ही किसी को पता था कि लिंग का आकार कैसा होता है।'[16] इस प्रकार, दोनों लिंगों में से सबसे बड़े अविमुक्तेश्वर को विश्वेश्वर का गुरु भी कहा गया है। इसी तरह के विचारों का उल्लेख लिंग पुराण में भी किया गया है, जिसकी रचना तिथि पाँचवीं और दसवीं शताब्दी ईस्वी के बीच है। उन तीर्थयात्रियों का उपहास करते हुए जो काशी आए लेकिन अविमुक्तेश्वर की पूजा करना भूल गए, 'काशी खंड' में कहा गया है: 'वे भ्रमित लोग हैं जिनके द्वारा विश्वेश की अध्यक्षता वाले महान पवित्र स्थान अविमुक्त क्षेत्र में उत्कृष्ट लिंग अविमुक्त को नहीं देखा गया है।'[17] इसमें काशी के पीठासीन या मुख्य देवता के रूप में विश्वेश्वर का उल्लेख है, जहां अविमुक्तेश्वर भी एक अपरिहार्य और महत्वपूर्ण मंदिर है।

लेकिन अविमुक्तेश्वर के साथ-साथ, विश्वेश्वर को भी स्वयं-प्रकट (स्वयंभू) लिंग के रूप में प्रतिष्ठित किया गया है, जो पूर्णिमा के चंद्रमा के समान उज्ज्वल और देदीप्यमान है तथा शुद्ध चेतना एवं आनंद के सार का प्रतीक है।[18] भगवान शिव सनतकुमार संहिता में अपनी पत्नी से कहते हैं कि यह लिंग सभी शुभताओं और आनंद का परम निवास है; जो भाग्यशाली लोगों को छोड़कर सभी के लिए अप्राप्य है; विश्वेश्वर को एक बार भी देखना, छूना और प्रणाम करना सबसे श्रेष्ठ धर्म है।[19] नारदीय पुराण में कहा गया है: 'काशी में विश्वेश्वर-लिंग को ज्योतिर्लिंग के रूप में जाना जाता है। मनुष्यों में सर्वश्रेष्ठ व्यक्ति इसके दर्शन मात्र से ही परमज्योति (सर्वोच्च प्रकाश) प्राप्त कर लेगा।'[20] पद्म पुराण में भी विश्वेश्वर लिंग को एक जगमगाता हुआ लिंग कहा गया है जो सत्-चित-आनंद या अस्तित्व-चेतना तथा आनंद का एक सुंदर मिश्रण है।[21] मित्र मिश्र ने अपने तीर्थ प्रकाश में विश्वेश्वर के निवास को मोक्ष लक्ष्मी विलास, मोक्ष का निवास और अपार शुभता का भंडार कहा है।[22]

यह तथ्य कि विश्वेश्वर बारहवीं शताब्दी ईस्वी में एक महत्वपूर्ण मंदिर था, गहढ़वाल शासक गोविंदचंद्र द्वारा प्रदर्शित किया गया है, उन्होंने अपने पीछे एक ताम्रपत्र छोड़ा है, जिसमें कहा गया है कि उन्होंने विश्वेश्वर के मंदिर में प्रार्थना की थी।[23] इसके महत्व को देखते हुए, ऐसा प्रतीत होता है कि विश्वेश्वर इस्लामी विजय के दौरान संभवतः 1194 ई. में ऐबक द्वारा ध्वस्त किए गए सबसे पहले के मंदिरों में से एक था। मूर्तिभंजन की इस पहली लहर के जवाब में और ऐबक द्वारा इस विनाश के तुरंत बाद, 1212 ई. में विश्वरूप नामक बंगाल के एक सेन राजा द्वारा वाराणसी के ठीक मध्य में एक बलिदान स्तंभ और एक विजय स्तंभ खड़ा करने का प्रमाण मिलता है। इस स्तंभ पर अभिलिखित साक्ष्य बताते हैं कि यह शहर शिव विश्वेश्वर का पवित्र स्थान था।[24]

शायद इसके कुछ समय बाद एक नया विश्वेश्वर मंदिर सामने आया और देश भर से लोग पहले से ही इस मंदिर में आने लगे थे। बारहवीं-तेरहवीं शताब्दी में जब सुदूर दक्षिण से वाराणसी की तीर्थयात्रा करने वाली हिंदू प्रजा पर मुस्लिम शासकों द्वारा जज़िया का अत्याचारी और भेदभावपूर्ण कर लगाया गया था, तब आज के कर्नाटक के आसपास शासन करने वाले होयसल शासक वीर नरसिम्हा III (1263-1292 ई.) ने 1279 ई. में हेब्बाले नामक एक पूरा गाँव दान में दे दिया। इससे 645 निष्क का राजस्व प्राप्त हुआ, ताकि वह अपनी प्रजा को, विशेष रूप से काशी के श्री विश्वेश्वर की पूजा हेतु, इस कर के भुगतान के लिए धन उपलब्ध करा सके और 'इसे उनके अमृत चरणों में अर्पित कर सके।'[25] यह उल्लेखनीय है कि होयसल साम्राज्य तब तक अपने गौरव के अंतिम चरण में था और वीर नरसिम्हा स्वयं आंतरिक कलह और अशांति से घिरे हुए थे। इसके बावजूद, काशी की तीर्थयात्रा को सुविधाजनक बनाने की धार्मिक चेतना और इसके प्रति राजा की प्रतिबद्धता हिंदू मन में इस पवित्र स्थान तथा विश्वेश्वर के महत्व को रेखांकित करती है। कहा जाता है कि इसी समय गुजरात के एक सेठ वास्तुपाल ने विश्वेश्वर की पूजा के लिए एक लाख रुपये भेजे थे।[26] स्पष्ट है कि तब तक, विश्वेश्वर के पास अखिल भारतीय पहुँच और प्रसिद्धि थी जिसने भारत के दक्षिण, पूर्व और पश्चिम से ऐसे उपायों को प्रेरित किया।

विश्वेश्वर का ऐसा मंदिर 1296 ईस्वी में अस्तित्व में था, यह पद्मेश्वर मंदिर के शिलालेख से भी स्पष्ट है कि यह मौजूदा विश्वेश्वर मंदिर के प्रवेश

द्वार के उत्तर की ओर स्थित था। इसके अलावा, अपने ग्रंथ विविध तीर्थ कल्प में, प्रसिद्ध जैन विद्वान जिनप्रभा सूरी भी 1332 ईस्वी के आसपास शहर के प्रमुख मंदिर के रूप में विश्वेश्वर/विश्वनाथ मंदिर की बात करते हैं।[27] वह वाराणसी में चार जिलों की बात करते हैं, जिनमें से एक को 'देव वाराणसी' के नाम से जाना जाता है, जिसमें विश्वनाथ मंदिर है, जो स्पष्ट रूप से दर्शाता है कि यह सबसे प्रमुख मंदिर था। उन्होंने चौबीस जैन तीर्थंकरों की पूजा का भी इसी जिले में होने का उल्लेख किया है।

लक्ष्मीधर, विश्वेश्वर का जिक्र करते हुए कहते हैं कि यह महत्वपूर्ण लिंग था जिसकी पूजा सभी देवताओं द्वारा की जाती थी और इस लिंग को देखना ही एक भक्त के लिए कई अनुष्ठानों और तपस्या (पाशुपत व्रत) का लाभ प्राप्त करने के समान था [28] अविमुक्तेश्वर के संबंध में, लक्ष्मीधर लिंग पुराण से एक आकर्षक कहानी सुनाते हैं। जब राक्षसों और प्रेतों ने शिव का लिंग चुरा लिया था तथा रात के अंधेरे में आकाश में छिपकर उड़ रहे थे, वे काशी शहर के पास थे, तब शिव ने इस इरादे से एक योजना बनाई कि वह इस सुंदर शहर में स्थायी रूप से निवास कर सके। उन्होंने मुर्गे के बांग देने का भ्रम पैदा किया। राक्षसों और प्रेतों ने जो रात्रिचर थे, सोचा कि सूर्य उदय हो गया है और दिन निकल गया है; अतः अत्यंत भयभीत होकर, उन्होंने अपने हाथों से लिंग को गिरा दिया और उड़ गए। वह लिंग सचमुच एक दिन भोर में आकाश से गिरकर अविमुक्त में गिरा और अविमुक्तेश्वर लिंग के रूप में प्रतिष्ठित हो गया। चूंकि यह शहर के नाम से मेल खाता था, इसलिए यह लिंग सबसे प्राचीन था। लक्ष्मीधर कहते हैं कि यह वह लिंग है जो मोक्ष प्रदान करता है और इसके दक्षिण में एक कुआँ (ज्ञान वापी) है जिसका पानी पीने से मनुष्य जन्म और मृत्यु के चक्र से मुक्त हो जाता है।[29] उन्होंने उल्लेख किया है कि अविमुक्तेश्वर के आसपास दंडपाणि (पश्चिम में), तारक (पूर्व में), और महाकाल (दक्षिण में) के मंदिर थे। इन सभी देवताओं के स्थान अभी भी ज्ञानवापी और आज के विश्वनाथ मंदिर के पास हैं। अविमुक्तेश्वर मंदिर उस स्थान पर स्थित था जहां वर्तमान ज्ञान वापी मस्जिद स्थित है।

हालाँकि, समय के साथ, विश्वेश्वर मंदिर ने अविमुक्तेश्वर को पूरी तरह से ग्राह्य कर लिया है। इतना अधिक, कि जब वाचस्पति मिश्र ने लगभग 1460 ई. में अपनी तीर्थ चिंतामणि लिखी, तो उन्होंने कहा कि

पवित्र अविमुक्त क्षेत्र, जिसे महान शमशान या श्मशान भूमि के रूप में भी जाना जाता है, अविमुक्तेश्वर लिंग, जिसे स्वयं शिव ने प्रतिष्ठित किया था, अब पूरे विश्व भर में विश्वनाथ के रूप में लोकप्रिय है।[30]

1494-96 ई. के बीच सिकंदर लोदी द्वारा किए गए विनाशकारी हमले के साथ, लगभग 80-90 वर्षों में सभी मंदिर पूरी तरह से खंडहर हो गए। इस स्थिति के दौरान, यह विश्वास और भी मजबूत हो गया कि अविमुक्तेश्वर तथा विश्वेश्वर एक ही हैं। विश्वेश्वर पीठासीन देवता होने के नाते, यह माना गया कि 'अविमुक्तेश्वर' नाम का अर्थ 'अविमुक्त क्षेत्र का स्वामी' है, जो इस प्रकार स्वयं विश्वेश्वर थे। यहां तक कि नारायण भट्ट जैसे प्रतिष्ठित विद्वान, जिनके प्रयासों ने लोदी के हमलों के मलबे से विश्वेश्वर मंदिर को पुनर्जीवित करने में महत्वपूर्ण भूमिका निभाई थी, त्रिस्थली सेतु में लिखते हैं: 'अविमुक्तो विश्वेश्वरः!' (अविमुक्तेश्वर स्वयं विश्वेश्वर हैं)।[31]

केवल मित्र मिश्र, जिन्होंने 1600 के दशक की शुरुआत में तीर्थ प्रकाश लिखा था, ने इस विसंगति की ओर ध्यान दिलाया। साक्ष्य के रूप में 'काशी खंड', ब्रह्मवैवर्त पुराण और पद्म पुराण का हवाला देते हुए, उन्होंने दोनों को अलग-अलग स्तुतियों एवं पूजा के दिनों के साथ अलग-अलग तीर्थस्थलों के रूप में चित्रित किया। विश्वेश्वर ने अपने गुरु के रूप में अविमुक्तेश्वर की पूजा की और दोनों लिंगों को 'काशी खंड' में चौदह लिंग तीर्थयात्रा में अलग-अलग नाम दिया तथा उनकी विशिष्टता दिखाने के लिए साक्ष्य के रूप में उद्धृत किया। उन्हीं के शब्दों में:

> *[वाचस्पति] मिश्र कहते हैं- अविमुक्तेश्वर विश्वेश्वर के समान है। यह बहस का विषय है। इसका कारण यह है कि पद्म-पुराण, काशी खंड और ब्रह्म-वैवर्त में, विश्वेश्वर तथा अविमुक्तेश्वर की यात्रा के साथ-साथ महानता की एक अलग व्याख्या है।*[32]

हालाँकि, नारायण भट्ट की तरह मित्र मिश्र का भी मानना था कि जब इस्लामी शासकों ने काशी को लूटा और उसके मंदिरों को नष्ट कर दिया, तो स्वयंभू लिंग को अपवित्र कर दिया गया। मिश्र का उल्लेख है कि लिंग की अनुपस्थिति में, लोग उस क्षेत्र की परिक्रमा कर रहे थे जहां यह पहले खड़ा था और अपना दैनिक पवित्र अनुष्ठान करते थे। वह कहते हैं कि

आमतौर पर स्वयंभू लिंग के विकल्प की पूजा नहीं की जाती है। हालाँकि, इस मामले में चूंकि नए लिंग को भक्तों (शिस्ताओं) द्वारा व्यापक रूप से स्वीकार कर लिया गया है, इसलिए निर्धारित पवित्र परिक्रमा के साथ-साथ इसकी पूजा भी की जा सकती है।[33]

तब तक, विश्वेश्वर के लिए नारायण भट्ट का भव्य मंदिर पहले ही बन चुका था। अब जब अविमुक्तेश्वर के अलग अस्तित्व को एक बार फिर से मान्यता मिल गई, तो उनके वरिष्ठ और गुरु के लिए विश्वेश्वर मंदिर के विशाल भवन के उत्तर पूर्वी कोने के पास एक छोटा मंदिर बनाया गया। एक बार जब औरंगज़ेब ने 1669 में विश्वेश्वर मंदिर को नष्ट कर दिया, तो ऐसा लगता है कि अविमुक्तेश्वर मंदिर को भी अपवित्र कर दिया गया था। आज, यह वह स्थान है जहां कुछ मुस्लिम कब्रें स्थित हैं। कोई उन्हें उत्तरी द्वार से ज्ञान वापी मस्जिद के परिसर में प्रवेश करते समय पाता है।[34] साल में एक बार शिवरात्रि के दिन इन पर फूल छिड़के जाते हैं। हालाँकि, एक प्रतीकात्मक अविमुक्तेश्वर मंदिर को एक छोटे, दक्षिण-पूर्व कोने में नए विश्वनाथ मंदिर में प्रतिष्ठित किया गया है।

दोनों लिंगों के बीच सापेक्ष महत्व के इस बदलाव ने कई आधुनिक इतिहासकारों और विद्वानों को यह दावा करने पर मजबूर कर दिया है कि यह 'विश्वेश्वर पंथ' का उदय था।[35] हालांकि कुबेर सुकुल जैसे विद्वानों ने इस तरह के दावों को पूरी तरह से खारिज कर दिया है और स्पष्ट किया कि किसी नए 'पंथ' या ऐसी किसी चीज का कोई सवाल ही नहीं है बल्कि यह केवल कुछ असामान्य ऐतिहासिक घटनाएं थीं (ऊपर विस्तृत रूप से) जो स्थिति में बदलाव लाती हैं।[36] भले ही विश्वेश्वर ने अब तक के प्रमुख अविमुक्तेश्वर को ग्रहण करके ग्यारहवीं या बारहवीं शताब्दी से ही हिंदुओं की आध्यात्मिक कल्पना और चेतना पर क़ब्ज़ा करना शुरू कर दिया हो, लेकिन एक महत्वपूर्ण परंपरा और प्रतिमा विद्या के रूप में स्थापित होने के लिए यह लगभग एक हजार वर्षों की एक लंबी अवधि है। यह तब भी है, जब युगों-युगों से इसे मिटाने के कई प्रयास किये गये। सदियों से काशी में तीर्थस्थलों और देवताओं की प्रमुखता तथा सापेक्ष महत्व में बदलाव अपरिहार्य था, जहां मूर्तिभंजन की लहरों ने उन सभी चीजों को टुकड़े-टुकड़े कर दिया था, जिन्हें हिंदू भक्तों ने पवित्र माना था। फिर भी, इन सबके बावजूद, यदि विश्वेश्वर 'पंथ', जैसा कि इसे कहा जाता है, हजारों

वर्षों तक अपना प्रभुत्व बनाए रखने के लिए जीवित रहा है, तो इसे समकालीन हिंदू मानस और मान्यताओं के लिए महत्वपूर्ण माने जाने का पर्याप्त कारण है, बजाय इसके कि कुछ काल्पनिक विकृत, पौराणिक षड्यंत्र कथित तौर पर ब्राह्मणों और अन्य लोगों द्वारा एक निर्दोष मुगल शासक या अविश्वासी जनता को गुमराह करने के लिए गढ़े गए थे।

इसके साथ ही, सभी धर्मग्रंथ भी ज्योतिर्लिंग के दक्षिण में स्थित परिसर में ज्ञानवापी कुएँ के महत्व को प्रमाणित करते हैं। पद्म पुराण में कुएँ के स्थान का वर्णन करने के लिए प्रयुक्त शब्द 'देव दक्षिणा' है। संदर्भ के आधार पर इसका मतलब मंदिर के दक्षिण में या उसके दाहिनी ओर भी हो सकता है। लिंग पुराण में बिना नाम लिए उल्लेख किया गया है कि भगवान के दाहिनी ओर एक आकर्षक वापी (कुआं) है, जिसका पानी पीने से व्यक्ति का पुनर्जन्म नहीं होगा। नारायण भट्ट इस बात को लेकर निश्चित नहीं हैं कि कुएँ का सटीक स्थान लिंग के दाहिनी ओर है या उसके दक्षिण में और वह इसे समय की व्याख्या पर छोड़ देते हैं।[37] फिर भी, 'स्कंद पुराण' में, भगवान शिव स्वयं अपने भक्तों को आश्वासन देते हैं कि इस कुएँ का पानी तरल रूप में उनकी अपनी चेतना है और एक भक्त को वह सारा ज्ञान प्रदान करता है जो वह चाहता है। इन जलों को छूने (स्पर्श) और घूंट (आचमन) मात्र से व्यक्ति को राजसूय तथा अश्वमेध जैसे प्रसिद्ध यज्ञों का फल प्राप्त होता है।[38]

मंदिर निर्माण में स्थान का महत्व[39]

अनभिज्ञ लोगों के मन में यह बेचैनी हो सकती है कि हिंदू विश्वदृष्टि में मंदिर का स्थानिक महत्व सर्वोपरि क्यों है। किसी को सचमुच आश्चर्य हो सकता है कि ठीक उसी दायरे में एक मंदिर की चाहत को लेकर इतना हंगामा क्यों है। मंदिर का निर्माण कोई बहुत सरल विचार नहीं है। आगम और अन्य शास्त्रों के अनुसार, इसमें एक बहुत ही जटिल तथा विस्तृत प्रक्रिया शामिल है। मिट्टी की जांच से शुरू होकर, कई ग्रंथ मंदिर निर्माण के विभिन्न पहलुओं से संबंधित हैं। इनमें से कुछ प्रसिद्ध ग्रंथ- कश्यप संहिता, मारीचि-संहिता, श्रीप्रश्न-संहिता, पद्म-संहिता, नारदीय-संहिता, विष्णु-संहिता, विश्वामित्र-संहिता, अजितागम, सुप्रभुदागम, मातंग-परमेश्वरगामा, मायामाता, अपराजिता-पृच्छा, और कई अन्य ग्रंथ वास्तु तथा संबंधित विषयों पर आधारित हैं।

उदाहरण के लिए, जिस मिट्टी पर मंदिर बनाया जाना है उसकी जांच मारीचि-संहिता में निर्धारित है। वर्गीकरण विभिन्न मानदंडों के इर्द-गिर्द घूमता है जैसे कि वहां उगने वाला अनाज, उस क्षेत्र में रहने वाले लोग, वहां रहने वाले जानवरों के प्रकार, वहां उगने वाली घास और पेड़, आसपास की नदियां एवं पहाड़, क्षेत्र में ढलान या ऊँचाई तथा ऊँचाई की दिशा, मिट्टी का रंग व स्वाद, इत्यादि। प्रत्येक भूमि प्रकार के अलग-अलग फल (परिणाम) होते हैं। कुछ भूमि विशेष प्रकार के यज्ञ तथा अन्य अनुष्ठानों के लिए उपयुक्त हैं। कुछ प्रकार की भूमि शांति प्रदान करती है या ख़ुशी देती है अथवा पोषण करती है, जबकि कुछ अन्य भूमि क्षय को बढ़ावा दे सकती है।

यहां तक कि भूमि के भूखंड का आकार, जैसे उसका वर्गाकार या आयताकार होना, भी मायने रखता है। ऐसी ज़मीनें हैं जो मंदिर निर्माण के लिए बेहद अवांछनीय मानी जाती हैं। मिट्टी को ब्राह्मण, क्षत्रिय, वैश्य और शूद्र में वर्गीकृत किया गया है। मिट्टी परीक्षण (शतपथ-ब्राह्मण के युग से), जल परीक्षण, फूल परीक्षण, बाती परीक्षण, घनत्व परीक्षण, आदि पहले किए जाते हैं और मिट्टी स्थिरीकरण के लिए विभिन्न प्रक्रियाएं होती हैं।

इन सभी से संकेत मिलता है कि साइट का चयन कई महत्वपूर्ण आधारों पर किया गया है, जो विशेष रूप से पूरी परियोजना की फलप्रदता और प्रभावशीलता से संबंधित है तथा मंदिर की आध्यात्मिक शक्ति को बढ़ाता है। इन सबका तात्पर्य यह है कि मंदिर परिसर को स्थानांतरित करना आमतौर पर एक अनावश्यक कार्य है और इससे बचना ही बेहतर है। किसी भी तरह का विस्थापन होने की स्थिति में इसे मूल परिसर में स्थानांतरित करना ही अत्यधिक वांछनीय हो सकता है। मूर्तिभंजक लहरों के कारण काशी में मंदिरों के बार-बार उभरने में, मंदिर नष्ट किए गए मंदिर के निकट ही उभरते रहे, क्योंकि ऐसा माना जाता था कि वहां की भूमि अभी भी देवता की शक्ति से ओत-प्रोत है, भले ही वहां कोई भव्य मंदिर या मूर्ति मौजूद हो या नहीं।

विश्वेश्वर बनाम आदि-विश्वेश्वर

मूल विश्वेश्वर मंदिर के सटीक स्थान को लेकर विद्वानों के बीच पर्याप्त चर्चा हुई है। आठवीं शताब्दी की एक उपदेशात्मक कविता है जिसका

शीर्षक है 'कुट्टनीमतम् या द एडवाइस ऑफ द प्रोक्योरेस', जिसका अक्सर हवाला दिया जाता है। काव्यात्मक रूप में रचित यह पुस्तक कश्मीर के कारकोटा शासक जयपीड के दरबारी मंत्री दामोदर गुप्ता द्वारा 779 और 813 ई. के बीच लिखी गई थी। ऐसा माना जाता है कि यह पुस्तक 755 ई. से 786 ई. के बीच कहीं लिखी गई थी; इसकी कल्पना उस समय के राजकुमारों को एक तरह की चेतावनी के रूप में की गई है कि वे छेड़छाड़ करने वाली वेश्याओं और उनके दलालों के प्रलोभन तथा आकर्षण के आगे न झुकें, क्योंकि इससे उन्हें पूर्णतः बर्बाद होने का खतरा था। उस समय के आसपास कश्मीर में जो नैतिक पतन हुआ था, जिसमें कई राजा और कुलीन लोग अत्यधिक कामुक सुखों का सहारा ले रहे थे, उसका वर्णन प्रसिद्ध कश्मीरी इतिहासकार कल्हण ने अपनी महान रचना राजतरंगिणी में भी किया है। ऐसा लगता है कि दामोदर गुप्ता इस नैतिक पतन को रोकने और अभिजात वर्ग को उनकी पतनशील स्थिति से वापस पटरी पर लाने के कर्तव्य की भावना से ग्रसित हो गए हैं। इस बात को स्पष्ट करने के लिए दामोदर गुप्ता ने उज्जैन के एक काल्पनिक राजकुमार समरभट्ट, जो राजा सिंहभट्ट का पुत्र है, का उपयोग किया है, जो वाराणसी की यात्रा पर आता है। 'वाराणसी नगरी वर्णनम्' शीर्षक परिचयात्मक अध्याय में दामोदर गुप्ता ने उस समय की काशी का एक विचारोत्तेजक चित्र निर्मित किया है। राजकुमार को सबसे पहले शहर में एक पहाड़ी के ऊपर स्थित एक महत्वपूर्ण शिव मंदिर में ले जाया गया, जिसके शिखर पर लगे झंडे ठंडी हवा में लहरा रहे थे। शहर इस मंदिर के चारों ओर व्यापारियों, धनाढ्यों, सुंदर नर्तकियों और गणिकाओं की हलचल से भरे कॉलोनियों के रूप में विकसित हुआ।[40]

लेकिन इस विवरण में कहीं भी दामोदर गुप्ता ने यह नहीं कहा कि यह मंदिर 'विश्वेश्वर' का था। इसके बजाय वह इसे वृषभध्वज का मंदिर कहते हैं। इस नाम वाले एक देवता का मंदिर वाराणसी में मौजूद है। लेकिन यह शिव का एक सामान्य नाम भी है, जो अपने वाहन के रूप में बैल (वृषभ), नंदी पर सवार होते हैं। इसलिए, यह इस तथ्य का निर्णायक प्रमाण नहीं है कि मूल विश्वेश्वर मंदिर वही रहा होगा जिसका संदर्भ दामोदर गुप्ता ने इस कविता में दिया है या यह एक पहाड़ी पर खड़ा था। वाराणसी में शिव पूजा की प्रधानता को देखते हुए, वह उसी भगवान को समर्पित एक

काल्पनिक मंदिर बना सकते थे, जैसे उन्होंने उज्जैन के एक काल्पनिक राजकुमार का निर्माण किया था। बेशक, आम धारणा यह है कि शिव के त्रिशूल के तीन किनारों पर टिकी काशी के मध्य में विश्वेश्वर का एक टीला था, जबकि उत्तरी और दक्षिणी किनारे क्रमशः ओंकारेश्वर तथा केदारेश्वर को समर्पित थे। तो, इससे यह भी अनुमान लगाया जाता है कि विश्वेश्वर मंदिर एक ऊंचे टीले या पहाड़ी की चोटी पर खड़ा रहा होगा, जैसा कि इस कविता में वर्णित है। लेकिन पूरा क्षेत्र, जिसमें ज्ञान वापी मस्जिद और नया विश्वनाथ मंदिर भी शामिल है, सभी एक ऊंचे, लहरदार स्थलाकृति पर हैं। इसलिए, आज जो ऊंचा क्षेत्र खड़ा है, वह निश्चित रूप से वह स्थान प्रतीत होता है, जहां, जैसा कि पुराणों से संकेत मिलता है, प्रमुख विश्वेश्वर मंदिर रहा होगा।

सातवीं शताब्दी ईस्वी के आसपास, चीनी तीर्थयात्री ह्वेनसांग, जो वाराणसी की यात्रा पर आए थे, ने कई सौ मंदिरों और एक प्रमुख मंदिर के बारे में बात की, जिसके बारे में उन्होंने कहा था: 'देव महेश्वर की मूर्ति, तेउ-शिह (देशी तांबे) से बनी है। 100 फीट से कुछ कम ऊँचा। इसका स्वरूप गंभीर और भव्य है, और ऐसा प्रतीत होता है मानो सचमुच जीवित हो।'[41] यहां भी, इस प्रमुख मंदिर के पहाड़ी के ऊपर होने का कोई विशेष संदर्भ नहीं है। इसके अलावा, यह संभवतः लिंग रूप के बजाय शिव का मानव रूप प्रतीत होता है, क्योंकि यह उन्हें गंभीर, राजसी और लगभग जीवित प्रतीत हुआ था।

सातवीं-आठवीं शताब्दी या दसवीं शताब्दी तक के पुराणों में वर्णित ये सभी मंदिर 1194 ई. में वाराणसी पर ऐबक के हमले के दौरान अपवित्र कर दिए गए थे। ये मंदिर लगभग 50 वर्षों तक खंडहर बने रहे। 1236 से 1240 ई. के बीच दिल्ली सल्तनत की रज़िया सुल्तान ने वाराणसी में एक मस्जिद बनवाई जिसे आज भी रज़िया मस्जिद कहा जाता है। कुबेर सुकुल जैसे विद्वानों का तर्क है कि जिस स्थान पर उसने यह मस्जिद बनवाई वह शहर का सबसे प्रमुख स्थान रहा होगा। बहुत सारे मंदिर नष्ट कर दिए गए थे और वह पूरे शहर में किसी भी खाली ज़मीन पर अपनी मस्जिद बनवा सकती थी। लेकिन, सुकुल का अनुमान है कि इस्लामी शासक किसी शहर के सबसे महत्वपूर्ण मंदिर के स्थान पर या उसके ऊपर एक मस्जिद का निर्माण करके अपनी शक्ति और धार्मिक शत्रुता प्रदर्शित करते थे। हमने

इसे राम जन्मभूमि स्थल पर बाबर की मस्जिद या मथुरा में कृष्ण जन्मस्थान पर औरंगज़ेब की संरचना के मामले में देखा है।[42] इसलिए, एक दृढ़ विश्वास और सिद्धांत है कि जिस स्थान पर आज रज़िया मस्जिद खड़ी है, वह मूल विश्वेश्वर मंदिर का स्थान था।

जैसे-जैसे मुस्लिम गवर्नर थोड़े अधिक उदार होते गए, हिंदुओं ने धीरे-धीरे अपने धर्मस्थलों का पुनर्निर्माण शुरू कर दिया। जबकि अन्य नष्ट किए गए मंदिर फिर से उभरने लगे, विश्वेश्वर के साथ समस्या यह थी कि अब इसका स्थान सुल्ताना द्वारा अपने नाम पर बनाई गई शाही मस्जिद ने ले लिया था। उसे विस्थापित करना असंभव होता। इसलिए, रज़िया मस्जिद के करीब एक विश्वेश्वर मंदिर बनाया गया, जिसके लिए ऊंचे टीले के निचले सिरे पर, जहां अब मस्जिद खड़ी थी, अविमुक्तेश्वर परिसर में जगह बनाई गई। अविमुक्तेश्वर ने थोड़ा उत्तर की ओर रास्ता बनाया और ऐसा लगता है कि विश्वेश्वर के लिए यह जगह बन गई। यह नवनिर्मित मंदिर है जिसने महत्व प्राप्त किया है जैसा कि होयसल राजा वीर नरसिम्हा III के अनुदान या गुजराती व्यापारी के दान तथा पद्मेश्वर मंदिर के शिलालेख के माध्यम से दर्शाया गया है; ये सभी मंदिर 1494-96 ई. में सिकंदर लोदी के शासनकाल में एक बार फिर मूर्तिभंजक तलवार की भेंट चढ़ गए। इस लहर में सभी तीर्थस्थल नष्ट कर दिये गये लेकिन कोई नई मस्जिद नहीं बनाई गई। इसलिए, पवित्र भूमि बहुत अधिक उपलब्ध थी, और यह केवल एक नए निर्माण के लिए रास्ता बनाने हेतु एक दृढ़ अनुयायी तथा एक सहिष्णु संरक्षक की प्रतीक्षा कर रही थी।

यह अकबर के समय में नारायण भट्ट और राजा टोडर मल के प्रयासों से हुआ। नया मंदिर उस भूमि पर बना जिसमें संभवतः मूल विश्वेश्वर मंदिर और अविमुक्तेश्वर मंदिर का कुछ हिस्सा था। जैसा कि पहले चर्चा की गई थी, चूंकि अविमुक्तेश्वर को लगभग भुला दिया गया था, इसलिए उनका मंदिर शुरू में अनुपस्थित था और बाद में, 1580 के दशक के नवनिर्मित भव्य विश्वेश्वर मंदिर के उत्तर-पूर्वी कोने में एक छोटा सा हिस्सा आवंटित किया गया था।

1669 में, जब औरंगज़ेब ने मौजूदा विश्वेश्वर मंदिर को ध्वस्त कर दिया, तो रज़िया की तरह उसने भी उस स्थान पर एक मस्जिद बनवाई। हिंदुओं द्वारा भी उसी पैटर्न का पालन किया गया, जो पहले से मौजूद

मंदिर के नजदीक एक नया मंदिर स्थापित करना था। और इसलिए ऐसा प्रतीत होता है कि नया मंदिर इसके निकट ही बना है। इसे भी, जैसा कि पहले उल्लेख किया गया है, 1755 में एक स्थानीय काजी द्वारा नष्ट कर दिया गया था। ऐसा लगता है कि एक अहानिकर मंदिर फिर से जीवित हो गया था और इसके ऊपर अहिल्या बाई होल्कर ने बाद में वर्तमान विश्वनाथ मंदिर का निर्माण करवाया था - जो औरंगज़ेब की ज्ञान वापी मस्जिद के करीब था। लेकिन मूल विश्वेश्वर मंदिर का स्थान अभी हिंदुओं की सामूहिक स्मृति में बना हुआ है। कहा जाता है कि 1698 के आसपास आमेर के महाराजा बिशन सिंह जी ने ज्ञान वापी मस्जिद के आसपास के पूरे क्षेत्र का सर्वेक्षण करवाया था। कथित तौर पर उन्होंने मूल मंदिर के स्थान के बारे में भी गहन शोध किया। हालाँकि, औरंगज़ेब अभी भी शासन कर रहा था, इसलिए वे आगे बढ़कर किसी पुनर्निर्माण की योजना नहीं बना सके। उनके बेटे, सवाई जय सिंह द्वितीय (1688-1743) ने, संभवतः 1707 में औरंगज़ेब की मृत्यु के कुछ समय बाद, एक मंदिर बनाने के लिए कुछ ज़मीन खरीदने में कामयाबी हासिल की। इसके लिए चुना गया नाम 'आदि विश्वेश्वर' था और यह रज़िया मस्जिद के करीब था। अब कई लोग दावा करते हैं कि यह विश्वेश्वर मंदिर के मूल स्थल का स्मारक था और इसीलिए इसका नाम 'आदि' या मूल पड़ा। तब तक, विश्वेश्वर नाम से एक छोटा मंदिर (अभी तक मंदिर के रूप में विकसित नहीं हुआ था जिसे बाद में अहिल्या बाई ने बनवाया) पहले ही बन चुका था। इसलिए, दोनों को अलग करने के लिए, इस मंदिर के आगे 'आदि' शब्द जोड़ा गया। इसे बहुत ही दिखावटी तरीके से बनाया गया था और शायद इस्लामी शासकों की जांच एवं ध्यान से बचने के लिए इसके ऊपर एक मस्जिद जैसा गुंबद भी है। साथ ही यह भी उल्लेखनीय है कि यह आदि विश्वेश्वर मंदिर वर्तमान ज्ञान वापी मस्जिद के स्थल से बमुश्किल सौ मीटर की दूरी पर है और कमोबेश मस्जिद तथा वर्तमान विश्वनाथ मंदिर के समान स्थलाकृतिक ऊंचाई पर स्थित है। इसके गर्भगृह की ओर जाने वाली सीढ़ियाँ मंदिर को अतिरिक्त ऊँचाई प्रदान करती हैं, लेकिन यह निकटवर्ती ज्ञान वापी मस्जिद परिसर की तुलना में असामान्य रूप से ऊंचे टीले या पहाड़ी की चोटी पर स्थित नहीं है। हालाँकि, विशेष रूप से, सवाई जय सिंह द्वारा इसके निर्माण का वर्ष या इस उद्यम में उनके पिता

के प्रयासों को निर्धारित करने के लिए मंदिर में या इसके पुजारियों के पास एक भी शिलालेख, ताम्रपत्र या दस्तावेज़ उपलब्ध नहीं है। मंदिर का नियंत्रण और संचालन अभी भी राजस्थान सरकार द्वारा किया जाता है। मौजूदा विश्वनाथ कॉरिडोर के गेट नंबर 4 के ठीक बाहर व्यस्त और हलचल भरे रास्ते में कोई भी इसे आसानी से मिस (अनदेखा) कर सकता है। रज़िया मस्जिद भी बाहर से बमुश्किल ही दिखाई देती है और जर्जर हालत में है।

काफी हद तक यह माना जाता है कि इस मंदिर का अर्घ (अंडाकार आसन जिस पर शिव लिंग स्थित है) वही है जो ऐबक से पूर्व और बाद में नारायण भट्ट के पुराने विश्वेश्वर मंदिर से संबंधित है, जिसे महाराजा जय सिंह ने मुगल शासक के अनुग्रह द्वारा प्राप्त किया था।[43] यह भी कहा जाता है कि सवाई जय सिंह ने सुरक्षित रखने के लिए श्रृंगार गौरी (नारायण भट्ट मंदिर से) और सौभाग्य गौरी (ऐबक द्वारा 10-11वीं शताब्दी में ध्वस्त किए गए मंदिर से) की मूल मूर्तियाँ बरामद की थीं।[44] काशी के आदि विश्वेश्वर मंदिर में आज भी उनकी पूजा की जाती है।

1868 में दौरा करते हुए, शेरिंग ने इस आदि विश्वेश्वर मंदिर और निकटवर्ती रज़िया मस्जिद का भी दस्तावेजीकरण किया था। यह ज्ञान वापी मस्जिद से उत्तर पश्चिम दिशा में था। वे लिखते हैं:

> *उत्तर-पश्चिम दिशा से आगे देखने पर नज़र लगभग साठ फीट ऊँचे एक मंदिर पर पड़ती है, जो मस्जिद से डेढ़ सौ गज की दूरी पर स्थित है। यह अद-बिश्वेश्वर [sic: आदि विश्वेश्वर] है, जो 'सभी के आदिम भगवान' का मंदिर है। आस-पड़ोस के सभी मूल निवासी इस मंदिर को पुराने बिशेश्वर [sic] के पूर्ववर्ती काल का मानते हैं, जिसके खंडहर, जैसा कि पहले ही कहा गया है, औरंगुज़ेब [sic] की मस्जिद का एक घटक है। इसलिए यह नाम इसके साथ जुड़ा। इस मंदिर के ऊपर एक बड़ा गुंबद है, जिसकी खस्ताहालत इसकी बाहरी सतह पर मौजूद अंतरालों में दिखाई देती है...इस मंदिर में वास्तव में प्राचीन चरित्र जैसा कुछ भी नहीं है; लेकिन, बाड़े के पूर्वी हिस्से में, ज़मीन काफी ऊंची हो जाती है, और उस पर एक मस्जिद खड़ी होती है [रज़िया?] जो बहुत पुरानी सामग्रियों*

से बनी है, जिसके स्तंभ गुप्त काल के हैं, और संभवतः उससे भी पहले के हैं। क्या ये पुराने पत्थर और स्तंभ मूल बिशेश्वर के अवशेष नहीं हैं?[45]

हालाँकि, जैसा डायना इक कहती हैं कि संरचनात्मक अवशेष शेरिंग के अनुमान जितने पुराने हैं या नहीं, यह निर्णायक रूप से साबित करना मुश्किल है क्योंकि रज़िया मस्जिद आज जिस रूप में खड़ी है, 'इतनी बार सफेदी की गई है कि मूल पत्थर की रूपरेखा अदृश्य है'।[46] विश्वेश्वर मंदिर के मूल स्थल के लिए यह संबंध बनाने वाले विद्वान कुट्टनीमतम् से भी एक अनुमान निकालते हैं। जैसा कि पहले उल्लेख किया गया है, वहाँ के मंदिर को स्पष्ट रूप से विश्वेश्वर मंदिर के रूप में वर्णित नहीं किया गया है, दामोदर गुप्ता ने क्षेत्र का जो विवरण दिया है, उससे यह संकेत मिलता है कि वेश्याएँ और नर्तकियाँ निकट के क्षेत्र में रहती थीं। प्राचीन भारतीय मंदिरों में यह एक सामान्य विशेषता थी, जहाँ इनमें से कई लड़कियाँ मंदिर की पूजा में अनुष्ठानकर्ता भी रही होंगी। आज जो आदि विश्वेश्वर मंदिर मौजूद है, वह शहर के रेड-लाइट क्षेत्र दाल मंडी के करीब है। सुकुल का उल्लेख है कि इनमें से कई नृत्य करने वाली लड़कियों में अभी भी साल में एक बार एक निश्चित दिन पर आदि विश्वेश्वर मंदिर में जाने और 'अपने ही समाज से बहिष्कार के दर्द पर' पूरी रात निःशुल्क नृत्य करने की प्रथा है।[47] उनके अनुसार, यह इस तथ्य का प्रमाण है कि रज़िया मस्जिद विश्वेश्वर मंदिर का मूल स्थान था। बहरहाल, समय और पवित्र स्थलों के स्थानांतरण के साथ, यह वह मुख्य क्षेत्र था जहां अब ज्ञान वापी मस्जिद है, जो विश्वेश्वर का प्रमुख मंदिर बन गया। नतीजतन, आदि विश्वेश्वर और अविमुक्तेश्वर तीर्थस्थलों का महत्व या तो ख़त्म हो गया या उस पर ग्रहण लगा दिया गया।

1937 के ब्रिटिश काल के फैसले में इस तर्क के साथ प्रतिवाद किया गया था कि हिंदू ग्रंथों में कहा गया है कि विश्वेश्वर मंदिर ज्ञान वापी कुएँ के उत्तर में है और रज़िया मस्जिद ही मूल विश्वेश्वर मंदिर था। लेकिन रज़िया मस्जिद/आदि विश्वेश्वर का स्थान ज्ञानवापी के ठीक उत्तर में नहीं माना जा सकता और काशी में ऐसा कोई दूसरा कुआँ नहीं है।[48] ज्ञान वापी मस्जिद के विपरीत, रज़िया मस्जिद में मंदिर के कोई अवशेष नहीं हैं जो

आज भी मौजूद हो तथा यह एक ताजा निर्माण प्रतीत होता है। इन कारणों से, कुछ मजबूत तर्कों और अनुमानों के बावजूद, विवाद का स्थान नारायण भट्ट युग के मंदिर के स्थान पर चला गया, जहां वर्तमान ज्ञान वापी मस्जिद है।

इस प्रकार काशी में विश्वेश्वर की प्रधानता स्थापित हो गई। 'काशी खंड' में स्वयं शिव ने घोषणा की है:

> *विश्वनाथ के समान कोई लिंग नहीं है। मणिकर्णिका के अतिरिक्त कोई तीर्थ नहीं है। मेरे आनंदवन के समान भव्य तपोभूमि अन्यत्र कहीं नहीं है। संपूर्ण वाराणसी तीर्थों से परिपूर्ण है। इसका नाम ही सभी तीर्थों का तीर्थ है। वहीं परम पवित्र मणिकर्णिका है, जो मेरी प्रसन्नता का आधार है। जिस स्थान पर मेरा शाही महल [मुख्य मंदिर] है, वहां से शहर उत्तर और पूर्व के बीच, बाईं ओर 300 हाथ (हरिश्चंद्रेश्वर तक) और दाईं ओर 200 हाथ (गंगा केशव तक) तक फैला हुआ है। गंगा में मणिकर्णिका उत्तर से दक्षिण तक पांच सौ हाथ तक फैली हुई है। यह तीनों लोकों का सार है। यह महान आत्मा का मूल आधार है। जो लोग यहां वास करते हैं वे मेरे हृदय में रहते हैं।49*

4

टिंडरबॉक्स में चिंगारी

अठारहवीं सदी के अंत तक, ब्रिटिश सत्ता ने भारत में खुद को तीव्र गति से मजबूत करना शुरू कर दिया तथा मुस्लिम शासकों का नियंत्रण सभी प्रांतों में कम होता गया। 21 मई 1775 को, ईस्ट इंडिया कंपनी और अवध के नवाब आसफ-उद-दौला के बीच हस्ताक्षरित लखनऊ की संधि के अनुसार, वाराणसी प्रांत तथा इसकी निर्भरता बलवंत सिंह के पुत्र राजा चैत सिंह को दे दी गई, जिनका इस क्षेत्र पर प्रभुत्व था। उन्हें प्रांत की जमींदारी और वाराणसी तथा जौनपुर दोनों के नागरिक, आपराधिक एवं पुलिस क्षेत्राधिकार भी सौंप दिए गए। साथ ही वाराणसी में एक ब्रिटिश रेजिडेंट तैनात किया गया। 1801 और 1803 के बीच प्रत्येक जिले के लिए एक न्यायाधीश नियुक्त किया गया, जिसके पास मजिस्ट्रेट और कलेक्टर दोनों की शक्तियाँ थीं। चैत सिंह ने 1781 में ब्रिटिश गवर्नर-जनरल वॉरेन हेस्टिंग्स के खिलाफ विद्रोह भड़काया फलतः उनकी जगह उनके भतीजे महीप नारायण सिंह (1781-1795) को नियुक्त किया गया। वे जल्द ही खुद को 'बनारस के राजा' के रूप में प्रस्तुत करने लगे। कुल मिलाकर, वे ब्रिटिश नियमों और शर्तों के अधीन तो रहे, लेकिन ईस्ट इंडिया कंपनी के साथ उनके टकराव के भी कई उदाहरण देखने को मिले। महीप नारायण सिंह और उनके बेटे तथा उत्तराधिकारी उदित नारायण सिंह (1795-1835), दोनों ने कई बार ब्रिटिश नियमों की अवहेलना की और किसान समर्थक रुख अपनाया, जिसने कंपनी की नाराजगी को भड़काने का काम किया।

तब तक नये तीर्थस्थल बन चुके थे। पेशवाओं ने उत्तर भारतीय पवित्र तीर्थस्थलों पर तीर्थयात्रा कर समाप्त कराने का लगातार प्रयास किया था। 1719-1720 के एक शाही फरमान ने वाराणसी में एकत्र किए जाने वाले तीर्थयात्रा कर को समाप्त कर दिया था, लेकिन अवध के नवाब और बनारस के स्वतंत्र राजाओं के समय में भी यह लगाया जाता रहा।[1] वर्ष 1781 के आसपास, चैत सिंह के विद्रोह के बाद, वॉरेन हेस्टिंग्स ने करों की वसूली को समाप्त कर दिया, तथा लंबी दूरी के तीर्थयात्रियों को मुफ्त प्रवेश की अनुमति दी। तब तक, हालांकि महारानी अहिल्या बाई होल्कर द्वारा निर्मित नए मंदिर ने हिंदू हृदय में अपमान और पीड़ा की भावनाओं को शांत रखने में मदद की थी, लेकिन हिंदुओं के मानस में जो असंतोष पनप रहा था वो पूरी तरह से ठीक नहीं हो सका। उन्होंने जो मंदिर बनवाया था, वह वस्तुतः औरंगज़ेब द्वारा उनके सबसे पवित्र मंदिर के स्थान पर बनवाए गए स्मारक के साथ एक दीवार साझा करता था, जिसके खंडहर श्रद्धालु मन की तीव्र करुणा और क्रोध को भड़काने के लिए पर्याप्त थे। इस प्रकार यह आपदा के आगमन का एक बड़ा अवसर था और इस अंसतोष रुपी टिंडरबॉक्स को आग लगाने के लिए एक चिंगारी ही काफी थी। यह पनपता हुआ असंतोष किसी उकसावे के शुरुआती संकेत पर ही भड़कने का इंतज़ार कर रहा था। यह अंततः 1809 और 1810 में शहर में हुए सबसे भीषण हिंदू-मुस्लिम दंगों में से एक के रूप में प्रकट हुआ। औपनिवेशिक रिकॉर्ड में, इन्हें 'लाट भैरो दंगे' के रूप में जाना जाता है। बनारस गजेटियर में लिखा है: 'शहर ने उन आक्षेपों में से एक का अनुभव किया जो अतीत में आबादी के हिंदू और मुस्लिम वर्गों की धार्मिक दुश्मनी के कारण अक्सर होते रहे थे। विवाद का मुख्य कारण बिशेश्वर के पुराने मंदिर के स्थान पर औरंगज़ेब द्वारा बनाई गई मस्जिद थी, जो पूरे शहर का सबसे पवित्र स्थान था'।[2]

भैरव स्तंभ

लाट भैरव स्तंभ, जिसे पुराणों में कपाली भैरव के नाम से जाना जाता है, एक छड़ी या स्तंभ के रूप में निर्मित है। वाराणसी में काल भैरव को शहर की सुरक्षा करने वाला पुलिस प्रमुख या कोतवाल माना जाता है। लोग

उनकी अनुमति से ही प्रवेश करते और निकलते हैं। इसलिए उनके पास जो छड़ी या डंडा है, वह उनके अधिकार का प्रतीक है। कपाली भैरव देवता को काशी में न्यायाधीश या दंडाधिकारी के रूप में माना जाता है, जो न्याय करते हैं और व्यक्ति द्वारा किए गए पापों के आधार पर उन्हें छुटकारा दिलाते हैं अथवा दंड देते हैं। पुराणों में इसे महाश्मशान स्तंभ (महान श्मशान भूमि का स्तंभ) और कुल स्तंभ (जाति का स्तंभ) भी कहा गया है।[3] कपालमोचन टैंक (या भैरो का तालाब), जो इसके दक्षिण में है, जहां पुराणों में उल्लेख है कि शिव ने ब्रह्मा के पांचवें सिर को दंड के रूप में काट कर यहीं गिराया था। ऐसा माना जाता था कि स्तंभ आकार में सिकुड़ रहा है और जब इसकी ऊंचाई ज़मीनी स्तर तक पहुंच जाएगी, तब धर्म पूरी तरह से नष्ट हो जाएगा तथा चारों ओर अराजकता फैल जाएगी। औरंगज़ेब ने उस मंदिर परिसर को नष्ट कर दिया जहां यह स्तंभ खड़ा था, हालांकि लाट को अबाधित छोड़ दिया गया था। जैसा कि शेरिंग कहते हैं, ऊंचे पत्थर के मंच पर बना विचित्र नक्काशीदार स्तंभ, लगभग 7-8 फीट ऊंचा था और औरंगज़ेब ने इसे या तो मैदान में एक आभूषण के रूप में छोड़ दिया था, या उनकी हिंदू प्रजा के आक्रोश को बहुत अधिक भड़कने के डर से छोड़ दिया था।'[4] स्तंभ के आसपास का क्षेत्र आमतौर पर तांत्रिकों, कापालिकों और पाशुपतों का अड्डा था। समय के साथ पहले नाथ जोगियों और फिर गोसाईं ने इस पर नियंत्रण करना शुरू कर दिया। जल्द ही इसके चारों ओर एक मस्जिद और एक कब्र स्थल भी विकसित हो गया। फिर भी, हिंदू अपने भैरव के डंडे से चिपके रहे और एक छोटी सी ईंट की दीवार ने इसे बगल की ईदगाह से अलग कर दिया। यद्यपि यह उनकी धार्मिक मान्यताओं के प्रतिकूल था फिर भी मुसलमानों ने प्रसाद का एक हिस्सा प्राप्त करने के वादे पर हिंदुओं को स्तंभ की पूजा करने की अनुमति दे दी।

1809 में, मधु राय नाम का एक नागर हिंदू, जो बढ़ती मुस्लिम आबादी के बीच इस स्थान के आसपास रहता था, गंभीर रूप से बीमार पड़ गया। जनश्रुति यह थी कि यह किसी बुरी आत्मा का काम था। इसलिए उसने भगवान हनुमान से प्रतिज्ञा की कि यदि हनुमान जी इस आत्मा के प्रभाव को खत्म कर देते हैं और उसका स्वास्थ्य बेहतर हो जाता है, तो वह विश्वनाथ मंदिर के पास एक पीपल के पेड़ के नीचे स्थित

हनुमान जी के मिट्टी के मंदिर की पत्थर के मंदिर के रूप में स्थायी मरम्मत करवाएगा। राय जल्द ही स्वस्थ होने लगा और वह अपनी शपथ पूरी करने का इच्छुक भी था। समस्या यह थी कि हनुमान मंदिर उस विवादित भूमि का एक हिस्सा था जो विश्वनाथ मंदिर और औरंगज़ेब की ज्ञान वापी मस्जिद के लिए साझा क्षेत्र था।

मधु राय की इस योजना ने पहले से ही बिगड़े माहौल में और हंगामा मचा दिया। कुछ हफ्ते पहले, 9 अक्टूबर 1809 को, जब हिंदू अपने पूर्वजों को श्रद्धांजलि देने के लिए कपिलधारा गए, तो उन्हें यह देखकर निराशा हुई कि मुसलमानों ने मोहल्ला नागनाथ में एक गाय का वध किया था, जहां मुसलमानों का वर्चस्व था, जो बड़े पैमाने पर जुलाहा या बुनकर समुदाय से संबंधित थे। मामला स्थानीय थाने में उठाया गया और गाय का वध करने वाले व्यक्ति को रिहा होने से पहले कुछ समय के लिए जेल में डाल दिया गया। मधु राय द्वारा पत्थर की दीवार बनाने की कोशिशों की खबर ने भड़कती आग में घी डालने का काम किया। मुसलमानों ने ऐसे किसी भी प्रयास का कड़ा विरोध किया। इनमें प्रमुख थे भाई दोस्त मोहम्मद और फ़तेह मोहम्मद। उन्होंने इस निर्माण पर आपत्ति जताई और इसे अपनी ईदगाह की जगह का अतिक्रमण बताया। 19 अक्टूबर 1809 की शाम तक मुसलमानों की एक बड़ी भीड़ विवादित स्थल पर जुटने लगी थी। जल्द ही, दोस्त मोहम्मद के नेतृत्व में उनका एक छोटा समूह उस स्थान पर घुस आया और जिस आसन पर हनुमान बैठे थे उसे झुका दिया गया, पवित्र तुलसी का पौधा उखाड़ दिया गया तथा 'महान लाट को ही जूतों से पीटा गया।'[5] पेड़ के नीचे जो मूर्तियाँ खड़ी थीं, वे सब उखाड़ ली गईं और छत पर बिखेर दी गईं।[6] बाहर खड़ी भारी भीड़ लाट और उसके परिवेश के अपमान से अनभिज्ञ थी और वे वहां पत्थर की दीवार के निर्माण की अपनी योजना के खिलाफ याचिका देने से अधिक चिंतित थे।

वहां जोगी समेत तीन हिंदू दर्शक थे, जिन्होंने लाट, तुलसी और एक ने हनुमान का दर्शन किया। वे भयभीत होकर देख रहे थे कि कैसे उनकी पूजनीय वस्तुएँ टुकड़े-टुकड़े हो गई थीं। भयभीत होकर घटनास्थल से भागते हुए, उन्होंने जल्द ही यह खबर शहर के बाकी हिस्सों तक पहुंचा दी। दिन निकलने तक, लाट के अपवित्रीकरण की जानकारी वाराणसी के

सभी हिंदुओं को हो गई थी। परिणामस्वरूप, लाट परिसर के पास हिंदुओं की एक बड़ी भीड़ एकत्र होने लगी। श्री डब्ल्यू बर्ड, जो मजिस्ट्रेट श्री वॉटसन की अनुपस्थिति में कार्यवाहक मजिस्ट्रेट के रूप में कार्य कर रहे थे, गड़बड़ी की आशंका से मौके पर पहुंचे। उन्होंने हिंदुओं से शांतिपूर्वक तितर-बितर होने की अपील की और वे धीरे-धीरे मान गए। भावनाओं के और अधिक भड़कने के डर से, बर्ड ने उस स्थल तथा मुस्लिम पूजा स्थलों की सुरक्षा के लिए सिपाहियों की दो कंपनियां भी तैनात कीं।

तब तक खबर आई कि राजपूतों का एक समूह उस ओर बढ़ रहा था और प्रतिशोध में औरंगज़ेब द्वारा निर्मित इमामबाड़ा (एक बड़ा हॉल जहां मुसलमान मजलिस के लिए एकत्र होते हैं या इमाम हुसैन और कर्बला के शहीदों के लिए शोक मनाते हैं) को अपवित्र कर दिया है। क़ुरान पढ़ रहे हाजी को जूतों से पीटा गया और उनकी पवित्र किताब फाड़ दी गई।[7]

नाराज दोस्त मोहम्मद ने अपने समुदाय को चांद रहमत गाज़ी मस्जिद में इकट्ठा किया। घातक हथियारों से लैस और 'हसन, हुसैन' के युद्ध घोष के साथ अपने सीने पर चोट करते हुए, 7000-8000 लोगों का समूह विश्वनाथ मंदिर को नष्ट करने के इरादे से उसकी ओर बढ़ चला। इस सशस्त्र समूह का उनके मंदिर को नष्ट करने हेतु मार्च करने की खबर से राजपूत क्रोधित हो गए। उन्होंने भी अपने सारे हथियार इकट्ठे कर लिए और दूसरे पक्ष की इस दुस्साहसिक योजना का पूरी ताकत से मुकाबला करने का फैसला किया। शहर के हर हिंदू ने एकजुट होकर विश्वनाथ मंदिर को किसी भी नुकसान से बचाने के लिए उसके चारों ओर एक मानव बाड़ बना दी। बुनकर सेना का हथियारों से लैस राजपूतों से कोई मुकाबला नहीं था। जब दोनों पक्ष गायघाट पर भिड़े, तो मुस्लिम पक्ष के लगभग अस्सी लोग मारे गए, और दोस्त मोहम्मद ने डर के मारे जल्दी से पीछे हटने का आदेश दिया।

जब हिंदू विश्वनाथ मंदिर की रक्षा के लिए खड़े थे, पराजित और अपमानित दोस्त मोहम्मद तथा उसके साथी तेजी से लाट की ओर बढ़े। तब तक, चूंकि विश्वनाथ मंदिर के आसपास का क्षेत्र संघर्ष का मुख्य स्थल बन गया था, श्री बर्ड ने अधिक क्षति को रोकने के लिए शहर के सभी पुलिस साजो-सामान को वहां इकट्ठा होने का आदेश दिया। नतीजतन, लाट के आसपास का क्षेत्र अशांति का मूल स्थल होने के कारण, पूरी तरह

से वीरान हो गया था। इसका फायदा उठाकर दोस्त मोहम्मद और उसके साथियों ने बड़ी बेअदबी की। फिल रॉबिन्सन लिखते हैं:

पड़ोस के घर से एक गाय को खींच कर खम्भे के नीचे मार दिया गया। उसके खून को हर कोने में ले जाया गया, जब तक कि सभी पवित्र स्थानों को इसके साथ छिड़का नहीं गया, और फिर उसके शव को हर्षोल्लास के साथ भैरो के पवित्र तालाब में प्रवाहित कर दिया गया। स्तंभ के धातु उपांगों को नष्ट करने के लिए, लाट के चारों ओर जलाऊ लकड़ी का ढेर लगाया गया तथा उसे जला दिया गया; और अंत में, विजय के नारों के बीच लाट को ही उखाड़ फेंका गया, और वह कई टुकड़ों में टूटकर बिखर गया।[8]

इस भयावह घटना की खबर जल्द ही हिंदू पक्ष तक पहुंच गई। बड़े संकट और शोक के साथ ब्राह्मण तथा अन्य धर्मनिष्ठ हिंदू बड़ी संख्या में एकत्र हुए। उनके पवित्र मंदिर को अपवित्र कर दिया गया था और उनके गालों पर आंसुओं की धारा बह रही थी, वे सभी प्रायश्चित के रूप में आमरण अनशन पर बैठ गए थे। उनकी आहत भावनाओं को शांत करने का दायित्व श्री बर्ड पर छोड़ दिया गया। इस दुर्भाग्यपूर्ण अवसर पर जो कुछ हुआ, उसका विवरण देते हुए, शेरिंग ने रेव विलियम बायर्स को उद्धृत किया, जिन्होंने इस घटना का उल्लेख अपनी उत्तरी भारत की यादों में किया था:

'झगड़े के आरंभिक भाग में, मुसलमानों ने अपनी हार का बदला लेने के लिए, हिंदुओं से एक गाय ले ली थी, और उसे सबसे पवित्र घाटों में से एक पर मार दिया तथा उसके खून को पवित्र गंगा जल में मिला दिया। दोहरे अपवित्रीकरण के इस कृत्य को ब्राह्मणों द्वारा न केवल एक पवित्र स्थल की पवित्रता अपितु पूरे शहर की पावनता को नष्ट करने के रूप में देखा गया, ताकि भविष्य में बनारस की तीर्थयात्रा से किसी को मोक्ष प्राप्त न हो सके। इसलिए, वे सभी अत्यंत दुःख में थे; और शहर के सभी ब्राह्मण, जिनकी संख्या हजारों में थी, नग्न, अवसादग्रस्त हो, उपवास करते हुए, सिर पर

राख धारण कर नदी के किनारे चले गए। मुख्य घाटों पर हाथ जोड़े हुए और सिर नीचे लटकाए हुए सभी गमगीन दिखाई दे रहे थे। उन्होंने घर में प्रवेश करने या भोजन का स्वाद लेने से इनकार कर दिया था...। लेकिन ब्रिटिश अधिकारी उनके पास गए, उस संकट के लिए अपना दुख व्यक्त किया जिसमें उन्होंने उन्हें देखा था, और उनके साथ हुए एक ऐसे कार्य के लिए खुद को दंडित करने की बेतुकी बात पर तर्क किया, जिसमें उनका कोई हिस्सा नहीं था, और जिसे उन्होंने रोकने या बदला लेने के लिए हर संभव प्रयास किया था। यह बात प्रबल हुई और बहुत रोने-धोने के बाद यह संकल्प लिया गया कि गंगा अभी भी गंगा ही है; मिस्टर बर्ड... जो इस अवसर पर राजदूतों में से एक थे, ने कहा कि 'यह दृश्य बहुत प्रभावशाली और भयानक भी था। भक्तों की दुबली-पतली आकृतियाँ, उनकी दृश्यमान और स्पष्ट रूप से अप्रभावित पीड़ा एवं निराशा, उन्हें घेरने वाली महिलाओं की चीख-पुकार और इस प्रकार एकत्रित हुई बड़ी संख्या, कुल मिलाकर यह एक शोकपूर्ण दृश्य था। ऐसा दृश्य कुछ ही शहर में दिख सकता है, बनारस में तो निश्चित रूप से।'[9]

उस रात वाराणसी में कोई सोया नहीं था। सूर्यास्त से भोर तक मंदिरों में घंटियाँ बजती रहीं। बाज़ार उन्मादी गतिविधियों से गुलजार थे। हर घर के दिए जल रहे थें और एक भयानक तनाव छाया हुआ था। हालाँकि मुस्लिम पक्ष अपने कृत्य से विजयी महसूस कर रहे थे, लेकिन उन्हें अब उनके द्वारा किए गए कृत्यों के परिणामों का डर सताने लगा और वे अपने निवासों में ही दुबके रहे। हिंदू भी बदला लेने की शपथ लेने के लिए रात में राजपूत रतन सिंह तथा मन्नेर सिंह के नेतृत्व में बड़ी संख्या में एकत्र हुए। अगले दिन, राजपूतों ने गोसाईं के एक बड़े समूह के साथ लाट की ओर मार्च किया और वहां उन्होंने मुस्लिम इलाकों में गाय का खून तथा शव बहते हुए देखा, जिससे वे और भी क्रोधित हो गए। औरंगज़ेब की ज्ञान वापी मस्जिद को जल्द ही आग के हवाले कर दिया गया। बलपूर्वक, पूरी साइट को पुनः प्राप्त कर लिया गया था। परिसर में पाए जाने वाले प्रत्येक मुस्लिम को काट दिया गया और शवों को एक बड़ी धधकती आग में फेंक

दिया गया। एक सुअर लाया गया, उसका वध किया गया और लाशों तथा राख पर उसका खून छिड़का गया।[10] हालाँकि, इस नरसंहार में, रॉबिन्सन ने मुस्लिम पक्ष के स्मारक से एक मार्मिक प्रसंग निकाला है:

> *मस्जिद के परिसर में पीड़ितों की तलाश के दौरान, एक बच्चा, जिसकी उम्र लगभग 11 वर्ष थी, जो मस्जिद के मुतवली का बेटा था, को उसके छिपने के स्थान से बाहर खींच लिया गया जहां उसके पिता की लाश पड़ी थी, और एक गोसाईं ने उस पर तलवार से हमला कर दिया। लड़के ने प्रहार से बचने के लिए अपने हाथ आगे बढ़ाए और गंभीर रूप से घायल होकर अपने पिता की लाश पर गिर पड़ा। इससे पहले कि हमला दोबारा होता, एक ब्राह्मण आगे बढ़ा और युवा मुसलमान को अपनी बाहों में पकड़ लिया तथा हत्यारों को उसे नुकसान पहुंचाने से बचाने के लिए ललकारा। आख़िरकार बच्चे को उसके संरक्षक ने मजिस्ट्रेट को सौंप दिया।*[11]

श्री बर्ड ने शांति बहाल करने के लिए मन्नेर सिंह के साथ बातचीत करने की कोशिश की। हालाँकि वह अपने अनुयायियों को नियंत्रित करने के लिए सहमत हो गए, लेकिन ब्रिटिश अधिकारियों के चले जाने के बाद भी हिंसा जारी रही। फातिमा की दरगाह, शहज़ादे जीवन बख्त की कब्र तथा शहर की कई कब्रों और मस्जिदों पर हमला करने की योजना बनाई गई थी। अंततः अंग्रेजों ने दंगाइयों पर गोली चलाने का आदेश दिया और कुछ राजपूत मारे गए। इसके बाद रतन सिंह ने पीछे हटने का आदेश दिया और दंगाई पीछे हट गए। तब तक ज्ञान वापी मस्जिद पर हमला कर उसे जलाया जा चुका था; कई बाज़ारों में आग लगा दी गई और जुलाहा क्वार्टरों में लूटपाट मच गई। रॉबिन्सन का उल्लेख है कि उस समय तक लगभग पचास मस्जिदें नष्ट कर दी गई थीं और कई सैकड़ों मृत एवं घायल लोगों को सड़कों से उठा लिया गया था।[12] कई महीनों तक, दोनों समुदायों के मुख्य पूजा स्थलों के पास गार्डों की विशाल टुकड़ियों को तैनात करना आवश्यक समझा गया।

लेकिन जल्द ही 24 अक्टूबर तक शांति बहाल हो गई। श्री बर्ड ने ब्राह्मणों से परामर्श किया और मंदिर खुलवा दिये। दुकानें भी धीरे-धीरे

खुलने लगीं। इस प्रकार तीन दिनों की भारी तबाही और नरसंहार के बाद सामान्य स्थिति की झलक दिखाई दी। पुलिस इस आधार पर पक्ष ले सकती थी कि पुलिसकर्मी हिंदू था या मुस्लिम, अतः सेना को बुलाया गया था जो सैनिकों के संबंधित धर्मों के बावजूद अपने दृष्टिकोण में सख्ती से तटस्थ रही। जब इस घटना के कुछ दिनों बाद दिवाली का त्योहार आया, तो गोसाईं और अन्य लोगों ने उस भयावहता की याद के रूप में अपने घरों को दीपक से रोशन करने से इनकार कर दिया। 20 नवंबर 1809 को सरकार को दिए गए अपने ज्ञापन में, रतन सिंह के नेतृत्व में वाराणसी के हिंदुओं ने अनुरोध किया:

> *औरंगज़ेबे अलुमगीर [औरंगज़ेब आलमगीर] की व्यक्तिगत कट्टरता से, हमारे पूजा स्थलों की जगह पर मस्जिदें बनाई गईं; चार प्रमुख हैं बिसेसुर और ज्ञानबाफी [विश्वेश्वर और ज्ञान वापी], किर्रित बसेसुर [कृत्तिवासेश्वर], बिंधो या बेनी माधो [बेनी माधव]; कौल भैरो कूलुस्थम [काल भैरव]। उस सम्राट ने अपने उत्साह में इन स्थानों पर हमारे धर्म के समान अपना धर्म लागू किया। यह प्रार्थना की जाती है कि इन्हें हमारी पूजा के उद्देश्यों के लिए पुनः हमें बहाल किया जाए...मुसलमानों को पूजा स्थलों पर आने, या गायों को मारने, या मनोरंजन और आनंद के लिए उन सड़कों पर गुजरने की अनुमति न दी जाए जहां हिंदू अक्सर जाते हैं ताकि इस विधि से हमारे बीच एक स्पष्ट रेखा खींची जा सके।*[13]

मजिस्ट्रेट वॉटसन हिंदुओं के अपमान से चिंतित थे और उन्होंने 30 अक्टूबर 1809 को लिखा: 'मुझे विश्वास है कि यदि हिंदुओं को कुछ संतुष्टि नहीं दी गई, तो वे भविष्य में अपने पवित्र शहर की सीमाओं के भीतर मुसलमानों के पूजा स्थलों के विनाश को पूरा करने के लिए एक अनुकूल अवसर का लाभ उठाने में प्रसन्न होंगे।'[14] मुस्लिम कानून के अनुसार जारी फतवे के माध्यम से दंगाइयों पर मुकदमा चलाने की मुस्लिम दलील को ब्रिटिश सरकार ने खारिज कर दिया और मुकदमा एक विशेष अदालत द्वारा चलाया जाना था।

25 नवंबर 1809 को मीर तोरब अली के नेतृत्व में 724 लोगों के हस्ताक्षर के साथ सौंपे गये अपने ज्ञापन में मुसलमानों ने भी दंगों की कटु

शिकायत की। उन्होंने तर्क दिया, 'गोमांस के लिए मवेशियों को मारने की प्रथा शहर में मुस्लिमवाद की पहली सुबह से ही आदतन रही है। यद्यपि बनारस प्रांत पर हिंदू सरदारों का कब्ज़ा और शासन था, फिर भी इसमें कोई बाधा या रोक नहीं लगाई गई थी।[15] उनके अनुसार, हिंदुओं की आदत हर स्थान को तीर्थ में परिवर्तित करने की थी। यहां तक कि उनके अनुसार लाट भी फ़िरोज़ शाह तुगलक द्वारा बनवाया गया एक स्तंभ था, जैसे कि उसने दिल्ली और इलाहाबाद में बनवाया था। उन्होंने तर्क दिया:

> *वे [हिन्दू] जहां कहीं भी स्थापित होते हैं, अपने पुजारियों के उकसाने पर उसे अपना पूजा का स्थान कहते हैं, और कुछ समय बीत जाने के बाद वे इसे सर्वोच्च पवित्र पूजा का स्थल मानने लगते हैं। सबसे अच्छी बात यह है कि लगभग बीस-बाइस साल पहले कुछ हिंदुओं ने अलमगीर की जुम्मा मस्जिद, जिसे आमतौर पर बिसेसूर मस्जिद कहा जाता है, के मुतवली (अधीक्षक) मीर ख्यारत अल्ली को भ्रष्ट कर दिया तथा यह दिखावा किया कि बिसेसुर ने खुद को कुएँ में छिपा लिया था, और मुतवली के साथ प्रसाद साझा कर उन्होंने पूजा करना शुरू कर दिया। इसी तरह वे मोहल्ला दारानुगुर में शेख हौतिम अल्ली के घर पर स्थित मस्जिद के परिसर में एक पत्थर के फव्वारे की भी अत्यंत आस्था के साथ पूजा करते हैं। इसी प्रकार, फ़िरोज़ शाह की लौट को उन्होंने भैरू की लौट में परिवर्तित कर दिया और हिंदुओं के निचले वर्ग ने इसकी पूजा शुरू कर दी।*

इसने हिंदू दंगाइयों को बेमिसाल दंड देने की प्रार्थना की, जिनमें उनकी मस्जिदें और कब्र तोड़ने वाले लोग भी शामिल थे; साथ ही सरकार से तोड़फोड़ करने वालों से जब्त किए गए धन से इनकी मरम्मत और पुनर्निर्माण कराने का भी आह्वान किया।

अग्नि शमन

भविष्य में ऐसी दुर्घटनाओं को होने से रोकने के लिए, विशेष रूप से विश्वनाथ मंदिर और कपालमोचन ज्ञान वापी मस्जिद के बहुत करीब होने

के कारण, श्री वाटसन ने सुझाव दिया कि मुसलमानों को मस्जिद और छत तक ही सीमित रखा जाना चाहिए, जबकि हिंदुओं को मस्जिद और ज्ञान वापी कुएँ के चारों ओर पवित्र परिक्रमा तक पहुंच की विशेष अनुमति दी जानी चाहिए। कपालमोचन में उन्होंने मुसलमानों को वहां से दूर रखने की सिफारिश की। अपने तर्कों का विवरण देते हुए वॉटसन ने लिखा:

> *हिंदुओं की नजर में मौके की प्रतिष्ठित पवित्रता मुस्लिम भक्ति के लिए अपने विशेष विनियोजन से नहीं हटेगी, जबकि हिंदुओं के चिरस्थायी विद्वेष को अपवित्रता की भावना से जीवित रखा जाएगा, जिससे उनका पवित्र स्थान उजागर हुआ था, और एक अफ़सोस की बात है कि इस तक पहुंच से वंचित किया जा रहा है। इसके विपरीत, मुसलमानों के साथ इस स्थान से कोई विशेष पवित्रता जुड़ी नहीं है। किसी भी अन्य स्थिति में एक ईदगाह समान रूप से रिसॉर्ट की एक वस्तु होगी, और इसे केवल मुसलमानों द्वारा ही यहां विशेष रूप से महत्व दिया जाता है क्योंकि यह एक धर्म के दूसरे पर पूर्व प्रभुत्व का प्रतीक है [मेरा विशेष जोर]। जब बिशेश्वर मस्जिद और कपालमोचन में मुसलमानों के एकांत में रहने और दूसरे से उनके बहिष्कार से दोनों संप्रदायों के सभी टकराव समाप्त हो जाते हैं, तो मुझे उम्मीद है कि मुसलमानों द्वारा मीनार मस्जिद जिसे हिंदू, बेनी मधु [बेनी माधव] और शेख कट्टन एलीज़ (या हिंदू कुर्रुत बसेसुर [कृत्तिवासेश्वर]) कहते हैं, के पूरे क़ब्ज़े को बरकरार रखने के लिए विवाद का कोई आधार नहीं होगा। हिंदुओं ने लंबे समय से उस मूर्ति के लिए एक और मंदिर स्थापित कर लिया है, जिसके लिए पूर्व स्थान मूल रूप से समर्पित था, और बाद की नींव, जिसे हिंदू पवित्र मानते हैं, वर्ष में केवल एक दिन उनके लिए श्रद्धा का विषय है।*[17]

1937 में ब्रिटिश अदालतों में एक बाद के मामले के माध्यम से, हम जानते हैं कि वॉटसन ने यह पत्र 30 दिसंबर 1809 को लिखा था। उन्होंने जोरदार ढंग से तर्क दिया कि चूंकि यह स्थान हिंदुओं द्वारा इतना पवित्र माना जाता है, जिसका इतिहास उनके ग्रंथों में भी लिखा है, जबकि इसकी तुलना में मुसलमानों के लिए इसमें कुछ भी असाधारण रूप से

पवित्र नहीं है, इसलिए इसे खाली कर दिया जाना चाहिए और दो परस्पर विरोधी धर्मों के बीच स्थायी सांप्रदायिक सौहार्द के व्यापक हित में हिंदुओं के लिए यह स्थान पुनः प्राप्त किया जाना चाहिए। लेकिन वॉटसन के इस सुझाव को मिस्टर बर्ड ने दृढ़ता से खारिज कर दिया, जिन्होंने 12 मार्च 1810 के अपने पत्र में यह तर्क दिया कि इन भयानक दंगों में हिंदू और मुस्लिम दोनों को समान रूप से नुकसान उठाना पड़ा था। उनका मानना था कि तीन दिनों की तबाही की स्मृति से ही दोनों समुदायों के बीच शांति सुनिश्चित होगी। उन्होंने विचार रखा कि ज्ञान वापी मस्जिद का परिसर हिंदू और मुस्लिम दोनों के उपयोग के लिए खुला रहना चाहिए, किसी भी पक्ष को इसमें कोई बदलाव करने की अनुमति नहीं होगी। सरकार ने वॉटसन की सिफारिशों पर उनकी सिफारिशों को स्वीकार करने का फैसला किया और इसलिए दोनों पक्षों के रुख और साइटों पर उनके क़ब्ज़े में कोई बदलाव नहीं किया गया। दोनों पक्षों को दंगों से हुए नुकसान की भरपाई करने की अनुमति दी गई थी। सरकार की ओर से काउंसिल के उपाध्यक्ष ने कहा: 'मैं वर्तमान आदेशों को प्रभावी ढंग से लागू कर रहा हूं, विशेष रूप से वे जो ऊपर बताए गए स्थान पर हिंदू और मुस्लिम धर्म की पुनर्स्थापना का सम्मान करते हैं।'[18] इन पत्रों और अंतिम आदेशों में 'पुनर्स्थापना' शब्द का बार-बार उपयोग महत्व से रहित नहीं है। या तो दंगों के दौरान हिंदुओं ने मुसलमानों को परिसर और मस्जिद से पूरी तरह से बाहर निकाल दिया था और इसलिए सरकार मुसलमानों के अधिकार की रक्षा करने के लिए उत्सुक थी; या क्योंकि अतीत में मुसलमानों ने हिंदुओं की ज़मीन हड़प ली थी, सरकार हिंदुओं के उस अधिकार को मान्यता देना और उसकी रक्षा करना चाहती थी। दुर्भाग्य से वाटसन और बर्ड के ये पत्र फिलहाल उपलब्ध नहीं हैं। परिषद के उपाध्यक्ष का तर्क था कि 'हिंदुओं और मुसलमानों के बीच किसी भी विवाद की स्थिति में सख्त निष्पक्षता' बनाए रखने की जरूरत है। उनके अनुसार, इस सिद्धांत का पालन न करने से, 'बाहर रखे गए लोगों में अत्यधिक ईर्ष्या और असंतोष पैदा होगा तथा दूसरे पक्ष की ओर से सबसे असाधारण दिखावे को बढ़ावा मिलेगा'। इससे सार्वजनिक शांति भंग हो सकती है, जिसे बनाए रखना सरकार का प्राथमिक उद्देश्य था।[19]

इसके बाद हिंदुओं ने इस स्थल और गंगा के शुद्धिकरण के लिए कई समारोह आयोजित किए। नष्ट किए गए लाट के टुकड़ों को उनकी मूल पवित्रता में पुनर्स्थापित किया गया और श्रद्धापूर्वक दफनाया गया। स्तम्भ को वर्तमान स्थल पर स्थापित किया गया और मूल स्तंभ के कटे-फटे अवशेष पूजा की नई वस्तु बन गए।

14 दिसंबर 1810 को, 1809 के दंगों से संबंधित सरकारी आदेश जारी होने के बाद, 1810 का विनियमन संख्या XIX पारित किया गया था। यह मस्जिदों, मंदिरों और महाविद्यालयों के समर्थन के लिए दी गई भूमि के किराए और उपज के उचित विनियोग के लिए था। जैसे-जैसे समय बीतता गया, जिला मजिस्ट्रेट नगरपालिका बोर्डों के भी आधिकारिक अध्यक्ष बन गये। इसलिए, कुछ अवसरों पर, मजिस्ट्रेट ने 1810 के विनियमन संख्या XIX के तहत और कुछ पर नगर पालिका अधिनियन के तहत और बाकी पर सरकार के आदेश के तहत कार्रवाई की। 23 मार्च 1810 के एक सरकारी आदेश में, यह अनुमान लगाया गया कि निचली भूमि दो निकटवर्ती पूजा स्थलों के बीच मार्ग की भूमि थी और वह सरकार की थी। दोनों पक्षों को इस तटस्थ भूमि का उपयोग करने का अधिकार था, परंतु इसे किसी नये उपयोग में लाने का नहीं।[20] ऐसा प्रतीत होता है कि यह आवश्यक हो गया था क्योंकि मस्जिद के आसपास तथा विश्वनाथ मंदिर के बगल की अनसुलझी भूमि समय-समय पर एक विवादास्पद स्थान बन गई थी, और यहीं पर 1809 के खूनी दंगों की शुरुआत हुई थी।

1813 में, कलकत्ता के गवर्नर-जनरल-इन-काउंसिल ने मंजूरी दे दी कि मस्जिद के दक्षिण में दुकानों के मुआवजे के रूप में सरकार द्वारा मस्जिद को 10 रुपये प्रति माह का भुगतान किया जाएगा, जिसे 1810 में हिंदू पक्ष द्वारा ध्वस्त कर दिया गया था। मुसलमानों को उनके मूल स्थान पर पुनर्निर्माण की अनुमति देने के बजाय, यह आदेश दिया गया था। यह व्यवस्था 1851 तक जारी रही। जब वाराणसी में एक प्रांतीय सरकार आई, तो कमिश्नर ने 1809-1810 की घटनाओं की जाँच के आदेश दिये। इसके बाद उन्होंने 13 जनवरी 1851 को आदेश दिया कि राजकोष से मासिक भुगतान करने के बजाय, मस्जिद के प्रबंधक के नाम पर 4 प्रतिशत कागज खरीदा जाए, जिसका मूल्य 120 रुपये प्रति वर्ष होगा। 20 दिसंबर 1853 को बनारस डिवीजन के कार्यवाहक आयुक्त द्वारा सरकार के एक सचिव को

संबोधित एक पत्र में इन दुकानों और वार्षिक राशि का भुगतान जारी रखने की ओर ध्यान आकर्षित किया गया था।[21] इसका मतलब यह था कि दंगों के मद्देनजर, सरकार ने मस्जिद के आसपास और मंदिर की सीमा से लगी विवादित भूमि पर क़ब्ज़ा कर लिया था। ऐसा प्रतीत होता है कि सरकार की अनुमति से दौलत राव सिंधिया की विधवा बैजा बाई ने 1823 में ज्ञान वापी कुएँ के चारों ओर एक मंडप का निर्माण कराया था।[22]

प्रतिदावे जारी

औरंगज़ेब द्वारा पुराने विश्वनाथ मंदिर के विध्वंस के समय से ही मस्जिद के आसपास और मंदिर से सटे क्षेत्र पर भारी विवाद था। इसी विवाद के बाद 1809-1810 में दंगे हुए, हम देखते हैं कि मामला 1825 में हस्तक्षेप के लिए जिला प्रशासन और अदालतों के पास पहुंचा। हालांकि इस बार यह मुस्लिम पक्ष और सरकार के बीच था। चिराग अली, जो मस्जिद के मुतवली या अधीक्षक का बेटा था, का मस्जिद के पश्चिम में एक घर था। यह संभवतः पुराने मंदिर के खंडहरों के पास स्थित था जिसे वैसे ही छोड़ दिया गया था और इसे दैनिक बातचीत में भी खंडहर (जीर्ण-शीर्ण संरचनाएं) ही कहा जाता था। अली ने दावा किया कि वहां रहने वाला किरायेदार झारी नद्दाफ उसके पिता खैरात अली को किराया देता था और उनकी मृत्यु के बाद अब वह उसे (चिराग अली को) किराया देता है। स्थानीय कलेक्टर ने माना था कि 1810 के विनियमन XIX के तहत, किराया सरकार को जाना था, न कि चिराग अली के परिवार को। इसके बाद चिराग अली ने मामले को अदालत में घसीटा और इसे 1825 के सूट नंबर 7886 के रूप में पंजीकृत किया गया।

उन्होंने कोर्ट में दलील दी कि नवाज़ खान नाम का कोई शख्स उस जगह पर घर बनाकर रह रहा है। माना जाता है कि नवाज़ खान ने यह घर चिराग अली के दादा को उपहार में दिया था और इस उपहार के आधार पर, यह एक पारिवारिक कब्ज़ा बन गया था जिसके लिए वह एक किरायेदार से किराए के हकदार था। इसके बाद कोर्ट ने वक़्फ़ संपत्ति के सभी रिकॉर्ड देखे। वक़्फ़ इस्लामी कानून के तहत एक अहस्तांतरणीय धर्मार्थ बंदोबस्त है। इसमें आम तौर पर इस्लामी धार्मिक या धर्मार्थ

संस्थानों को एक इमारत, भूमि का एक भूखंड और अन्य संपत्ति दान करना शामिल होता है, साथ ही इस दान को पुनः प्राप्त करने का कोई इरादा नहीं होता। स्वामित्व को अल्लाह के प्रति समर्पित माना गया है और समर्पण की प्रक्रिया को स्थायी माना गया है। वक़्फ़ बनाने वाला व्यक्ति, जिसे वक़िफ़ कहा जाता है, उन उद्देश्यों को निर्दिष्ट कर सकता है जिनके लिए इस संपत्ति से उत्पन्न आय का उपयोग किया जा सकता है। दिल्ली सल्तनत के समय से ही, इस्लामी शासकों द्वारा वक़्फ़ समर्पण किया जाने लगा; कभी-कभी पूरा गांव किसी मस्जिद को समर्पित कर दिया जाता था।

चिराग अली के दावे की अदालती जांच से पता चला कि 1810 के विनियमन XIX की घोषणा से पहले, घर परिवार की निजी संपत्ति थी और मस्जिद को समर्पित नहीं थी। उन्होंने संपत्ति पर 'फरमान बादशाही' या सम्राट (औरंगज़ेब) के आदेश के आधार पर क़ब्ज़ा कर रखा था, जिसके दरबार ने शायद उनके पूर्वजों को मस्जिद का मुतवली नियुक्त किया था और उनको संपत्ति सौंपी थीं। इस प्रकार, अदालत द्वारा अंततः सुनाए गए इस फैसले में मस्जिद के आसपास की संपत्ति, घरों और ज़मीन को इससे अलग माना गया था।[23]

दावे और प्रतिदावे लगातार जारी रहे तथा उन्होंने तत्कालीन कई ब्रिटिश अदालतों का समय और ध्यान खींचा। अगस्त 1843 में, मुसम्मत रुक्मैन द्वारा चिराग अली के बेटों अमानत अली और वाहिद अली के खिलाफ एक आपराधिक शिकायत दर्ज कराई गई थी। मुसम्मत रुक्मैन ज्ञानवापी कुएँ के पुजारी व्यास परिवार की विधवा थीं। उनकी दलील थी कि ज्ञान वापी स्थल हिंदुओं का एक प्राचीन पूजा स्थल था; साथ ही परिसर पूरी तरह से उसके क़ब्ज़े में था और उसने सभी चढ़ावे एकत्र किये थे। हाल ही में, सरकार ने आदेश पारित किया था कि मस्जिद के परिसर में कुछ भी नया नहीं किया जा सकता है या निर्माण नहीं किया जा सकता है और इसी उद्देश्य के लिए चपरासी या ओवरसियर नियुक्त किए गए थे। रुक्मैन ने शिकायत की कि पिछले दस दिनों से, अमानत अली और वाहिद अली, जो केवल मुजावर या मस्जिद के परिचारक थे, को उत्तर-पूर्वी कोने में एक घर बनाने में व्यस्त देखा गया। वहां एक शौचालय भी बनाया गया था। उसने दावा किया कि यह सब लंबे समय से चले आ रहे सरकारी आदेशों का पूर्ण उल्लंघन है। अमानत और वाहिद

ने यह कहकर इस दावे का विरोध किया कि मस्जिद के आसपास का परिसर विशेष रूप से उनका था; यह रुक्मैन ही किरायेदार थी जिसने अपने पिता की मृत्यु के बाद लंबे समय तक किराया देने से इनकार कर दिया था। उन्होंने इसके लिए उसे अदालत में भी घसीटा था और मुंसिफ की अदालत को इस मामले से रोक दिया गया था। इसके बाद अदालत ने शौचालय सहित सभी संरचनाओं को ध्वस्त करने का आदेश दिया, जो वहां बनाई गई थीं।[24]

वर्ष 1854 से विभिन्न अदालतों और अधिकारियों द्वारा आदेशों की एक श्रृंखला जारी की गई, जिससे पता चलता है कि हिंदू और मुस्लिम दूसरे पक्ष पर अपने क्षेत्र में अतिक्रमण करने का आरोप लगाते रहे।

यह 1868 के आसपास था जब शेरिंग ने वाराणसी का दौरा किया था। पवित्र शहर के बारे में अपने विस्तृत विवरण में, शेरिंग ने उस समय के तनाव और मस्जिद के आसपास के परिसर तथा क्षेत्र के स्वामित्व को लेकर दोनों पक्षों के बीच विवाद का दस्तावेजीकरण किया है:

> *इस मस्जिद की उपस्थिति, अपमान के इरादे से, उस स्थान पर स्थित है जो हिंदुओं द्वारा बहुत पवित्र माना जाता है, और जिसके चारों ओर उनकी निकटतम सहानुभूति एकत्र होती है तथा हिंदुओं व मुसलमानों दोनों के लिए दिल की जलन और झगड़े का एक निरंतर स्रोत है। पहले वाले, अनिच्छा से बाद वाले को मस्जिद बनाए रखने की अनुमति देते हुए, इसके और दीवार के बीच के आंगन पर अपना दावा करते हैं। परिणामस्वरूप, वे मुसलमानों को एक से अधिक सार्वजनिक प्रवेश द्वार से मस्जिद में प्रवेश करने की अनुमति नहीं देंगे, जो उस इमारत के सामने होने के बजाय, उसके एक तरफ स्थित है। मुसलमानों ने कई बार मस्जिद के सामने विशाल मंच के बीच में एक प्रवेश द्वार बनाने की इच्छा जताई थी; लेकिन यद्यपि वे एक बार खड़े हो गए, फिर भी उन्हें इसका उपयोग करने की अनुमति नहीं दी गई, क्योंकि हिंदू आबादी के बीच इस स्थिति के कारण जो तनाव पैदा हुआ था, वह केवल बनारस के मजिस्ट्रेट के समय रहते हस्तक्षेप से ही शांत हुआ। प्रवेश द्वार अभी भी खड़ा है; लेकिन खंभों के बीच की जगह भर दी गई है। एक*

पीपल का पेड़, जिसे देवता के रूप में पूजा जाता है, प्रवेश द्वार और सड़क दोनों पर लटका हुआ है; लेकिन हिंदू मुसलमानों को इसमें से एक पत्ता भी नहीं तोड़ने देंगे। सरकार, मस्जिद के एक प्रकार के ट्रस्टी के रूप में, राजकोष में जमा किए गए अपने धन के ब्याज का भुगतान अभी भी समय-समय पर करती है, या बहुत समय बाद नहीं करती है, भले ही हाल ही में इस तरह की प्रथा को प्रतिबंधित करने वाला अधिनियम पारित हुआ हो।[25]

यही कारण है कि वॉटसन ने सुझाव दिया था कि यह स्थल हिंदुओं के पास ही रहना चाहिए, लेकिन बर्ड ने इसे अस्वीकार कर दिया था, जिन्होंने दोनों समुदायों द्वारा परिसर के खुले उपयोग की सिफारिश भी की थी। जैसा कि शेरिंग ने उपरोक्त विवरण में बताया है, यहां तक कि परिसर में पीपल के पेड़ की लकड़ी और पत्तियां भी अक्सर अदालत में मामलों का कारण बन जाती थीं। जैसा कि मई 1852 में हुआ था, जब महादेव व्यास, रुक्मैन के पोते, अमानत अली, ज्ञान वापी कुएँ के पुजारी चबरलेश्वर पंडा और इदुल्लाह तथा फकीरुल्लाह के बीच विवाद पैदा हो गया। विवाद वीरभद्रेश्वर मंदिर के ऊपर पीपल के पेड़ की सूखी लकड़ी को लेकर था, जो परिसर के उत्तर-पश्चिमी कोने पर था और जिसके आधार पर कई मूर्तियाँ थीं। चूंकि पेड़ पुराना हो रहा था और सूख रहा था, तो क्या इसे काटा जाना चाहिए और यदि हां, तो किससे, इस पर विवाद शुरू हो गया। अमानत अली ने एक बार फिर दावा किया कि परिसर के भीतर का पेड़ और इमारत पूरी तरह से उनकी है। लेकिन अदालत ने एक बार फिर स्थल निरीक्षण और वक़्फ़ दस्तावेजों का अवलोकन किया तथा माना कि यह किसी भी व्यक्ति की निजी संपत्ति नहीं थी। इसमें पेड़ को इस तरह से काटने का निर्देश दिया गया कि मूर्तियों को नुकसान न पहुंचे और पेड़ काटते समय पंडा को विश्वास में लिया जाए। वहां कोई भी नया पेड़ लगाने की अनुमति नहीं थी। इस प्रकार अमानत अली को अदालत द्वारा दो बार कहा गया था, एक बार 1843 में और अब 1852 में कि भूमि मुसलमानों की संपत्ति नहीं थी।[26]

दो साल बाद, 14 जून 1854 को, मस्जिद के मुअज्जिन[27] फकीर उल्लाह ने शिकायत की कि रामगढ़ के बृजपाल दास परिसर में नंदी की एक पत्थर

की मूर्ति लाना चाहते थे। यह एक नया कार्य था और सरकार के पुराने निर्देशों के अनुसार इसकी अनुमति नहीं थी। इसके बाद महादेव व्यास ने 16 जून को अपना जवाब दाखिल किया कि अदालत ने अपने निरीक्षण में पाया कि उत्तर पर मुसलमानों का कब्ज़ा है। इसने हिंदुओं को निर्देश दिया था कि वे ज्ञानवापी की ओर पीपल के पेड़ के नीचे की मूर्तियों को हटा दें या उन्हें गंगा में फेंक दिया जाएगा। लेकिन व्यास ने शिकायत की कि मुजावर स्वयं मूर्तियों को हटवा रहा था और यह एक नया कार्य है, जो एक बार फिर गैर-अनुमति योग्य है। 1858 में एक बार फिर मूर्ति स्थापित करने का प्रयास किया गया। इससे विवाद पैदा हो गया और अंततः मजिस्ट्रेट ने निर्देश दिया कि ज्ञान वापी कुएँ के दक्षिण में एक पुरानी टूटी हुई मूर्ति के स्थान पर एक नई मूर्ति स्थापित की जानी चाहिए। 1885 में, एक विवाद तब पैदा हुआ जब हिंदुओं ने ज्ञान वापी परिक्षेत्र के पूर्वी द्वार पर एक लालटेन लगा दी और जो सीढ़ी थी उसके स्थान पर एक स्थायी सीढ़ी बना दी। इसके बाद इन्हें हटाने का आदेश दिया गया। मामले इसी तरह चलते रहे। 8 फरवरी 1886 के बाद के एक आदेश में, अदालत ने मुसलमानों को मस्जिद के पूर्व का दरवाजा बंद करने का निर्देश दिया।[28]

11 दिसंबर 1887 को, जिला मजिस्ट्रेट द्वारा एक और आदेश पारित किया गया था जिसमें यह उल्लेख किया गया कि इसमें कोई संदेह नहीं हो सकता है कि भूमि और बाड़े राज्य के हैं, हालांकि इसके कुछ हिस्से, उदाहरण के लिए, जिन पर मस्जिद और पीपल का पेड़ खड़ा था, वे किसी न किसी पक्ष के क़ब्ज़े में थे। आदेश में यह दोहराया गया था कि बाड़ा हिंदू और मुस्लिम दोनों द्वारा उपयोग करने के लिए खुला है, परंतु इस शर्त के अधीन कि कोई भी पक्ष इसका कोई नया उपयोग नहीं करेगा जिससे दूसरे को असुविधा हो।

मार्च 1889 में, अजीमुल्लाह नामक किसी व्यक्ति ने बिशंभर दास द्वारा परिसर में एक चबूतरे (उठा हुआ मंच/छत/मंच) के निर्माण के बारे में शिकायत की। मजिस्ट्रेट मिस्टर व्हाइल ने 13 मार्च 1889 को इलाके का निरीक्षण किया। उन्होंने निष्कर्ष निकाला कि ज्ञान वापी मस्जिद के आसपास का प्रांगण एक सार्वजनिक स्थान था, न कि वक़्फ़ या किसी अन्य की संपत्ति। यह केवल सरकार का था और दोनों समुदायों को इसे वैध उद्देश्यों के लिए उपयोग करने का अधिकार था। मुसलमानों का आरोप था

कि चबूतरा पुरानी बाहरी दीवार की नींव पर बनाया गया है। हालाँकि, मजिस्ट्रेट ने पाया कि उस जगह पर दीवार का कोई निशान मौजूद नहीं था और बाहरी दीवार के अवशेषों का मस्जिद से कोई लेना-देना नहीं था तथा वे पूरी तरह से सरकारी संपत्ति थे। उन्होंने चबूतरे को अपने पास ही रखने की अनुमति दी क्योंकि यह जनता के लिए उपयोगी था।[29]

11 दिसंबर 1887 को मुसलमानों ने उत्तर-पश्चिमी कोने पर अपनी दुकानें बनाने का प्रस्ताव रखा। हिंदुओं ने शुरू में इस पर कोई आपत्ति नहीं जताई। लेकिन बाद में जब निर्माण शुरू हुआ, तो उन्होंने खुदाई और एक तरफ से सारी मिट्टी तथा मलबे का ढेर लगाने पर आपत्ति जताई क्योंकि उनका दावा था कि इससे ज्ञान वापी अहाता (परिसर) के चारों ओर उनके पवित्र भ्रमण में बाधा उत्पन्न होगी। उन्होंने दावा किया कि उनकी कई मूर्तियाँ भी इस मलबे और मिट्टी के ढेर के नीचे दब गई थीं जिन्हें बाहर निकाला गया। हिंदुओं की पवित्र पदयात्रा इस अहाते के आसपास होती थी, जिसमें मस्जिद, पीपल के पेड़ और बारादरी की परिक्रमा की जाती थी। बारादरी एक इमारत या मंडप है जिसमें हवा के मुक्त प्रवाह के लिए बारह दरवाजे बनाए गए हैं। चौकोर आकार की इस संरचना में हर तरफ तीन दरवाजे हैं। 30 सितंबर 1879 को ही, एक अधीनस्थ न्यायाधीश ने माना था कि ज्ञान वापी कुएँ के चारों ओर पवित्र पदयात्रा की गई थी। मजिस्ट्रेट ने कहा था कि 'परिसर के कुछ हिस्सों पर, जिस पर मस्जिद, बारादरी, पीपल का पेड़ आदि, आदि खड़ा है, एक पक्ष या दूसरे के क़ब्ज़े में है और इसके अलावा यह अहाता हिंदुओं और मुसलमानों दोनों के लिए खुला है, लेकिन किसी भी पक्ष को इसका कोई नया उपयोग नहीं करना चाहिए जिससे दूसरे को असुविधा हो, और पवित्र कुआँ वही था जिसका उल्लेख (sic) पत्राचार में किया गया था, अर्थात ज्ञानवापी अहाते के आसपास'।[30] इन निर्णयों का हवाला देते हुए दुकानों का निर्माण कार्य रोक दिया गया और सामग्री हटाने का आदेश दिया गया।

यहां बड़ी बात यह है कि लगभग वार्षिक आधार पर किसी भी पक्ष द्वारा भूमि के उपयोग और इसमें कुछ परिवर्धन के बारे में कुछ न कुछ विवाद होता रहता था और इसके लिए दूसरे पक्ष को अदालत में घसीटा जाता था। हर बार, मजिस्ट्रेट ने कुछ क्षेत्रों के विशेष स्वामित्व और मस्जिद के आसपास की भूमि को दोनों समुदायों द्वारा उपयोग के लिए

सामान्य क्षेत्र होने का निर्णय दिया परंतु इस शर्त के साथ कि कोई नया निर्माण या परिवर्तन नहीं किया जाएगा।

1906 में जब जिला मजिस्ट्रेट ने उत्तरी चबूतरे को पक्का करने का आदेश पारित किया तो व्यास परिवार ने आपत्ति जताई। लेकिन 30 जून 1906 के अपने आदेश में, आयुक्त ने कहा कि फुटपाथ हिंदू या मुसलमानों की ओर से नहीं, बल्कि दोनों के लाभ के लिए नगर पालिका का था। भूमि किसी भी पक्ष के क़ब्ज़े में नहीं थी, न ही इससे किसी के चल रहे धार्मिक अधिकारों में हस्तक्षेप होगा और न ही 1876 के समझौते में उल्लिखित मूर्तियों पर कोई प्रभाव पड़ेगा।[31] इस प्रकार, चाहे हिंदू पक्ष ने आपत्ति की हो या मुस्लिम पक्ष ने, सरकार का रुख एक ही रहा है।

लेकिन फुटपाथ संबंधी मुद्दा लटका रहा। मई 1906 में, मस्जिद का प्रबंधन करने वाली अंजुमन इंतेज़ामिया मस्जिद (एआईएम) के सचिव मोहम्मद फ़शीह ने मजिस्ट्रेट और नगरपालिका बोर्ड के अध्यक्ष को एक आवेदन दिया। उन्होंने दावा किया कि मस्जिद के पश्चिम की भूमि पर हमेशा से मुसलमानों का विशेष क़ब्ज़ा रहा है और हिंदुओं को इस पर उपयोग या पूजा करने का कोई अधिकार नहीं है। इस हिस्से पर कुछ पक्की मुस्लिम कब्रों का क़ब्ज़ा था। उन्होंने दावा किया कि यही वह जगह थी जहां अंतिम संस्कार की नमाज़ अदा की जाती थी, क्योंकि इसे मस्जिद के अंदर नहीं पढ़ा जा सकता था। मोहल्ले के मुसलमान इस ज़मीन का इस्तेमाल शादी की दावतों और अन्य पार्टियों के लिए, खाना पकाने तथा सभी को परोसने के लिए भी करते थे। याचिकाकर्ता ने आशंका जताई कि नगर पालिका की वहां पक्का फर्श बनाने की योजना मुसलमानों के अधिकारों में हस्तक्षेप कर सकती है। 21 मई 1906 को श्री लैम्बर्ट के आदेश के माध्यम से आवेदक को आश्वासन दिया गया था कि नगर पालिका का किसी भी मौजूदा अधिकार में हस्तक्षेप करने का कोई इरादा नहीं था। लेकिन इस मामले की जांच श्री डी.सी. बेली द्वारा पहले ही की जा चुकी थी, जिन्होंने 2 जुलाई, 1906 को इसका निपटारा करते हुए निष्कर्ष निकाला कि इस भूमि पर किसी भी पक्ष का क़ब्ज़ा नहीं दिखाया गया है। 1843 और 1852 के फैसलों ने भी दिखाया था कि कैसे भूमि का उपयोग मुतवली की निजी संपत्ति के रूप में किया जा रहा था। 1906 से पहले मुसलमानों द्वारा इसी स्थान पर अंतिम संस्कार की प्रार्थना करने का कोई सबूत नहीं था। उन्होंने यहां मूर्तियां रखे जाने के हिंदू पक्ष के

पहले के दावों पर कोई आपत्ति नहीं जताई थी। तो पूरी संभावना है कि ज़मीन पर दावा करने के लिए यह बाद में सोचा गया विचार रहा होगा।[32]

गहराता विवाद

1925 के बाद से, पार्टियों के बीच विवाद और अधिक तीव्र हो गए- ख़ासकर मुस्लिम पक्ष और सरकार के बीच तो और भी अधिक। हम पाते हैं कि परिसर में और उसके आसपास विवादित स्थलों के उपयोग के मामलों पर मजिस्ट्रेट तथा स्थानीय अदालतों से अक्सर कई आदेश आते रहते हैं। मस्जिद के प्रांगण के नीचे दो तहखाने, एक उत्तर की ओर खुलता था और दूसरा दक्षिण की ओर, समय-समय पर हिंदू तथा मुसलमानों के बीच विवाद के विषय बने रहे। 1926 में, व्यास ने शिकायत की कि जो मुसलमान अब तक अलविदा की नमाज़ (रमज़ान के पवित्र महीने के आखिरी शुक्रवार/जुम्मा को) उत्तर की ओर पढ़ते थे, वे धीरे-धीरे पूर्वी हिस्से, पीपल के पेड़ तक आने लगे हैं। तत्कालीन सिटी मजिस्ट्रेट रघुनंदन उपध्याय ने मौका-मुआयना किया और फिर इसे मामूली मामला बताते हुए जिलाधिकारी को केवल मामला दर्ज कर लिए जाने का सुझाव दिया।[33]

अब तक यह मुद्दा लटका हुआ लग रहा था, क्योंकि 1930 तक, कलेक्टर श्री ड्रेफस ने अंजुमन इंतेज़ामिया मस्जिद (एआईएम) के सचिव को लिखा था कि यह उनके संज्ञान में आया था कि 1929 तथा 1930 में, दोनों बार मस्जिद के भीतर से मुस्लिम मण्डली उमड़ पड़ी और मस्जिद के बाहर फुटपाथ पर प्रार्थना की। इससे उन हिंदुओं को काफी असुविधा हुई जो विश्वनाथ मंदिर जा रहे थे, या पवित्र पदयात्रा या घाटों की यात्रा कर रहे थे। इस संबंध में हिंदुओं की शिकायतों पर, ड्रेफस ने मुस्लिम पक्ष से भविष्य में बाड़े पर प्रार्थना नहीं करने को कहा और यह भी कहा कि यदि ज्ञानवापी भर जाता है तो एआईएम को अतिरिक्त उपस्थित लोगों को शहर की अन्य मस्जिदों में भेज देना चाहिए।

फ्लैशप्वाइंट

प्रार्थना के लिए एकत्र होने वालों की भीड़ की यह समस्या, जो बाद में मस्जिद और मंदिर के बीच के मैदानों तक फैल जाती थी, समय के साथ

बदतर होती गई। रमज़ान का आखिरी शुक्रवार 4 जनवरी 1935 को पड़ा था। इस अवसर पर असाधारण रूप से भारी भीड़ जमा हुई थी। मस्जिद के अंदर जगह न मिलने पर वे नमाज़ पढ़ने के लिए मस्जिद के ऊंचे और निचले चबूतरे पर बैठ गए। इस समय, सिटी मजिस्ट्रेट पुलिस कांस्टेबलों के साथ साइट पर आए और उन्हें जगह खाली करने का आदेश दिया क्योंकि उन्हें कई बार इस क्षेत्र में भीड़ न लगाने की चेतावनी दी गई थी। मुसलमानों ने जल्दी से अपनी प्रार्थनाएँ पूरी कर लीं, लेकिन कांस्टेबलों और सिटी मजिस्ट्रेट के आचरण को लेकर विरोध प्रदर्शन शुरू हो गए, जिन्होंने उन्हें बताया कि वे केवल जिला मजिस्ट्रेट के आदेशों द्वारा निर्धारित नियमों को लागू कर रहे थे। आगे यह भी कहा गया कि उल्लंघन करने वालों पर मुकदमा चलाया जाएगा और दंडित किया जाएगा। इससे नाराज होकर सैकड़ों मुसलमानों ने खुद को गिरफ्तार करने की पेशकश की, लेकिन पास खड़े केवल 14 लोगों को नाममात्र के लिए गिरफ्तार किया गया और उसके बाद मौके पर ही जमानत पर रिहा कर दिया गया, किसी के खिलाफ कोई मामला दर्ज नहीं किया गया। इस कार्यवाही का एक प्रतीकात्मक उद्देश्य था, जिसके माध्यम से मुसलमानों को नियमों का पालन करने का सख्त संदेश दिया गया था।

24 जनवरी 1935 को, एआईएम ने अपने अध्यक्ष डॉ. खुर्शीद अली खान और उपाध्यक्ष रहमत उल्लाह के माध्यम से इस समस्या की अनिवार्यता को समझाते हुए एक आवेदन किया। उन्होंने कहा कि श्रद्धालु सबसे बड़ी सभा में शामिल होना एक अत्यंत सराहनीय कार्य मानते हैं और इसलिए कई बार बड़ी संख्या में लोग ज्ञान वापी मस्जिद में एकत्र होते हैं। जब मस्जिद के अंदर कोई जगह नहीं बचती तो वे मस्जिद के बाहर उत्तरी और उत्तर पूर्वी दिशा की ओर नमाज़ अदा करते हैं। हालाँकि इस संबंध में सरकारी आदेश प्राप्त हो चुके थे, लेकिन एआईएम के पास इसे अनुयायियों तक पहुँचाने के लिए बहुत कम समय था। उन्होंने स्थानीय पुलिस से इन अतिरिक्त मण्डलियों को अंदर आने की अनुमति देने की प्रार्थना की। लेकिन मजिस्ट्रेट अपने निर्देश पर अड़े रहे। 16 फरवरी 1935 को उन्होंने आदेश दिया:

मुसलमानों को मस्जिद के बाहर नमाज़ अदा करने का कोई अधिकार नहीं है और हाल के वर्षों में किसी न किसी कारण से अलविदा के समय भीड़ का अतिप्रवाह हुआ है और भविष्य में

पुलिस अतिरिक्त लोगों को दूसरी मस्जिद में जाने के लिए प्रेरित करेगी। इसके साथ ही प्रभारी अधिकारी के पास विवेकाधिकार होगा कि मुसलमानों को दूसरी मस्जिद में ले जाने में बहुत देर हो जाने की परिस्थिति में उन्हें मस्जिद के उत्तर और उत्तर-पूर्व में प्रार्थना करने की अनुमति दे सकेगा, और यदि प्रबंधन समिति पुलिस की सहायता करने में विफल रहती है, तो मुसलमानों को निश्चित रूप से प्रतिबंधित किया जाएगा।[34]

समिति ने अपनी प्रार्थना स्थल का दायरा बढ़ाने की मांग भी की थी और मस्जिद के पश्चिम में अंतिम संस्कार की प्रार्थनाओं के लिए अनुमति देने का भी अनुरोध किया था। इस बिंदु पर, जिला मजिस्ट्रेट, श्री डिब्बल को बस इतना ही मंजूर था और उन्होंने निषेधात्मक आदेश पारित करने का निर्णय लिया।

डिब्बल द्वारा हस्ताक्षरित अंग्रेजी में एक औपचारिक निर्देश, 8 मार्च 1935 को मस्जिद की दीवारों पर चिपकाया गया था। इसमें सरकार के पुराने रुख को दोहराया गया। 30 मई 1935 तक, जिला मजिस्ट्रेट ने निर्णय लिया कि भविष्य में, मुसलमानों को मस्जिद के बाहर एकत्र होने की अनुमति नहीं दी जाएगी, और उन्हें खुद को इसके परिसर के भीतर ही सीमित रखना होगा। इसके बाद, बनारस के पुलिस अधीक्षक ने 1861 के अधिनियम V की धारा 31 को लागू किया, जिससे मुसलमानों को मस्जिद के परिसर या मंच के भीतर बैठने या प्रार्थना करने से रोक दिया गया। श्री डिबल ने मुसलमानों से यह भी अपेक्षा की कि वे कानून का उल्लंघन करने के लिए उनसे औपचारिक रूप से माफ़ी मांगें, जिसे उन्होंने दृढ़ता से अस्वीकार कर दिया।

30 अक्टूबर 1935 को, खुर्शीद अली खान और रहमत उल्लाह ने कलेक्टर को एक नया अभ्यावेदन सौंपा, जिसमें 23 मार्च 1810 के पहले के सरकारी आदेश को गलत बताया; साथ ही उन्होंने प्रार्थना की कि दोनों पक्षों को उनके धार्मिक कार्यों के अभ्यास में समान सुरक्षा के सिद्धांत को देखते हुए, मुसलमानों को मस्जिद के उत्तर और उत्तर पूर्व में मण्डली के अतिप्रवाह को समायोजित करने की अनुमति दी जा सकती है।

नए जिला मजिस्ट्रेट श्री एक्टन ने 10 दिसंबर 1935 को नोट किया था: 'हिंदुओं को मस्जिद के चारों ओर से गुजरने वाले रास्ते का उपयोग

करने का अधिकार है और श्री एडम्स ने 1887 में कहा था कि बाड़े की भूमि राज्य की है और 1889 में श्री लवेट ने आदेश दिया कि मस्जिद के उत्तर में एक बिंदु पर आदि मुक्तेश्वर[अविमुक्तेश्वर?] की पूजा के साथ पुष्प अर्पित नहीं किया जाना चाहिए, हालांकि इसके साथ ज़मीन पर जल अर्पित किया जा सकता है।'[35] इसके और 30 मई के इसी तरह के पहले के आदेशों के बावजूद, 20 दिसंबर 1935 को, रमज़ान के आखिरी शुक्रवार को, मुसलमानों ने एक बार फिर नियमों का उल्लंघन किया। इसके बाद कुछ अपराधियों को दोषी ठहराया गया और जुर्माना लगाया गया। इन अवसरों पर, जिला मजिस्ट्रेट के आदेशों का पालन हो रहा है या नहीं, यह देखने के लिए सिटी मजिस्ट्रेट ड्यूटी पर मौजूद थे।

जब श्री एक्टन के इस आदेश को चुनौती दी गई, तो बनारस के कलेक्टर श्री आर.वी.वर्नेडे, आई.सी.एस. ने 1936 में अपनी टिप्पणियों में कहा: 'मुसलमानों को इस शर्त पर अनुमति दी गई है कि पैदल यात्रियों के लिए कुछ मार्ग छोड़ देंगे और पिछले आदेशों से यह स्पष्ट है कि मुस्लिम पूर्व अवसरों पर मस्जिद में भीड़ जमा कर चुके हैं और उनके प्रवेश को ध्यान में रखते हुए, जिला मजिस्ट्रेट को यह आदेश देने का अधिकार है कि उन्हें 'अहाता' में प्रार्थना करने की अनुमति दी जानी चाहिए या नहीं'।[36]

विवादित भूमि पर अधिकार को लेकर अब मुसलमानों और ब्रिटिश सरकार के बीच अदालतों में एक अधिक औपचारिक और कठोर कानूनी लड़ाई के लिए मंच तैयार किया जा रहा था, जबकि हिंदुओं को अजीब तरह से इस मामले से बाहर रखा गया, जिनका विवादित भूमि पर वास्तविक अधिकार था।

चित्र सौजन्य: श्री काशी विश्वनाथ मंदिर ट्रस्ट।

मस्जिद की पश्चिमी दीवार के खंडहर पुराने मंदिर की वास्तुकला को दर्शाते हैं।

चित्र सौजन्य: श्री काशी विश्वनाथ मंदिर ट्रस्ट।

मस्जिद की पश्चिमी दीवार का एक और दृश्य, जहां मंदिर के खंडहर हैं।

चित्र सौजन्य: श्री काशी विश्वनाथ मंदिर ट्रस्ट।

मस्जिद की पश्चिमी दीवार के स्तम्भ जो पुराने मंदिर का हिस्सा हैं।

चित्र सौजन्य: श्री काशी विश्वनाथ मंदिर ट्रस्ट।

ज्ञान वापी मस्जिद के सामने का दृश्य और पास में ही स्थित मंदिर।

चित्र सौजन्य: श्री काशी विश्वनाथ मंदिर ट्रस्ट।

ज्ञान वापी मस्जिद का शीर्ष दृश्य और गुंबद।

चित्र सौजन्य: श्री काशी विश्वनाथ मंदिर ट्रस्ट।

ज्ञान वापी मस्जिद और उसके प्रांगण का सामने का दृश्य।

चित्र सौजन्य: श्री काशी विश्वनाथ मंदिर ट्रस्ट।

पश्चिमी दीवार के खंडहर जिसके ऊपर ज्ञान वापी मस्जिद के गुंबद लगे हुए हैं।

चित्र सौजन्य: श्री काशी विश्वनाथ मंदिर ट्रस्ट।

महारानी अहिल्या बाई होल्कर द्वारा निर्मित नवीन विश्वनाथ मंदिर, जिसे महाराजा रणजीत सिंह द्वारा स्वर्ण गुंबद से अलंकृत किया गया।

चित्र सौजन्य: श्री काशी विश्वनाथ मंदिर ट्रस्ट।

कॉरिडोर के निर्माण के बाद नए विश्वनाथ मंदिर का दृश्य।

चित्र सौजन्य: श्री काशी विश्वनाथ मंदिर ट्रस्ट।

कॉरिडोर का निर्माण पूरा होने के बाद मंदिर का हवाई दृश्य।

चित्र लेखक द्वारा।

काशी विश्वनाथ मंदिर में उमड़ती भीड़।

चित्र लेखक द्वारा।

ज्ञानवापी कुआँ।

चित्र लेखक द्वारा।

कॉरिडोर के बाहर से विश्वनाथ मंदिर और निकटवर्ती ज्ञान वापी मस्जिद का दृश्य।

चित्र लेखक द्वारा।

विश्वनाथ कॉरिडोर में महारानी अहिल्या बाई होल्कर की प्रतिमा।

चित्र लेखक द्वारा।

विश्वनाथ मंदिर के बाहर गंगा घाट।

चित्र लेखक द्वारा।

गंगा के विभिन्न घाटों का एक और दृश्य।

चित्र लेखक द्वारा।

लिंग के लिए अनुमानित मूल आधार के साथ आदि विश्वेश्वर देवता।

चित्र लेखक द्वारा।

आदि विश्वेश्वर मंदिर में श्रृंगार गौरी और सौभाग्य गौरी।

चित्र लेखक द्वारा।

मस्जिद जैसे गुंबद के साथ आदि विश्वेश्वर मंदिर का अग्र भाग जो राजस्थान सरकार द्वारा अनुरक्षित है।

चित्र लेखक द्वारा।

बीबी रज़िया मस्जिद का सामने का प्रवेश द्वार।

चित्र लेखक द्वारा।

कपाल मोचन टैंक जो 1809 के खूनी दंगों का स्थल था।

चित्र लेखक द्वारा।

कपाली/लाटभैरव देवता।

चित्र लेखक द्वारा।

लाटभैरव का प्रांगण जिसके बगल में ईदगाह है, 1809 के खूनी दंगों का स्थल।

चित्र लेखक द्वारा।

कृतिवासेश्वर देवता।

चित्र लेखक द्वारा।

कृतिवासेश्वर मंदिर।

चित्र लेखक द्वारा।

मध्यमेश्वर मंदिर में काशी खंड के हवाले से एक नोट है कि राजा विक्रमादित्य द्वारा निर्मित इस मंदिर में स्वयंभू लिंग है और महर्षि वेद व्यास ने 5700 साल पहले यहीं आध्यात्मिक ज्ञान प्राप्त किया था।

चित्र लेखक द्वारा।

मध्यमेश्वर देवता।

चित्र लेखक द्वारा।

हनुमान घाट पर श्री चक्र लिंगेश्वर मंदिर जहां मुत्तुस्वामी दीक्षित अपने गुरु के साथ रहते थे।

चित्र लेखक द्वारा।

श्री चक्र लिंगेश्वर देवता।

5

कानूनी विवाद का आरंभ

जैसा कि पिछले अध्याय में देखा गया, मस्जिद के आसपास की ज़मीन को नमाज़ के लिए इस्तेमाल करने को लेकर मुसलमानों की स्थानीय प्रशासन से बार-बार झड़प होती रही। विशेष रूप से महत्वपूर्ण अवसरों पर, जैसे कि रमज़ान के आखिरी शुक्रवार को अलविदा की नमाज़ या मुसलमानों द्वारा नमाज़ और अंतिम संस्कार की प्रार्थना करने की जिद के कारण, जो अनिश्चित स्थिति बनी हुई थी, उसने उनके और ब्रिटिश प्रशासकों के बीच एक दरार पैदा कर दी। अंततः तीन मुस्लिम व्यक्तियों ने इस मामले को बनारस के अधीनस्थ न्यायाधीश की अदालत में ले जाने का निर्णय लिया। बक्शुल्लाह के तीस वर्षीय बेटे दीन मोहम्मद ने 40 साल के मोहम्मद अमीर और 32 साल के मोहम्मद जकारिया के साथ साथी वादी के रूप में इस याचिका का नेतृत्व किया। 11 अगस्त 1936 को उनका मामला इस अदालत में सिविल सूट नंबर 62/1936 के रूप में दर्ज किया गया था। उत्तरदाता बनारस के जिला मजिस्ट्रेट और कलेक्टर के माध्यम से काउंसिल में भारत के राज्य सचिव थे। दिलचस्प बात यह है कि उन्होंने अंजुमन इंतेज़ामिया मस्जिद (एआईएम) को भी घसीटा, जिसके बारे में उनका दावा था कि 'यह सिर्फ मुसलमानों का एक स्व-निर्मित संघ था, और कानूनन आम मुस्लिम जनता का प्रतिनिधि नहीं था।'[1] चूंकि एआईएम एक पंजीकृत संस्था थी, इसलिए सरकार के प्रतिनिधि इसके पदाधिकारियों से पत्र-व्यवहार करते रहे थे। लेकिन, जैसा कि वादी ने दावा किया है, इसका मतलब यह नहीं है कि एआईएम या उनकी ओर से की गई कोई भी चूक मुस्लिम समुदाय पर किसी भी तरह से बाध्यकारी थी।

यह मामला (केस) कई कारणों से महत्वपूर्ण था। प्रथम, यह आम मुसलमानों द्वारा दायर किया गया था, न कि एआईएम के पंजीकृत सदस्यों द्वारा, जो ज्ञान वापी मस्जिद का प्रबंधन करते थे। द्वितीय, सभी पक्षों द्वारा विवाद शुरू होने के बाद पहली बार, मुस्लिम पक्ष ने मस्जिद, आंगन और उसके आसपास के परिसर तथा मंदिर से सटे विवाद में पूरी संपत्ति पर दावा किया, इसे अपना धार्मिक अधिकार बताया एवं इसे वक़्फ़ संपत्ति के तौर पर घोषित किया। तृतीय, हिंदू समुदाय के सदस्यों को मुकदमे में पक्षकार नहीं बनाया गया था, जिसका अर्थ है कि अदालत द्वारा रखी गई कोई भी बात हिंदुओं पर बाध्यकारी नहीं हो सकती थी क्योंकि उनकी बात सुनी ही नहीं गई थी। लेकिन इस प्रक्रिया में, अनजाने में ही पूरी साइट की ऐतिहासिक, धार्मिक तथा कानूनी विशेषताओं पर ढेर सारी जानकारी पहली बार व्यवस्थित रूप से संदर्भित और अदालती रिकॉर्ड में दर्ज हो गई। इस विवाद को लेकर पहला महत्वपूर्ण कानूनी मामला होने के नाते, (हालांकि मुख्य रूप से मुस्लिम पक्ष ने इस पर भरोसा किया क्योंकि हिंदू इस मामले में पक्षकार नहीं थे और इसका दायरा भी सीमित था) इस अध्याय में इसे काफी विस्तार से दर्शाया गया है। इस अध्याय में इस मामले को परिभाषित करने वाले सभी मुद्दों और समस्याओं की एक मुक़म्मल तस्वीर देने का प्रयास किया गया है।

अभियोग

वर्ष 1936-1937 में इस फैसले के समय, ज्ञान वापी मस्जिद को एक ऊँचे स्थल पर बनाया गया था जिसके सामने एक आंगन था। समान रूप से ऊंचाई पर और मस्जिद के दक्षिण में प्रसिद्ध ज्ञान वापी कुआँ है जिसमें एक बारादरी और पृष्ठभूमि में कुछ मंदिरों के साथ नंदी बैल की एक छवि है। मस्जिद से सटे, इसके पश्चिम में, एक पुरानी इमारत के एक हिस्से के खंडहर हैं, जो आंशिक रूप से खड़े हैं और आंशिक रूप से ज़मीन पर पड़े हैं। मस्जिद, बारादरी और खंडहरों के चारों ओर पश्चिम, उत्तर, पूर्व और दक्षिण की ओर खुले भूखंड हैं। कुएँ और बारादरी आदि के क़ब्ज़े वाले क्षेत्र की सर्वेक्षण संख्या 9131 है तथा मस्जिद और उसके पश्चिम के खंडहरों सहित शेष परिसर की सर्वेक्षण संख्या 9130 है।

मुकदमा दायर करने वाले तीनों वादियों/अभियोगियों - दीन मोहम्मद और उनके सहयोगियों ने निम्नलिखित प्रार्थना की कि शहर के हनीफ मुसलमानों (सुन्नियों) के रूप में, उनके धार्मिक विश्वासों ने उन्हें उस भूमि पर दावा करने का अधिकार दिया, जो निपटान संख्या 9130 थी। यह ज़मीन, जिसके बारे में दावा किया गया था, जो 1 बीघा, 9 बिस्वा और 5 धूर मापी गई, पूर्णतः मुसलमानों की संपत्ति है। यह मौजा शहर खास में स्थित था और इसे 'ज्ञान बफी' के नाम से जाना जाता था, इसके पीछे एक पक्का आंगन, उत्तर की ओर एक कब्रिस्तान, गेट के सामने एक सीढ़ी और एक पक्का कुआँ तथा मस्जिद की चारदीवारी के पास चबूतरे पर दो पीपल के पेड़ हैं। उन्होंने दलील दी कि मुसलमान हमेशा इसी स्थान पर लंबे समय से बिना रुके दिन में पांच बार प्रार्थना करते हैं, साथ ही शुक्रवार, रमज़ान और ईद की नमाज़ भी इसी स्थान पर पढ़ते हैं। अलविदा की नमाज़ भी यहां तब पढ़ी जाती थी जब ऊँचे मंच पर कोई जगह नहीं बचती थी, जो आम तौर पर हर साल रमज़ान के शुक्रवार को होती है। फिर वे पूर्व और उत्तर की ओर निचले मंच का उपयोग करते हैं। अभियोग में उल्लेख किया गया है कि मस्जिद का पक्का मंच जो पश्चिम में था, जहां पर जब भी कोई शव लाया जाता था तो वे सामूहिक रूप से अंतिम संस्कार की प्रार्थना करते थे और पैगंबर के जन्म तथा अन्य अवसरों पर जश्न भी मनाते थे। चूंकि ये बहुत लंबे समय से हो रहा है, इसलिए उन्होंने दावा किया कि 'वादी और अन्य मुसलमानों को ऐसी सभाएं आयोजित करने का अधिकार है।'[2]

जैसा कि वादी द्वारा आरोप लगाया गया है, स्थानीय अधिकारी 1935 से मस्जिद के आसपास की भूमि पर मुस्लिम धार्मिक अधिकारों में हस्तक्षेप कर रहे हैं। वादी ने तब संघर्ष की पृष्ठभूमि को 4 जनवरी 1935 की घटनाओं, श्री डिब्बल के आदेशों और 1935 के बाद के निषेधात्मक आदेशों में खोजा। वादी का दृढ़ता से मानना था कि जिला मजिस्ट्रेट को तथ्यों पर पूरी तरह से गुमराह किया गया था। उनके अनुसार, पूरी भूमि वक़्फ़ संपत्ति थी और मोहम्मडन कानून के अनुसार (जो स्पष्ट रूप से निर्दिष्ट करता है कि वक़्फ़ संपत्ति होने के लिए भूमि को वक़्फ़-दाता द्वारा विलेख के माध्यम से समर्पित किया जाना चाहिए) मस्जिद का हिस्सा है तथा प्रत्येक मुसलमान को उसके उपयोग का अधिकार है। फलतः सरकार और उसके अधिकारियों को किसी भी बहाने से मामले में हस्तक्षेप करने

का कोई अधिकार नहीं था। उन्होंने यह भी दावा किया कि हिंदुओं ने प्लॉट नंबर 9130 के बाहर स्थित इस वक़्फ़ भूमि के एक हिस्से पर अतिक्रमण किया था, कुछ मूर्तियां रखी थीं और वहां एक छोटा मंदिर बनाया था। वादी इस मुद्दे पर झगड़ा नहीं करना चाहते थे क्योंकि एआईएम ने इस उपयोग की अनुमति दी थी। हालाँकि वहाँ प्रवेश द्वार थे, लेकिन मस्जिद अधिकारियों की घोर उदासीनता और लापरवाही के कारण, इन प्रवेश द्वारों को खुला रखा गया था। परिणामस्वरूप, कुछ हिंदू प्रवेश कर गए और प्रार्थना एवं पूजा करने के लिए मस्जिद के निचले मंच का उपयोग करने लगे। यहां भी, वादी ने कहा कि मुसलमानों ने झगड़ा नहीं किया क्योंकि हिंदुओं के प्रवेश ने उनके मालिकाना अधिकारों या संपत्ति में हस्तक्षेप नहीं किया। इससे वक़्फ़ भूमि के समग्र चरित्र, अल्लाह के स्वामित्व, या वादी और अन्य मुसलमानों के अपनी प्रार्थनाओं तथा अन्य सभाओं के लिए इसका उपयोग करने के अधिकारों पर कोई प्रभाव नहीं पड़ा। उनका मानना था कि हिंदू इसका उपयोग तब तक कर सकते हैं, जब तक कि मुस्लिम इसे अपने धार्मिक उद्देश्यों के लिए उपयोग नहीं करते।

दिलचस्प बात यह है कि वादी ने जब तर्क दिया कि भले ही अदालत की राय थी कि यह वक़्फ़ भूमि नहीं थी, लेकिन तथ्य यह है कि भूमि का उपयोग उनके द्वारा 'प्राचीन काल से खुले तौर पर और एक प्रथा के रूप में अधिकार के साथ' किया जाता रहा है'[3] जो पूरी तरह से उनके पक्ष में गया। इसलिए जिला मजिस्ट्रेट या पुलिस अधीक्षक को इसमें हस्तक्षेप करने का कोई अधिकार नहीं था। इस प्रकार उन्होंने इसे वक़्फ़ भूमि घोषित कर दिया, और दावा किया कि यदि ऐसा नहीं भी है, तो भी इसे वक़्फ़ भूमि माना जाएगा क्योंकि इसका उपयोग उनके द्वारा लंबे समय से किया जा रहा था। इसलिए, भूमि पर उनका पारंपरिक अधिकार कायम रहा।

सरकार का जवाब

दीन मोहम्मद और अन्य की इस याचिका के जवाब में, काउंसिल में भारत के राज्य सचिव (प्रतिवादी नंबर 1) ने एक लिखित बयान के

माध्यम से उत्तर दिया, जो बनारस के कलेक्टर आर.वी. वर्नेंडे द्वारा दायर किया गया था। इसने पूरी ज़मीन पर मुस्लिम क़ब्ज़े के दावे को खारिज कर दिया। बयान में कहा गया, 'ज़मीन का पूरा भूखंड जिस पर मस्जिद खड़ी थी', 'पक्के आंगन, कब्र, सीढ़ियां, पीपल के पेड़ और चारों ओर पक्के बाड़े के साथ सरकार का था और इसे कभी भी मस्जिद को समर्पित नहीं किया गया और न ही समर्पित किया जा सकता था'।[4] इसमें कहा गया है कि जिस भूमि पर पीपल और बैर के पेड़, पत्थर का नंदी और ज्ञान वापी कुआँ स्थित था, उसका उपयोग हमेशा हिंदुओं द्वारा पूजा के लिए किया जाता था। वहाँ एक मार्ग था जिसका उपयोग हिंदू पूरे वर्ष भर करते थे, लेकिन उस मार्ग का एक हिस्सा कभी-कभी मुसलमानों द्वारा उपयोग किया जाता था जब वे मस्जिद में जाते थे। केवल रमज़ान के दौरान वे नमाज़ के लिए मस्जिद के अंदर के चबूतरे का इस्तेमाल करते थे। इसके बाद वर्नेंडे ने उन घटनाओं की श्रृंखला का विवरण दिया जो संघर्ष का कारण बनीं, जो इस प्रकार थीं।

1929 में, तत्कालीन जिला मजिस्ट्रेट ने एक आदेश जारी किया था कि मुसलमानों को प्रार्थना करने के लिए परिसर का उपयोग करने की अनुमति नहीं दी जानी चाहिए क्योंकि इससे परिसर में पैदल यात्रियों के आवागमन में बाधा उत्पन्न होगी। 1930 में मुसलमानों को भी ऐसी ही चेतावनियाँ जारी की गई थीं और यातायात में रुकावट रोकने के लिए पुलिस को सख्त आदेश दिए गए थे। एआइएम के सचिव ने आदेश का पालन करने का वादा किया। 3 जनवरी 1935 को जिला मजिस्ट्रेट द्वारा इसी तरह के आदेश पारित किए गए थे, लेकिन उनकी लगातार अवज्ञा की गई और बहुत कम गिरफ्तारियां की गईं। 30 मई 1935 को जिला मजिस्ट्रेट ने सख्त आदेश पारित किया कि किसी भी परिस्थिति में मुसलमानों को मस्जिद से बाहर निकलने और असुविधा पैदा करने की अनुमति नहीं दी जानी चाहिए। यह घोषित किया गया कि मुसलमानों को किसी भी परिस्थिति में मस्जिद के मंच के बाहर एकत्र होने और प्रार्थना करने की अनुमति नहीं दी जाएगी। 20 दिसंबर 1935 को, रमज़ान के आखिरी शुक्रवार को, इस आदेश की एक बार फिर से अवहेलना की गई अतः कुछ अपराधियों को दोषी ठहराया गया तथा उन पर जुर्माना भी लगाया गया। इन अवसरों पर, जिला मजिस्ट्रेट के

आदेशों का पालन हो रहा है या नहीं, यह देखने के लिए सिटी मजिस्ट्रेट ड्यूटी पर मौजूद थे।

जब उल्लंघन हुआ तो 1861 के अधिनियम V की धारा 31 के अनुसार, पुलिस अधीक्षक कार्रवाई में जुट गए। उनका आदेश तत्कालीन जिला मजिस्ट्रेट श्री एक्टन के आदेश पर आधारित था, जिसका तात्पर्य यह था कि परिसर की दीवार के फर्श पर अलविदा की प्रार्थना इस नियम का उल्लंघन है कि 'कोई भी पक्ष 'अहाता' [परिसर] का नया उपयोग नहीं करेगा जिससे दूसरे को असुविधा होती है'। श्री एक्टन ने यह भी बताया कि श्री डिबल द्वारा प्रस्तावित रियायत समिति के रवैये से उचित नहीं थी और यदि कोई अनुमति दी गई तो अतिप्रवाह की किसी भी सीमा को लागू करना व्यवहार में मुश्किल होगा।[5]

वर्नेडे ने यह भी कहा कि वहां मौजूद मूर्तियां और मंदिर भारत में इस्लामी शासन के आगमन से बहुत पहले से मौजूद हैं। गैर मुस्लिम अपने धार्मिक उद्देश्यों के लिए भूमि का उपयोग अधिकार के रूप में कर रहे थे और उन्होंने इस पर रास्ते का अधिकार प्राप्त कर लिया था। वादी का यह आरोप कि उन्हें मस्जिद के प्रभारी व्यक्तियों द्वारा अनुमति दी गई थी, उनके विचार में निराधार और तर्कहीन था। सबसे महत्वपूर्ण बात यह है कि सरकार के आधिकारिक बयान में यह भी जोरदार ढंग से कहा गया है कि भूमि पर 'वक़्फ़ भूमि के चरित्र की मुहर कभी नहीं लगाई गई थी, न ही यह कभी भगवान को समर्पित की गई और न ही इसे समर्पित किया जा सकता था; इसके अलावा इसमें भगवान का कोई भी मालिकाना हित शामिल नहीं है'।[6] इसलिए, वादी और अन्य मुसलमानों का भूमि से कोई संबंध नहीं था और किसी के अधिकारों के उल्लंघन का तो सवाल ही नहीं उठता। इसमें कहा गया कि उस समय के मुसलमान या खुद औरंगज़ेब उस स्थान के मालिक नहीं थे, जहां विश्वनाथ का पुराना मंदिर मौजूद था और जिसे औरंगज़ेब ने अपने धार्मिक विद्वेष के कारण ध्वस्त कर दिया था। इसलिए यह मुस्लिम आस्था की सच्ची भावना पर आधारित नहीं हो सकता था।[7]

गवाहों के बयान

दीन मोहम्मद और उसके साथियों द्वारा दायर मामला, गवाहों की गवाही और उसके बाद हुए मुकदमे ने एक पुराना पिटारा खोल दिया। परिसर में

कई लोगों द्वारा की जाने वाली पंचक्रोशी यात्रा की सदियों पुरानी रीति-रिवाजों को अनजाने में दर्ज किया गया था। अप्रैल 1937 से, अदालत ने कई गवाहों की गवाही दर्ज करना शुरू कर दिया। मुस्लिन वादी ने अपने मामले के समर्थन में पहले प्रतिवादी, यानी परिषद में भारत के राज्य सचिव की ओर से पंद्रह गवाहों की जांच की। उनमें से कुछ को यहां सूचीबद्ध किया गया है क्योंकि वे मौखिक आख्यानों, ऐतिहासिक अभिलेखों, लोकप्रिय मिथकों, मान्यताओं और प्रत्यक्षदर्शी गवाहों का एक आकर्षक मिश्रण खोलते हैं जैसा कि वे 1936 में थे।

बावन वर्षीय गौरी शंकर, एक ब्राह्मण, जो ऐसे स्थान पर रहते थे जहाँ से ज्ञान वापी कुआँ और परिसर उनके घर से दिखाई देता था, को 29 अप्रैल 1937 को अपदस्थ कर दिया गया। उन्होंने अपने और अपने परिवार द्वारा अपनाए जाने वाले दैनिक अनुष्ठानों के समय-परीक्षित मार्ग के बारे में बताया। उन्होंने गंगा में स्नान किया और फिर मस्जिद के पूर्व में पीपल के पेड़ की ओर चले गए, जहाँ गंगेश्वर के साथ-साथ राधा कृष्ण भी स्थापित थे। लकड़ी की सीढ़ी पर चढ़ते हुए, मस्जिद के दक्षिण की ओर व्यास के घर को पार करते हुए, अगला पड़ाव तारकेश्वर, गौरी शंकर, नंदकेश्वर, महाकालेश्वर, ज्ञान वापी कुआँ, मदादी पंच विनायक, मह्ेश्वर और मुक्तेश्वर की पूजा थी - सभी दक्षिण-पश्चिमी कोने में। पश्चिमी चबूतरे या चबूतरे पर, खंडहर की दीवार में श्रृंगार गौरी की छवि थी जिसकी पूजा की जाती थी। इसके बाद बीर चंद्रेश्वर को उत्तर-पश्चिम कोने पर और फिर अविमुक्तेश्वर को प्रसन्न किया गया, जो उत्तरी द्वार के सामने चबूतरे के ऊपर छिपे हुए थे। विश्वनाथ के दर्शन और आशीर्वाद लेने के लिए आगे बढ़ने से पहले उत्तर-पूर्वी कोने पर मार्कंडेश्वर की पूजा की गई। उन्होंने इसे अंतग्रही या विद्या यात्रा तथा पंच कोशी की संज्ञा दी, जैसा कि काशी खंड और यात्रा प्रकाश में कहा गया है। उन्होंने दावा किया कि इस परिसर में कभी भी गैर-मुसलमानों के प्रवेश पर रोक नहीं थी। सरकार ने सभी दीवारों की मरम्मत की, साथ ही आंतरिक स्वच्छता, प्रकाश और वेंटिलेशन का भी प्रबंधन किया। मार्ग पर अवैध रूप से अपना सामान बेचते हुए पाए गए हॉकरों पर सरकार द्वारा विधिवत मुकदमा चलाया गया। गौरी शंकर 40 वर्षों से मंदिर जा रहे थे और दैनिक पूजा के इस मार्ग का पालन कर रहे थे। उन्होंने कभी किसी मुसलमान को मस्जिद के बाहर प्रार्थना करते नहीं देखा। सरकार का एक चपरासी दक्षिणी कक्ष

या तहखाना में ज्ञान वापी परिसर में रहता था जो व्यास का था। उन्होंने सरकार के आदेश के अनुसार परिसर की देखरेख की, लेकिन उन्हें व्यास द्वारा भुगतान मिला।

गौरी शंकर ने भी दृढ़तापूर्वक कहा कि 'विश्वनाथ मंदिर केवल एक ही है। एक स्थान पर केवल एक ही ईश्वर होगा। वहाँ तो विश्वनाथ ही हैं। विशेश्वर [sic] भी उनका नाम है। बनारस में केवल एक ही विशेश्वर है।[8] उन्होंने यह भी कहा कि शहर में आदि विशेश्वर या कृति विशेश्वर का केवल एक ही मंदिर था और ये दोनों एक ही थे। यह मस्जिद औरंगज़ेब ने ज्ञानवापी में स्थित विश्वनाथ के मंदिर को तोड़कर बनवाई थी। मस्जिद के चारों ओर एक दीवार, उत्तर की ओर एक द्वार तथा द्वार के ऊपर एक इमारत है। गेट के दोनों ओर दुकानें थीं जो आमतौर पर 2-4 महीने के लिए ही खुलती थीं। गेट के अंदर धोबियों के घर थे जिन्हें वह पिछले 25-30 वर्षों से देख रहा था। उन्हें इस बात का कोई अंदाज़ा नहीं था कि मस्जिद परिसर के अंदर कोई मंदिर था या नहीं। पूर्वी दीवार में त्रिशूल, सूर्य और चंद्र जैसे हिंदू रूपांकनों वाले स्तम्भ थे और छत के पत्थरों पर घंटी के निशान, चूड़ी (गोलाकार) के निशान और फूल थे। मस्जिद की छत पर भी चारदीवारी की तरह ही मेहराबें थीं।

गौरी शंकर से जिरह की गई और पूछा गया कि मूर्तियों के दृश्य तथा छिपे हुए रूपों से उनका क्या मतलब है। उन्होंने बताया कि ये मूर्तियाँ ज़मीन के अंदर थीं और मानव आंखों के लिए अदृश्य थीं, लेकिन फिर भी पवित्र मानी जाती थीं। उन्होंने गवाही दी कि पंच मंडप में ज्ञान मंडप, मुक्ति मंडप, वरोज मंडप, शोभा मंडप और श्रृंगार मंडप की भी पूजा की जाती थी तथा उनमें मूल रूप से विश्वनाथ की मूर्ति रखी गई थी। यह वह पंच मंडप था जिसे मस्जिद के पश्चिम में खंडहर बनाने के लिए ज़मीन पर खड़ा किया गया था। इस खण्डहर की उत्तर, पश्चिम और दक्षिण की दीवारें अतीत में भी वैसी ही थीं जैसी अब हैं। बीर चंदेश्वर भगवान वहां छिपे हुए थे, साथ ही अब्बी मुक्तेश्वर [sic: अविमुक्तेश्वर] भी छिपे हुए थे, जिसमें कोई मूर्ति मौजूद नहीं थी। उन्होंने दावा किया कि काशी खंड में स्वयं इनमें से कई देवताओं के अदृश्य या छिपे होने का उल्लेख है।

इकसठ वर्षीय बी. मंगला प्रसाद सिंह, जो भूमिहार जाति से थे और जिनका बनारस के शाही परिवार से पारिवारिक संबंध था, 3 मई 1937

को अपदस्थ हो गए। उन्होंने उत्तर से एक प्रवेश बिंदु की बात की जहां अविमुक्तेश्वर छिपे हुए थे। यहां दो कब्रें हाल ही में बनाई गई थीं, लेकिन यह खबर अफवाह थी। मंगला प्रसाद ने भी गौरी शंकर की गवाही के अनुरूप ही पवित्र तीर्थयात्रा मार्ग का पता लगाया। यथा-अविमुक्तेश्वर से हरिकेश्वर, फिर मार्कंडेश्वर (मस्जिद के उत्तर-पूर्व), पीपल के पेड़ के नीचे गंगेश्वर (पूर्व), व्यास निवास में राधा कृष्ण (जिसे व्यास गद्दी भी कहा जाता है), नंदी के पास गौरी शंकर, उसके नीचे तारकेश्वर, जो छिपे हुए है, पीपल के पेड़ के नीचे चबूतरे पर महाकालेश्वर, गणेश और फिर ज्ञानवापी कुएँ पर पानी पीना। तत्पश्चात दक्षिण-पश्चिम कोने पर महेश्वर की पूजा, उसके बाद श्रृंगार गौरी, पंच मंडप और पश्चिम में गणेश तथा खंडहर की दीवारों पर पूजा की गई। इसके बाद बीर भद्रेश्वर को उत्तर-पश्चिम कोने पर प्रसन्न किया गया। इस तरह पुराने विश्वनाथ मंदिर की परिक्रमा पूरी हुई। 'चूंकि यह [पुराना मंदिर] वहां नहीं है', सिंह ने कहा, 'हम मस्जिद और मंदिर के निशान के चारों ओर घूमते हैं। उस मंदिर को औरंगज़ेब ने तोड़ दिया था'।[९] उन्होंने यह कहना ग़लत समझा कि मस्जिद के आसपास की ज़मीन पर मुसलमानों का विशेष कब्ज़ा था क्योंकि उस पर हमेशा से ही बिना किसी रोक-टोक के हिंदुओं का कब्ज़ा रहा है। उन्होंने कभी मुसलमानों को मस्जिद के परिसर में या कहीं बाहर नमाज़ पढ़ते नहीं देखा था। उन्होंने श्री ड्रेफस के साथ अपनी बातचीत साझा की, जो 1929 में कलेक्टर थे, जहां उन्होंने उन्हें बताया था कि ऐसी कोई मिसाल उपलब्ध नहीं है। मस्जिद के अंदर ही लगभग 8000-9000 लोग आसानी से नमाज़ अदा कर सकते थे। उन्होंने किसी शव को लाते, उर्स या मेला आयोजित होते या पश्चिमी दिशा में अंतिम संस्कार की नमाज़ पढ़ते नहीं देखा था। सरकारी आदेशों के अनुसार, हिंदुओं को अपने मंदिर के भीतर और मुसलमानों को अपनी मस्जिद के अंदर प्रार्थना करने तक ही सीमित रहना था। 1916 या 1918 में जब से वे शहर आये थे तब से यही स्थिति विद्यमान थी। मंदिर के टूटने के बाद से कई मूर्तियाँ 'अदृश्य' हो गई थीं और कुछ हमेशा से अपने स्थान के केवल धार्मिक संदर्भों के कारण अदृश्य थीं। उन्होंने दावा किया कि मस्जिद के पश्चिम में टूटा हुआ मंदिर और इस टूटे हुए मंदिर के पश्चिम में खंडहर हिंदुओं के क़ब्ज़े में था, जबकि श्रृंगार गौरी के पश्चिम में चबूतरा सरकार या नगर पालिका के अधीन

था। नए मंदिर में मौजूद लिंग के विपरीत दिशा में स्थित नंदी के बारे में मंगला प्रसाद ने कहा,

> *नंदी सदैव महादेव के सामने रहते हैं। नंदी बूढ़े हैं। इस नंदी के पास महादेवजी का कोई मंदिर नहीं है। इस नंदी के पास जो देवता हैं वे अलग-अलग हैं। मैं यह नहीं कह सकता कि नंदी कई हजार साल पुराना है। वर्तमान नंदी को 1854 के बाद स्थापित नहीं किया गया था। मेरी जानकारी में यह गलत है कि किसी ने इस नंदी को मूल नंदी के स्थान पर रखा था जो शायद इसी स्थान पर था...यह नंदी असली है। मैं यह नहीं कह सकता कि यह लाल पत्थर का है। यह सदैव सिन्दूर से लिपटा रहता है। तो हो सकता है कि रंग सिन्दूरी हो।*[10]

उनका कहना था कि लगभग 7-8 साल पहले उन्होंने कोई कब्र नहीं देखी थी, लेकिन ऐसी संरचनाएं हाल ही में सामने आई हैं। जब उन्होंने व्यास से इसके बारे में पूछताछ की, तो उन्हें बताया गया कि वे रात में और चोरी से बनाए गए थे; साथ ही इसके नीचे कोई शव नहीं था।

परिसर, पवित्र मार्ग और विभिन्न देवताओं के बारे में 61 साल के एक ब्राह्मण जमींदार पंडित माधो राम साद से भी काफी समान साक्ष्य प्राप्त हुए थे। उन्होंने भी पश्चिम दिशा में कोई कब्र नहीं देखी थी। लेकिन उत्तर की ओर, फाटकों के पास, कंक्रीट की मुस्लिम कब्रें थीं जो लंबे समय से वहां थीं। उन्होंने यह भी कहा कि यह बनारस की जामा मस्जिद नहीं है, जो किसी भी शहर की प्रमुख और सबसे महत्वपूर्ण मस्जिद है, जहां लोगों को प्रार्थना के लिए इकट्ठा होने की ज़रूरत होती है जैसे कि वे दिल्ली या लखनऊ में करते हैं। उनका मानना था कि बनारस की जामा मस्जिद लाटभैरव के बगल की ईदगाह थी और एक खुली मस्जिद थी। साद ने यह भी उल्लेख किया कि कैसे अविमुक्तेश्वर एक छिपे हुए (अदृश्य) देवता थे जो शायद उत्तरी कब्रों के पास या नीचे दबे थे। जब लोग किसी पुजारी के साथ वहां जाते हैं जो इस बारे में जानता है, तो वे भगवान के लिए प्रसाद के रूप में कुछ चावल फेंकते हैं, हालांकि वहां कोई दृश्यमान देवता नहीं है।[11]

65 वर्षीय सेवानिवृत्त पुलिस अधीक्षक आर.बी. जगन्नाथ प्रसाद मेहता ने भी अपनी गवाही दर्ज की। वह एक योग्य पुलिस अधिकारी थे

और उनकी विशेष सेवाओं के लिए उन्हें राजा द्वारा पुलिस पदक और राय बहादुर की उपाधि भी प्राप्त थी। जब सम्राट जॉर्ज पंचम, वेल्स के राजकुमार के रूप में भारत की यात्रा पर आए, तो मेहता को बनारस में तैनात किया गया था और अक्सर इन सेलिब्रिटी मेहमानों को शहर के विभिन्न दर्शनीय स्थलों को दिखाने के लिए उन्हें ही नियुक्त किया जाता था। सम्राट ने अपनी सराहना के तौर पर उन्हें किताबें, घड़ियाँ, सोने की स्टड आदि उपहार में दीं। मेहता ने गवाही दी कि विश्वनाथ के पूर्व मंदिर को औरंगज़ेब ने तोड़ दिया था और उस पर मस्जिद का निर्माण किया था। परिसर के अंदर, कई स्थल थे जहाँ हिंदू पूजा करते थे। सबसे पहले, वे उत्तरी द्वार से प्रवेश करते हैं, बायीं ओर से उत्तर, पश्चिम और दक्षिण की ओर कई तीर्थस्थलों का दौरा शुरू करते हैं। परिसर की भूमि मूल रूप से हिंदू संपत्ति थी लेकिन ब्रिटिश सरकार ने उस पर क़ब्ज़ा कर लिया था। केवल ऊपरी भाग, अर्थात मस्जिद मुसलमानों की थी। यह मार्ग सरकार का था और नगरपालिका के नियंत्रण में था। उन्होंने दावा किया कि दोनों तहखाने हिंदुओं के थे, साथ ही मस्जिद के दक्षिण में निचली भूमि भी हिंदुओं की थी। नगर पालिका परिषद ने परिसर में सफाई, रोशनी व पानी की व्यवस्था की। यदि फेरीवाले मार्ग पर कब्ज़ा कर लेते हैं तो स्थानीय प्रशासन उन्हें खदेड़ देता है और उन पर मुकदमा चलाया जाता है। दिसंबर 1926 से जुलाई 1933 तक छह साल और आठ महीने के लिए बनारस नगरपालिका बोर्ड के पूर्व कार्यकारी अधिकारी के रूप में, मेहता ने उत्तर की ओर फुटपाथ सहित कई नागरिक कार्यों की देखरेख की थी। उन्होंने कभी मुसलमानों को मस्जिद के बाहर की ज़मीन, जो कि रास्ते की ज़मीन है, पर नमाज़ पढ़ते नहीं देखा था, न ही उन्होंने वहां शव लाते हुए देखा। मस्जिद के पश्चिम का भाग खंडहर था जिसमें पुराने मंदिर के खंडहर अभी भी दिखाई देते हैं। मजिस्ट्रेट की मंजूरी के बिना हिंदू और मुसलमानों को इस परिसर में कुछ भी नया रखने की अनुमति नहीं है। यह एक सार्वजनिक मार्ग है।[12]

56 वर्षीय ब्राह्मण जमींदार और संस्कृत के विद्वान विजया नंद तिवारी की गवाही भी ली गई, जिन्होंने काशी खंड का अध्ययन और अनुवाद किया था। उन्होंने पाठ के अध्याय 33 और 34 में ज्ञान वापी के उल्लेख के साथ-साथ वहां बताए गए परिसर के चारों ओर कई यात्राओं

या पवित्र पदयात्राओं के बारे में भी बताया। मान्यता यह थी कि ज्ञानवापी दुनिया का पहला कुआँ था जिसे भगवान शिव ने अपने त्रिशूल से खोदा था। हिंदू इसे जल के रूप में विश्वनाथ की छवि मानते हैं और अपने धार्मिक अनुष्ठानों तथा दायित्वों को पूरा करने के लिए इसका पानी पीते हैं। उन्होंने मस्जिद के उत्तर में लगे चबूतरे पर बने गेट के सामने अमुक्तेश्वर (शायद अविमुक्तेश्वर?) की पूजा का उल्लेख किया है। फिर पूर्व की ओर निष्कलंकेश्वर, उत्तर-पूर्व की ओर मार्कंडेश्वर। ये सभी अदृश्य देवता हैं। पूर्व में पीपल के पेड़ के नीचे गंगेश्वर की पूजा की जाती थी, उसके बाद तारकेश्वर, नंदिकेश्वर और महाकालेश्वर को प्रसन्न करने के लिए दक्षिण की ओर सीढ़ियों से उतरना होता था। ज्ञानवापी कुएँ को पार करके पश्चिम की ओर खंडहर की ओर जाते हैं जहां पहले श्रृंगार मंडप था। यहां श्रृंगार गौरी, गणेश और सूर्य नारायण की पूजा की जाती है। उत्तर-पश्चिम में वीर भद्रेश्वर एक छिपे हुए देवता हैं। अंतग्रही [अंतरगृह] और पंच कोशी यात्राओं के हिस्से के रूप में, इन देवताओं की नियमित रूप से हिंदुओं द्वारा पूजा की जाती है। उन्होंने दावा किया कि विश्वनाथ काशी के प्रथम या प्रमुख देवता हैं। हालाँकि सात पवित्र पैदल यात्रा सर्किट थे, विश्वनाथ सभी के केंद्र में थे। उन्होंने कभी भी मुसलमानों को मस्जिद के बाहर प्रार्थना करते नहीं देखा और दावा किया कि मस्जिद के आसपास की ज़मीन हिंदुओं तथा सरकार के क़ब्ज़े में थी। उन्होंने यह भी गवाही दी कि जब औरंगज़ेब द्वारा मंदिर पर हमला स्पष्ट हो गया, तो हिंदुओं ने शिवलिंग को ज्ञान वापी कुएँ में छिपा दिया। लेकिन चूँकि इसे उखाड़ दिया गया था, इसलिए यह तुरंत पूजा के योग्य नहीं रह गया और इसे कहीं और स्थापित कर दिया गया तथा यह नए मंदिर की मुख्य मूर्ति नहीं है।

इसके बाद एक महत्वपूर्ण बयान 61 वर्ष के रघुनंदन उपाध्याय का था, जो बनारस के सेवानिवृत्त डिप्टी कलेक्टर थे, जिन्होंने ड्रेफस के अधीन काम किया था। वे 1925 से 1930 तक प्रतिनियुक्त रहे, इस दौरान काफी विवाद उत्पन्न हुए। उन्होंने दावा किया कि मस्जिद के चारों तरफ की ज़मीन सरकार की है। इस भूमि पर सार्वजनिक प्रवेश पर कोई प्रतिबंध नहीं था और यह सभी के लिए खुला था। लेकिन सरकार की इजाजत के बिना दोनों समुदाय इस ज़मीन पर कुछ नहीं कर सकते थे। उन्होंने कभी भी पश्चिमी हिस्से में अंतिम संस्कार की प्रार्थना होते नहीं देखी थी।

दक्षिण में तहखाने में सरकार द्वारा एक हिंदू चौकीदार नियुक्त किया गया था। हालांकि तहखाने पर सरकार का स्वामित्व था, लेकिन पुजारी रघुनंदन व्यास और उनका परिवार ही चौकीदार को वेतन देने में योगदान दे रहा था। उन्होंने अपने कार्यकाल के अंत में हुए दो प्रमुख विवादों को याद किया, एक पिशाच मोचन तालाब में और दूसरा लाट भैरव में, जिससे दोनों समुदायों के बीच काफी सनसनी फैल गई थी। उपाध्याय ने कहा:

> *'सभी खाली भूमि सरकार की है और जिस पर वास्तव में हिंदू देवताओं का क़ब्ज़ा है वह हिंदुओं का है और जिस पर मस्जिद का क़ब्ज़ा है वह मुसलमानों का है। हिंदू इस उठी हुई भूमि के मालिक नहीं हैं। वह सरकार का है और उस पर उसका क़ब्ज़ा है। पश्चिमी खण्डहर सरकार का है। उत्तर की ओर का चबूतरा जिसके ऊपर दो कब्रें हैं, सरकार का है यानी उसकी जगह है। जहां तक मुझे लगता है कि मैंने स्वामित्व के बारे में कोई टाइटल डीड नहीं देखी है, लेकिन लगातार पांच साल तक इस चीज को देखने से मुझे यह विश्वास हो गया है। मैंने अधिकारों का कोई रिकॉर्ड नहीं देखा है, लेकिन मैंने केवल स्वामित्व के बारे में सरकारी कागजात देखे हैं।'*[13]

उत्तरी द्वार की ओर की दुकानें अधिकांशतः मुसलमानों के क़ब्ज़े में थीं, और धोबियों के घर भी। उपाध्याय ने किसी भी हिंदू को खंडहर के ऊपर पूजा करते नहीं देखा था, न ही उन्हें इसके ऊपर पूजा या देवता होने का कोई निशान याद था। इस मस्जिद और मंदिर के बारे में उन्होंने कहा कि सरकारी अधिकारी हमेशा इस बात पर नजर रखते हैं कि कोई अनहोनी न होने पाए।

वादी/अभियोगी पक्ष की गवाही

अदालत ने वादी पक्ष की ओर से गवाहों की गवाही दर्ज करने की कार्यवाही शुरू की। सैंतीस वर्षीय मिर्ज़ा असगर हुसैन ने दावा किया कि पश्चिमी चबूतरे का इस्तेमाल हमेशा अंतिम संस्कार की नमाज़, मिलाद

और उर्स के लिए किया जाता रहा है और मुसलमान यह सब अपने अधिकार के रूप में करते हैं। उन्होंने दावा किया कि उन्हें इसमें कोई बाधा नहीं दिखी। जब मुसलमान अपने अनुष्ठानों और कार्यों का पालन करते हैं, तो कोई भी परिसर के ऊपर से नहीं गुजर सकता, क्योंकि परिसर के अंदर की सारी ज़मीन औरंगज़ेब द्वारा बनाई गई वक़्फ़ थी और अब मुसलमानों के क़ब्ज़े में है, गैर-मुसलमानों को इस पर उपयोग का कोई अधिकार नहीं है। उन्होंने दावा किया कि ज्ञानवापी कुआँ भी शुरू में मस्जिद की संपत्ति थी और किसी तरह हिंदुओं के क़ब्ज़े में चला गया, जिसके कारणों से वह अनजान थे।[14]

58 वर्षीय मुस्लिम जमींदार मोहम्मद अमानत उल्लाह, जो एक कांस्टेबल थे और बाद में बनारस के प्रभारी उप-निरीक्षक थे, को पद से हटा दिया गया। वह 1931 में सेवानिवृत्त हो गए थे। उन्होंने भी यह कहा कि ये प्रार्थनाएँ मुसलमानों द्वारा अधिकार के रूप में की जाती थीं, क्योंकि किसी ने उन्हें ऐसा करने से नहीं रोका था। जिला मजिस्ट्रेट के आदेश के बिना हिंदुओं और मुसलमानों को कुछ भी नया करने की अनुमति नहीं थी। हालाँकि, उन्हें इस बारे में कोई स्पष्ट जानकारी नहीं थी कि तहखानों सहित परिसर के किस हिस्से पर किसका कब्ज़ा है।[15]

देवरिया के मुंसिफ, शाह गियास आलम ने भी अपना बयान दर्ज कराया। ग़ाज़ीपुर के निवासी होते हुए भी उनका अक्सर बनारस आना-जाना लगा रहता था। उन्होंने मस्जिद के पश्चिम की ओर बने चबूतरे पर जनाज़े की नमाज़ पढ़ते हुए देखा था। विवादित संपत्ति के विभिन्न हिस्सों पर क़ब्ज़े के मामले में मुसलमानों के सटीक अधिकारों के बारे में उन्हें कोई स्पष्ट जानकारी नहीं थी। उन्होंने दावा किया कि कई ऐतिहासिक पुस्तकों और दस्तावेजों का अध्ययन करने के बाद, वह इस निष्कर्ष पर पहुंचे थे कि यह गलत कहा गया था कि औरंगज़ेब ने इस मस्जिद के निर्माण के लिए उस स्थान पर एक मंदिर को ध्वस्त कर दिया था। मस्जिद उनके अधिग्रहण से पहले की थी और उन्होंने केवल इसकी मरम्मत का काम शुरू किया था। उन्होंने एक नया सिद्धांत पेश किया कि पश्चिम में देखे गए खंडहर किसी मंदिर के नहीं बल्कि एक संस्कृत विद्यालय के थे, जहां औरंगज़ेब के भाई और कट्टर प्रतिद्वंद्वी दारा शिकोह ने अध्ययन किया था। उन्होंने इस बारे में किसी भी सवाल का जवाब देने से इनकार

कर दिया कि क्या उन्हें इस्लामी कानूनों के बारे में पता था कि गैर-कानूनी तरीके से क़ब्ज़े में ली गई किसी भी संपत्ति के संबंध में कोई वक़्फ़ नहीं बनाया जा सकता है। उन्होंने जोर देकर कहा कि वह मुफ्ती (धार्मिक सवालों पर फैसला सुनाने वाला) नहीं हैं और इसलिए कोई फतवा देने में असमर्थ हैं।[16]

बनारस कलेक्टरेट में प्रैक्टिस करने वाले 36 वर्षीय वकील अब्दुल अज़ीज़ ने गवाही दी कि वह 15 या 16 साल की उम्र से 'ज्ञानबाफी' मस्जिद में जा रहे थे। मस्जिद में एक चारदीवारी थी जिसके भीतर और मस्जिद के उत्तर और पूर्व में अन्य स्थानों पर हमेशा अलविदा की नमाज़ अदा की जाती थी। पश्चिमी चबूतरे का उपयोग अंतिम संस्कार की प्रार्थना के लिए किया जाता था। मस्जिद में दो कब्रें थीं। उन्होंने दावा किया कि परिसर की दीवार के अंदर की सारी ज़मीन मुसलमानों की है और वे इसे अपने अधिकार के रूप में इस्तेमाल करते हैं। यह कहने का उनका कारण यह था कि दीवार और ज़मीन मस्जिद की थी, दीवार में मेहराबें थीं जो मस्जिद की मेहराबों से मिलती जुलती थीं, और उन्होंने हमेशा अपने पूर्वजों से सुना था कि दीवार और ज़मीन मुसलमानों की थी। यह दावा करने का कोई अन्य कारण नहीं था। उन्होंने दावा किया कि उन्होंने कभी 'ज्ञानवापी' नाम नहीं सुना था और इसे हमेशा ज्ञानबाफी के नाम से जाना जाता था, जो अकबर के समय में प्रार्थना स्थल का नाम था। हालाँकि, उन्हें यह नहीं पता था कि 'बाफी' का क्या मतलब है या यह किस भाषा में है और उन्होंने यह भी स्वीकार किया कि उन्होंने वाराणसी या भारतीय इतिहास के बारे में पढ़ी गई किसी भी किताब में इस शब्द का सामना नहीं किया है।[17]

बनारस के 41 वर्षीय व्यवसायी मोहम्मद इकराम खान, जो मानद मजिस्ट्रेट, संयुक्त प्रांत विधान सभा के सदस्य और नगरपालिका बोर्ड के वरिष्ठ उपाध्यक्ष भी थे, ने अपनी गवाही दर्ज करवाई। उन्होंने कहा कि वह 1906-07 से ज्ञानबाफी मस्जिद का दौरा करते थे, और 1916 तक तथा कभी-कभी उसके बाद भी नियमित रूप से वहां अलविदा की नमाज़ अदा करते थे। इन्हें मस्जिद के बाहर की ज़मीन पर और उत्तर की ओर ऊंचे चबूतरे पर, तथा गेट के सामने एवं मस्जिद के पूर्व में पीपल के पेड़ की ओर चढ़ाया जाता था। मस्जिद की छत, उत्तर में स्कूल की छत,

धोबियों की छत पर और पश्चिम में चबूतरे पर दो या तीन पंक्तियों में भी प्रार्थना की जाती थी। उन्होंने दावा किया कि मस्जिद के परिसर के भीतर की सारी ज़मीन उनके समुदाय की है और इसके लिए किसी से अनुमति लेने की कोई आवश्यकता नहीं है। जनता ने इस मार्ग का उपयोग अधिकार के रूप में किया। पिछले 2-3 वर्षों से, इस भूमि पर पाए जाने वाले फेरीवालों पर नगरपालिका उपनियमों के तहत मुकदमा चलाया गया। इससे पहले, मस्जिद और व्यास दोनों उन सड़कों का उपयोग करने के लिए फेरीवालों से कर एकत्र करते थे। इन दोनों पक्षों में अक्सर इस बात पर भी बहस होती थी कि कौन अधिक कर लगाता है और संग्रहण का तरीका क्या है!

मोहम्मद इकराम खान ने दावा किया कि परिसर की दीवार मस्जिद की ही थी क्योंकि यह पुरानी थी और इसमें मस्जिद के समान पुराने निर्माण और शैली के निशान थे। इसके अतिरिक्त निर्माण की कोई अन्य विशेष विशेषता नहीं थी। उन्होंने दावा किया कि ये खंडहर किसी हिंदू मंदिर के नहीं, बल्कि एक मुस्लिम इमारत के हैं, क्योंकि उन पर मुस्लिम निशान हैं। उन्होंने अपना दावा चौधरी नबी अहमद, कोतवाल के काम से लिया, जो बनारस का इतिहास लिख रहे थे और उन्होंने उन्हें बताया था कि इसका निर्माण अकबर ने कराया था। इकराम खान भी उस प्रतिनिधिमंडल का हिस्सा थे, जिसने कलेक्टर श्री डिब्बल से उस आदेश को वापस लेने के लिए कहा था, जिसमें श्री ड्रेफस ने मुस्लिम प्रार्थनाओं को केवल मस्जिद के अंदर तक ही सीमित रखने और बड़ी संख्या में बाहर न जाने देने के आदेश दिए थे, जिससे आने-जाने वालों को असुविधा होती थी। उनके अनुसार मस्जिद और चबूतरे में लगभग 3000-3500 लोग रहते थे, और अन्य 200-300 लोग छत पर इकट्ठा हो सकते थे।

हालाँकि मस्जिद को ज्ञानबाफ़ी या जानबाफ़ी कहा जाता था, खान ने इसे औरंगज़ेब की मस्जिद के रूप में संबोधित करना पसंद किया क्योंकि उसने इसका निर्माण किया था - इसमें अकबर की भूमिका के उनके अपने दावे का खंडन होता था। उन्होंने दावा किया कि उन्होंने सुना है, हालांकि खुद देखा नहीं है कि ज्ञानवापी कुआँ, जिसकी हिंदू पूजा करते हैं, मस्जिद का ही हिस्सा था और वे अपने उपयोग के लिए इसी कुएँ से पानी लेते थे। कुछ विवाद के बाद, इस कुएँ को छोड़ दिया गया और मस्जिद के अंदर

पूर्वी दरवाजे पर बने एक अन्य कुएँ का उपयोग मुसलमानों द्वारा किया जाने लगा।[18]

व्यवसायी और जमींदार, मिर्ज़ा नज़ीर-उद-दीन अहमद, उम्र 45, ने भी इसी तरह की गवाही दर्ज की। उनकी चाची रज़िया मस्जिद की मुतवली थीं, लेकिन वहां कभी अलविदा की नमाज़ नहीं पढ़ी जाती थी। उन्होंने उस मस्जिद के उत्तर में किसी आदि बिशेश्वर मंदिर के बारे में कभी नहीं सुना था, लेकिन उसके पश्चिम की ओर, वास्तव में एक मंदिर था जिसे हिंदू बूढ़े विश्वनाथ जी या आदि विशेश्वर कहते थे। अहमद को रज़िया मस्जिद की वक़्फ़ स्थिति के बारे में कोई जानकारी नहीं थी।[19] वादी पक्ष की ओर से कुछ अन्य गवाह भी दर्ज किए गए थे।

इतिहासकारों के बयान

इसके बाद अदालत ने दो प्रमुख इतिहासकारों को गवाही देने के लिए बुलाया। एक थे डॉ. परमात्मा सरन, जो लंदन विश्वविद्यालय से इतिहास में पीएचडी थे और उन्होंने मुगलों की प्रांतीय सरकार पर अपना शोध प्रबंध लिखा था, जिनके कार्यकाल पर उनकी विशेषज्ञता थी। कई दस्तावेज़ों, तस्वीरों और किताबों से लैस, डॉ. सरन ने[20] गवाही दी कि मान सिंह द्वारा बनवाए गए वृन्दावन के गोविंद देव जी मंदिर की तरह, वाराणसी के मंदिर में भी ऐसी ही स्थापत्य विशेषताएं थीं। ज़मीनी योजना वर्गाकार थी और बाहरी सतह को विभिन्न प्रकार और असंख्य हिंदू रूपांकनों के साथ अन्य मंदिरों की तरह प्रस्तुत किया गया था। त्रिशूल और स्वस्तिक के निशान शिव मंदिर के अस्तित्व का संकेत देते हैं। मस्जिद के अंदर की मीनार जिसे उन्होंने व्यक्तिगत रूप से देखा था उस पर भी स्वस्तिक और त्रिशूल के निशान बने हुए थे। मस्जिद के तीन गुंबद दोहरे गुंबद थे यानी दोनों गुंबदों के बीच खाली जगह थी। उन्होंने दावा किया कि मस्जिद का एक हिस्सा खंडहर हो चुके मंदिर की सामग्री से और कुछ हिस्सा ताजी सामग्री से बनाया गया था। कुछ स्थानों पर, एक मेहराब के दोनों जोड़ एक जैसे नहीं हैं, जिससे पता चलता है कि उनका निर्माण कुछ अन्य इमारतों से निकाली गई सामग्रियों से किया गया है। उन पर कमल के निशान हैं जो दर्शाते हैं कि वे पहले किसी मंदिर के हिस्से थे।

पश्चिम की ओर गुंबद की ढलान वाली छत को मरम्मत के किसी भी प्रयास के बिना ही खंडहरों पर चढ़ा दिया गया था। नीचे की चार शिलाओं में कुर्सियाँ धँसी हुई थीं, जबकि ऊपरी शिलाओं में वैसी कुर्सियाँ नहीं थीं, जिससे पता चलता है कि निचला भाग पूर्व मंदिर के खंडहरों से बना था।

पश्चिम में, तीन दरवाजे बंद कर दिए गए थे, जिसके बारे में डॉ. सरन ने अनुमान लगाया कि मस्जिद के निर्माण के समय ऐसा किया गया होगा। ये दरवाजे एक हिंदू मंदिर के हैं, जिसे इसकी स्थापत्य शैली दी गई है। यह एक नुकीला मेहराब है जिसके निचले मेहराब को तासन कहा जाता है, जो हिंदू मंदिरों की एक विशेषता है। इसे उल्टे कपों से सजाया गया है, जिसे डॉ. सरन ने मस्जिद के अंदर भी देखा था। नुकीला मेहराब मुस्लिम शैली नहीं था। गोविंद देव जी मंदिर में भी ऐसे मेहराब थे। उन्होंने इनमें से कई स्थापत्य शैलियों को उत्तरी भारत में तेरहवीं शताब्दी के मंदिर निर्माण में प्रचलित मानदंडों के रूप में खोजा, जिन्हें विभिन्न रूप से 'आर्किएट सिद्धांत' और 'ट्रेलियेट सिद्धांत' कहा जाता है। मेहराब, जिन्हें हॉर्स-शू आर्क कहा जाता है, मुस्लिम काल से पहले भी प्रचलन में थे। उन्होंने दावा किया कि मुसलमानों ने मेहराबों में कोई विशिष्टता नहीं लायी। वास्तुकला पर पहले के ग्रंथों में कमल के पत्तों के मेहराब को पद्मत्रकार कहा गया है और ये गुप्त काल तथा उससे पहले के बौद्ध मूर्ति कला में भी पाए जाते हैं।

दक्षिणी ओर के किनारे पर कमल की आकृतियाँ हैं, जो एक हिंदू विशिष्टता थी जिसे मुसलमानों ने भी अपनाया था। उन्होंने मस्जिद के चारों तरफ के चबूतरे की जांच की थी। उन्होंने चबूतरे के नीचे उत्तर और दक्षिण में भूमिगत तहखाने देखे। उनके अनुसार, ये तहखाने किसी पूर्व मंदिर के तहखाने थे या संभवतः वही मंदिर थे जिसे औरंगज़ेब ने ध्वस्त कर दिया था। विश्वनाथ मंदिर को अलाउद्दीन खिलजी [यह गलत लगता है, क्योंकि इसका कोई ज्ञात ऐतिहासिक रिकॉर्ड नहीं है], सिकंदर लोदी, औरंगज़ेब और अन्य लोगों द्वारा लगातार कई बार ध्वस्त किया गया था। इसलिए, यह कहना कठिन था कि कौन से अवशेष किस युग के हैं, लेकिन ऐसा लगता है कि मंदिर लंबे समय से इसी स्थान पर खड़ा है। तहखानों के अंदर मौजूद बिना तराशे गए पत्थरों से पता चलता है कि ये तहखाने औरंगज़ेब द्वारा तोड़े गए मंदिर से भी पहले के काल के हैं। कुछ पत्थर पतले हैं, कुछ मोटे हैं और पहले के

बने हैं। परिसर की दीवार को देखने के बाद उन्होंने राय दी कि इसका निर्माण अंदर की संरचनाओं से पहले किया गया था। उनका तर्क था कि पश्चिम में मस्जिद के पीछे का चबूतरा और कुछ चबूतरे यह दर्शाते हैं कि वे दीवार से बाद के काल के हैं। यह दीवार मंदिर के चारों ओर परिक्रमा के लिए एक घेरे के रूप में काम करती थी। इसका निर्माण या तो अंतिम मंदिर (नारायण भट्ट विंटेज) के निर्माता द्वारा या पिछले मंदिरों (जो ऐबक के विध्वंस और उसके बाद के समय के हैं) द्वारा किया गया होगा। भारत में ईंट का उपयोग कम से कम 3000 वर्षों से किया जा रहा था। सारनाथ के अवशेष भी इसके प्रमाण हैं, क्योंकि सभी मठ और स्तूप ईंटों से बने थे। नालन्दा आदि के अवशेषों के साथ भी यही बात है।

इस लोकप्रिय धारणा के विपरीत एक सिद्धांत प्रचलन में था कि अकबर के शासनकाल के दौरान, यहां मंदिर का पुनर्निर्माण किया गया था, इसके बजाय यह एक भीड़भाड़ वाला खाना या पूजा स्थल था जिसे अकबर ने अपने नए समधर्मी दीन-ए-इलाही के प्रचार के लिए यहां बनवाया था। डॉ. सरन ने इस दावे का खंडन किया और कहा कि अकबर ने यहां कोई भीड़भाड़ वाला खाना नहीं बनवाया था। ऐसी एकमात्र संरचना जो उन्होंने अब तक बनवाई थी वह फ़तेहपुर सीकरी में थी। लेकिन उसे भी इबादत खाना (सभा स्थल) कहा जाता था, भीड़ खाना नहीं। इसका उद्देश्य धार्मिक विचार-विमर्श का स्थान था। इसमें चार अलग-अलग हॉल थे, प्रत्येक हॉल शेखों, उलेमाओं, अमीरों और सैयदों के विशेष उपयोग के लिए था। ये पूजा स्थल नहीं बल्कि धार्मिक चर्चा के केंद्र थे। वह भी अधिक सफल नहीं हुआ और 1580 ई. तक दीन-ए-इलाही का विचार लगभग त्याग दिया गया। तो, डॉ सरन ने दावा किया कि वाराणसी में अकबर द्वारा ऐसी कोई संरचना नहीं बनवाई गई थी।

डॉ. सरन ने उल्लेख किया कि तलघर और तहखाने से संकेत मिलता है कि पुराने मंदिर पूरे चबूतरे, मस्जिद की भूमि और खंडहर पर मौजूद थे। अब मस्जिद के चारों ओर जो भूमि है, उसे परिक्रमा पथ के रूप में उपयोग करने के लिए मंदिर के चारों ओर भी छोड़ दिया गया होगा। लेकिन खंडहर के पीछे का ऊंचा चबूतरा बाद का है और मस्जिद के साथ या उसके बाद बनाया गया होगा। उत्तर और दक्षिण के तहखानों में बिना तराशे और असमान पत्थर हैं। पुराने मंदिर के अवशेषों में पूर्ण समरूपता है।

यह ठीक-ठीक पता नहीं लगा पाया कि पुराने मंदिर के शिवलिंग का स्थान कहाँ रहा होगा क्योंकि यह पश्चिमी गुंबदों का मध्य भाग रहा होगा और वहाँ कई गुंबद रहे होंगे।

दूसरे इतिहासकार, जिन्हें अदालत ने गवाह के रूप में गवाही देने के लिए बुलाया था, वह डॉ. ए.एस. अल्टेकर थे, जो प्राचीन भारतीय इतिहास के विशेषज्ञ थे और तब तक बनारस हिंदू विश्वविद्यालय में तेरह वर्षों तक पढ़ा चुके थे। उन्होंने कहा कि मस्जिद के स्थान पर मूल रूप से विश्वनाथ मंदिर था, जिसका एक लंबा इतिहास है। तीन पुराणों में बताया गया है कि ज्ञानवापी के उत्तर में एक मंदिर था। इन अंशों की चर्चा नारायण भट्ट ने अपनी त्रिस्थली सेतु में भी की थी, जो 1580 ई. के आसपास लिखी गई पुस्तक थी। अप्रैल और सितंबर 1669 के बीच उस मंदिर को औरंगज़ेब ने ढहा दिया था। वी.एन. मांडलिक की पुस्तक 'व्यवहार मयूख' का हवाला देते हुए, उन्होंने नारायण भट्ट के अतीत का भी पता लगाया, जिनके पिता रामेश्वर भट्ट गोदावरी के तट से वाराणसी चले गए थे। बड़ी उम्र में उनका एक बेटा हुआ जिसका नाम उन्होंने नारायण रखा। तब तक इस्लामी मूर्तिभंजक हमलों ने यह सुनिश्चित कर दिया था कि विश्वनाथ मंदिर खंडहर हो जाए। लेकिन नारायण भट्ट के हस्तक्षेप पर, टोडरमल ने मंदिर का पुनर्निर्माण करवाया। सोलहवीं शताब्दी के पूर्वार्द्ध में, वर्तमान मस्जिद के स्थान पर पहले के मंदिर के खंडहरों का क़ब्ज़ा था, और लोग वहां विश्वनाथ तथा अन्य देवताओं के खाली मंदिरों में अपनी श्रद्धा अर्पित करते थे। उन्होंने कहा, त्रिस्थली सेतु में पृष्ठ 208 पर इसका उल्लेख है: 'ऐसा होता है कि कभी-कभी विश्वेश्वर का लिंग हटा दिया जाता है और स्थिति के अनुसार फिर से वापस लाया जाता है। अक्सर ऐसा होता है कि असहिष्णु मुस्लिम सरकार की कार्रवाई के कारण वहां कोई लिंग ही नहीं रह पाता। यहां तक कि पवित्रता के कारण ही उस स्थान के चारों ओर परिक्रमा आदि भी करनी चाहिए। तीर्थयात्रा के लिए यह काफी पर्याप्त है। जहां तक मंत्रों आदि के साथ भगवान को औपचारिक स्नान कराने की बात है तो यह संभव नहीं होगा।'[21]

इनके आधार पर डॉ. अल्टेकर ने दावा किया कि सोलहवीं शताब्दी के पूर्वार्द्ध में कोई मंदिर नहीं था बल्कि उसके खंडहर ही थे। पंद्रहवीं

शताब्दी के मंदिर का ज़मीनी स्तर वर्तमान ज्ञानवापी मंडप के समान ही था। तहखाना ज्ञान वापी मंडप के ही समान स्तर पर है। उन्होंने दावा किया कि अगर उस जगह की खुदाई की जाए तो पता चलेगा कि तहखाने का आकार 125X35 फीट है। इसमें से 35X18 फीट अभी भी अस्तित्व में थे। यह पंद्रहवीं शताब्दी के मंदिर का विशाल मंडप था जो धार्मिक सभाओं के लिए था जहां हजारों लोग उपदेश और प्रवचन में भाग ले सकते थे। इसके पश्चिम में मुख्य मंदिर था जिसके चार मंडप और चार सहायक मंदिर थे। डॉ. अल्टेकर ने कहा कि जो भी इंजीनियर मलबे का दौरा करेगा और मंडप के अवशेषों को देखेगा, वह स्वाभाविक रूप से यह निष्कर्ष निकालेगा कि मंदिर जेम्स प्रिंसेप द्वारा दी गई ज़मीनी योजना के समान ही रहा होगा। उन्होंने कहा, सोलहवीं शताब्दी के मंदिर का ज़मीनी स्तर 7 फीट ऊंचा उठाया गया था और सामने, पूर्व की ओर, 125X35 फीट का पुराना मंडप था। उसमें से 35X18 फीट अभी भी खोखला है और पूर्व का 17 फीट हिस्सा भर चुका है। पश्चिमी भाग के अवशेष राजा टोडरमल के मंदिर के हैं।

उस मंदिर में पश्चिम की ओर तीन दरवाजे थे, एक गर्भगृह और दो मंडप। वे सभी भर दिये गये हैं। मध्य विश्वनाथ मंदिर का पश्चिमी द्वार था और दोनों पार्श्व द्वार इस मंदिर के आंतरिक कक्ष में जाते थे। पश्चिमी मंडप, जिसके दक्षिण और उत्तर में सहायक मंदिर थे, को छोड़ दिया गया क्योंकि औरंगज़ेब के इंजीनियरों का उद्देश्य विश्वनाथ के गर्भगृह को मस्जिद के बड़े केंद्रीय हॉल में परिवर्तित करना था। इसलिए, संरचनाओं को गिरा दिया गया, कुछ सामग्रियों का उपयोग किया गया और शेष को समतल कर दिया गया। पश्चिम के दरवाजे, डॉ. अल्टेकर ने स्वयं मापने के बाद दावा किया, 8 फीट चौड़े थे, और यह प्रिंसेप द्वारा बताई गई बातों से मेल खाता था। मस्जिद के केंद्रीय हॉल को मापते हुए, उन्होंने कहा कि यह अंदर से 32 फीट वर्गाकार है। यह भी पुराने मंदिर के केंद्रीय गर्भगृह के 32 फीट वर्ग के प्रिंसेप द्वारा प्रदान की गई ज़मीनी योजना से मेल खाता है। सेंट्रल हॉल के चारों ओर के ड्योढ़ी भी प्रिंसेप के नक्शे के समान हैं, प्रत्येक 10X16 फीट का है। इनमें औरंगज़ेब के इंजीनियरों द्वारा कोई बदलाव नहीं किया गया, हालाँकि उन्होंने मंडपों के आयामों को दक्षिण और उत्तर में बदल दिया। वे 16 फीट के वर्ग थे, लेकिन एक तरफ 12X8 फीट के ड्योढ़ी को शामिल करके और

पूर्व तथा पश्चिम की दीवारों की चौड़ाई को 4-4 फीट कम करके 24 फीट के वर्गों में विस्तारित कर दिया गया था। उन्होंने अनुमान लगाया कि प्रिंसेप द्वारा चिह्नित मस्जिद में केवल इमारत शामिल थी, न कि उसके सामने का मंच। परिक्रमा पथ में कई देवता थे, जिनका त्रिस्थली सेतु (पृष्ठ 286) में भी उल्लेख है: गणेश, नंदकेश, तारकेश, महाकालेश्वर, दंडपाणि, मोक्ष, मोक्षेश, वीर भद्रेश्वर, अवि मुक्तेश्वर, और पांच या पंच विनायक। परिक्रमा पथ की परिसर की दीवार पर पंद्रहवीं सदी के मंदिर की एक घेरा दीवार है। यदि यह वर्तमान मस्जिद या सोलहवीं शताब्दी के मंदिर का घेरा होता, तो कुछ स्थानों पर दीवार केवल 2-3 फीट ऊंची होती और यह असंभव था। ज्ञानवापी मंडप की ज़मीन से ऊंचाई लगभग 10 फीट है। इसलिए, अल्टेकर ने राय दी कि यह पंद्रहवीं शताब्दी के मंदिर की दीवार होनी चाहिए। स्वयं पुरातत्व के छात्र के रूप में उनका दावा था कि यदि दीवार खोदी जाए तो वह दस फीट ऊंची निकलेगी।

डॉ. अल्टेकर ने उल्लेख किया कि आदि विश्वेश्वर लाला लाजपत राय रोड के उत्तर में केमिकल लाइब्रेरी से थोड़ा उत्तर में था। उस मंदिर को एक बार ध्वस्त कर दिया गया था और बाद में, इसे पुराने मंदिर के पश्चिम में स्थानांतरित कर दिया गया, जो वर्तमान में बीबी रज़िया की मस्जिद है। उन्हें इसके विध्वंस की तारीख या वह मस्जिद कब बनाई गई थी, इसके बारे में कोई जानकारी नहीं थी।

एक प्रति-ऐतिहासिक

लगभग इसी समय, बैरिस्टर जहीरुद्दीन फारुकी (1935) द्वारा लिखित एक नई पुस्तक प्रचलन में आई, जिसका शीर्षक था- 'औरंगज़ेब और उसका समय'। जब मामला कानूनी लड़ाई की दहलीज पर था तब एक इतिहासकार नहीं बल्कि एक वकील आसानी से एक किताब लेकर आ गया, जिससे उसकी मंशा पर संदेह पैदा होना स्वाभाविक था। इसके अलावा, वादी अपने पक्ष के लिए ऐतिहासिक तर्क तैयार करने के लिए पुस्तक में दिए गए बयानों और दावों पर भरोसा करते रहे। एक अच्छे वकील के रूप में, फारुकी ने एक मजबूत मामला बनाया कि वाराणसी में मंदिरों के विध्वंस के लिए औरंगज़ेब जिम्मेदार नहीं था। उन्होंने गंज-ए-

अरशदी नाम से एक ग्रंथ लिखा, जिसमें 1079 हिजरी (लगभग 1668 ई.) की घटना का वर्णन किया गया है, जिसमें कुछ मुस्लिम संतों का विवरण है: 'काफिरों ने एक निर्माणाधीन मस्जिद को ध्वस्त कर दिया और कारीगरों को घायल कर दिया। जब यह खबर शाह यासीन तक पहुंची तो वह मांड्यावा से बनारस आया और मुस्लिम बुनकरों को इकट्ठा कर, बड़े मंदिर को ध्वस्त कर दिया।'[22] फारुकी ने और अधिक विवरण उद्धृत किया जहां संत के जीवनी लेखक ने उल्लेख किया था:

एक सैय्यद जो पेशे से कारीगर था, अब्दुल रसूल नाम के व्यक्ति के साथ बनारस में एक मस्जिद बनाने के लिए सहमत हुआ और तदनुसार नींव रखी गई। उस स्थान के पास एक मंदिर था और उससे जुड़े कई घर राजपूतों के क़ब्ज़े में थे। काफ़िरों ने फैसला किया कि इलाके में मस्जिद का निर्माण उचित नहीं था और इसे ज़मीन पर गिरा दिया जाना चाहिए। रात को मस्जिद की दीवारें गिरी हुई मिलीं। अगले दिन, दीवार फिर से बनाई गई लेकिन वह फिर से नष्ट हो गई। ऐसा तीन-चार बार हुआ। आख़िरकार सैय्यद एक कोने में छिप गया। रात होते ही काफ़िर अपने नापाक मकसद को अंजाम देने आ गये। जब अब्दुल रसूल ने चेतावनी दी, तो काफिरों ने लड़ाई शुरू कर दी और सैय्यद राजपूतों द्वारा घायल हो गए। इसी बीच मोहल्ले के मुसलमान लोग आ गये और काफिरों पर हमला बोल दिया। घायल मुसलमानों को शाह यासीन के पास ले जाया गया, जिन्होंने इस्लाम के उद्देश्य को सही ठहराने का दृढ़ संकल्प लिया। जब वह मस्जिद में आये तो आस-पड़ोस से लोग एकत्र हो गये। सिविल अधिकारी बाहरी तौर पर संत के पक्ष में झुके हुए थे, लेकिन वास्तव में, वे राजा के कारण शाही नाराजगी से डरते थे, जो सम्राट का दरबारी था और उसने मंदिर (जिसके पास मस्जिद निर्माणाधीन थी) का निर्माण कराया था। हालाँकि शाह यासीन ने तलवार उठा ली और जिहाद के लिए निकल पड़ा। सिविल अधिकारियों ने उन्हें संदेश भेजा कि बादशाह की अनुमति के बिना ऐसा गंभीर कदम नहीं उठाया जाना चाहिए। शाह यासीन ने कोई ध्यान नहीं दिया, तब तक आगे बढ़ता रहा जब तक कि वह पत्थरों के ढेर के बीच से होकर

> *बाजार चौ खंबा तक नहीं पहुंच गया...(मंदिरों के) दरवाजे जबरन खोल दिए गए और मूर्तियों को नीचे फेंक दिया गया। बुनकरों और अन्य मुसलमानों ने लगभग 500 मंदिरों को ध्वस्त कर दिया। वे बेनी माधो के मंदिर को नष्ट करना चाहते थे, लेकिन गलियों पर बैरिकेडिंग होने के कारण वे आगे जाने से कतराते रहे।*[23]

हालाँकि इस वृत्तांत में विशेष रूप से विश्वनाथ मंदिर का नाम नहीं लिया गया है, लेकिन यह 'बड़े मंदिर' की बात करता है जिसका तात्पर्य शहर के प्रमुख मंदिर से है। यह देखते हुए कि कृतिवासेश्वर मंदिर पहले ही ध्वस्त हो चुका था और बेनी माधव तक नहीं पहुंचा जा सका, फारुकी ने तर्क दिया कि इस विवरण में बुतखाना कलां के रूप में उल्लिखित मंदिर विश्वनाथ का था। उन्होंने तर्क दिया कि यदि मंदिरों को औरंगज़ेब के फरमान द्वारा ध्वस्त कर दिया गया होता, तो गंज-ए अरशदी के लेखक, जो लंबे समय तक वाराणसी में रहते थे, इस तथ्य पर खुशी से झूम उठते।

इसके बाद फारुकी ने मामले में एक और मोड़ जोड़ दिया। उन्होंने अपनी पुस्तक में उल्लेख किया है कि जब उन्होंने ज्ञान वापी मस्जिद का दौरा किया, तो उन्होंने मिंबर के पास दीवार में काले पत्थर का एक अर्ध गोलाकार स्लैब लगा हुआ देखा। इस शिलालेख में लिखा है:

> *इस मस्जिद का निर्माण पहली बार आलमगीर के राज्यारोहण के दूसरे वर्ष में किया गया था। बाद में, 1207 हिजरी [1792 ई.] में, मस्जिद के वंशानुगत मुतवल्ली अली (नाम अस्पष्ट है) ने आंगन की मरम्मत की।*[24]

इसके आधार पर फारुकी ने अपनी पुस्तक में तर्क दिया कि यदि मस्जिद औरंगज़ेब के राज्यारोहण के दूसरे वर्ष में पूरी हो गई थी, तो विश्वनाथ का मंदिर 1659 ई. (औरंगज़ेब के सिंहासन पर बैठने का समय 31 जुलाई 1658) से पहले ही ध्वस्त कर दिया गया होगा। फिर उन्होंने दावा किया कि जब उन्होंने मस्जिद के निर्माण की तारीख के इस मामले की जांच की, तो मुअज़्ज़िन ने उन्हें निम्नलिखित शिलालेख के साथ पत्थर का एक टुकड़ा दिखाया: 'ऐवान-ए-शरीयत, 1048 हिजरी'। यह टुकड़ा अगस्त

1929 में मस्जिद के पीछे पड़े मलबे के नीचे मुअज़्ज़िन द्वारा खोजा गया था। फारुकी ने जोर देकर कहा कि ऐवान-ए-शरीयत नाम केवल एक मस्जिद पर लागू किया जा सकता है और इसलिए इसका मतलब यह है कि यह मस्जिद 1048 हिजरी (1638 ईस्वी या शाहजहाँ के युग) तक पूरी हो गई थी। फारुकी ने उल्लेख किया कि 'पहले की इमारत 1048 और 1070 हिजरी के बीच या तो गिर गई या नष्ट हो गई, जिससे वर्तमान मस्जिद को जगह मिली... शिलालेख वाला पत्थर का टुकड़ा किसी अन्य इमारत का नहीं था, यह इस तथ्य से स्पष्ट है कि विश्वनाथ मंदिर के ठीक पड़ोस में कोई मुस्लिम इमारत नहीं थी।[25] उन्होंने इन सभी दावों का इस्तेमाल मासिर-ए-आलमगिरी की गवाही की विश्वसनीयता और सत्यता को खारिज करने के लिए किया, जिसमें वाराणसी में मंदिरों के विनाश का दोष औरंगज़ेब और उसके कुख्यात फरमानों पर मढ़ा गया था।

तर्क और निर्णय

गवाहों के इन मैराथन बयानों और उनकी जिरह के बाद, मिर्ज़ापुर के सिविल जज, एस.बी. सिंह और अतिरिक्त सिविल जज, कृष्ण चंद्र ने 25 अगस्त 1937 को अपना फैसला सुनाया। न्यायाधीशों ने परिभाषित किया कि उनके निर्णय आदेश में, 'मस्जिद' से तात्पर्य मस्जिद की इमारत और उसके सामने ऊंचा प्रांगण से था। मस्जिद के चारों ओर की भूमि को निचली भूमि कहा जाना था (सरकारी लिखित बयान में इसे 'मार्ग भूमि' कहा गया है)। हालाँकि वादी ने एआईएम को प्रतिवादी संख्या 2 के रूप में और बनारस के मुसलमानों का प्रतिनिधि नहीं होने के नाते पक्षकार बनाया था, एआईएम ने वादी के दावों का समर्थन किया और प्रार्थना की कि वादी द्वारा उसे अनुचित तरीके से पक्षकार बनाया जा रहा है। इसके बाद एआईएम को मामले से छूट दे दी गई। अपना अंतिम आदेश सुनाते समय, न्यायाधीश ने इस मुकदमे से उत्पन्न निम्नलिखित कुछ प्रश्नों पर विचार किया:

1. क्या मुकदमा वादी पक्ष की ओर से है [व्यक्तियों के रूप में] या पूरे हनफ़ी मुस्लिम समुदाय की ओर से?

2. क्या प्लॉट नंबर 9130 की ज़मीन और शाह खास में स्थित मस्जिद की चारदीवारी से घिरी ज़मीन वक़्फ़ संपत्ति है और ज्ञानबाफी [sic: ज्ञान वापी] मस्जिद का हिस्सा है?
3. क्या वाद की भूमि पर वादी का अधिकार या हित है, और क्या?
4. क्या मुकदमे में प्लॉट प्रतिवादी 1 [राज्य सचिव, भारत सरकार] से संबंधित है?
5. क्या वादी [मुसलमानों] को भूमि का उपयोग करने का पारंपरिक अधिकार है?
6. क्या प्रतिवादी संख्या 2 (यानी, एआईएम) को अनावश्यक रूप से फंसाया गया है?[26]

मुद्दा संख्या 1 पर 5 अप्रैल 1937 को निर्णय लिया गया कि वादी का अधिकार व्यक्तिगत है, जो पूरे समुदाय के लिए समान नहीं है। मुद्दा 6 को 1 मई 1937 को इस आधार पर निपटा दिया गया कि उन्हें अनावश्यक रूप से पक्षकार बनाया गया था। मुद्दे 2 और 3 को निर्धारित करने के लिए, अदालत ने निम्नलिखित प्रश्नों के उत्तर देने हेतु अपने विवेक का इस्तेमाल किया:

1. क्या बिशुनाथ का मंदिर [sic: विश्वनाथ] इस भूमि पर मौजूद था?
2. क्या ज़मीन वैध रूप से मस्जिद को समर्पित की जा सकती है?
3. क्या मुस्लिम निचली भूमि के मालिक रहे हैं और उनका विशेष कब्ज़ा रहा है?
4. क्या मुसलमान निचली भूमि का उपयोग अपने धार्मिक उद्देश्यों के लिए करते रहे हैं और यदि वे वक़्फ़ नहीं हैं तो उन्होंने इसका उपयोग करने के पारंपरिक अधिकार का प्रयोग किया है।

अदालत ने कहा कि इतिहास की किताबों में संदर्भों को छोड़कर 1810 से पहले की अवधि के लिए विवादग्रस्त संपत्ति से संबंधित कोई दस्तावेजी साक्ष्य नहीं था। वादी के वकील ने तर्क दिया कि ऐसे मामलों में ऐतिहासिक पुस्तकों का उपयोग स्वामित्व या संपत्ति स्थापित करने के लिए नहीं किया जा सकता है। लेकिन अदालत इस विचार से सहमत नहीं थी। वादी पक्ष का तर्क था कि इस इमारत को औरंगज़ेब ने मस्जिद के रूप में समर्पित किया था। उन्होंने दावा किया कि मूल रूप से अकबर ने अपने द्वारा शुरू

किए गए नए दीन-ए-इलाही संप्रदाय के लिए खानकाह या इबादत खाना बनवाया था। उन्होंने दावा किया कि शाहजहाँ ने 1630 में ही इबादत खाना के एक हिस्से को ध्वस्त कर दिया था और वर्तमान मस्जिद के अधिकांश हिस्से का निर्माण कराया था। इस दावे से जज हैरान रह गये। उन्होंने बताया कि यह विवाद 1810 से चल रहा है, लेकिन तब से लेकर अब तक मुस्लिम पक्ष की ओर से कभी यह दावा नहीं किया गया कि यह दीन-ए-इलाही स्मारक है। इस विषय पर एक जानकार प्राधिकारी के रूप में डॉ. पी. सरन ने गवाही दी थी कि इस स्थल पर जिस प्रकार का इबादत खाना बनाने का दावा किया जा रहा है, उसका निर्माण केवल अकबर द्वारा फ़तेहपुर सीकरी में किया गया था। वादी अपने दावों को पुष्ट करने के लिए कोई किताब या दस्तावेज़ प्रस्तुत करने में विफल रहा कि विवादग्रस्त स्थल शुरू में अकबर का इबादत खाना था।

इसके बाद न्यायाधीश ने फारुकी और उसके माध्यम से वादी पक्ष द्वारा प्रस्तुत प्रति-ऐतिहासिक दृष्टिकोण को संबोधित किया। मौलवी शाह गियास आलम, जिनसे अदालत ने पूछताछ की थी, ने कहा था कि वाराणसी के इतिहास पर किए गए व्यापक शोध के आधार पर, वह निश्चित रूप से कह सकते हैं कि औरंगज़ेब ने इस मस्जिद के निर्माण के लिए किसी मंदिर को नष्ट नहीं किया था। ऐसा इसलिए था क्योंकि उस विशेष मस्जिद का निर्माण औरंगज़ेब के राज्यारोहण से पहले ही किया जा चुका था। जैसा कि उन्हें मस्जिद में लगे पत्थर से पता चला, उनके समय में इसकी केवल मरम्मत की गई थी। मौलवी ने दावा किया था कि मस्जिद के पश्चिम में खंडहर हो चुकी इमारत कोई मंदिर नहीं थी, बल्कि औरंगज़ेब के भाई और प्रतिद्वंद्वी दारा शिकोह द्वारा शुरू किया गया संस्कृत विद्यालय था।

सुनवाई शुरू होने पर जब जज ने मस्जिद का दौरा किया तो उन्हें इमारत में यह काला पत्थर दिखा। लेकिन जब तक वह सुनवाई के अंत में दोबारा निरीक्षण के लिए लौटे, तब तक यह पत्थर रहस्यमय तरीके से हटा दिया गया था। पहली यात्रा के दौरान, पार्टी ने यह आवश्यक नहीं समझा कि न्यायाधीश इस पत्थर की सामग्री पर ध्यान दें। यह केवल मुकदमे के दौरान और वह भी तब हुआ जब प्रतिवादी के वकील ने वादी से यह सबूत पेश करने का आग्रह किया जो कथित तौर पर उस काले पत्थर में मौजूद था, तभी यह दिलचस्पी का विषय बन गया। वादी ने तब

दावा किया कि उक्त पत्थर उनके नहीं बल्कि एआईएम के क़ब्ज़े में था और इसलिए वे इसे पेश करने में असमर्थ थे। यह तब था जब न्यायाधीश ने पत्थर का फिर से निरीक्षण करने और उसकी सामग्री के बारे में जानने के लिए दूसरी बार दौरा किया। उन्होंने नोट किया कि यह एक कोने पर टूटा हुआ पत्थर का एक अलग और पोर्टेबल छोटा स्लैब था। परिणामस्वरूप, न्यायाधीश ने टिप्पणी की:

> *मैं फारुकी साहब को दिये गये मुअज़्ज़िन के बयान पर यकीन करने को तैयार नहीं हूँ। इसके अलावा, मुसलमानों को इस सिद्धांत पर टिके रहना असुविधाजनक लग रहा है कि औरंगज़ेब ने मस्जिद का निर्माण किया था, अब उन्होंने यह कहकर इसे संशोधित करने के बारे में सोचा है कि मस्जिद की केवल मरम्मत औरंगज़ेब के समय में (जबकि निर्माण अकबर के काल में) हुई थी। या तो फारुकी द्वारा संदर्भित काले पत्थर पर शिलालेख झूठा है या वादी द्वारा मरम्मत का बदला हुआ संस्करण झूठा है। शिलालेख में प्रयुक्त शब्द 'तैयार शुद' है। इस मस्जिद के बारे में लिखे गए पहले के किसी भी इतिहास में मुझे इनमें से किसी भी शिलालेख का उल्लेख नहीं मिला है। इसलिए, मुझे एक पल के लिए भी इन दोनों शिलालेखों में से किसी की सत्यता पर विश्वास नहीं हुआ।*[27]

न्यायाधीश ने उस पूरे सिद्धांत को भी खारिज कर दिया कि मस्जिद शाहजहाँ के समय में एक मंदिर को तोड़कर बनाई गई थी, भले ही यह उसके पूर्ववर्ती अकबर की अनुमति से बनाई गई हो। ऐसे कई मंदिर थे जो शाहजहाँ के युग के थे, जिनमें अकबर की अनुमति से मान सिंह द्वारा बनवाया गया मुत्तरा भी शामिल है। न्यायाधीश ने कहा कि प्रतिवादियों को लगा कि फारुकी की पुस्तक औरंगज़ेब के लिए माफी और उसकी कट्टरता पर पर्दा डालने जैसा है। दूसरी ओर, वादी ने यूरोपीय लोगों के सभी कार्यों को मुस्लिमों को खराब रोशनी में चित्रित करने और हिंदुओं तथा मुसलमानों के बीच ख़राब रिश्ते को बढ़ावा देने के लिए जानबूझकर पूर्वाग्रह के रूप में खारिज कर दिया। न्यायाधीश ने सहानुभूतिपूर्वक कहा कि ऐतिहासिक दस्तावेजों की सत्यता पर दोनों पक्षों की ऐसी राय से

उन्हें कोई सरोकार नहीं है। वह केवल यह जांच करना चाहते थे कि क्या विशेष इतिहासकारों के निष्कर्ष उनके सामने मौजूद सामग्रियों के आधार पर उचित थे, और क्या वे विभिन्न संभावनाओं के अनुरूप थे। यदि फारुकी की यात्रा से पहले पत्थर की दो पट्टियाँ मस्जिद में थीं, तो यह संभव नहीं है कि अन्य इतिहासकारों तथा आगंतुकों ने उन पर ध्यान नहीं दिया होगा और ऐसे महत्वपूर्ण शिलालेख को अनदेखा कर दिया होगा। शाह गियास आलम के इस दावे का समर्थन करने के लिए कोई दस्तावेजी या ऐतिहासिक साक्ष्य भी नहीं था कि इस परिसर में दारा शिकोह का संस्कृत विद्यालय था। उन्होंने कहा कि मुस्लिम पक्ष की ओर से यह तर्क नहीं दिया गया कि ऐवान-ए-शरीयत शब्द का इस्तेमाल किसी संस्कृत विद्यालय के लिए किया जा सकता है। उन्होंने निष्कर्ष निकाला कि तथ्य यह है कि वर्तमान मस्जिद वास्तव में औरंगज़ेब के समय में बनाई गई थी।

इसे स्थापित करने के बाद, न्यायाधीश ने विश्लेषण करना शुरू किया कि इस मस्जिद के स्थान पर क्या था। उनका मानना था कि पश्चिम में एक खंडहर इमारत के हिस्सों से यह संकेत मिलता है कि आंशिक रूप से मस्जिद के किनारे और आंशिक रूप से इसके पश्चिम में कोई इमारत मौजूद थी। मस्जिद की पश्चिमी दीवार पिछली इमारत के दरवाजों में से एक है जिसे अब बंद कर दिया गया है और इसमें हिंदू इमारत के सभी निशान मौजूद हैं। मौजूदा खंडहरों से भी पता चलता है कि मौके पर कोई हिंदू इमारत रही होगी। यह सच है कि मुसलमानों ने भी कुछ हिंदू रूपांकनों को अपनाया और इसी तरह हिंदुओं ने भी कुछ मुस्लिम शैलियों को अपनाया जैसे कि मेहराब। सभी इतिहासकार और विशेषज्ञ इस बात पर सहमत थे कि पिछली इमारत एक हिंदू मंदिर थी। मस्जिद को दिया गया 'ज्ञानबाफी' नाम ही दर्शाता है कि यह ज्ञानवापी कुएँ के परिसर में है। वादी और उनके वकील या गवाह, न्यायाधीश को ज्ञानबाफी का अर्थ नहीं बता सके, जो अन्यथा अर्थहीन शब्द है। कुछ गवाहों ने कहा कि अकबर ने दीन-ए-इलाही इमारत बनवाई, जिसे वह ज्ञानबारी या ज्ञान का निवास कहता था, जो बाद के वर्षों में ज्ञानबाफी बन गई। उन्होंने सवाल किया कि अकबर ने इतनी महत्वपूर्ण इमारत के लिए गैर-फ़ारसी नाम और स्थानीय भाषा का इस्तेमाल क्यों किया होगा? इस अजीब सिद्धांत के लिए भी कोई ऐतिहासिक समर्थन उपलब्ध नहीं था और

इसलिए न्यायाधीश इस निष्कर्ष पर पहुंचे कि नाम को लेकर दी जा रही यह व्याख्या निश्चित रूप से गलत है। 1810 में संघर्ष शुरू होने के बाद से कई मौकों पर, सरकारी, नगरपालिका या अदालती रिकॉर्ड में यह दावा किया गया है कि इस मस्जिद का निर्माण पुराने बिशुनाथ मंदिर के स्थान पर किया गया था। मुसलमानों ने पहले कभी यह दावा नहीं किया था कि यह अकबर की ज्ञानबाड़ी या ऐवानी-ए-शरीयत या दारा शिकोह का संस्कृत विद्यालय था। इसलिए, न्यायाधीश को यह वादी द्वारा पूर्वव्यापी मनगढ़ंत कहानी प्रतीत हुई।

न्यायाधीश ने आगे कहा कि मस्जिद के नाम से ही यह स्पष्ट रूप से स्थापित हो जाता है कि जिस परिसर में मस्जिद है वह ज्ञान वापी का परिसर है। इस परिसर में, इस मस्जिद के दक्षिण में, वह कुआँ अभी भी मौजूद है जिसे हिंदू ज्ञान के आदि स्रोत के रूप में पूजते हैं। हिंदू पौराणिक कथाओं के अनुसार, बनारस में एक ज्ञान वापी कुआँ था जो विश्वनाथ मंदिर के दक्षिण में स्थित था। वादी पक्ष ने यह दावा या साक्ष्य नहीं दिया है कि बनारस में कहीं और ऐसा कुआँ मौजूद है। इसलिए, न्यायाधीश ने अनुमान लगाया कि इस बात पर संदेह करने का कोई कारण नहीं है कि पौराणिक कुआँ वही है जो इसी परिसर में मस्जिद के दक्षिण में है।

न्यायाधीश ने नारायण भट्ट के पोते नीलकंठ द्वारा लिखित दानहारावली का भी उल्लेख किया। नीलकंठ कहते हैं कि यह उनके पूर्वज थे जिन्होंने मंदिर का निर्माण करवाया था। यह पांडुलिपि लंदन में इंडिया ऑफिस लाइब्रेरी में मिली थी। न्यायाधीश ने जोर देकर कहा कि यह संभव नहीं है कि राज्य सचिव ने पर्याप्त पूछताछ के बिना इंडिया ऑफिस लाइब्रेरी में किसी पुस्तक के प्रवेश को अधिकृत किया होगा। उन्होंने कहा कि हो सकता है कि जांच दोषपूर्ण रही हो, लेकिन सरकारी प्रकाशन के संबंध में उचित जांच के पक्ष में अनुमान लगाया जा सकता है।

न्यायाधीश ने 1580 के त्रिस्थली सेतु के अल्टेकर के उद्धरण का भी हवाला दिया, जहां यह उल्लेख किया गया है कि विश्वेश्वर का लिंग कुएँ के उत्तर में था और मुसलमानों द्वारा लगातार मूर्तिभंजक लहरों के कारण मंदिर को बार-बार तोड़ा गया था। कभी-कभी लिंग हटा भी दिया जाता था। लेकिन अल्टेकर ने कहा था कि स्थान महात्म्य या स्थान

की पवित्रता के सिद्धांत पर, पूजा स्थल के चारों ओर घूमकर की जानी चाहिए, हालांकि लिंग को हटा दिए जाने के कारण भगवान का अनुष्ठान स्नान हमेशा संभव नहीं हो सकता है। यह भी सच है कि इतिहासकारों ने इस पुस्तक का उल्लेख नहीं किया है, क्योंकि यह इतिहास के गंभीर कार्य से अधिक एक धार्मिक ग्रंथ था, न्यायाधीश ने कहा कि यह असंभव नहीं था कि बनारस के लोगों ने इस प्रश्न को नारायण भट्ट जैसे एक प्रतिष्ठित विद्वान के पास भेजा होगा। यह काफी हद तक मुसलमानों के फतवे के समान था, जहां वे आस्था के मामलों पर सलाह के लिए उलेमा के पास जाते हैं। नारायण भट्ट ने परेशान भक्तों को सलाह दी होगी कि यदि मुसलमानों के कृत्यों के कारण मंदिर और लिंग को ध्वस्त कर दिया जाता है, तो भी उस स्थान की पूजा की जानी चाहिए। लेकिन इस पुस्तक में इस बात का कोई उल्लेख नहीं है कि मंदिर का निर्माण नारायण भट्ट के समय में किया गया था और मुकदमे के दौरान दोनों पक्षों ने इसका विरोध किया था। वादी पक्ष ने तर्क दिया कि अल्टेकर के अनुसार, अकबर से पहले, मंदिर को आखिरी बार सिकंदर लोदी ने ध्वस्त किया था। 1517 में सिकंदर लोदी की मृत्यु हो गई। इसके अलावा, अल्टेकर ने अपने बयान में कहा था कि मंदिर 40-50 वर्षों तक खंडहर था। इसलिए, वादी का मानना था कि मंदिर का निर्माण 1580 से बहुत पहले किया गया होगा। लेकिन त्रिस्थली सेतु में इसके पुनर्निर्माण का कोई उल्लेख नहीं है, न ही नारायण भट्ट के पुत्र द्वारा लिखित पुस्तक, गाधिवंशानुचरित में इस पवित्र कार्य का उल्लेख है। इस पर अपनी जिरह के दौरान अल्टेकर ने कहा था कि ये दोनों ग्रंथ इस मंदिर के निर्माण से पहले, नारायण भट्ट (जो काफी उन्नत युग में जीवित थे) के समय में लिखे गए होंगे। इसके अलावा, पुराने दिनों में पंडितों द्वारा अपने धर्मार्थ या पवित्र कार्यों को प्रमुखता देने या प्रकट करने की प्रथा भी नहीं थी। साथ ही यह केवल अल्टेकर का अनुमान था कि मंदिर 40-50 वर्षों से खंडहर था, जबकि यह और लंबे समय तक जीर्ण-शीर्ण अवस्था में पड़ा रह सकता था।

वादी ने जोरदार तर्क दिया कि 'मासिर-ए-आलमगिरी' प्रामाणिक नहीं थी, और फिर इसके कई संस्करण तैयार हुए, जिसमें औरंगज़ेब के फरमान या विध्वंस का उल्लेख नहीं था। जब अदालत ने उस पुस्तक की

एक प्रति पेश करने के लिए दबाव डाला जिसका वे उल्लेख कर रहे थे, तो वे केवल 1932 में उस्मानिया विश्वविद्यालय द्वारा प्रकाशित अरबी पाठ का उर्दू अनुवाद ही निकाल सके। इस संस्करण में आसानी से इन विवरणों को छोड़ दिया गया था। लेकिन प्रतिवादी एशियाटिक सोसाइटी ऑफ बंगाल द्वारा 1871 में प्रकाशित अरबी में मूल मासिर-ए-आलमगिरी दिखाने में कामयाब रहा। इस पाठ के पृष्ठ 88 में आदेश और उसके बाद मंदिर के विध्वंस का विवरण दिया गया है। वहां प्रयुक्त शब्द थे 'बुतखाना काशी बिशुनाथ'। इस स्तर पर, वादी के वकील ने तर्क दिया कि इसका मतलब काशी का विश्वनाथ मंदिर नहीं बल्कि प्रसिद्ध विश्वनाथ की काशी है। न्यायाधीश इस तर्क से निराश हो गए और उन्होंने माना कि उनके सर्वोत्तम प्रयासों और वादी के वकील के बार-बार उकसाने के बावजूद, यह विवाद उनके लिए समझ से बाहर था। वादी के वकील ने तब तर्क दिया कि मासिर-ए-आलमगिरी कई घटनाओं के बारे में गलत थी और यह पुस्तक औरंगज़ेब की मृत्यु के तीन साल बाद लिखी गई थी। लेकिन सर एच.एम.एलियट और प्रोफेसर जॉन डाउसन के कार्यों का संदर्भ देते हुए न्यायाधीश ने कहा कि मासिर -ए-आलमगिरी के लेखक औरंगज़ेब के दरबार के अनुयायी थे और अपने संरक्षक के निर्देश के तहत उन्होंने अपने बादशाह की मृत्यु के तीन साल के भीतर पुस्तक पूरी कर ली थी। इसका मतलब यह नहीं था कि उन्होंने सम्राट की मृत्यु के तीन साल बाद लिखना शुरू किया। न्यायाधीश ने जोर देकर कहा: 'मासिर-ए-आलमगिरी के अधिकार पर संदेह करने का कोई कारण नहीं है और विशेष रूप से तब जब यह एक ध्वस्त मंदिर के अभी भी मौजूदा खंडहरों के व्यावहारिक साक्ष्य द्वारा समर्थित है।'

इस स्तर पर, वादी ने तर्क दिया कि भले ही कोई इस तथ्य को स्वीकार कर ले कि विश्वनाथ का मंदिर वास्तव में औरंगज़ेब के आदेश से ध्वस्त किया गया था, लेकिन इस बात की कोई निश्चितता नहीं है कि यह ज्ञान वापी का ही मंदिर था। तर्क यह था कि प्रसिद्ध हर तीरथ मंदिर के पास एक मस्जिद है, जिसे हर तीरथ मस्जिद के नाम से जाना जाता है, जिसका निर्माण भी किसी पुरानी इमारत की सामग्री से हुआ प्रतीत होता है। वह हिंदुओं का एक मंदिर था जिसे कृतिवासेश्वर के नाम से जाना जाता था। ऐतिहासिक दस्तावेजों से पता चलता है कि इस मंदिर का

निर्माण 1077 हिजरी (1666 ई.) में औरंगज़ेब के आदेश के अनुसार एक मंदिर को तोड़कर अनियमित तरीके से किया गया था। उन्होंने यह भी तर्क दिया कि उर्दू अंक 6 और 9 समान थे अतः फ़रमान कब लिखा गया था, इसके बारे में कुछ भ्रम हो सकता है और इसलिए इसे मासिर-ए-आलमगिरी में गलत तरीके से रिपोर्ट किया गया है। न्यायाधीश ने फिर से इस दृष्टिकोण को खारिज कर दिया। उन्होंने कहा कि इस मस्जिद का सवाल 1810 के बाद से ब्रिटिश काल से सक्रिय रूप से लड़ा जा रहा था। लेकिन इससे पहले कभी भी यह प्रतिनिधित्व नहीं किया गया कि मासिर-ए-आलमगिरि द्वारा संदर्भित मंदिर कृतिवासेश्वर का था। इसके अलावा, मासिर-ए-आलमगिरी में उल्लिखित वर्ष शब्दों में था, अंकों में नहीं, इसलिए संख्यात्मक भ्रम का संदेह उत्पन्न नहीं हुआ। इसलिए न्यायाधीश ने इस तर्क को खारिज कर दिया।

शुरू में इस बात से इनकार करने के बाद कि उस स्थान पर कोई मंदिर भी था तथा यह कहने के बाद कि यह औरंगज़ेब ही नहीं था, जिसने इस मंदिर को ध्वस्त करवाया और यहां तक कि मासिर-ए-आलमगिरी की वैधता को भी नकारने के बाद, वादी पक्ष ने मुद्दे को भटकाने के लिए अन्य रणनीतियां अपनाईं। इस प्रक्रिया में, उन्होंने औरंगज़ेब द्वारा इतने सारे मंदिरों के विध्वंस को उजागर कर दिया कि यह उनके अपने मूल दावों का खंडन करने लगा, और फारुकी के भौगोलिक विवरण में प्रदर्शित औरंगज़ेब के सहिष्णु और समावेशी शासक होने की पोल खोल दी। उदाहरण के लिए, वादी ने तर्क दिया कि गंगा के तट पर माधोदस्क धरहरा नामक एक और मंदिर था, जिसे औरंगज़ेब ने अपने समय में ध्वस्त कर दिया था और उस पर ऊंची मीनार वाली एक मस्जिद का निर्माण करवाया था। मुस्लिम पक्ष ने तर्क दिया कि यह संभव है कि यह वही मंदिर है जिसके बारे में मासिर-ए-आलमगिरी में बात की गई है। लेकिन चूंकि उस मंदिर को कभी भी काशी का विश्वनाथ मंदिर नहीं कहा गया या पहचाना नहीं गया, इसलिए न्यायाधीश ने इस तर्क को भी खारिज कर दिया।

अगला तर्क यह था कि इस परिसर से कुछ दूरी पर आदि विश्वेश्वर के नाम से जाना जाने वाला एक और मंदिर था, जिसे ध्वस्त कर दिया गया था और उसके पास ही रज़िया बीबी की मस्जिद थी। चूँकि 'आदि' शब्द

का अर्थ 'मूल' था, इसलिए यह कहना गलत था कि विश्वनाथ का पुराना मंदिर इस ज्ञानवापी परिसर में था और यदि कोई था, तो वह उस रज़िया मस्जिद के पास ही रहा होगा। यहां भी न्यायाधीश ने कहा कि ऐसा नहीं कहा जा सकता कि आदि विश्वेश्वर मंदिर ज्ञान वापी के बिल्कुल उत्तर में है जैसा कि हिंदुओं की मान्यता है और जैसा कि उनके धर्मग्रंथों में दर्ज है, न ही यह इसके बहुत करीब है। हालाँकि, हिंदुओं द्वारा पूजनीय विश्वनाथ या विश्वेश्वर वही हैं जो ज्ञानवापी कुएँ के निकट और उत्तर में हैं। इसके अलावा वाराणसी में कोई दूसरा ज्ञान वापी कुआं भी नहीं है। तो, न्यायाधीश ने अनुमान लगाया कि विश्वनाथ का केवल एक ही मंदिर था और वह इसी परिसर में था।

हालाँकि, न्यायाधीश ने अपनी व्याख्या दी कि केवल फ़रमानों और उसके बाद के विध्वंस के आधार पर, यह निष्कर्ष निकालना संभव नहीं था कि औरंगज़ेब एक धार्मिक कट्टरपंथी था। उन्होंने फारुकी को कुछ फ़रमान दिखाने के लिए उद्धृत किया, जिसमें उन्होंने अपने अधीनस्थों को माधो राय मंदिर के काम में हस्तक्षेप न करने या नए मंदिर के निर्माण के लिए दी गई भूमि के अनुदान में हस्तक्षेप न करने का आदेश दिया था। इसके अलावा, एक राजा के रूप में वह कानून और यहां तक कि धर्म से भी ऊपर था, खासकर जब से वह एक निरंकुश था, न्यायाधीश ने कहा। उन्होंने इस बात पर जोर दिया कि औरंगज़ेब उतना भयानक मूर्तिभंजक नहीं था, जितना उसे बताया गया था। लेकिन यह अनुमान इस बात से पूरी तरह असंबद्ध था कि मामला या विवाद किस बारे में था। चाहे किसी ने औरंगज़ेब को तानाशाह कहा हो, निरंकुश कहा हो, या उस पर किसी अन्य विशेषण का इस्तेमाल किया हो, इससे इस तथ्य को दूर नहीं किया जा सका कि उसने विश्वनाथ मंदिर को ध्वस्त कर दिया था, जो ज्ञान वापी परिसर में खड़ा था जहां अब उसकी मस्जिद मौजूद थी। इस प्रकार, इस मुद्दे को भटकाने के प्रयासों के साथ कई तर्कों और प्रति-तर्कों के बाद, यह हल हो गया कि इस स्थल पर वास्तव में एक विश्वनाथ मंदिर था, जिसका निर्माण अकबर के शासनकाल के दौरान किया गया था और इसे 1669 में औरंगज़ेब ने नष्ट कर दिया था, चाहे वह कट्टरता से प्रेरित हो या उसके अधीनस्थों ने उसके दिमाग में जहर घोल दिया हो क्योंकि वे बनारस के ब्राह्मणों से ईर्ष्या करते थे।

एक बार जब यह स्थापित हो गया, तो न्यायाधीश ने इस मुद्दे पर विचार किया कि क्या इस प्रकार बनाई गई मस्जिद वैध थी। उन्होंने कहा कि निश्चित तौर पर सख्त इस्लामिक कानूनों के मुताबिक मस्जिद वैध नहीं थी। इस्लामी कानून के अनुसार मंदिरों का विध्वंस मूर्तिपूजा को खत्म करने के लिए वैध हो सकता है, जिसका वह धर्म विरोध करता है। लेकिन न्यायाधीश ने आगे कहा कि जहां तक उन्हें ज्ञात है, इस्लामी कानून कहीं भी यह प्रावधान नहीं करता है कि ऐसे मंदिरों द्वारा क़ब्ज़ा की गई भूमि को भी विनियोजित किया जाना चाहिए। दूसरी ओर, इस्लामी कानून में प्रावधान है कि किसी दूसरे की ज़मीन पर उसकी सहमति के बिना नमाज़ अदा करना जायज नहीं है। वादी/ याचिकाकर्ताओं ने कभी यह दावा नहीं किया कि इस मस्जिद के निर्माण के लिए या उस स्थान पर प्रार्थना करने के लिए हिंदुओं की सहमति ली गई थी जो उनसे संबंधित थी। इसलिए सख्ती से बोलते हुए, और इस्लामी कानून के अनुसार, न्यायाधीश ने कहा कि इस मस्जिद का निर्माण करना और इसमें प्रार्थना करना वैध नहीं था। लेकिन जैसा कि उन्होंने पहले देखा था, राजा सभी कानूनों से ऊपर है और इसलिए उसके द्वारा किया गया हर काम वैध माना जाता था।

अगला सवाल यह था कि क्या औरंगज़ेब या उसके अधीनस्थों ने पूरे परिसर की ज़मीन हड़प ली या केवल वह ज़मीन जिस पर मस्जिद का क़ब्ज़ा है। यहां न्यायाधीश ने निष्कर्ष निकाला कि इसमें कोई संदेह नहीं है कि जिसने भी मस्जिद का निर्माण किया वह इतना शक्तिशाली था कि पूरे परिसर पर क़ब्ज़ा कर सकता था। लेकिन चूंकि इस मुद्दे पर कोई निश्चित दस्तावेजी साक्ष्य उपलब्ध नहीं है, इसलिए परिस्थितिजन्य साक्ष्य को ध्यान में रखना होगा। वादी के गवाहों द्वारा पूरे परिसर को मस्जिद से संबंधित होने का दावा करने का मुख्य कारण यह है कि सीमा दीवार (चारदीवारी) पर मस्जिद के अंदर के समान पान के पत्ते जैसे मेहराब हैं, और इसलिए उन्होंने तर्क दिया कि सीमा दीवार भी मस्जिद की ही है। लेकिन जब उनसे पूछा गया कि क्या चारदीवारी मस्जिद के निर्माण के साथ ही बनाई गई थी या उसके बाद बनाई गई थी, तो उनमें से कुछ ने कहा कि यह मस्जिद से भी पुरानी है और अन्य ने कहा कि यह बाद की तारीख की है। न्यायाधीश ने माना कि ये केवल राय थीं और

किसी ने इसे बनते नहीं देखा था या उन्होंने अपने पूर्वजों के वृत्तांतों से ऐसा सुना था।

प्रतिवादियों ने तर्क दिया था कि चारदीवारी पुरानी थी और शायद अकबर के समय की थी जब मंदिर का निर्माण नारायण भट्ट ने कराया था। न्यायाधीश ने ई.बी. हैवेल, बनारस: द सेक्रेड सिटी (1905) के काम का भी उल्लेख किया, जहां वह लिखते हैं:

> *प्राचीन बनारस की अब मौजूद खंडहर इमारतों में से सबसे दिलचस्प वे इमारतें हैं जिन पर मोहम्मडंस (मुहम्मदियों) ने कब्ज़ा कर लिया है। औरंगज़ेब की मस्जिद के पीछे, स्वर्ण मंदिर [विश्वनाथ] के पास, एक बहुत ही भव्य ब्राह्मणवादी या जैन मंदिर रहा होगा। मस्जिद की दक्षिणी दीवार इसी में बनी है। परंपरा इसे औरंगज़ेब द्वारा नष्ट किये गये विश्वेश्वर के मूल मंदिर का हिस्सा बताती है। शैली से यह अकबर के समय अथवा लगभग सोलहवीं शताब्दी के प्रारम्भ का प्रतीत होता है। मस्जिद के सामने की ऊंची छत किसी बहुत पुरानी संरचना पर बनाई गई है, जिसके बारे में शेरिंग का सुझाव है कि यह बौद्ध विहार या मंदिर मठ रहा होगा। हालाँकि, यह केवल अनुमान है...यह बहुत संभव है कि जिस पूरे चतुर्भुज में मस्जिद खड़ी है, उसमें मूल रूप से कई ब्राह्मणवादी, या शायद जैन मंदिर और कई अलग-अलग काल के मठ शामिल हैं, जैसे कि अक्सर हिंदुओं के किसी भी संप्रदाय द्वारा विशेष रूप से पवित्र माने जाने वाले स्थानों में एक साथ समूहीकृत पाए जाते हैं।*[28]

न्यायाधीश ने कहा कि स्थल के निरीक्षण के दौरान, परिसर की मेहराबें उनकी चौड़ाई की तुलना में थोड़ी लंबी थीं, जबकि मस्जिद के मेहराबों की लंबाई और चौड़ाई आनुपातिक थी। दूसरे निरीक्षण पर, न्यायाधीश ने वादी के वकील से कहा कि दीवार पर मेहराब के ऊपरी हिस्से आंशिक रूप से गिर गए हैं। इस पर वादी पक्ष ने बताया कि मोहल्ले के लड़के परिसर में खेलते हैं, दीवार के ऊपर चढ़ जाते हैं और परिणामस्वरूप मेहराब की कुछ ऊपरी ईंटें टूट जाती हैं। लेकिन न्यायाधीश को लगा कि देखने में चारदीवारी की मेहराबें अधिक बेढंगी और पुरानी लगती हैं।

उनका मानना था कि यह तर्क कि चूंकि दीवार में मेहराब हैं, मस्जिद और दीवार के बीच की हर चीज़ को मस्जिद का हिस्सा माना जाना चाहिए, उनकी राय में विफल रहा। वादी ने तर्क दिया कि भले ही इसे अकबर के समय में बनाया गया हो, लेकिन कोई कारण नहीं है कि मंदिर की दीवार पर ऐसे मेहराब बनाए गए हों। इस पर प्रतिवादी पक्ष ने कहा कि वृन्दावन में मान सिंह और अकबर के समय बनवाए गए मंदिर में भी ऐसी मेहराबें हैं। इसको लेकर कोई विवाद नहीं हुआ। न्यायाधीश ने तर्क दिया कि दमनकारी इस्लामी शासन के तहत, हिंदुओं ने अपने मुस्लिम शासकों को खुश रखने के लिए कुछ भी किया होगा और यहां तक कि उनकी चारदीवारी के डिजाइन को भी अपनाया होगा ताकि बहुत अधिक ध्यान या गुस्सा आकर्षित न हो। न्यायाधीश ने कहा कि मस्जिद के निर्माताओं ने, चाहे वह औरंगज़ेब हो या उसके अधीनस्थ हों, परिसर की केवल उतनी ही ज़मीन ली, जितनी वे इस उद्देश्य के लिए आवश्यक समझते थे। यदि उनका इरादा पूरे परिसर को अपने उपयोग के लिए परिवर्तित करने का था, तो यह अकल्पनीय है कि उन्होंने मस्जिद के पीछे इतना बड़ा क्षेत्र, जो पुराने मंदिर के खंडहरों से ढका हुआ है, खाली छोड़ दिया होगा। दूसरी ओर, उन्हें ऐसा प्रतीत हुआ कि मस्जिद का निर्माण बहुत जल्दी में किया गया प्रतीत होता है, क्योंकि पश्चिम की ओर छतों पर परकोटे का भी निर्माण नहीं किया गया था।

न्यायाधीश ने कहा कि मस्जिद के पत्थर और खंभे स्पष्ट रूप से पहले की इमारत के थे। यह न केवल इस मामले में गवाही देने वालों के विशेषज्ञों की राय पर आधारित था, बल्कि कई इतिहासज्ञों, यात्रियों, इतिहासकारों और लेखकों की राय पर भी आधारित था। जब उन्होंने मस्जिद की पश्चिमी दीवार को पश्चिमी तरफ (जो पुराने मंदिर का द्वार है) से देखा, तो उन्हें लगा कि इसमें नक्काशी और पत्थर भी सममित नहीं हैं। इसलिए उन्होंने अनुमान लगाया कि यह संभव हो सकता है कि अंतिम मंदिर का एक हिस्सा पिछले मंदिर का अवशेष हो तथा इसके एक हिस्से का पुनर्निर्माण अकबर के समय में किया गया हो। इस प्रकार, इन खंडहरों का अस्तित्व और यह तथ्य कि दक्षिण का एक बड़ा क्षेत्र अभी भी हिंदुओं के क़ब्ज़े में है, जो मस्जिद के निर्माण के समय या बाद में उनके क़ब्ज़े में छोड़ दिया गया होगा, यह दर्शाता है कि संपूर्ण परिसर पर मुसलमानों का

कब्ज़ा नहीं था। उन्होंने फैसला सुनाया, इस प्रकार यह साबित करने की जिम्मेदारी निश्चित रूप से वादी पर थी कि इस पूरे हिस्से पर मुसलमानों का क़ब्ज़ा था। उत्तरी गेट के पास दुकानें एवं मकान तथा उत्तर पूर्वी कोने के मकान मुसलमानों के क़ब्ज़े में होने और इसलिए पूरी ज़मीन पर वादी के दावे के तर्क ने न्यायाधीश को प्रभावित नहीं किया। उत्तर की ओर, परिसर के एक बड़े हिस्से में, एक हिंदू धर्मशाला और पूर्व की ओर एक अमीर मारवाड़ी गोयनका का महलनुमा घर भी था।

न्यायाधीश ने यह भी कहा कि वादी मस्जिद के समर्पण के प्रति फ़रमान प्रस्तुत करने में विफल रहे थे। यह तर्क कि औरंगज़ेब के अधीनस्थ ब्राह्मणों से नाराज थे, जो गैर-मुस्लिमों पर लगाए गए भेदभावपूर्ण जजिया कर के भुगतान का विरोध करते थे और इसलिए उनका बदला लेने के लिए मंदिर को नष्ट कर दिया गया, न्यायाधीश को प्रभावित न कर सका। उनका मानना था कि मंदिर केवल ब्राह्मणों की संपत्ति नहीं है। इसलिए उस भूमि को हथियाने का कोई औचित्य नहीं था जिस पर मंदिर खड़ा था।

1809-10 में शुरू हुए संघर्ष का पूरा इतिहास न्यायाधीश द्वारा सुनाया गया, साथ ही आसपास के घरों, उनकी किरायेदारी और प्रतिस्पर्धा के अन्य मामलों से संबंधित छोटे विवादों का भी वर्णन किया गया। उन्होंने इनका उपयोग यह बताने के लिए किया कि मुसलमानों का ऐतिहासिक रूप से मस्जिद के आसपास की पूरी भूमि पर कभी भी एकमात्र कब्ज़ा नहीं रहा था। न्यायाधीश ने आश्चर्य व्यक्त किया कि यदि मस्जिद तथा आसपास की भूमि के वक़्फ़ समर्पण से संबंधित कोई दस्तावेज होता, तो क्या एआईएम ने इतने दशकों के विवादों और संघर्षों के दौरान जिला मजिस्ट्रेटों को इसे जमा नहीं किया होता। अभिलेखों से यह भी पता चलता है कि पश्चिम में गौरीजी का मंदिर लंबे समय से मान्यता प्राप्त था, उत्तर-पूर्व में वीर भद्रेश्वर का मंदिर 1843 से और उत्तर में अविमुक्तेश्वर का मंदिर 1899 से मान्यता प्राप्त था (पुजारी, व्यास की मध्यस्थता के माध्यम से) जिसका उल्लेख सरकारी दस्तावेजों में किया गया है। जब हिंदुओं की मांग के बाद सरकार द्वारा इन स्थलों को मान्यता दी जा रही थी, तो मुसलमानों ने कभी इस पर आपत्ति नहीं जताई क्योंकि वे जानते थे कि यह ज़मीन उनकी नहीं है। पूर्व में एक पीपल का पेड़ था जिसकी शाखाएँ मस्जिद तक फैली हुई थीं, जो मुसलमानों को

परेशान करती थीं और जिसके नीचे हिंदू देवी-देवताओं की पूजा की जाती थी, यह भी रिकॉर्ड का विषय है। ये पीपल के पेड़ रातोरात उगने वाले नहीं हो सकते हैं और इन्हें बहुत पहले, यहां तक कि एक या दो सदी पहले, हिंदुओं द्वारा लगाया गया था। न्यायाधीश ने कहा कि मस्जिद के निर्माता ने इन सभी पेड़ों को काटना और पूरी ज़मीन पर क़ब्ज़ा करना जरूरी नहीं समझा, जिससे पता चलता है कि मस्जिद के बाहर की ज़मीन पर क़ब्ज़ा करने का उनका कोई इरादा नहीं था।

धोबियों के घर या मस्जिद के उत्तर में निचली भूमि पर पत्थर की सीढ़ियाँ इस तथ्य का सबूत नहीं थीं कि मुसलमानों के पास पूरे क्षेत्र का स्वामित्व था, जैसा कि वादी द्वारा दावा किया गया था। यह दिखाने के लिए कोई सबूत नहीं था कि ये वास्तव में कब अस्तित्व में आए और क्या ये हाल ही में किए गए निर्माण थे। उपरोक्त सभी साक्ष्यों के माध्यम से न्यायाधीश निम्नलिखित निष्कर्ष पर पहुँचे:

> *मुसलमानों ने इस निचली भूमि पर कब्ज़ा नहीं किया। यह तय करना आवश्यक नहीं है कि इस पर हिंदुओं का कब्ज़ा है या नहीं, हालाँकि उनकी यदा-कदा स्वीकारोक्ति को देखते हुए ऐसा लगता है कि वे भी सरकार के स्वामित्व से सहमत हैं। सरकार सभी संपत्ति की मूल और अंतिम मालिक है और यदि कोई निजी व्यक्ति या निकाय अपना स्वामित्व साबित करने में विफल रहता है या यह सुनिश्चित करना असंभव हो कि इस भूमि का हकदार कौन है तो सरकार 1810 के आदेशों के बावजूद संपत्ति के अंतिम मालिक के रूप में हकदार है। यह भी आश्चर्य की बात है कि मुसलमान अब 'फरमान' तैयार करने के बजाय हाल ही में बरामद किए गए पत्थर के छोटे पोर्टेबल टुकड़े जैसे हल्के सबूतों पर भरोसा कर रहे हैं।*[29]

न्यायाधीश का निष्कर्ष यह था कि खंडहरों की उपस्थिति से ही पता चलता है कि मस्जिद के निर्माण से पहले वहां एक मंदिर मौजूद था। यह लगभग सभी इतिहासकारों का एक व्यापक रूप से स्वीकृत दृष्टिकोण था। ज्ञान वापी कुएँ का अस्तित्व भी निर्विवाद साक्ष्यों से सिद्ध हुआ और कहा गया कि मंदिर कुएँ के उत्तर में था और इसलिए विश्वनाथ मंदिर है। इस

मामले में, यह कहना पर्याप्त है कि वहां वास्तव में एक हिंदू मंदिर था, कि चारदीवारी मस्जिद से भी पुरानी है और अकबर के समय की है जब मंदिर नारायण भट्ट की पहल से बनाया गया था। न्यायाधीश के अनुसार, ज्ञानवापी कुएँ के पृथ्वी पर सबसे पुराना होने का दावा बढ़ा-चढ़ाकर किया गया था, लेकिन यह निश्चित रूप से पौराणिक काल का था, यानी 500-600 ई. के आसपास का। यह भी संभव हो सकता था कि पुराना मंदिर रज़िया मस्जिद के पास था लेकिन यह साबित करना मुश्किल था। उन्होंने फैसला सुनाया कि वादी उन्हें यह विश्वास दिलाने में विफल रहे कि मस्जिद के आसपास की भूमि मुस्लिम वक़्फ़ संपत्ति है और परिणामस्वरूप उन्हें इस पर कोई भी प्रार्थना या अलविदा प्रार्थना करने का अधिकार है। मस्जिद और उसके प्रांगण के नीचे की ज़मीन मस्जिद की थी और इसे वक़्फ़ हनफ़ी माना जा सकता है। जिस क्षण मंदिर को ध्वस्त किया गया, भूमि राज्य की संपत्ति बन गई। अब तक इसे किसी धार्मिक उद्देश्य के लिए समर्पित नहीं किया गया था, इसलिए यह अब भी राज्य की संपत्ति थी। खंडहर को भी राज्य संपत्ति घोषित कर दिया गया। न्यायाधीश ने कहा: 'इस भूमि को उसके (औरंगज़ेब के) इच्छित उद्देश्य के अलावा किसी अन्य उद्देश्य के लिए उपयोग करना, अर्थात इसे हिंदुओं के अपमान के लिए या संपत्ति का पिछला इतिहास दिखाने के लिए बरकरार रखना, औरंगज़ेब की आत्मा पर हिंसा होगी।'[30]

अंतिम आदेश

आख़िरकार 24 अगस्त 1937 को अदालत ने इस मामले में अपना अंतिम आदेश सुनाया, जो इस प्रकार था:

> *यह घोषित किया गया है कि केवल मस्जिद और उसके नीचे की भूमि वाला प्रांगण हनफ़ी मुस्लिम वक़्फ़ है तथा वादी एवं अन्य हनफ़ी मुसलमानों को केवल मस्जिद और प्रांगण में नमाज़ पढ़ने तथा अन्य धार्मिक लेकिन वैध कार्य करने का अधिकार है। साथ ही उन्हें साल में एक बार मस्जिद के पश्चिम में दो कब्रों पर 'उर्स' आदि मनाने का अधिकार है और मस्जिद की छत पर जाने के लिए*

खंडहर को मार्ग के रूप में उपयोग करने का भी अधिकार है। आगे यह घोषित किया गया है कि उन्हें वादपत्र मानचित्र में लाल रंग से चिह्नित भूमि के किसी भी हिस्से पर सामान्य, अंतिम संस्कार या अलविदा प्रार्थना करने का कोई अधिकार नहीं है, जो डिक्री का हिस्सा होगा। यदि वे चाहें तो मस्जिद की छत पर और उत्तरी द्वार के ऊपर धोबी के घर में तथा द्वार के पूर्व में स्थित घर में एवं मस्जिद के उत्तर में चबूतरे पर भी प्रार्थना कर सकते हैं जिसके ऊपर कई कब्रें मौजूद हैं।[31]

अपील

वादी परिणाम से असंतुष्ट थे और उन्होंने आदेश के खिलाफ इलाहाबाद उच्च न्यायालय में जस्टिस ऑलसॉप और जे.जे. वर्मा के समक्ष अपील करने का फैसला किया। यह प्रथम अपील संख्या 466 (1937) 1942 एससीसी ऑनलाइन इलाहाबाद 56 (एवं ए.आई.आर. 1942 इलाहाबाद 353) में रिपोर्ट की गई है। न्यायाधीशों ने पूरे मामले और निचली अदालत की दलीलों तथा आदेश पर गौर किया। उन्होंने टिप्पणी की कि विद्वान सिविल जज ने मस्जिद के इतिहास का अध्ययन किया है और इस निष्कर्ष पर पहुंचे हैं कि यह एक हिंदू मंदिर की जगह पर बनाया गया था जिसे सत्रहवीं शताब्दी में औरंगज़ेब ने ध्वस्त कर दिया था। वे इस ऐतिहासिक पृष्ठभूमि में नहीं जाना चाहते थे। पहला प्रश्न जो वे पूछना चाहते थे वह यह था कि क्या पूरा परिसर वक़्फ़ था। यहां विवादों के विभिन्न मोड़ों तथा 1810 के बाद से लगातार हो रहे विवादों का संदर्भ दिया गया। उन्होंने निष्कर्ष निकाला कि 'मुकदमे की स्थापना से पहले सौ वर्षों से भी अधिक की अवधि के दौरान मस्जिद के चारों ओर का घेरा वक़्फ़ के रूप में कभी भी मुस्लिम समुदाय के विशेष क़ब्ज़े में नहीं रहा'[32]

इसके वक़्फ़ भूमि होने के अपने दावे को पुष्ट करने के लिए, वादी पक्ष ने वर्ष 1291 हिजरी/1883-84 ई. का एक निपटान खसरा पेश किया था। खसरा आम तौर पर एक फ़ील्ड बुक होती है जिसमें कृषि भूमि पर कब्ज़ा करने वाले किरायेदारों की सूची होती है और यह उन रजिस्टरों में से एक नहीं है जो अधिकारों के रिकॉर्ड में शामिल हैं। इस अवधि के दौरान,

न्यायाधीशों ने कहा, कुछ शहरी क्षेत्रों को भी खसरे में शामिल किया गया था क्योंकि वे पिछले निपटान या रिकॉर्ड के संशोधन के बाद से बनाए गए थे और उन पर किराए का भुगतान अभी भी किया जा रहा था। इसलिए विद्वान न्यायाधीशों को यह कोई ठोस तर्क प्रतीत नहीं हुआ।

वादी ने मुतवली के एक घर के पुराने मामले को सामने लाने का प्रयास किया, जब किरायेदार ने किराया देने से इनकार कर दिया था और इस तरह यह दावा किया गया था कि यह सब एक वक़्फ़ संपत्ति थी, जिसका अदालत ने उपहास भी उड़ाया। न्यायाधीशों ने कहा कि दरअसल उस विवाद के दौरान तत्कालीन अदालतों ने निर्देश दिया था कि घर को मस्जिद से संबंधित वक़्फ़ संपत्तियों की सूची में शामिल नहीं किया जाना चाहिए। उन्होंने टिप्पणी की कि उन्हें ऐसा नहीं लगता कि इस प्रकरण को अपनी दलीलों में शामिल करने से वादी के मकसद में किसी भी तरह से मदद मिली है और वे जो चाह रहे हैं, उसके लिए यह हानिकारक है।

निचली अदालत ने माना था कि उत्तरी गेट और उसके आसपास की दुकानों को केवल इसलिए वक़्फ़ संपत्ति माना जा सकता है क्योंकि यह बारह साल से अधिक समय से मुतवल्लियों के कब्ज़े में थी। हालाँकि यह दिखाने के लिए कोई प्रमाण नहीं था कि यह मूल रूप से मस्जिद के साथ ही निर्मित या उसी के प्रति समर्पित थीं।[33] इसी तरह, यह भी स्थापित नहीं हो पाया था कि घेरने वाली दीवार (चारदीवारी) मस्जिद के साथ ही बनाई गई थी और यह पहले की विंटेज हो सकती थी, जैसा कि सभी साक्ष्य इंगित करते प्रतीत होते हैं। इसलिए न्यायाधीशों ने कहा कि कोई यह नहीं मान सकता कि मस्जिद के निर्माण के समय पूरा परिसर वास्तव में मस्जिद के प्रति समर्पित था।[34]

वादी के अठारह गवाहों के बारे में, जिन्होंने गवाही दी थी कि नमाज़ के दौरान हमेशा मस्जिद के बाहर भीड़ उमड़ती थी, अदालत ने सख्त टिप्पणी की कि केवल यह तथ्य कि कुछ अवसरों पर जब उन्हें यह सुविधाजनक लगा, एक निश्चित संख्या में लोग सार्वजनिक भूमि पर उमड़ पड़े। इसका मतलब यह नहीं कि ज़मीन उनकी थी। वादी की इस दलील पर कि मुसलमानों ने लंबे समय तक उपयोग के आधार पर एक प्रथागत अधिकार हासिल किया है, न्यायाधीशों ने कहा: 'लंबे समय तक उपयोगकर्ता का होना इस प्रथा के अस्तित्व का सबूत हो सकता है, लेकिन यह अपने आप में एक प्रथा का निर्माण नहीं करता है। एक प्रथा जो कानून

के अंतर्गत आती है, वह वह है जिसे संबंधित लोगों द्वारा सामान्य मान्यता प्राप्त हो।[35]

इन सभी तर्कों के आधार पर, जिन पर इलाहाबाद उच्च न्यायालय ने दोबारा गौर किया, मोटे तौर पर यह निष्कर्ष निकला कि इन सबूतों में ऐसा कुछ भी नहीं है जो यह बताता हो कि बाड़े पर प्रार्थना करना हमेशा मुसलमानों का अधिकार माना जाता था। अपील को सर्वसम्मति से खारिज कर दिया गया, वादी पर इसकी लागत भी लगाई गई।

इस मुकदमे के फैसले से भविष्य के लिए कुछ महत्वपूर्ण निष्कर्ष:

1. इस मामले में हिंदुओं को पक्षकार नहीं बनाया गया। इसलिए, फैसला भी उन पर बाध्यकारी नहीं है। हालाँकि, मुकदमे के दौरान दिए गए गवाहों के बयान भविष्य के निर्णयों के लिए एक महत्वपूर्ण साक्ष्य के रूप में काम करते हैं।
2. 'स्थान आदि विशेश्वर' और देवी श्रृंगार गौरी तथा अन्य देवताओं से संबंधित गवाहों द्वारा दिए गए बयानों को मुस्लिम पक्ष की ओर से चुनौती नहीं दी गई।
3. कथनों से यह भी सिद्ध हुआ कि स्थान आदि विशेश्वर की पूजा निरंतर भक्तों द्वारा की जाती रही है। यहां 'निरंतर' शब्द का विशेष महत्व है।
4. निर्णय के पैरा 16 में, माननीय न्यायालय ने माना कि मुकदमे में संपत्ति वक़्फ़ संपत्ति नहीं थी।
5. यह ध्यान रखना महत्वपूर्ण है कि भूमि का एक टुकड़ा 'लंबे समय से उपयोग' के आधार पर वक़्फ़ संपत्ति हो सकता है, यदि यह स्थापित हो कि इसका उपयोग लंबे समय से या प्राचीन काल से किया जा रहा है। हालाँकि, इस मामले में, एक स्पष्ट समयरेखा है कि संपत्ति पर कब क़ब्ज़ा किया गया था यानी 1669 में। अत: उपयोगकर्ता द्वारा किया गया वक़्फ़ समझौता ही अमान्य हो जाता है।

इस प्रकार, लंबे समय से चली आ रही इस कानूनी लड़ाई का अंत हुआ, जिसने पहली बार साइट के कुछ पहलुओं को कानूनी रिकॉर्ड में लाया, हालांकि दीन मोहम्मद मामले का दायरा बेहद सीमित था। जैसा कि पहले उल्लेख किया गया है, मामले की सीमितता इस तथ्य से उत्पन्न हुई कि इस मामले में हिंदू कभी भी शामिल नहीं थे या उन्हें एक पक्ष नहीं

बनाया गया था। यह सरकार और मुस्लिम अधिकारियों के बीच का विवाद था, जहां सरकार ने प्रतिवादी पक्ष से केवल हिंदू गवाहों को तैनात किया था। स्थान का धार्मिक चरित्र निर्धारित नहीं किया गया या उस पर सवाल नहीं उठाया गया, न ही यह तय किया गया कि भूमि किसके कब्ज़े में थी। इस बात पर कोई अंतिम निर्णय नहीं हुआ कि संपत्ति का उपयोग केवल मस्जिद के रूप में किया जाएगा या मंदिर के रूप में। इसमें जो एकमात्र मुद्दा निपटाया गया वह दो तहों से युक्त था: क्या मुसलमानों द्वारा साइट पर प्रार्थना करते समय सरकारी अधिकारियों का हस्तक्षेप वैध था या नहीं, और क्या यह वक़्फ़ संपत्ति थी या नहीं। मामले का यह सीमित दायरा एवं इसका निर्णय भविष्य के उन विवादों को प्रभावित नहीं करने वाला था, जो दो समुदायों द्वारा उपयोग के अधिकार पर उठने वाले थे और साक्ष्यों के ऐतिहासिक तथा धार्मिक तत्वों को ध्यान में रखते हुए पूरे स्थान के वास्तविक धार्मिक चरित्र का निर्धारण करते थे।

6

स्वतंत्र भारत में

1942 में जब से इलाहाबाद उच्च न्यायालय ने दीन मोहम्मद और अन्य की अपील को खारिज कर दिया, तब से देश को कई उतार-चढ़ाव भरे बदलावों का सामना करना पड़ा। यथा - स्वतंत्रता आंदोलन ने जोर पकड़ा तथा द्वितीय विश्व युद्ध एवं उपनिवेशवादी शक्तियों पर इसके प्रभाव ने उनके दबदबे को कम किया, और अंततः 1947 में रक्त-रंजित विभाजन के बाद भारत को स्वतंत्रता प्राप्त हुई। मुस्लिम पक्ष, दो बार कानूनी रूप से खारिज होने के बाद, शायद इस बात से अवगत थे कि जब स्थल के स्वामित्व की बात आई तो वे कमजोर स्थिति में थे और विभाजन के बाद उपमहाद्वीप में अनिश्चित सांप्रदायिक स्थिति के कारण, उन्होंने ज्ञान वापी मस्जिद के मामले को किसी भी अदालत में आगे नहीं बढ़ाया। काशी का मुद्दा और ज्ञान वापी के आसपास का विवाद स्वतंत्रता के बाद के कई दशकों में लोकप्रिय चेतना से दूर हो गया। हालाँकि यह मंदिर उन लाखों हिंदुओं के बीच बेहद लोकप्रिय है जो काशी की यात्रा और तीर्थयात्रा को सभी पापों तथा मोक्ष के लिए रामबाण मानते हैं, यह मंदिर शहर के एक भीड़भाड़, खराब रखरखाव वाले, अस्वच्छ एवं गंदे इलाके में, संकरी तथा अनियंत्रित सड़कों की भूलभुलैया के बीच स्थित था। अनुष्ठानों और पूजा के नाम पर भक्तों को लूटने की शोषणकारी प्रथाओं ने भी तीर्थयात्रियों को परेशान किया। 1916 की शुरुआत में, जब एम.के. गांधी ने शहर का दौरा किया, तो उन्होंने 4 फरवरी 1916 को बनारस हिंदू विश्वविद्यालय में एक भाषण दिया। अन्य बातों के अलावा, उन्होंने विश्वनाथ मंदिर की दयनीय स्थिति के बारे में कहा था:

> *मैंने कल शाम विश्वनाथ मंदिर का दौरा किया और जब मैं उन गलियों से गुजर रहा था, तो ये वो विचार थे जिन्होंने मुझे छू लिया। यदि कोई अजनबी ऊपर से इस महान मंदिर में आ जाए और उसे यह विचार करना पड़े कि हम हिंदू क्या हैं, तो क्या उसका हमारी निंदा करना उचित नहीं होगा? क्या यह महान मंदिर हमारे चरित्र का प्रतिबिंब नहीं है? मैं एक हिंदू के रूप में भावनात्मक तौर पर बात करता हूं। क्या यह सही है कि हमारे पवित्र मंदिर की गलियाँ इतनी ही गंदी हों? आसपास के मकान तो जैसे-तैसे बनते ही हैं। गलियाँ टेढ़ी-मेढ़ी और संकरी हैं। यदि हमारे मंदिर भी विशालता और स्वच्छता के प्रतीक नहीं हैं, तो हमारा स्वशासन कैसा हो सकता है? अंग्रेज़ों के अपनी ख़ुशी से या मजबूरीवश भारत से चले जाने के बाद, क्या हमारे ये मंदिर पवित्रता, स्वच्छता और शांति के स्थल बन जायेंगे?*[1]

लेकिन इस स्थान को मुक्त कराने या इससे भी कम इसमें सुधार करने की गति हिंदू मन से ख़त्म हो गई। यह संभवतः भारत के तत्कालीन राजनीतिक माहौल से प्रेरित था। स्वतंत्र भारत के पहले प्रधानमंत्री, पं. जवाहरलाल नेहरू, एक 'धर्मनिरपेक्ष' देश को बढ़ावा देने के अपने अति उत्साह में इस तरह के प्रयासों से नाराज़ थे। गुजरात में सोमनाथ के अन्य महत्वपूर्ण ज्योतिर्लिंग को पुनर्स्थापित करने का निर्णय, जिसे काशी में विश्वनाथ की तरह मूर्तिभंजक हमलों की श्रृंखला का सामना करना पड़ा था, काफी हद तक सरदार वल्लभभाई पटेल के दृष्टिकोण से प्रेरित था। इस विचार को गांधीजी की भी सहमति प्राप्त थी, हालांकि उन्होंने सरकारी खर्च के बजाय सार्वजनिक धन के माध्यम से वित्त जुटाने को प्राथमिकता दी।[2] सलाहकार समिति की अध्यक्षता करने वाले के.एम. मुंशी ने मंदिर के इतिहास का दस्तावेजीकरण करने और इसके पुनरुत्थान तथा भविष्य के प्रशासन की कल्पना करने में महत्वपूर्ण भूमिका निभाई।

नेहरू निश्चित रूप से इस परियोजना से दूरी बनाए रखना चाहते थे, ताकि इससे भारत के भीतर और बाहर उनकी सरकार की 'धर्मनिरपेक्ष' छवि पर असर न पड़े। सरकार के विभिन्न पदाधिकारियों और उनके सहयोगियों को लिखे गए उनके पत्र इस बात को लेकर उनकी बढ़ती

झुंझलाहट तथा बेचैनी को दर्शाते हैं कि शेष दुनिया भारत और इसकी धर्मनिरपेक्ष साख के बारे में क्या सोचेगी तथा इस कृत्य से दूरी बनाए रखना ही सर्वोपरि है। जब भारत के राष्ट्रपति डॉ. राजेंद्र प्रसाद ने मंदिर के निर्माण के बाद इसका उद्घाटन करने की सहमति दी, तो नेहरू ने उन्हें ऐसा करने से रोकने की कोशिश की। प्रसाद ने हालांकि जवाब में लिखा कि जाम साहब दिग्विजय सिंहजी, जो राज प्रमुख भी थे, ने उन्हें नए मंदिर के न्यासी बोर्ड के अध्यक्ष के रूप में आमंत्रित किया था। उन्हें इस आयोजन से जुड़ने पर आपत्ति का कोई कारण नजर नहीं आया क्योंकि उन्होंने विभिन्न धार्मिक आस्थाओं वाले मंदिरों में जाना कभी बंद नहीं किया था।[3] प्रसाद ने आगे बढ़कर मंदिर का उद्घाटन किया, जो स्वाभाविक रूप से नेहरू को नापसंद था। 24 अप्रैल 1951 को जाम साहब को लिखे अपने पत्र में भी नेहरू ने लिखा था: 'मैं इस पुनरुत्थानवाद से और इस तथ्य से परेशान हूं कि हमारे राष्ट्रपति एवं कुछ मंत्री और राजप्रमुख के रूप में आप इससे जुड़े हुए हैं। मेरा मानना है कि यह हमारे राज्य की प्रकृति के अनुरूप नहीं है तथा इसके राष्ट्रीय और अंतरराष्ट्रीय स्तर पर बुरे परिणाम होंगे।'[4]

लेकिन राजेंद्र प्रसाद और मुंशी जैसे लोग अपनी बात पर कायम रहें। प्रसाद ने विनम्रतापूर्वक नेहरू की धर्मनिरपेक्षता की व्याख्या तथा भारतीय इतिहास एवं हिंदू मानस में सोमनाथ मंदिर की स्थिति और महत्व के बारे में उनकी समझ से असहमति जताई।[5] वह आगे बढ़े और भारत के राष्ट्रपति की औपचारिक हैसियत से मंदिर का उद्घाटन करने का अपना वादा निभाया। इस प्रकरण के बारे में लिखते हुए, परियोजना की प्रेरक शक्ति, के.एम. मुंशी ने कहा:

जब मंदिर में ईश्वर की स्थापना का समय आया, क्योंकि सरदार का निधन हो गया था, मैंने राजेंद्र प्रसाद से संपर्क किया और उन्हें समारोह में शामिल होने के लिए कहा, लेकिन मैंने निमंत्रण में एक शर्त जोड़ दी कि उन्हें इसे तभी स्वीकार करना चाहिए जब वह हमें विफल न करने के लिए तैयार हों। प्रधानमंत्री के साथ मेरा पत्राचार राजेंद्र प्रसाद के लिए कोई रहस्य नहीं था। उन्होंने वादा किया कि वह आएंगे और ईश्वर की स्थापना करेंगे, चाहे प्रधानमंत्री का रुख

> *कुछ भी हो, और कहा: 'अगर मुझे आमंत्रित किया गया तो मैं मस्जिद या चर्च के साथ भी ऐसा ही करूंगा।' उनका मानना था कि यह भारतीय धर्मनिरपेक्षता का मूल है। हमारा राज्य न तो धार्मिक है और न ही धर्मविरोधी। मेरा पूर्वानुमान सही साबित हुआ। जब यह घोषणा की गई कि राजेंद्र प्रसाद सोमनाथ मंदिर के उद्घाटन में भाग ले रहे हैं, तो जवाहरलाल ने उनके सोमनाथ जाने का जोरदार विरोध किया। लेकिन राजेंद्र प्रसाद ने अपना वादा निभाया।*[6]

हिंदू पुनरुत्थानवाद के संबंध में नेहरू की आशंकाओं पर मुंशी ने भावुक होकर लिखा:

> *यह हमारे अतीत में मेरा विश्वास है जिसने मुझे अपने वर्तमान में काम करने और अपने भविष्य के प्रति तत्पर रहने की ताकत दी है। मैं उस स्वतंत्रता का मूल्य नहीं समझ सकता यदि यह हमें भगवद गीता से वंचित कर देती है या हमारे लाखों लोगों को उस आस्था से दूर कर देती है जिसके साथ वे हमारे मंदिरों को देखते हैं और इस तरह हमारे जीवन की संरचना को नष्ट कर देती है...यह मंदिर (सोमनाथ) एक बार हमारे जीवन में एक महत्वपूर्ण स्थान पर बहाल हो जाने के बाद हमारे लोगों को धर्म की शुद्ध अवधारणा और हमारी ताकत की अधिक स्पष्ट चेतना प्रदान करेगा, जो स्वतंत्रता और उसके परीक्षणों के इन दिनों में बहुत महत्वपूर्ण है।*[7]

वी.पी. मेनन, जिन्होंने मुंशी का पत्र पढ़ा, ने टिप्पणी की: 'मैंने आपकी उत्कृष्ट कृति देखी है। आपने अपने पत्र में जो विचार व्यक्त किए हैं, मैं उनके अनुसार जीने और यदि आवश्यक हो तो मरने के लिए भी तैयार हूं।'[8]

सोमनाथ मंदिर भाग्यशाली था कि उसे के.एम. मुंशी जैसे उत्साही समर्थक मिले, जबकि अन्य तीर्थस्थल, चाहे वह अयोध्या हो, मथुरा या काशी हो, को किसी भी प्रकार के निवारण की कोई योजना नहीं होने के कारण अपने ऐतिहासिक ज़ख्मों को भरने के लिए अपने हाल पर छोड़ दिया गया। वे या तो खंडहरों में या अपनी ही गंदगी के बीच पड़े रहे, और सिवाय भक्तों के उत्साह के, लोकप्रिय राष्ट्रीय चेतना और प्रवचन से बाहर कर दिए गए, क्योंकि ऊपर से आदेश स्पष्ट था।

लेकिन धार्मिक आयोजनों से दूर रहने के सरकारों के तथाकथित धर्मनिरपेक्ष रुख ने उन्हें हिंदू मंदिरों पर पूर्ण नियंत्रण बनाए रखने और मंदिर प्रबंधन के अलावा अन्य उद्देश्यों के लिए चढ़ावे के माध्यम से एकत्र किए गए धन का उपयोग करने से नहीं रोका। धर्मनिरपेक्ष भारत में अन्य सभी अल्पसंख्यक संस्थानों को अपने धार्मिक और शैक्षणिक संस्थानों के स्वामित्व, संचालन तथा प्रबंधन का अधिकार था, परंतु इस अधिकार से बहुसंख्यक समुदाय, हिंदुओं को पूरी तरह से वंचित कर दिया गया था। हिंदू धार्मिक और धर्मार्थ बंदोबस्ती अधिनियम, 1951 तथा राज्य सरकारों द्वारा पारित कई अन्य कानूनों के माध्यम से, हिंदू मंदिर तेजी से सरकारों के अधीन होते चले गए। स्वामी परमात्मानंद और स्वामी दयानंद सरस्वती की एक याचिका 2012 से भारत के सर्वोच्च न्यायालय में लंबित है, जिसमें उन्होंने दर्शाया है कि (यद्यपि) तमिलनाडु के तिरुचेंगोडे में अर्धनारीश्वर मंदिर सालाना एक करोड़ से अधिक की वार्षिक आय उत्पन्न करता है, लेकिन यहां दैनिक पूजा और अनुष्ठानों के संचालन के लिए केवल एक लाख रुपये निर्धारित किए जाते हैं।[9]

केवल 10 राज्यों की सरकारें 110,000 से अधिक हिंदू मंदिरों को नियंत्रित करती हैं, तमिलनाडु मंदिर ट्रस्ट स्वयं 478,000 एकड़ (मंदिर) भूमि का मालिक है और 36,425 मंदिरों तथा 56 मठों को नियंत्रित करता है।[10] इससे मंदिरों की स्व-जनित आय ख़त्म हो रही है; अपने मामलों या अपने स्कूलों, गौशालाओं, अनाथालयों तथा अन्य सामाजिक-धार्मिक संस्थानों को चलाने में उनकी असमर्थता; और इसके प्रशासन एवं प्रबंधन में निरंतर हस्तक्षेप ने स्वतंत्रता के बाद हिंदू मंदिरों के निरंतर पतन को और बढ़ा दिया है। आय की कोई गारंटी न होने के कारण, कई मंदिरों के पुजारी तीर्थयात्रियों से जबरन वसूली करते हैं, जिससे स्थिति और भी दुःखद हो जाती है। प्रसिद्ध काशी विश्वनाथ मंदिर के साथ भी स्थिति कुछ अलग नहीं थी।

बर्बरता को न्यायोचित ठहराना

पवित्र स्थान को पुनः प्राप्त करने या उसका सौंदर्यीकरण करने की बात तो दूर, स्वतंत्र भारत में एक और अधिक विकृत प्रयास औरंगज़ेब द्वारा विश्वनाथ मंदिर के बर्बर विध्वंस को उचित ठहराना था। सत्तारूढ़ कांग्रेस

पार्टी के समर्थकों और विचारधारा से प्रेरित मार्क्सवादी इतिहासकारों के एक संघ ने शानदार बातें गढ़ीं जो वास्तव में चौंकाने वाली हैं। इसकी शुरुआत कांग्रेस नेता डॉ. पट्टाभि सीतारमैया के साथ हुई और बाद में बिशंभर नाथ पांडे ने इसे और भी सुशोभित किया, जो एक प्रसिद्ध गांधीवादी थे, जिन्होंने ओडिशा के राज्यपाल पद सहित कई पदों पर कार्य किया तथा राष्ट्रीय एकता के लिए पद्म श्री एवं इंदिरा गांधी पुरस्कार से सम्मानित भी हुए।

बिशंभर नाथ पांडे की इस परी कथा का सार इस प्रकार है,[11] औरंगज़ेब कथित तौर पर बंगाल के अभियान पर था और रास्ते में वह वाराणसी से गुजरा। उनके दल में कई हिंदू राजा थे जिन्होंने पवित्र शहर में एक दिन रुकने का अनुरोध किया था ताकि उनकी रानियाँ विश्वनाथ मंदिर में जाकर पूजा कर सकें। माना जाता है कि सदैव सहिष्णु, बड़े दिल वाला और धर्मनिरपेक्ष बादशाह होने के कारण औरंगज़ेब इस प्रस्ताव पर तुरंत सहमत हो गया था। निःसंदेह, राजा लोग स्वयं विश्वनाथ के दर्शन क्यों नहीं करना चाहते थे और उन्होंने अपनी रानियों को यह कार्य करने के लिए क्यों छोड़ दिया, यह इन स्पिन डॉक्टरों के तर्क से परे है। ऐसा माना जाता है कि रानियाँ अपनी पालकी में मंदिर गईं, गंगा में स्नान किया, विश्वनाथ को प्रणाम किया और लौट आईं। लेकिन पता चला कि कच्छ की रानी को छोड़कर बाकी सभी वापस आ गई थीं। मंदिर परिसर में काफी खोजबीन की गई, लेकिन वह कहीं नहीं मिली। जब स्वर्णिम हृदय वाले औरंगज़ेब को यह पता चला तो वह क्रोधित हो गया और उसने लापता रानी की तलाश के लिए अपने सैनिकों को भेजा। हालाँकि, पर्याप्त सुरक्षा के बिना वहाँ रानियों को क्यों भेजा गया, इस खूबसूरत कहानी में एक छोटा सा विवरण गायब है। सैनिकों ने पाया कि मंदिर में गणेश की एक मूर्ति थी, जिसे एक स्लाइडिंग दीवार पर रखा गया था और जब उन्होंने इसे स्थानांतरित किया, तो सीढ़ियों की एक उड़ान दिखाई दी जो उन्हें एक अंधेरे, भूमिगत तहखाने में ले गई। वे भयभीत हो गए, तभी सैनिकों ने पाया कि लापता रानी वहाँ बैठी हुई रो रही थी तथा उसके सारे गहने गायब हो गए थे। यह तहखाना जहाँ रानी मिली थी, कथित तौर पर विश्वनाथ मंदिर के ठीक नीचे था। पूछताछ करने पर उसने बताया कि मंदिर के कुछ पुजारियों ने उसके सारे आभूषण छीन लिए हैं।

यह उस मंदिर में एक आम बात थी जहां पुजारी नियमित रूप से अमीर तीर्थयात्रियों को लूटते थे। जिन हिंदू राजाओं ने यह सुना, वे स्वाभाविक रूप से क्रोधित हो गए और औरंगज़ेब के सामने हिंसक विरोध प्रदर्शन किया। यह सुनकर, दयालु सम्राट, जो अन्यथा ऐसा कृत्य नहीं करता, ने अपनी इच्छा के बजाय अपने हिंदू राजाओं की सलाह का पालन किया और दुष्ट ब्राह्मणों को सबक सिखाने के लिए काशी विश्वनाथ मंदिर को ध्वस्त कर दिया। कहानीकार यहां जो तर्क छोड़ देता है वह यह है कि ब्राह्मणों के पास वह मंदिर नहीं था; इसलिए उन्हें दंडित करने के लिए मंदिर को नष्ट करने की आवश्यकता नहीं थी, साथ ही इस कथित जघन्य कृत्य के लिए उन्हें पकड़ा भी जा सकता था और फांसी दी जा सकती थी।

किसी विद्रोही समूह या कुछ कथित विचलित व्यवहार को कुचलने के लिए मंदिरों को ध्वस्त करने का औचित्य तब विफल हो जाता है जब एक विद्रोही को मस्जिद में रखा जाता है। औरंगज़ेब के मामले में भी, शेख मुहम्मदी नामक एक सूफी असंतुष्ट को सम्राट द्वारा, उस सूफी द्वारा प्रचारित संदिग्ध धार्मिक सिद्धांतों के लिए सताया गया था। मुहम्मदी ने एक मस्जिद में शरण ली। औरंगज़ेब उस व्यक्ति को गिरफ्तार कराने में कामयाब रहा लेकिन प्रतिशोध में मस्जिद को ध्वस्त नहीं किया। जैसा कि विद्वान कोएनराड एल्स्ट लिखते हैं: 'यह घटना स्पष्ट रूप से धर्मनिरपेक्षतावादी दावे का खंडन करती है कि यदि किसी भी मंदिर का विनाश हुआ, तो इसका कारण गैर-धार्मिक था, अर्थात प्रभावित मंदिरों में विद्रोह का दमन। [प्रोफेसर रिचर्ड] ईटन के अपने आंकड़ों के अनुसार, 'हम पाते हैं कि मस्जिदों से जुड़ी साजिशों और विद्रोहों के कारण कभी भी मस्जिद का विनाश नहीं हुआ।'[12]

कोई नहीं जानता कि 'धर्मनिरपेक्ष' औरंगज़ेब द्वारा मथुरा और कई अन्य हिंदू मंदिरों को नष्ट करने से पहले कौन सी रानी इसी तरह क्रोधित हुई थी। इसके अलावा, औरंगज़ेब के किसी भी मौजूदा दस्तावेज़ या जीवनी में उसकी बंगाल यात्रा का कोई उल्लेख नहीं है। उसने वहां अपनी सेना भेजी लेकिन व्यक्तिगत रूप से कभी अभियान नहीं चलाया। काशी विश्वनाथ मंदिर के विध्वंस के इस शानदार कारण के बारे में इतनी शानदार बातें करने वाले योग्य लोग इस तरह की विकृत कार्रवाई की तारीख, वर्ष या स्रोत का कोई उल्लेख नहीं करते हैं।

पांडे ने अपनी पुस्तक 'इस्लाम एंड इंडियन कल्चर' में कहा है कि मंदिर में रानी के साथ छेड़छाड़ की इस घटना की पुष्टि पटना संग्रहालय के पूर्व क्यूरेटर डॉ. पी.एल. गुप्ता ने भी की है। जैसा कि विद्वान कोएनराड एल्स्ट लिखते हैं: 'लेकिन अगर इस पी.एल. गुप्ता के पास अपनी इतिहासकार की क्षमता में कुछ जोड़ने के लिए होता, तो बी.एन. पांडे इसे पुन: प्रस्तुत करने में विफल नहीं होते। इसके बजाय, अधिक संभावित व्याख्या यह है कि गुप्ता ने बस वही किताब पढ़ी थी (1946 में इसके प्रकाशन के बाद गांधीवादी हलकों में काफी लोकप्रिय) जिसे पांडे ने अपने स्रोत के रूप में उद्धृत किया था।'[13]

जब कोई पांडे की जंगली कहानी के स्रोत का पता लगाता है, तो उसे डॉ. पट्टाभि सीतारमैया की पुस्तक फेदर्स एंड स्टोन्स मिलती है, वह पुस्तक जिसका उल्लेख एल्स्ट ने भी किया है। सीतारमैया ने कांग्रेस पार्टी के अध्यक्ष और मध्य प्रदेश के राज्यपाल के रूप में भी काम किया था। वह भारतीय राष्ट्रीय कांग्रेस के इतिहास पर कई पुस्तकों के ऐतिहासिक रचनाकार थे। काशी विश्वनाथ पर इस कथा के वर्णन के लिए, वह निम्नलिखित स्रोतों का श्रेय देते हैं:

बनारस मस्जिद की यह कहानी लखनऊ की एक दुर्लभ पांडुलिपि में दी गई थी जो एक सम्मानित मुल्ला के पास थी जिन्होंने इसे एमएस [पांडुलिपि] में पढ़ा था। और यद्यपि उसने इसे देखने और एक मित्र को एमएस [पांडुलिपि] देने का वादा किया था, जिसे उसने यह कहानी सुनाई थी, परंतु अपना वादा पूरा किए बिना मर गया। यह कहानी बहुत कम लोगों को पता है और हमें बताया गया है कि औरंगज़ेब के प्रति पूर्वाग्रह अभी भी कायम है।[14]

पाठक के लिए यह स्पष्ट हो जाता है कि कैसे कुछ अनाम मुल्ला द्वारा एक अनाम पांडुलिपि को 'दुर्लभ' के रूप में उद्धृत करने की कहानी, जिसके बारे में उन्होंने एक अनाम मित्र को बताया था, राजनीतिक और शैक्षणिक परिदृश्य में महत्वपूर्ण पदों पर बैठे लोगों द्वारा इतनी बार दोहराई जाती है कि यह प्रामाणिकता का लिबास धारण करने लगती है। औरंगज़ेब के समय के मासिर-ए-आलमगिरी जैसे समकालीन और आधिकारिक स्रोतों को सम्राट की कट्टरता के कथित अतिशयोक्ति के लिए अत्यधिक संदेह की दृष्टि से देखा जाता है। लेकिन ये अनाम, अज्ञात

पांडुलिपियाँ अत्यधिक महत्व तथा ऐतिहासिक वैधता प्राप्त करने लगती हैं। ब्राह्मण को बदनाम करना, हिंदू आस्था को कमजोर करना, और इस्लामी कट्टरपंथियों का महिमामंडन करना तथा उनके लिए क्षमाप्रार्थी के रूप में कार्य करना एक स्पष्ट पैटर्न है जिसे कोई भी यहां देख सकता है।

इस अप्रलेखित, असत्यापित और दुर्भावनापूर्ण प्रचार को शिक्षाविदों तथा पेशेवर इतिहासकारों के पवित्र पोर्टलों में स्वीकार्यता मिलनी शुरू हो गई। इसी प्रसंग का जिक्र करते हुए मार्क्सवादी इतिहासकार गार्गी चक्रवर्ती ने इसे अपने मौखिक कुतर्क में पिरोया है: 'बनारस में विश्वनाथ मंदिर के औरंगज़ेब के विध्वंस आदेश के बारे में बहुत कुछ कहा जा चुका है। लेकिन दस्तावेजी सबूत पूरे प्रकरण को एक नया आयाम देते हैं।'[15] जवाहरलाल नेहरू विश्वविद्यालय के इतिहासकारों के मार्क्सवादी समूह के एक अन्य प्रमुख प्रकाश स्तंभ, के.एन. पणिक्कर ने एक और सिद्धांत दिया: 'बनारस में मंदिर के विनाश के पीछे राजनीतिक उद्देश्य भी थे। ऐसा प्रतीत होता है कि सूफी विद्रोहियों और मंदिर के पंडितों के बीच एक सांठगांठ थी तथा मुख्य रूप से इस सांठगांठ को तोड़ने के लिए औरंगज़ेब ने मंदिर के खिलाफ कार्रवाई का आदेश दिया था।'[16] यहां 'प्रख्यात' इतिहासकार को ऐसा 'प्रतीत' होता है कि ऐसा कोई गठजोड़ अस्तित्व में रहा होगा-इस घृणित और मूर्खतापूर्ण दावे के लिए किसी एक स्रोत को जिम्मेदार नहीं ठहराया गया है।

हिंदू विरोधी प्रचार से भरे इस तरह के दूषित और विषाक्त वातावरण में, काशी विश्वनाथ मंदिर की मुक्ति की उम्मीद करना भी एक दूर की कौड़ी, बल्कि असंभव स्वप्न था।

उत्तर प्रदेश श्री काशी विश्वनाथ मंदिर अधिनियम और उसके बाद

हालाँकि 1980 के दशक में हालात थोड़े बदले। 4-5 जनवरी 1983 की मध्यरात्रि को देवता के आभूषणों की चोरी हो गई, जिससे लोगों में बहुत बेचैनी फैल गई। लंबे समय से चली आ रही ऐसी परेशानियों को कम करने और मंदिर के बेहतर रखरखाव के लिए, उत्तर प्रदेश सरकार ने 24 जनवरी 1983 को राज्य के राज्यपाल के माध्यम से एक अध्यादेश जारी किया। 28 जनवरी 1983 को, सरकार ने एक अधिसूचना जारी की जिसमें

मंदिर के उचित रखरखाव के लिए न्यासी बोर्ड के गठन को मंजूरी दी गई। 'उत्तर प्रदेश श्री काशी विश्वनाथ मंदिर अधिनियम, 1983' के अनुसार, मंदिर के उचित प्रबंधन, प्रशासन और अन्य संबंधित मामलों के लिए एक बोर्ड का गठन किया गया। केवल वे लोग जिन्हें हिंदू घोषित किया गया था, वे ही बोर्ड या कार्यकारी समिति के सदस्य, मुख्य कार्यकारी अधिकारी या कर्मचारी हो सकते थे। अधिनियम में 'मंदिर' को इस प्रकार परिभाषित किया गया है:

> *मंदिर का तात्पर्य वाराणसी नगर में स्थित आदि विश्वेश्वर के मंदिर से है, जो 'श्री काशी विश्वनाथ मंदिर' के नाम से विख्यात है, और सार्वजनिक धार्मिक पूजा स्थल के रूप में उपयोग में लाया जाता है और हिंदू मात्र के लिए समर्पित या उनके लाभार्थ है या ज्योतिर्लिंग के साधिकार सार्वजनिक धार्मिक पूजा स्थल के रूप में उपयोग में लाया जाता है और उसमें समस्त गौण मंदिर, उपासना स्थल, गौण उपासना स्थल और समस्त अन्य देव प्रतिमाओं के स्थान, मंडप, कूप, जलाशय और अन्य आवश्यक निर्माण तथा उससे संबद्ध भूमि और नियत दिनांक के बाद उसमें जो परिवर्तन किया जाए वह भी सम्मिलित है।*[17]

दिलचस्प बात यह है कि परिभाषा में उल्लेख किया गया है कि यह ज्योतिर्लिंग की पूजा का स्थान था - यह वह भी हो सकता है जो अभी दिखाई दे रहा है या कुछ छिपा हुआ भी हो सकता है, यह परिभाषा में स्पष्ट रूप से निर्दिष्ट नहीं किया गया था। इस अधिनियम का सबसे महत्वपूर्ण भाग धारा 5 में निहित था, जिसके तहत मंदिर और उसके बंदोबस्त का स्वामित्व देवता श्री काशी विश्वनाथ में निहित था। भविष्य में, कोई कानूनी मुद्दा भी देवता के नाम पर, देवता के 'अगले मित्र' कहे जाने वाले व्यक्ति के माध्यम से दायर किया जाना था। देवता की ओर से, न्यासी मंडल को मंदिर का प्रशासन और शासन संभालना था। श्रृंगेरी के जगद्‌गुरु श्री शंकराचार्य के साथ-साथ, उत्तर प्रदेश सरकार के कई नौकरशाह, वाराणसी के आयुक्त और जिला मजिस्ट्रेट, संपूर्णानंद संस्कृत विश्वविद्यालय के कुलपति, प्रतिष्ठित व्यक्ति और हिंदू विद्वान, सभी स्थायी उत्तराधिकार के

साथ सदस्य बनने वाले थे। राज्य सरकार अयोग्यता या कदाचार के आधार पर किसी भी सदस्य को हटा सकती है। भारत के राष्ट्रपति ने 12 अक्टूबर 1983 को इस अधिनियम को मंजूरी दे दी।

इस अधिनियम की संवैधानिक वैधता को 1984 की रिट याचिका संख्या 1244 के माध्यम से इलाहाबाद उच्च न्यायालय की खंडपीठ में चुनौती दी गई थी। यहाँ, यह दावा किया गया कि भारतीय संविधान के अनुच्छेद 25 (1), 26 (बी), और (डी) में निहित मौलिक अधिकारों का उल्लंघन किया गया है। अनुच्छेद 25 (1) ने भारतीय नागरिकों को सार्वजनिक व्यवस्था, नैतिकता और स्वास्थ्य के अधीन स्वतंत्र रूप से अपने धर्म को मानने, अभ्यास करने तथा प्रचार करने का अधिकार दिया है; जबकि अनुच्छेद 26 (बी) और (डी) प्रत्येक धार्मिक संप्रदाय या उसके किसी भी वर्ग को धर्म के विषय में अपने स्वयं के मामलों का प्रबंधन करने और कानून के अनुसार ऐसी संपत्ति का प्रबंधन करने का अधिकार देता है। दावा किया गया कि बोर्ड का गठन करके सरकार ने अब ये अधिकार अपने हाथ में ले लिए हैं और इसलिए यह मौलिक अधिकारों का उल्लंघन है। उच्च न्यायालय ने इन अपीलों को खारिज कर दिया, और अपीलकर्ताओं ने फिर भारत के सर्वोच्च न्यायालय का दरवाजा खटखटाया। यह 1997 का केस नं. 606 था।

अपीलकर्ताओं की ओर से पेश वरिष्ठ वकील राजीव धवन ने तर्क दिया कि शिव मंदिर एक संप्रदाय विशेष से संबंधित था और उनके मुवक्किलों को शैव होने के कारण मंदिर में पूजा करने तथा प्रबंधन करने या तीर्थयात्रियों द्वारा दान किए गए प्रसाद प्राप्त करने का विशेष अधिकार है। ये मंदिर के प्राचीन काल के रीति-रिवाज और परंपराएं थीं। सुप्रीम कोर्ट में इस मामले की सुनवाई जस्टिस के. रामास्वामी, के. वेंकटस्वामी और जी.बी. पटनायक की बेंच ने की। माननीय न्यायाधीशों ने जिस प्रश्न पर विचार किया वह यह था कि क्या मंदिर एक संप्रदाय विशेष से संबंधित था। एक भूतपूर्व मामले 'कमिश्नर एच.आर.ई. बनाम श्री शिरूर मठ के श्री लक्ष्मींद्र तीर्थ स्वामी' (शिरूर मठ केस),[18] में 'संप्रदाय' का अर्थ चित्रित किया गया था। शब्दकोश के अनुसार 'संप्रदाय' का अर्थ था एक ही नाम के तहत व्यक्तियों या वर्गों का एक संग्रह, एक धार्मिक समूह या निकाय जिसका एक समान विश्वास और संगठन हो तथा जिसे एक विशिष्ट नाम से नामित किया गया हो।

कानूनी इतिहास और धार्मिक विवरणों की गहराई में जाने के बाद, न्यायाधीशों ने राय दी कि 'प्रत्येक हिंदू, चाहे वह शैव पूजा पद्धति को मानने वाला हो या पंचरत्न पूजा पद्धति को, उसे हिंदू मंदिर में प्रवेश करने और देवता की पूजा करने का अधिकार है। इसलिए, शैव पूजा पद्धति के हिंदू अनुयायी सांप्रदायिक उपासक नहीं हैं। वे हिंदू धार्मिक पूजा पद्धति का हिस्सा हैं।[19]

उन्होंने कहा कि अधिनियम ने मंदिर के धार्मिक मामलों और इसके धर्मनिरपेक्ष नियंत्रण को अलग कर दिया है। बोर्ड को केवल मंदिर के धर्मनिरपेक्ष कार्यों, इसके प्रबंधन और प्रशासन, स्वच्छता एवं साफ-सफाई के रखरखाव, तीर्थयात्रियों की सुविधा आदि की जिम्मेदारी सौंपी गई थी। उन्हें किसी भी तरह से यह अधिनियम और इसके प्रावधान, अंतरात्मा की स्वतंत्रता और किसी के धर्म का अभ्यास करने, मानने तथा प्रचार करने के अधिकार में हस्तक्षेप करने वाला नहीं लगा। प्रबंधन केवल महंतों और पंडों (पुजारियों) के हाथों से निकलकर सरकार द्वारा नियुक्त बोर्ड के पास चला गया था। उनका मानना था कि विधायिका इस तरह के धर्मनिरपेक्ष कार्यों को विनियमित करने में सक्षम है। पंडों की आजीविका का अधिकार भी प्रभावित नहीं हुआ क्योंकि यदि वे शास्त्रों के अनुसार मंदिर के पारंपरिक अनुष्ठानों को करने के लिए उपयुक्त पाए गए, तो उन्हें मंदिर में पुजारी के रूप में नियुक्त किया जा सकता था। प्रसाद प्राप्त करने का अधिकार औपचारिक रूप से एक पुजारी के रूप में नियुक्त होने से उत्पन्न होता है।

अदालत अंततः इस नतीजे पर पहुंची कि इस निष्कर्ष के मद्देनजर कि श्री काशी विश्वनाथ मंदिर एक संप्रदाय-विशेष आधारित मंदिर नहीं है और हिंदू न तो संप्रदाय/वर्ग/पंथ हैं और न ही अपीलकर्ता सांप्रदायिक उपासक हैं, अतः अधिनियम और उसके प्रावधानों के पुनर्मूल्यांकन का कोई मामला नहीं है। अधिनियम को संवैधानिक रूप से वैध माना गया और विधायिका, इस तरह का कानून बनाने के लिए एक सक्षम प्राधिकारी है। अपील बिना किसी लागत के खारिज कर दी गईं।

हिंदुओं द्वारा दायर प्रथम केस

1980 और 1990 के दशक में देश में एक अलग माहौल देखा गया, जो उस नेहरूवादी समय से बिल्कुल अलग था, जब किसी की हिंदू पहचान का

दावा करना लगभग ईशनिंदा के कार्य के रूप में देखा जाता था। अब अयोध्या में राम जन्मभूमि मंदिर की मुक्ति के लिए राष्ट्रव्यापी आंदोलन के मद्देनजर, कई हिंदुओं में अपने सबसे पवित्र स्थानों पर अपना वैध अधिकार मांगने के बारे में चेतना बढ़ रही थी। संभवतः इसी माहौल में, अपने लंबे इतिहास में पहली बार, हिंदुओं ने सक्रिय रूप से काशी ज्ञान वापी परिसर को पुनः प्राप्त करने के लिए मुकदमा दायर करने का निर्णय लिया। यहां तक कि 1936-1937 के दीन मोहम्मद मामले में भी हिंदू कभी भी पक्षकार नहीं थे और यह भूमि के उपयोग को लेकर मुस्लिम पक्ष तथा ब्रिटिश सरकार के बीच का विवाद था। 15 अक्टूबर 1991 को वाराणसी के सिविल जज की अदालत में मुकदमा संख्या 610/1991 दायर किया गया। जैसा कि उत्तर प्रदेश श्री काशी विश्वनाथ अधिनियम, 1983 द्वारा निर्धारित किया गया था, इस मामले में मुख्य वादी 'स्वयंभू भगवान विश्वेश्वर की प्राचीन प्रतिमा' थी। देव प्रतिमा ने वादी सोमनाथ व्यास, राम रंग शर्मा और हरिहर पांडे के साथ, 'अगले मित्र' विजय शंकर रस्तोगी के माध्यम से अदालत में मामले को आगे बढ़ाया। प्रतिवादी के रूप में वाराणसी में एआईएम और यूपी सुन्नी सेंट्रल वक़्फ़ बोर्ड, लखनऊ थे।

वादी 1, यानी भगवान विश्वेश्वर ने दावा किया कि बंदोबस्त भूखंड (सेटलमेंट प्लॉट) संख्या 9130, 9131 और 9132 की भूमि 1 बीघा, 9 बिस्वा और 6 धूर है, जिसमें सभी मंदिर, दृश्य और लुप्त प्रतिमाएं, पक्का आंगन, तीन पीपल के पेड़, ज्ञान वापी कुआँ, व्यास गद्दी, बारादरी, नंदी की मूर्ति के ऊपर शेड, उत्तर में नौबत खाना और उसके पूर्व में घर व सभी संपत्ति शामिल हैं। और इस तरह उनके अनुयायियों (हिंदुओं) द्वारा ये स्थान पूजा स्थल के रूप में उपयोग किया जाता था। इसमें कहा गया है कि ज्ञानवापी परिसर में भगवान विश्वेश्वर की मूर्ति और मंदिर का नाम पर्यायवाची रूप से भगवान विश्वनाथ के नाम से जाना जाता है तथा पूरे परिसर का उपयोग केवल हिंदुओं द्वारा पूजा के लिए किया जाता रहा है। मुसलमानों की उक्त परिसर तक कभी पहुंच नहीं थी। यह तर्क भी दिया गया कि कथित मस्जिद का निर्माण अवैध था, जो हिंदू और इस्लामी दोनों कानूनों के विपरीत था। अभियोग में कहा गया है, 'मुस्लिम कानून के अनुसार, किसी अन्य व्यक्ति की भूमि पर उसकी सहमति के बिना प्रार्थना करना वैध नहीं है और इस प्रकार मुसलमानों के लिए भगवान

विशेश्वर के मंदिर की कब्जाई गई भूमि पर प्रार्थना करना भी वैध नहीं है। हनीफ और अन्य संप्रदाय के मुस्लिम कथित मस्जिद में हिंदुओं की सहमति के बिना अवैध रूप से और जबरदस्ती नमाज़ अदा कर रहे थे।'[20] इसमें मंदिर के पुराने इतिहास और मूर्तिभंजन की क्रमिक लहरों का भी पता लगाया गया है, जिन्होंने 1669 में औरंगज़ेब द्वारा इस पर अंतिम प्रहार किए जाने तक इसे नष्ट कर दिया था। इसमें औपनिवेशिक काल के दौरान मौजूद सतत संघर्षों का भी उल्लेख किया गया था।

वादी ने शिकायत की कि एआईएम ने विवादित संपत्ति को अनाधिकृत और अवैध रूप से वाराणसी में वक़्फ़ संख्या 100 के रूप में पंजीकृत किया था, जिसके बारे में उसका दावा था कि वह अमान्य है। जबकि 18 अप्रैल 1669 के औरंगज़ेब के फरमान ने मौजूदा मंदिर को ध्वस्त करने का आदेश दिया था, लेकिन यह स्वचालित रूप से मौजूदा मंदिर के एक हिस्से पर मस्जिद बनाने के आदेश में तब्दील नहीं हुआ। ऐसा करने का कोई शाही आदेश भी नहीं था। इसलिए, वादी ने तर्क दिया कि मस्जिद का निर्माण ही एक अवैध कार्य था। परिणामस्वरूप, मंदिर के उस हिस्से का कोई प्रत्यर्पण नहीं हुआ, जिस पर अब मस्जिद के रूप में या तो औरंगज़ेब की ओर से या किसी और के द्वारा आरोप लगाया जा रहा था, क्योंकि न तो वक़्फ़ बनाने के लिए विवादित संपत्ति पर उसका कोई अधिकार, शीर्षक और हित था, न ही उसने [औरंगज़ेब] ने ऐसा किया'।[21]

सुन्नी वक़्फ़ बोर्ड तब तक किसी भी ऐतिहासिक विवाद या प्रतिस्पर्धा में कभी भी पक्षकार नहीं रहा था अतः इस मामले में उनका कोई अधिकार नहीं था। साथ ही यूपी मुस्लिम वक़्फ़ अधिनियम 1960 और वक़्फ़ अधिनियम 1995 विवादग्रस्त संपत्ति पर लागू नहीं होते थे। इस प्रकार वादपत्र में भूमि को पूरी तरह खाली कराने और मुसलमानों द्वारा खड़ी की गई अधिरचना को हटाने का अनुरोध किया गया। यह कब्ज़ा अतिक्रमण और एक अवैध कार्य के समान था। इसमें वादियों/ अपीलकर्ताओं ने अपने पवित्र पूजा स्थल को मुक्त करने और प्रतिवादियों के किसी भी हस्तक्षेप के बिना अपने धार्मिक समारोहों तथा अनुष्ठानों को करने की अनुमति देने की राहत मांगी।

प्रतिवादी की प्रतिक्रिया नव अधिनियमित प्रार्थना स्थल (विशेष प्रावधान) अधिनियम, 1991 के इर्द-गिर्द केंद्रित थी, जिसे 18 सितंबर

1991 को भारत के राष्ट्रपति द्वारा सहमति प्रदान कर दी गई थी। इस अधिनियम के अनुसार, किसी पूजा स्थल का धार्मिक चरित्र जो 15 अगस्त 1947 को अस्तित्व में था, वही बना रहेगा। पी.वी. नरसिम्हा राव की कांग्रेस सरकार द्वारा लाया गया यह अधिनियम, अयोध्या में श्री राम मंदिर के लिए भाजपा नेता लालकृष्ण आडवाणी की रथ यात्रा के राष्ट्रव्यापी समर्थन और पुनर्निर्माण के प्रयास का जवाब प्रतीत होता है इसलिए अधिनियम में 1947 को कट-ऑफ तारीख के रूप में रखा और सभी प्रार्थना स्थलों पर रोक लगाने या यथास्थिति बनाए रखने की शर्त रखी। इसने राम जन्मभूमि-बाबरी मस्जिद, एएसआई के कार्यक्षेत्र के अधीन इमारतों और अधिनियम से पहले आपसी सहमति या न्यायिक डिक्री द्वारा निपटाए गए मामलों को अपवाद बना दिया। किसी धार्मिक मंदिर को किसी अन्य धर्म या संप्रदाय के धर्मस्थल में परिवर्तित करने के प्रयास के लिए तीन साल तक की सज़ा और जुर्माने का प्रावधान कर दिया गया। इस अधिनियम पर चर्चा के दौरान भारतीय संसद में तीखी प्रतिक्रियाएँ और विरोध प्रदर्शन हुए तथा भारतीय जनता पार्टी (भाजपा) ने प्रावधानों को हिंदुओं के लिए पूरी तरह से हानिकारक बताते हुए इसका विरोध किया। अपने संबोधन में भाजपा सांसद उमा भारती ने कहा था:

> *गाँवों में बैलगाड़ियों के मालिक बैल की पीठ पर एक घाव बना देते हैं और जब वे चाहते हैं कि उनकी बैलगाड़ियाँ तेज चलें तो वे घाव पर वार करते हैं। उसी प्रकार ये विवाद हमारी 'भारत माता' पर घाव और गुलामी के निशान हैं। जब तक बनारस में 'ज्ञान वापी' अपनी वर्तमान स्थिति में रहेगी और पावागढ़ के मंदिर में एक कब्र बनी रहेगी, तब तक यह हमें औरंगज़ेब द्वारा किए गए अत्याचारों की याद दिलाती रहेगी जिसमें हिंदुओं को इस्लाम में परिवर्तित करने के उसके प्रयास भी शामिल थे और यह बहुत दर्दनाक होगा।*[22]

शांति और सामाजिक सद्भाव बनाए रखने का दायित्व एकतरफा हिंदू समुदाय पर डाल दिया गया। सत्तारूढ़ दल के सदस्य अपने मुख्य विपक्षी

दल 'भाजपा' की बढ़ती ताकत को लेकर आशंकित दिख रहे थे, जो कि अयोध्या के जन आंदोलन के माध्यम से अपने लिए बृहत जन समर्थन जुटाने में कामयाब रही थी। कांग्रेस सांसद मणिशंकर अय्यर ने अपने वक्तव्य की शुरुआत भाजपा नेता उमा भारती की अंग्रेजी बोलने की क्षमता का उपहास करते हुए की, उन्होंने काशी में विश्वेश्वर मंदिर को ध्वस्त करके बनाई गई मस्जिद को 'धर्मनिरपेक्षता का प्रतीक' बताया। उन्होंने कहा, 'जब मैं मंदिर और मस्जिद को एक साथ देखता हूं तो मुझे लगता है कि यह एक धर्मनिरपेक्ष देश है।'[23] यह आत्मसंतुष्टि से भरा बयान निश्चित रूप से जानबूझकर किए गए ऐतिहासिक अन्याय या ज्यादतियों से बेखबर होना था और इस बात को नज़रंदाज़ करना था कि मस्जिद मंदिर के बगल में आपसी सद्भावना, मित्रता एवं समन्वय के किसी कार्य के माध्यम से नहीं बनी थी, बल्कि एक हिंसक विनाश के बाद बनी थी। भाजपा ने बहिर्गमन (वॉक-आउट) किया, लेकिन प्रार्थना स्थल अधिनियम 1991 में संसद द्वारा पारित कर दिया गया। इस प्रकार इसने प्रभावी ढंग से हिंदुओं के सभी अधिकारों को छीन लिया, यहां तक कि उन ऐतिहासिक अन्यायों के लिए शांतिपूर्ण, वैध और कानूनी सहारा लेने का भी, जिनका उन्हें सदियों से इस्लामी शासन के दौरान सामना करना पड़ा था।

यह मुख्य रूप से प्रार्थना स्थल अधिनियम (प्लेस ऑफ वर्शिप ऐक्ट) ही था जिसका सहारा प्रतिवादियों ने 1991 के मुकदमा संख्या 610 में लिया था। मुस्लिम पक्ष ने कहा कि मस्जिद शाही आलमगिरी 300 से अधिक वर्षों से पूजा स्थल रही है और 15 अगस्त 1947 को भी पूजा स्थल के रूप में अस्तित्ववान थी। इसलिए, इसके धार्मिक चरित्र को अब बदला नहीं जा सकता क्योंकि वह चरित्र उस कट-ऑफ तारीख के साथ लगभग स्थिर हो चुका था। उन्होंने दावा किया, 'समय का पहिया' मस्जिद के संबंध में किसी भी विवाद को उचित ठहराने के लिए बहुत आगे बढ़ गया है।'[24] उन्होंने इस बात को पूरी तरह से नकार दिया कि औरंगज़ेब या किसी अन्य मुस्लिम शासक ने मंदिर को नष्ट कर मस्जिद का निर्माण कराया था। उन्होंने कहा कि ये सभी मनगढ़ंत बातें थीं जो ब्रिटिश शासकों द्वारा अपनाई गई फूट डालो और राज करो की नीति से उत्पन्न हुई थीं। अन्यत्र, वादी की मांगों के विरुद्ध जोरदार बहस करते हुए कहा: 'दरअसल, अंग्रेजों द्वारा अपनाए गए न्याय और समानता के सिद्धांतों ने उन्हें किसी

को भी ऐसी बेतुकी तथा अन्यायपूर्ण मांग करने की इजाजत नहीं दी, जैसा कि अब इस मुकदमे के वादी और इसी तरह के अन्य लोगों द्वारा की जा रही है।'[25] इस लिखित बयान में बताया गया है कि किस तरह अंग्रेज फूट डालो और राज करो की नीति के पोषक होने के साथ ही न्याय और समानता के प्रतिमानों के भी आश्चर्यजनक उपासक थे।

प्रतिवादियों ने आगे कहा कि चूंकि यह एक पंजीकृत वक़्फ़ संपत्ति थी, इसलिए इसे पुनः प्राप्त करने का मुकदमा यूपी वक़्फ़ अधिनियम, 1960 की धारा 75 के अनुसार वर्जित था। ऐसे विवादों को केवल उस अधिनियम की धारा 71 के तहत वक़्फ़ ट्रिब्यूनल को भेजा जा सकता है। उन्होंने दावा किया कि इस वक़्फ़ संपत्ति की प्रविष्टि यूपी सुन्नी सेंट्रल वक़्फ़ बोर्ड के लखनऊ कार्यालय में वक़्फ़ रजिस्टर में मौजूद है। चूँकि मस्जिद 300 वर्षों से अधिक समय से उपयोग में थी, इसलिए इसे उपयोगकर्ता द्वारा वक़्फ़ के रूप में माना जाना था। उन्होंने दावा किया, 'ऐसे वक़्फ़ के लिए औपचारिक समर्पण का कोई सबूत आवश्यक नहीं है और यह कहना बिल्कुल गलत है कि वक़्फ़ की किसी भी सामग्री में तत्काल वक़्फ़ के संबंध में कमी है।'[26]

वास्तव में, मुस्लिम कानून में किसी संपत्ति को वक़्फ़ घोषित करने के लिए तीन शर्तें थीं - संपत्ति वक़्फ़ से संबंधित होनी चाहिए, इसे मालिक द्वारा एक विलेख के माध्यम से अल्लाह को समर्पित किया जाना चाहिए, और यदि विलेख अनुपलब्ध है, तो यह स्थापित किया जाना चाहिए कि संपत्ति प्राचीन काल से उपयोग में थी (हालांकि ऐसा समय परिभाषित नहीं है)। किसी मुस्लिम शासक या किसी मुस्लिम के आदेश पर किसी मंदिर की भूमि पर किए गए निर्माण को मस्जिद नहीं माना जा सकता। इसके अलावा, किसी भी संपत्ति को पंजीकृत करने से पहले, केंद्रीय वक़्फ़ अधिनियम, 1995 के तहत वक़्फ़ बोर्ड को जांच करने और उन सभी व्यक्तियों को नोटिस देने की आवश्यकता होती है जो वक़्फ़ के पंजीकरण से प्रभावित हैं या प्रभावित हो सकते हैं। इस मामले में ऐसी कोई जांच नहीं की गई या नोटिस नहीं दिया गया।'

इस मामले पर 18 अक्टूबर 1997 को वाराणसी के प्रथम अतिरिक्त सिविल जज की अदालत में फैसला सुनाया गया था। यह कहा गया था कि सबूतों पर विचार किए बिना, यह स्थापित नहीं किया जा सकता है

कि मामला 1991 के प्रार्थना स्थल अधिनियम द्वारा प्रतिबंधित था। न्यायाधीश ने विवाद के इस बिंदु को प्रारंभिक चरण में खारिज करना अनुचित पाया। इसके बाद वादी ने 23 सितंबर 1998 को एक पुनरीक्षण दायर किया। पुनरीक्षण के आदेश के खिलाफ, अंजुमन इंतजामिया मस्जिद (एआईएम) ने 1998 की एक रिट याचिका संख्या 32565 दायर की (बाद में इसे 2017 की W.P. No. 3341 के रूप में पुनः क्रमांकित किया गया)। इसी तरह, सुन्नी वक़्फ़ बोर्ड ने भी संशोधन के खिलाफ 1999 का W.P .No. 18576 दायर किया। इसे भी 2021 के W.P. No. 234 के रूप में पुनः क्रमांकित किया गया है। 1998 में कार्यवाही पर रोक लगने के बाद, यह लगभग 22 वर्षों तक ऐसा ही बना रहा और उच्च न्यायालय ने रोक को जारी रखा।

हिंदू पक्ष ने विवादित स्थल की धार्मिक प्रकृति और ऐतिहासिकता का पता लगाने के लिए एक सर्वेक्षण आयोग के गठन का अनुरोध किया था। इस बीच, 1996 के एक अन्य वाद संख्या 637, भगवान विश्वेश्वर बनाम उत्तर प्रदेश सरकार में, न्यायाधीश ने 27 जुलाई 1996 के एक आदेश के माध्यम से एक अधिवक्ता-आयुक्त (एडवोकेट कमिश्नर) को नियुक्त किया था। आयुक्त को मुकदमे की संपत्ति के संबंध में एक रिपोर्ट प्रस्तुत करनी थी। तदनुसार, अधिवक्ता आयुक्त ने 30 जुलाई 1996 को निरीक्षण किया और उत्तर प्रदेश राज्य को एक नोटिस दिया गया। अपनी रिपोर्ट में, अधिवक्ता आयुक्त ने पुष्टि की थी कि इमारत के पश्चिम की ओर एक मंच था तथा वादी के वकील ने बताया था कि श्रृंगार गौरी और गणेश की पूजा हमेशा वहां की जाती थी। रिपोर्ट में इस बात की पुष्टि की गई है कि ध्वस्त ढांचे के अवशेष स्पष्ट रूप से दिखाई दे रहे थे। पश्चिमी तरफ, तीन दरवाजे बंद करने के बाद और एक ध्वस्त ढांचे के मलबे के ऊपर, एक और मस्जिद जैसी संरचना खड़ी कर दी गई थी। पश्चिमी तरफ एक चबूतरे के आकार में ध्वस्त ढांचे की सामग्रियाँ अभी भी मौजूद थीं। पश्चिमी दिशा की ओर, भगवान गणेश, श्रृंगार गौरी और अन्य देवताओं की स्पष्ट पूजा की जा रही थी। दैनिक परिक्रमा हेतु परिक्रमा पथ भी वहीं था। दक्षिणी ओर बड़े चबूतरे के नीचे एक तहखाना था जिसके सामने ज्ञानवापी कुआँ, नंदी, गौरी शंकर, महेश्वर तथा अन्य देवी-देवताओं की पूजा होती थी। तहखाने की एक चाबी वादी नंबर 2 सोमनाथ व्यास के

पास थी, जिन्होंने ताला खोलकर कमिश्नर को दिखाया। वहां प्रशासन द्वारा एक और ताला लगा दिया गया था तथा उन्होंने दिशा-निर्देश के अभाव में ताला खोलने से इनकार कर दिया। यह रिपोर्ट विधिवत न्यायालय में प्रस्तुत की गई थी। लेकिन इन सभी को वाराणसी के सिविल जज ने 6 दिसंबर 2014 को खारिज कर दिया।[27]

बैरिकेड्स का आगमन

6 दिसंबर 1992 को देश में एक बड़ी उथल-पुथल देखी गई, जब अयोध्या में राम जन्मभूमि स्थल पर विवादित ढांचे को कारसेवकों (जो श्रम के माध्यम से सेवा प्रदान करता है) द्वारा गिरा दिया गया। पूरे भारत में सांप्रदायिक दंगे भड़क उठे और इसका असर लंबे समय तक रहा। बिगड़ती कानून व्यवस्था की स्थिति के जवाब में, मुलायम सिंह यादव की उत्तर प्रदेश सरकार ने ज्ञान वापी परिसर की बैरिकेडिंग का आदेश दिया। नवंबर 1993 के कुछ समय बाद, पूरे क्षेत्र को लोहे की बाड़ से घेर दिया गया। परिणामस्वरूप, भवन के परिसर के भीतर देवी माँ श्रृंगार गौरी और अन्य देवताओं की चल रही दैनिक पूजा बंद हो गई। वासंतिक नवरात्र के चौथे दिन ही भक्तों को श्रृंगार गौरी की पूजा करने की अनुमति दी गई। वास्तव में, यह स्वयं 1991 के प्रार्थना स्थल अधिनियम का घोर उल्लंघन था, क्योंकि उत्तर प्रदेश सरकार द्वारा स्थान के धार्मिक चरित्र को बदल दिया गया था और इस प्रकार यथास्थिति बदल दी गई थी।

काशी विश्वनाथ कॉरिडोर

2014 के बाद, प्राचीन शहर काशी एक बार फिर नए और लोकप्रिय भारतीय प्रधानमंत्री नरेंद्र मोदी के निर्वाचन क्षेत्र के रूप में राजनीतिक प्रमुखता का केंद्र बन गया। शहर के लिए उन्होंने जिन योजनाओं की परिकल्पना की उनमें प्रतिष्ठित घाटों और पवित्र गंगा की सफाई तथा काशी विश्वनाथ कॉरिडोर की एक महत्वाकांक्षी परियोजना शामिल थी। तीर्थयात्रियों की बढ़ती संख्या को समायोजित करने और मंदिर की स्वच्छता एवं सफाई बनाए रखने के लिए, मंदिर क्षेत्र को 3000

वर्ग फुट से बढ़ाकर लगभग 5 लाख वर्ग फुट कर दिया गया, जिसका लक्ष्य लगभग 50,000-75,000 आगंतुकों को समायोजित करना था।[28] पहला चरण 339 करोड़ रुपये की भारी लागत वाली परियोजना पर विकसित किया गया था और इसका उद्देश्य प्रतिष्ठित काशी विश्वनाथ मंदिर तथा गंगा किनारे के घाटों को जोड़ना था। मंदिर के चारों ओर संकरी, सीलन भरी गलियों के कारण यह तीर्थयात्रियों के लिए असुविधाजनक था, अतः इस गलियारे में पूरे स्थान की भीड़-भाड़ को कम करने तथा साफ-सफाई की परिकल्पना निहित है, जिससे घाटों और मंदिर के बीच तीर्थयात्रियों की आवाजाही आसान हो सके।

इस परियोजना की आधारशिला 8 मार्च 2019 को मोदी द्वारा रखी गई थी और इसकी कुल लागत 800 करोड़ रुपये होने की उम्मीद थी। गलियारे के लिए रास्ता बनाने हेतु 300 से अधिक संपत्तियों का अधिग्रहण किया जाना था। प्रधानमंत्री कार्यालय के बयान में कहा गया है कि लगभग 1400 दुकानदारों, किरायेदारों और मकान मालिकों का पुनर्वास किया गया था; निर्माण तथा खुदाई के दौरान 40 से अधिक प्राचीन मंदिरों की खोज की गई थी और इनका जीर्णोद्धार किया गया था।[29]

हालाँकि बड़े पैमाने पर, संपत्तियों को लंबे मुकदमों और संघर्षों के बिना अधिग्रहित किया गया था, लेकिन ऐसे कई आलोचक थे जिन्होंने कटु शिकायत की (और जारी है) कि 'इस परियोजना के लिए रास्ता साफ करने हेतु दर्जनों छोटे और मध्यम आकार के पुराने मंदिरों, जिनमें से ज्यादातर आवासीय परिसरों में बने थे, को दुकानों और भवनों के साथ नष्ट कर दिया गया।'[30] उनमें से कई लोगों की राय थी कि कई तीर्थस्थल जो पौराणिक यात्राओं का हिस्सा थे, जिनके लिए काशी के पवित्र क्षेत्र प्रसिद्ध थे, उन सभी को अंधाधुंध तरीके से गिरा दिया गया क्योंकि परियोजना का प्रबंधन करने वालों ने इन महत्वपूर्ण विवरणों पर पर्याप्त ध्यान नहीं दिया।[31] मंदिर की एक पंचायतन योजना थी, जिसमें विश्वेश्वर का मुख्य मंदिर चार सहायक मंदिरों से घिरा हुआ था। ये थे दक्षिण-पूर्व में अन्नपूर्णा मंदिर, उत्तर-पश्चिम में अविमुक्तेश्वर महादेव और पार्वती मंदिर और दक्षिण-पश्चिम में लक्ष्मी-नारायण मंदिर। आरोप लगाया गया था कि कॉरिडोर परियोजना के निर्माण के दौरान इन मंदिरों को क्षतिग्रस्त

कर दिया गया, उनके शिखरों को हटा दिया गया, साथ ही नंदी के बगल में गौरी शंकर मंदिर को भी हटा दिया गया था। ऐसा आरोप लगाया गया कि कई देवता भी गायब हो गए थे।

इनमें से कुछ किस्से राजनीति से प्रेरित भी हो सकते हैं या उन लोगों द्वारा लगाए गए आरोप हो सकते हैं जिन्होंने अपनी पारिवारिक संपत्ति खो दी थी या जो पर्याप्त मुआवजा न मिलने से व्यथित थे; उनमें से कुछ संभवतः वास्तविक शिकायतें भी थीं जिनके तत्काल समाधान की आवश्यकता है। यह मुद्दा इतना प्रभावशाली था कि उत्तर प्रदेश विधानसभा में हंगामा मच गया और विपक्षी दलों ने इस मामले पर योगी आदित्यनाथ की सरकार से जवाब मांगा, उन्होंने आरोप लगाया कि निर्माण के दौरान खोजे गए कई लिंगों के साथ अभद्र व्यवहार किया गया तथा उन्हें नष्ट कर दिया गया अथवा फेंक दिया गया।[32]

ऐसे आरोपों पर प्रतिक्रिया देते हुए काशी विश्वनाथ मंदिर ट्रस्ट के सीईओ विशाल सिंह ने कहा:

> *एक भी मंदिर नहीं तोड़ा गया। प्रत्येक विध्वंस को समय-अंतराल वाले वीडियो और चित्रात्मक साक्ष्यों के साथ रिकॉर्ड किया गया है। जहां भी मंदिरों की खुदाई की गई, तुरंत ही मंदिर से सब कुछ निकालने के लिए शारीरिक श्रम का इस्तेमाल किया गया। हालाँकि, कुछ मंदिर अतिक्रमणकारी इमारतों के समर्थन के बिना ढीले और लचर नींव वाले पाए गए। गलियारे के मार्ग में स्थित इन प्राचीन मंदिरों को काशी विश्वनाथ मंदिर प्रबंधन ट्रस्ट की पूर्व मंजूरी के साथ, गलियारे के निर्माण तक वैदिक अनुष्ठानों के बाद अस्थायी रूप से स्थानांतरित किया जाना था। श्री काशी विश्वनाथ विशिष्ट क्षेत्र विकास परिषद द्वारा कॉरिडोर क्षेत्र की सफाई के बाद सभी मंदिरों को उनके मूल स्वरूप में बहाल कर दिया गया।*[33]

वाराणसी के केदार घाट पर श्री विद्या मठ के प्रमुख स्वामी अविमुक्तेश्वरानंद जैसे कुछ मुखर आलोचकों ने सिंह के दावों का खंडन किया। उन्होंने कहा, 'उन्होंने कई मंदिर तोड़े हैं और जब हमने इस बारे में प्रशासन और प्रधानमंत्री कार्यालय को बताया तो हमारे पत्रों को स्वीकार भी नहीं

किया गया।' उन्होंने दावा किया कि उनके और कई अन्य लोगों द्वारा मंदिरों के विध्वंस का विरोध करने के बाद प्रशासन ने उन मंदिरों को ध्वस्त करना बंद कर दिया जो अभी भी बचे हुए थे।[34] कई विशेषज्ञों का मानना था कि सरकार अधिक मानवीय और पारदर्शी दृष्टिकोण अपना सकती थी, जहां सर्वसम्मति से कुछ वास्तविक, गैर-राजनीतिक आलोचकों को बोर्ड में लिया जा सकता था।

काशी विद्वत परिषद के महामन्त्री आर.एन.द्विवेदी ने स्पष्ट किया कि कोई भी मूर्ति गायब नहीं हुई है और जो भी मूर्तियाँ कॉरिडोर परियोजना के लिए स्थल को साफ़ करने की प्रक्रिया में मिली थीं, उन्हें तब तक सुरक्षित रखा गया था जब तक कि उन्हें नई काशी कॉरिडोर गैलरी में उन्हीं स्थानों पर पुनः स्थापित न किया जा सके।[35] अविमुक्तेश्वरानंद जैसे आलोचकों के राजनीति समर्थित और प्रेरित आलोचनाओं के दावों को खारिज करते हुए, द्विवेदी ने कहा:

> *जहां तक पौराणिक और ऐतिहासिक संरक्षण का सवाल है, सभी मूर्तियां सुरक्षित हैं और सावधानी से रखी गई हैं और उन्हें उसी दिशा (दिशा और कोना) में पुनः स्थापित किया जाएगा जहां वे पहले थीं। अधिकांश मंदिरों को स्थानांतरण की आवश्यकता नहीं थी, लेकिन जब इस पैमाने पर परिवर्तन होता है तो कुछ का स्थान बदलना तय है।*[36]

अंततः, इन सभी बाधाओं और विनाशकारी कोविड महामारी को दरकिनार करते हुए, 13 दिसंबर 2021 को प्रधानमंत्री नरेंद्र मोदी ने श्री काशी विश्वनाथ धाम या कॉरिडोर परियोजना का उद्घाटन किया। यह नेहरूवादी युग से बिल्कुल अलग था, जब मौजूदा प्रधानमंत्री ने देश के राष्ट्रपति पर मंदिर के उद्घाटन में भाग न लेने का दबाव डाला था। प्रधानमंत्री ने अपने संबोधन में काशी की प्राचीनता और महिमा का बखान करने के साथ-साथ उस लचीलेपन पर भी जोर दिया जो उसने हमेशा दिखाया है। उन्होंने कहा कि आक्रमणकारियों ने इस शहर पर बार-बार हमले किए और इसे नष्ट करने की कोशिश की। उन्होंने कहा, 'यह शहर औरंगज़ेब के अत्याचारों और उसके आतंक के इतिहास का

गवाह था; जिसने तलवार के दम पर सभ्यता को बदलने की कोशिश की; जिसने संस्कृति को कट्टरता से कुचलने का प्रयास किया। लेकिन इस देश की मिट्टी बाकी दुनिया से अलग है। यदि कोई औरंगज़ेब है तो शिवाजी भी हैं। अगर कोई सालार मसूद आता है तो राजा सुहेलदेव जैसे वीर योद्धा उसे भारत की एकता की ताकत का स्वाद चखाते हैं।'[37]

2021 में इसके उद्घाटन के बाद से, अनुमान है कि 2023 के अंत तक, दो वर्षों में रिकॉर्ड 12.92 करोड़ लोगों ने काशी विश्वनाथ मंदिर का दौरा किया, जिससे यह भारत के शीर्ष तीर्थ स्थलों में से एक बन गया।[38] निस्संदेह, पवित्र मंदिर के लंबे और संकटपूर्ण इतिहास में एक नए युग का आरंभ हुआ है। हालाँकि, इसके कानूनी इतिहास की गाथा में एक और अध्याय शुरू होना था - जिसमें कब्जे, आक्रमण और सदियों से झेले गए अपमान के सभी अवशेषों से मुक्ति का वादा किया गया था।

7

तीव्र विधिक संघर्ष

वादी के रूप में भगवान विश्वेश्वर के साथ 1991 में दायर किया गया मामला, जो 1991 के मुक़दमा नंबर 610 के रूप में लोकप्रिय था, अदालतों में लटका रहा। 2021 तक अदालतों द्वारा कार्यवाही पर रोक लगाए हुए 21 साल हो चुके थे। जनवरी 2020 में, मामले के वादी पक्ष ने एक बार फिर मामले को पुनः खोलने के लिए वाराणसी सिविल कोर्ट का दरवाजा खटखटाया। उन्होंने 2018 के सुप्रीम कोर्ट के एक आदेश का हवाला दिया जिसमें कहा गया था कि स्थगन आदेश को हर छह महीने में संशोधित करने की आवश्यकता है। चूंकि उपरोक्त मामले में ऐसा नहीं किया गया था, इसलिए सिविल कोर्ट मुकदमे को फिर से खोलने के लिए सहमत हो गया। दिसंबर 2019 में, विजय शंकर रस्तोगी द्वारा वाराणसी के सिविल कोर्ट में एक नई याचिका दायर की गई थी, जिन्होंने मूल रूप से भगवान विश्वेश्वर के 'अगले मित्र' के रूप में 1991 का मुकदमा दायर किया था। इस बार, उन्होंने वैज्ञानिक रूप से यह पता लगाने के लिए भारतीय पुरातत्व सर्वेक्षण (एएसआई) से एक सर्वेक्षण की मांग की कि क्या मस्जिद का निर्माण किसी मंदिर के ढांचे के ऊपर किया गया था। इन नए घटनाक्रमों के खिलाफ, अंजुमन इंतज़ामिया मस्जिद (एआईएम) और सुन्नी वक़्फ़ बोर्ड ने क्रमशः 2020 का याचिका नंबर 421 और नंबर 784 दायर किया। मूल वाद, मुकदमा संख्या 610/1991 में फैसला 15 मार्च 2020 को सुरक्षित रखा गया था।

इस बीच, वाराणसी की फास्ट ट्रैक कोर्ट के सिविल जज सीनियर डिवीजन आशुतोष तिवारी ने 8 अप्रैल 2021 को मामले और विजय शंकर

रस्तोगी की नई याचिका पर सुनवाई की। मूल मुकदमे में उच्च न्यायालय द्वारा दिए गए स्थगन को देखते हुए, प्रतिवादी पक्ष ने मामले की व्यवहार्यता का जोरदार विरोध किया। 1991 के प्रार्थना स्थल अधिनियम का सहारा लेने के अलावा, मस्जिद पक्ष ने दावा किया कि चूंकि विवादित स्थल वर्तमान में एक कार्यरत मस्जिद है जो स्पष्ट रूप से पहचाने जाने योग्य है, इसलिए कोई सर्वेक्षण आयोग जारी नहीं किया जा सकता है, जैसा कि वादी द्वारा अनुरोध किया गया था। वे इस आशय के तर्क भी लेकर आए कि चूंकि विवादित स्थल पर कई देवताओं के निवास का दावा किया गया है, तो विश्वेश्वर उन सभी की ओर से कैसे बोल सकते हैं और सर्वेक्षण की मांग कर सकते हैं। उन्होंने दलील दी कि चूंकि उन देवताओं को मुकदमे में पक्षकार नहीं बनाया गया है, इसलिए विश्वेश्वर की याचिका पर विचार नहीं किया जाना चाहिए। हिंदू मान्यताओं का सहारा लेते हुए उन्होंने कहा कि हिंदू समुदाय का दृढ़ विश्वास है कि उपमहाद्वीप में बारह ज्योतिर्लिंग हैं। ये मंदिर पहले से ही विद्यमान हैं और उस समुदाय के भक्तों द्वारा बहुत पूजनीय हैं। इस मुकदमे में एक और ज्योतिर्लिंग खोजने की कोशिश के साथ, यह संख्या तेरह तक बढ़ जाएगी, जिससे हिंदुओं की धार्मिक पवित्रता भंग हो जाएगी - जैसे कि प्रतिवादियों के लिए यह बहुत बड़ी चिंता का विषय था। प्रतिवादियों ने आरोप लगाया कि वादी की दलीलें अस्पष्ट और संदिग्ध थीं और झूठी मान्यताओं, मिथकों और सुनी-सुनाई बातों पर आधारित थीं। उन्होंने जोर देकर कहा कि मौजूदा राजस्व रिकॉर्ड के अनुसार, मस्जिद को मौजूदा संरचना के रूप में सूचीबद्ध किया गया है और इसलिए अब इस पर सवाल नहीं उठाया जा सकता है। उच्च न्यायालय द्वारा मूल मुकदमे पर रोक लगाने के बाद, उन्होंने तर्क दिया कि निचली अदालत अपने अधिकार क्षेत्र का उल्लंघन कर रही है।

दोनों पक्षों को सुनने के बाद, न्यायाधीश ने तर्क दिया कि कोई भी पक्ष अपने दावों और प्रतिवादों को साबित करने के लिए प्रत्यक्ष सबूत पेश करने की स्थिति में नहीं है। वर्तमान में, शायद ही कोई व्यक्ति हो, जो उस स्थल पर हुई ऐतिहासिक घटनाओं में सीधे तौर पर शामिल था तथा अदालत के सामने आकर गवाही देने के लिए जीवित होगा। इन परिस्थितियों में, न्यायाधीश ने राय दी कि वादी से यह अपेक्षा करना बहुत अधिक होगा कि वह पहले दस्तावेजी और मौखिक साक्ष्य सामने

लाएँ और उसके पश्चात एक सर्वेक्षण आयोग के लिए आवेदन करें। 1983 के काशी विश्वनाथ ट्रस्ट अधिनियम ने इस स्थान का स्वामित्व मुख्य देवता के रूप में भगवान आदि विश्वेश्वर को सौंप दिया था। इसलिए, न्यायाधीश ने फैसला सुनाया कि उस परिसर में प्रत्येक देवता के पास मुकदमा करने और मुकदमा चलाने की स्वतंत्र कानूनी क्षमता नहीं है। यह मुख्य रूप से विश्वेश्वर का स्थान है और अन्य सभी देवी-देवता केवल सहायक हैं। उन्होंने कहा कि राजस्व प्रविष्टि उस व्यक्ति का स्वामित्व स्थापित करने के लिए निर्णायक सबूत नहीं है, जिसका नाम बदल दिया गया है। यह नियमित सिविल मुकदमे में चुनौती दिए जाने के लिए हमेशा खुला है। प्रतिवादी के इस दलील पर कि यह हिंदू मान्यताओं को बाधित कर सकता है, न्यायाधीश ने कहा कि 12 ज्योतिर्लिंगों में मौजूदा या पुराने लिंगों को पहचानने या हटाने अथवा नए लिंगों को जोड़ने का निर्णय हिंदू धर्म के विद्वानों और धार्मिक प्रमुखों पर छोड़ देना ज्यादा अच्छा है। उन्होंने फैसला सुनाया कि जो दावे अस्पष्ट और संदिग्ध हैं, उन्हें हवा में जारी नहीं किया जा सकता।[1]

इन मुद्दों को हल करने के लिए, अदालत ने सुझाव दिया कि साइट का पुरातात्विक सर्वेक्षण आगे बढ़ने का सबसे अच्छा तरीका है।[2] गहराई तक दबी हुई संरचनाओं के मामले में उपयोग किए जाने वाले जीपीआर या ग्राउंड-पेनेट्रेटिंग रडार सिस्टम के उपयोग से, संबंधित संरचना की सतह के साथ छेड़-छाड़ किए बिना विशेष स्मारकीय डिजाइन और उसकी समय-अवधि का अनावरण किया जा सकता है। जीपीआर एक गैर-आक्रामक भूभौतिकीय (जियोफिजिकल) विधि है, जो उपसतह इंटरफेस और अन्य विशेषताओं की तस्वीर निकालने के लिए विद्युत चुम्बकीय ऊर्जा के प्रतिबिंब का उपयोग करती है। यह मिट्टी और भूगर्भिक निक्षेपों में उप-सतह विशेषताओं की निरंतर रियल-टाइम प्रोफ़ाइल प्रदान करती है। भूभौतिकीय पद्धतियों के आने से पहले, पुरातात्विक स्थलों की खुदाई के लिए फावड़े के परीक्षणों का उपयोग किया जाता था। यह न केवल एक श्रमसाध्य और समय लेने वाली प्रक्रिया थी, बल्कि इसमें इस बात की भी अधिक संभावना रहती थी कि खुदाई के दौरान कलाकृतियाँ छूट जाएँगी या अनजाने में नष्ट हो जाएँगी।[3] भारतीय पुरातत्व सर्वेक्षण (एएसआई), जो भारत सरकार के संस्कृति मंत्रालय के

तहत काम करता है, के पास प्रशिक्षित पुरातत्वविदों, संरक्षणवादियों और पुरालेखविदों का एक बड़ा कार्यबल है, इसीलिए अदालत ने इसे इस काम के लिए सक्षम निकाय माना।

अंततः न्यायाधीश ने प्रतिष्ठित व्यक्तियों (जो विशेषज्ञ हैं और पुरातत्व विज्ञान में पारंगत हैं) की पांच सदस्यीय समिति के माध्यम से संपूर्ण सेटलमेंट प्लॉट नंबर 9130 का व्यापक पुरातात्विक भौतिक सर्वेक्षण करने का आदेश दिया। इनमें से दो विशेषज्ञों को प्राथमिकता के आधार पर अल्पसंख्यक समुदाय से लिया जाना था। एएसआई को विवादित स्थल की सटीक चौड़ाई के साथ एक ड्राइंग प्लान, ऊंचाई, साइट मानचित्र के साथ एक व्यापक दस्तावेज तैयार करना था और जांच करनी थी कि विवादित स्थल पर वर्तमान में खड़ी धार्मिक संरचना स्थिति, परिवर्तन या परिवर्धन में उत्कृष्ट है या नहीं; साथ ही अन्य धार्मिक संरचनाओं के साथ किसी भी प्रकार का कोई संरचनात्मक ओवरलैप है या नहीं। यदि हां, तो विवादित स्थल पर वर्तमान में मौजूद धार्मिक संरचना की उम्र, आकार, स्मारकीय और स्थापत्य डिजाइन अथवा शैली का वास्तविक रूप क्या है? इसके अलावा, यह भी पता लगाना था कि क्या हिंदू समुदाय से संबंधित कोई मंदिर मस्जिद के निर्माण या अधिरोपित या जोड़े जाने से पहले कभी अस्तित्व में था? यदि हाँ, तो इसकी आयु, आकार, डिज़ाइन इत्यादि क्या थी? इन सभी सवालों का जवाब जीपीआर या जियो-रेडियोलॉजी सिस्टम अथवा दोनों के माध्यम से दिया जाना था।

सर्वेक्षण के दौरान, यदि समिति संतुष्ट महसूस करती कि आगे भी उत्खनन या निष्कर्षण कार्य करने की आवश्यकता है, तो इसे सबसे पहले ट्रायल ट्रेंच विधि द्वारा लंबवत रूप से किया जाना था और वह भी बहुत छोटे पैमाने पर तथा एक बार में चार वर्ग फुट से अधिक नहीं। क्षैतिज उत्खनन तभी किया जाना था जब समिति पूरी तरह से संतुष्ट हो कि वास्तव में इस तरह के उत्खनन से वे जमीनी स्तर के नीचे पुरातात्विक अवशेषों के बारे में अधिक ठोस निष्कर्ष पर पहुंच सकेंगे।

इस तथ्य को ध्यान में रखते हुए कि विवादित स्थल का उपयोग एक मस्जिद के रूप में किया जा रहा था, न्यायाधीश ने कहा कि इस सर्वेक्षण के दौरान, पुरातात्विक सर्वेक्षण समिति यह सुनिश्चित करेगी कि मुसलमानों को विवादित स्थल पर नमाज़ अदा करने में कोई बाधा

न आए। इसने मामले की संवेदनशीलता के बारे में जागरूक होने और यह सुनिश्चित करने की आवश्यकता को रेखांकित किया कि किसी भी समुदाय के साथ कोई तरजीही या पक्षपातपूर्ण व्यवहार न होने पाए। आम जनता या मीडिया को चल रहे सर्वेक्षण को देखने की अनुमति नहीं थी। न तो पर्यवेक्षकों और न ही समिति के किसी सदस्य को चल रहे काम की स्थिति के बारे में मीडिया को जानकारी देने की अनुमति दी गई। पूरे सर्वे की फोटोग्राफी और वीडियोग्राफी करायी जानी थी। बिना किसी बाधा के सुचारू संचालन सुनिश्चित करने के लिए राज्य और जिला प्रशासन द्वारा सुरक्षा कर्मियों को तैनात करने का आदेश दिया गया था।

इस संतुलित आदेश के बावजूद, जो मामले को बयानबाजी के बजाय वैज्ञानिक तथ्यों के माध्यम से तार्किक निष्कर्ष तक ले जाता था, मुस्लिम पक्ष ने 26 जुलाई 2021 को रिट याचिका 3844/2021 दायर कर इलाहाबाद उच्च न्यायालय में गुहार लगाई कि 8 अप्रैल के एएसआई सर्वेक्षण वाले आदेश पर रोक लगाई जाए। हाई कोर्ट में मामले की सुनवाई करने वाले जस्टिस प्रकाश पाडिया ने 9 सितंबर 2021 को पुरातात्विक सर्वेक्षण के आदेश पर रोक लगा दी। तीव्रता से बदलते इस घटनाक्रम के बाद 1991 के मुकदमा संख्या 610 की स्थिति फिर वहीं हो गई जहां वह पहले थी। उच्च न्यायालय ने इस मामले को मूल मुकदमे, 1991 के मुकदमा संख्या 610 के साथ जोड़ दिया, जिसका फैसला 15 मार्च 2021 को सुरक्षित रखा गया था।

माँ श्रृंगार गौरी की पूजा हेतु पांच महिलाओं की मांग

यहां तक कि जब 1991 के मुकदमा संख्या 610 पर गर्मागर्म बहस चल रही थी, तब पांच महिलाओं- राखी सिंह, लक्ष्मी देवी, सीता साहू, मंजू व्यास और रेखा पाठक ने वाराणसी के सिविल जज की अदालत का दरवाजा खटखटाया। 16 अगस्त 2021 को उन्होंने सिविल सूट संख्या 693 दायर किया। यह मुकदमा उत्तर प्रदेश राज्य, वाराणसी के जिला मजिस्ट्रेट, पुलिस आयुक्त, एआईएम और श्री काशी विश्वनाथ मंदिर के ट्रस्टी बोर्ड के खिलाफ था। पांचों महिलाओं ने भारत के संविधान के अनुच्छेद 25 द्वारा गारंटीकृत धार्मिक स्वतंत्रता के अपने अधिकार की

सुरक्षा की गुहार लगाई। उन्होंने प्लॉट संख्या 9130 में स्थित माँ श्रृंगार गौरी, गणेश, हनुमान, नंदी और अन्य दृश्य एवं अदृश्य देवी-देवताओं की पूजा में किसी भी हस्तक्षेप के खिलाफ स्थायी निषेधाज्ञा की मांग की। अपनी याचिका में, महिलाओं ने इस स्थल के पुराने अतीत का जिक्र किया, जिसमें स्वयं भगवान शिव द्वारा स्वयंभू लिंग की स्थापना, मूर्तिभंजकों द्वारा इसके साथ किए अभद्र व्यवहार, नारायण भट्ट तथा टोडरमल द्वारा निर्मित भव्य मंदिर और 1669 में औरंगज़ेब द्वारा इसके विनाश की बातें भी शामिल थे। उन्होंने दावा किया कि पांच क्रोशों सहित भूमि पहले से ही देवता में निहित थी और मुसलमानों ने बिना कोई वक़्फ़ बनाए उस स्थान पर जबरन एक निर्माण खड़ा कर, इसे ज्ञान वापी मस्जिद करार दिया था। उनका तर्क था कि इस बात का कोई भी साक्ष्य नहीं है कि औरंगज़ेब या उसके अधीनस्थों ने उस स्थान पर मस्जिद के निर्माण के लिए कोई वक़्फ़ बनाया था। इसके अलावा, इस्लामी कानून के अनुसार, किसी और की संपत्ति पर, इस मामले में, देवता की भूमि पर कोई वक़्फ़ नहीं बनाया जा सकता है। वाद में कहा गया कि, इसलिए, मुस्लिम समुदाय भूमि का अतिक्रमणकारी था और उन्हें अपने धार्मिक उद्देश्यों के लिए इसका उपयोग करने का कोई अधिकार नहीं था। इसने अदालत का ध्यान पश्चिमी मंडप के खंडहरों की ओर आकर्षित किया, जो हिंदू कल्पना से परिपूर्ण हैं। कथित मस्जिद के पश्चिमी हिस्से में हिंदुओं ने अपने अदृश्य देवताओं की पूजा करना जारी रखा है।

वाद में काशी खंड के अध्याय 100 का हवाला दिया गया, जिसमें अमावस्या के तीसरे दिन गौरी यात्रा निकालने की बात कही गई थी।[4] स्कंद पुराण में बताया गया है कि सांसारिक और आध्यात्मिक इच्छाओं की पूर्ति के लिए श्रृंगार मंडप के नीचे विराजमान माँ श्रृंगार गौरी की पूजा करना जरूरी होता है। ढलते पखवाड़े में अनुपम गौरी यात्रा करने का विधान बताया गया है। सौभाग्य गौरी की आराधना से पहले ज्येष्ठा गौरी की भी पूजा की जाती है और यात्रा पूरी होने से पहले श्रृंगार गौरी की पूजा की जाती है। बाबा विश्वनाथ की पूजा का पूर्ण लाभ प्राप्त करने के लिए श्रृंगार गौरी की यह पूजा अनिवार्य थी।

वादी ने 1936 के दीन मोहम्मद मुकदमे का भी हवाला दिया, जहां कई गवाहों ने शपथ के साथ गवाही दी थी कि देवी श्रृंगार गौरी वास्तव में पंच

मंडप में स्थित थीं और सभी अनुष्ठानों के साथ प्राचीन काल से वहां पूजी जाती रही थीं; साथ ही अविमुक्तेश्वर, मार्केश्वर तथा अन्य देवताओं की अदृश्य रूप में पूजा और भक्तों द्वारा नियमित पंचक्रोशी परिक्रमा भी की जा रही थी। 1936 के उस मामले में गवाहों के इन दावों को मुस्लिम पक्ष द्वारा एक बार भी चुनौती नहीं दी गई थी। इससे यह साबित हुआ कि स्थान आदि विश्वेश्वर और अन्य सभी देवताओं जैसे माँ श्रृंगार गौरी, गणेश, हनुमान, नंदी आदि की सदियों से हिंदुओं द्वारा निरंतर पूजा की जाती रही है। इसके अलावा, उस मामले के फैसले और अपील में भी यह माना गया था कि मुकदमे में संपत्ति वक़्फ़ संपत्ति नहीं थी।

उन्होंने दावा किया कि उत्तर प्रदेश राज्य विधायिका ने 1983 के अधिनियम के माध्यम से ज्योतिर्लिंग और उसके सभी आश्रित मंदिरों, तीर्थस्थलों, उप-मंदिरों तथा 'स्थान' (स्थल) की पूजा करने के हिंदुओं के अधिकार को मान्यता दी थी। स्वामित्व पूर्णतः देवता में निहित था। इस प्रकार, इस अधिनियम ने पुराने मंदिर परिसर के भीतर इन देवी-देवताओं की पूजा करने के हिंदुओं के अधिकार को भी मान्यता दी एवं पुष्टि की। इसलिए राज्य सरकार को पूजा को सीमित करने का कोई अधिकार नहीं था, जैसा कि उसने बैरिकेडिंग के बाद किया था, वर्ष में केवल एक दिन, यानी, वसंत नवरात्रि के चौथे दिन तक। यह देवी के मंदिर तक उनकी वैध पहुंच और उनके धार्मिक तथा आध्यात्मिक कर्तव्यों की पूर्ति पर रोक लगाकर धर्म के मौलिक अधिकार का पूर्ण उल्लंघन था। इसलिए, उन्होंने मामले में राहत के लिए अदालत से गुहार लगाई।

महिलाओं ने अदालत का ध्यान ऐसे ही सिविल मुकदमों की ओर आकर्षित किया जो उसी वर्ष हिंदू पक्ष की ओर से सामने आए थे। इनमें 1 मार्च 2021 को सत्यम त्रिपाठी और अन्य द्वारा 2021 का मुकदमा नंबर 245, 19 मार्च 2021 को माँ श्रृंगार गौरी की ओर से 2021 का मुकदमा नंबर 350, और 19 मार्च 2021 को माँ गंगा की ओर से 2021 का मुकदमा नंबर 358 आदि कुछ प्रमुख नाम हैं। इन सभी मुकदमों में आम बात यह थी कि ये सभी भक्तों द्वारा सेटलमेंट प्लॉट संख्या 9130 के भीतर आदि विश्वेश्वर के साथ-साथ माँ श्रृंगार गौरी, गंगा, हनुमान, गणेश, नंदी की पूजा करने के अधिकार का दावा करते हुए, संपूर्ण अविमुक्त क्षेत्र को स्थान भगवान आदि विश्वेश्वर का घोषित करने और उक्त भूखंड पर एक नया

मंदिर बनाने के लिए दायर किए गए थे। ये वादी उन मुकदमों में पक्षकार नहीं थे, लेकिन वे चाहते थे कि राज्य सरकार एक मौखिक आदेश के माध्यम से उनकी पूजा को साल में केवल एक दिन तक सीमित न कर दे। उन्हें यह भी डर था कि एएसआई सर्वेक्षण करने के 8 अप्रैल 2021 के न्यायाधीश के आदेश के बाद, एआईएम मौजूदा छवियों, पूजा स्थलों और देवताओं की पूजा से जुड़ी अन्य चीजों को नुकसान पहुंचाने, विरूपित करने या नष्ट करने का प्रयास कर सकता है। इससे हिंदुओं के लिए अपूरणीय क्षति होगी और संभावित रूप से कानून-व्यवस्था की स्थिति भी खराब हो जाएगी।

इस प्रकार, वादी ने उन्हें पुराने मंदिर परिसर के भीतर देवताओं की पूजा करने के अपने मौलिक धार्मिक कर्तव्यों को स्थायी रूप से करने की अनुमति देने के लिए प्रार्थना की। इसने अदालत से प्रतिवादियों के खिलाफ इन धार्मिक कर्तव्यों के निर्वहन में किसी भी तरह की बाधा उत्पन्न करने के खिलाफ स्थायी निषेधाज्ञा की मांग की, साथ ही राज्य और जिला प्रशासन से पूजा की सुविधा प्रदान करने तथा तीर्थयात्रियों को सुरक्षा प्रदान करने की मांग की। 19 अगस्त 2021 को, शिकायत के बाद साइट का निरीक्षण करने के लिए एक अधिवक्ता आयुक्त (एडवोकेट कमिश्नर) की नियुक्ति के साथ-साथ सर्वेक्षण की फोटोग्राफी और वीडियोग्राफी करने की अनुमति देने का भी अनुरोध किया गया। इसने सर्वेक्षण के सुचारू संचालन के लिए पुलिस सुरक्षा की भी मांग की क्योंकि अशांति या बाधा उत्पन्न होने की आशंका थी।

न्यायाधीश ने प्रतिवादियों को समन जारी किया और 18 अगस्त 2021 को विवादित स्थल का स्थानीय निरीक्षण करने के लिए एक अधिवक्ता आयुक्त की नियुक्ति का आदेश दिया। इस बीच, वादी को अदालत द्वारा अनुशंसित अधिवक्ता आयुक्तों की सूची से संपर्क करना था और इस सर्वेक्षण को करने के लिए उनकी सहमति लेनी थी। वादी पक्ष ने अजीत कुमार पुष्कर से संपर्क करने की कोशिश की, लेकिन उनसे संपर्क नहीं हो सका। एक अन्य सूचीबद्ध आयुक्त, अजय पांडे ने स्वास्थ्य के आधार पर खुद को मामले से अलग कर लिया। अंततः 3 दिसंबर 2021 को वादी पक्ष ने अदालत में आवेदन देकर अजय कुमार मिश्र को एडवोकेट कमिश्नर नियुक्त करने की मांग की। प्रतिवादी पक्ष ने इस आदेश को रद्द

कराने तथा एडवोकेट कमिश्नर की नियुक्ति रद्द कराने की पूरी कोशिश की। उन्होंने 9 सितंबर 2021 को इलाहाबाद उच्च न्यायालय द्वारा एएसआई सर्वेक्षण पर रोक लगाने के मामले का हवाला दिया और तर्क दिया कि एक अधिवक्ता आयुक्त के हस्तक्षेप की व्यवहार्यता मौजूद नहीं थी। उन्होंने आगे कहा कि चूंकि 1991 के मूल मुकदमे को ही प्रार्थना स्थल (विशेष प्रावधान) अधिनियम द्वारा प्रतिबंधित कर दिया गया था, इसलिए यह मुकदमा भी सिविल प्रक्रिया संहिता (सीपीसी) के आदेश 7, नियम 11 (डी) द्वारा सरसरी तौर पर खारिज किए जाने योग्य था।

प्रतिवादियों की इन दलीलों का वादी पक्ष ने अपने वकील हरि शंकर जैन और सुभाष नंदन चतुर्वेदी के माध्यम से 4 अप्रैल 2022 के अपने बयान में मुखरता से विरोध किया। उनके तर्क का जोर यह था कि किसी विशेष स्थान पर जहां दो समुदाय अपने प्रतिस्पर्धी अधिकारों का दावा कर रहे हो, पूजा के अधिकार का निर्धारण करने के लिए 'सर्वप्रथम अस्तित्व' या 'पहले से अस्तित्व' का सिद्धांत सर्वोपरि था। जिन देवी-देवताओं तक महिलाएं निर्बाध पहुंच चाहती थीं, उनकी पूजा 15 अगस्त 1947 - प्रार्थना स्थल अधिनियम की कट-ऑफ तिथि - से भी पहले से की जाती थी। दक्षिण की ओर के तहखाने और ध्वस्त मंदिर के खंडहरों सहित अन्य हिस्सों पर भी हिंदुओं का कब्ज़ा था। अदालत ने मुकदमे में दिए गए कथनों के आलोक में एक रिपोर्ट प्रस्तुत करने के लिए एक अधिवक्ता आयुक्त को नियुक्त करने का पहले ही आदेश दे दिया था। उनका कहना था कि हिंदू कानून के अनुसार, एक बार देवता में निहित संपत्ति देवता की संपत्ति बनी रहेगी और इसके विनाश से संपत्ति की प्रकृति में कोई बदलाव नहीं आ सकता है। उनका तर्क था कि एक बार अस्तित्व में आ जाने के बाद मंदिर, हमेशा एक मंदिर ही रहता है।

तब तक, 2019 में, अयोध्या में राम जन्मभूमि स्थल पर इसी तरह के विवाद में भारत के सर्वोच्च न्यायालय की पांच-न्यायाधीशों की पीठ द्वारा ऐतिहासिक निर्णय सुनाया जा चुका था। वादी पक्ष के अधिवक्ताओं ने अपने मामले के समर्थन में एम. सिद्दीक बनाम महंत सुरेश दास (2019) के इस फैसले का हवाला दिया। उस फैसले के पैराग्राफ 104 (पृ. सं.- 95-96) में, यह कहा गया था कि हिंदू धर्म में सर्वोच्च सत्ता की भौतिक अभिव्यक्ति प्रतिमा (मूर्तियों) के रूप में मौजूद हैं ताकि उपासकों को एक निराकार

अस्तित्व का अनुभव कराया जा सके।[5] मूर्ति सर्वोच्च सत्ता का प्रतिनिधित्व है। मूर्ति भौतिक रूप धारण करने से पहचानी जा सकती है। उसी निर्णय में, पृष्ठ 102 पर अनुच्छेद 116 में यह उल्लेख किया गया था:

मूर्ति (ईश्वरीय प्रतिमा) के नष्ट होने से उसके पवित्र उद्देश्य और दिव्यता समाप्त नहीं होती। यहां तक कि जहां मूर्ति नष्ट हो जाती है या मूर्ति की दृश्यता रुक-रुक कर या पूरी तरह से लुप्त हो जाती है, धर्म विन्यास द्वारा निर्मित उसका कानूनी व्यक्तित्व कायम रहता है। हमारे देश में, धार्मिक प्रथा के रूप में मूर्तियों को नियमित रूप से पानी में डुबोया जाता है। ऐसा नहीं कहा जा सकता कि इस प्रकार के विसर्जन से उसका पवित्र प्रयोजन भी नष्ट हो जाता है। मूर्ति की स्थापना से ही पवित्र उद्देश्य की पूर्ति होती है। मूर्ति को कानूनी व्यक्तित्व का सम्मान, वास्तव में, स्वयं पवित्र उद्देश्य की मान्यता है, न कि वह विधि जिसके माध्यम से उस पवित्र उद्देश्य को आम तौर पर व्यक्त किया जाता है। पवित्र उद्देश्य वहां भी पूरा हो सकता है जहां मूर्ति की उपस्थिति रुक-रुक कर होती है या समर्पण के आधार पर एक मंदिर अनुपस्थित होता है। ऐसे सभी मामलों में जिस पवित्र उद्देश्य के लिए कानूनी व्यक्तित्व प्रदान किया जाता है, वह कायम रहता है।[6]

इस आधार पर, उन्होंने तर्क दिया कि वर्तमान मुकदमा, प्रार्थना स्थल (विशेष प्रावधान) अधिनियम, 1991 के किसी भी प्रावधान द्वारा वर्जित नहीं था। श्री काशी विश्वनाथ मंदिर ट्रस्ट के न्यासी बोर्ड ने पुराने मंदिर के भीतर उचित पूजा, दर्शन और अनुष्ठान को सुचारू बनाने के लिए कोई कार्रवाई नहीं की थी। अयोध्या मामले में फिर से, यह माना गया कि एक उपासक उन परिस्थितियों में किसी अजनबी के खिलाफ देवता के हितों की रक्षा के लिए मुकदमा दायर कर सकता है, जब उसे पता चले कि ट्रस्ट/सेवायत अपने कर्तव्यों में लापरवाही बरत रहे हैं। इस प्रकार, पांचों महिलाओं को, धर्मनिष्ठ हिंदू होने के नाते, राहत पाने के लिए अदालतों का दरवाजा खटखटाने का पूरा अधिकार था क्योंकि ट्रस्ट ने कोई सक्रिय कदम नहीं उठाया था, जिसके परिणामस्वरूप भारतीय संविधान द्वारा गारंटीकृत अपने धर्म का पालन करने के उनके मौलिक अधिकारों को कुचला जा रहा था।

प्रार्थना स्थल अधिनियम में उल्लेख किया गया है कि किसी पूजा/ प्रार्थना स्थल का धार्मिक चरित्र 15 अगस्त 1947 को जो था, उसमें कोई

बदलाव नहीं किया जाएगा। वादी ने तर्क दिया कि धार्मिक चरित्र जैसा था वैसा बने रहने के लिए, पहले धार्मिक चरित्र का निर्धारण करना आवश्यक है। इस विवादित स्थल के मामले में यही वह प्रश्न था जो पूरी तरह अस्पष्ट था। क्या यह किसी मौजूदा मंदिर स्थल पर अतिक्रमण था या यह एक ताज़ा बनी मस्जिद थी, इसे कहाँ पंजीकृत किया गया था, क्या यह वक़्फ़ संपत्ति थी - ये सभी प्रश्न उत्तर मांग रहे थे। इन्हें निर्धारित करने के लिए साक्ष्य की आवश्यकता होती है। हिंदू पक्ष ने पहले ही पूरे स्थल पर देवताओं की पूजा के साक्ष्य प्रस्तुत कर दिए थे, जिसमें खंडहर भी शामिल थे जो कथित तौर पर मस्जिद के रूप में संरचना का हिस्सा थे। उन्होंने तर्क दिया कि अधिक स्पष्टता पाने के लिए, एक एडवोकेट कमिश्नर सर्वे (अधिवक्ता आयुक्त सर्वेक्षण) तथा एक पुरातात्विक रिपोर्ट से चीजें स्पष्ट हो जाएंगी। यहां तक कि इस्लामी कानून भी हड़पी गई या अवैध रूप से प्राप्त संपत्ति पर धार्मिक संरचना के निर्माण पर रोक लगाता है। यही स्थिति ज्ञानवापी में भी थी, जिसे औरंगज़ेब या उसके बाद किसी ने भी वक़्फ़ संपत्ति के रूप में पंजीकृत नहीं किया था।

इस मामले की पैरवी करते हुए, चेहरे पर गहरी मुस्कान के साथ हरि शंकर जैन कहते हैं, 'अब तक महादेव की ओर से दायर किए गए मामले किसी तरह टलते रहे। लेकिन जैसे ही दिव्य माँ श्रृंगार गौरी ने वादी के रूप में प्रवेश किया, चीजें अपनी रफ़्तार पकड़ने लगीं। महादेव आख़िरकार बैरागी हैं, उन्हें सांसारिक विषयों में कोई रुचि नहीं है। लेकिन क्या दिव्य माँ अपने पति को अपमानित होने दे सकती है? क्या सती के रूप में वह अपने पति के अपमान का बदला लेने के लिए यज्ञ अग्नि में नहीं कूद पड़ी थीं?'[7] यद्यपि यह एक अलंकारिक टिप्पणी हो सकती है, लेकिन मामले की सच्चाई यह है कि इस नए मुकदमे के दायर होने के बाद अब गेंद वास्तव में सही दिशा में घूमनी शुरू हो गई है।

एडवोकेट कमिश्नर नियुक्त

सभी दलीलें सुनने के बाद सिविल जज श्री रवि कुमार दिवाकर ने 8 अप्रैल 2022 को अपना आदेश सुनाया। उन्होंने अगस्त 2021 में निर्देशित अधिवक्ता आयुक्त की नियुक्ति में हुई अत्यधिक देरी का उल्लेख किया, साथ ही वादीगण की प्रार्थना पर इस सर्वेक्षण के लिये अजय कुमार मिश्र

को एडवोकेट कमिश्नर नियुक्त किया। उन्हें (एडवोकेट कमिश्नर को) दोनों पक्षों की उपस्थिति में विवादित संपत्ति की निगरानी करनी थी। इसके अलावा वीडियोग्राफी कराने तथा कानून-व्यवस्था बिगड़ने की स्थिति में उपयुक्त पुलिस बल की तैनाती भी करनी थी, जिसके लिए वाराणसी के पुलिस कमिश्नर को सूचित किया गया था। कोर्ट ने एडवोकेट कमिश्नर को सर्वे के संबंध में जल्द रिपोर्ट पेश करने का निर्देश दिया।[8] वादी पक्ष के वरिष्ठ अधिवक्ता हरि शंकर जैन ने खुलासा किया कि इस आदेश से दूसरे पक्ष में काफी हंगामा व हलचल उत्पन्न हुआ। यहां तक कि मीडिया के माध्यम से खुली धमकियां भी दी गईं कि वे किसी भी कीमत पर मस्जिद परिसर का सर्वेक्षण नहीं होने देंगे।[9]

इस आदेश के खिलाफ, एआईएम ने अपने वकील जहीर असगर और सैयद अमहद फ़ैज़ान के माध्यम से 18 अप्रैल 2022 को इलाहाबाद उच्च न्यायालय में एक रिट याचिका 2946 दायर की। वरिष्ठ वकील एस.एफ.ए. नकवी को इस मामले में उपस्थित होना था और बहस करनी थी। याचिका में प्रार्थना की गई कि सिविल जज, सीनियर डिवीजन (वाराणसी), श्री रवि कुमार दिवाकर ने पूरी तरह से अपने अधिकार क्षेत्र के बिना काम किया है।[10] उन्होंने तर्क दिया कि वास्तव में, उन्होंने सीपीसी के आदेश 7 नियम 11 के अनिवार्य प्रावधानों के साथ-साथ प्रार्थना स्थल (विशेष प्रावधान) अधिनियम, 1991 के प्रावधानों के खिलाफ भी अपने अधिकार से परे जाकर काम किया है। उनके अनुसार, 1991 के मूल वाद 610 में, एएसआई जांच के आदेश पर उच्च न्यायालय ने पहले ही रोक लगा दी थी; इसलिए एक अधिवक्ता आयुक्त सर्वेक्षण का प्रयोजन या आवश्यकता कहां थी! उन्होंने अधिवक्ता आयुक्त के रूप में अजय कुमार मिश्र की नियुक्ति का भी कड़ा विरोध किया क्योंकि उन्हें संदेह था कि वह वादी के पक्ष में झुके हो सकते हैं, यही कारण है कि वादी ने उनकी नियुक्ति के लिए सक्रिय रूप से दबाव डाला था, हालांकि उन्हें अधिवक्ता आयुक्तों की सूची में नंबर 13 के रूप में सूचीबद्ध किया गया था। वादी पक्ष द्वारा उनसे ऊपर के केवल दो लोगों की मांग की गई थी। लेकिन वे अपने व्यक्तिगत कारणों से सर्वेक्षण कराने पर सहमत नहीं हो सके। याचिका में यह भी कहा गया कि अधिवक्ता आयुक्त की नियुक्ति अपने आप में एक मजाक है क्योंकि यह वादी के दावों की ओर से साक्ष्य एकत्र करने के समान है। चूँकि यह वादी ही था जो संपत्ति पर दावा कर रहा था अतः साक्ष्य के माध्यम से अपने

मामले को साबित करने का भार पूरी तरह से वादी पर था। साथ ही पुलिस सुरक्षा देने या वीडियोग्राफी की अनुमति देने पर भी आपत्ति जताई गई जो आदेश में दी गई थी।

उनके अनुसार सबसे बड़ी समस्या यह थी कि पूरा मुकदमा अपने आप में पूजा स्थल अधिनियम द्वारा वर्जित था। यदि मुक़दमे पर ही रोक लगा दी गई है तो सबूत पेश करने का सवाल और कुछ नहीं बल्कि बुनियादी अवैधता के समान एक ग़लत कार्य है। याचिकाकर्ताओं ने प्रार्थना स्थल अधिनियम का जोशीला आह्वान करते हुए कहा कि यह भारत के संविधान के तहत धर्मनिरपेक्षता के प्रति राज्य के साथ-साथ लोगों की प्रतिबद्धता को लागू करने के लिए एक गैर-अपमानजनक दायित्व लगाता है।[11] उनके अनुसार, अधिनियम का उद्देश्य किसी भी पूजा स्थल की स्थिति को स्थिर करना था जैसा कि वह 15 अगस्त 1947 (कटऑफ डेट) को अस्तित्व में था। यह उस दिन से संबंधित पूजा स्थल के धार्मिक चरित्र को यथास्थिति बनाए रखने का आश्वासन भी प्रदान करता था। इसका उद्देश्य किसी भी पूजा स्थल की पिछली स्थिति के बारे में किसी भी समूह के नए दावों को रोकना और उन स्थलीय संरचनाओं को पुनः प्राप्त करने के प्रयासों से सुरक्षित रखना था, जिस पर वे 15 अगस्त 1947 को खड़े थे। उन्होंने तर्क दिया कि बड़ी उम्मीदों के साथ इस कानून को प्रख्यापित किया गया था कि यह लंबे समय तक सांप्रदायिक सद्भाव के संरक्षण में मदद करेगा। हिंदुओं की इस याचिका में 15 अगस्त 1947 से लगभग 200-300 साल पहले साइट के रूपांतरण का आरोप लगाया गया था। इसलिए सीपीसी के आदेश 7 नियम 11 (डी) के मद्देनजर, मुकदमे की स्थिरता ही अमान्य थी।

1936 के दीन मोहम्मद मुकदमे और उसके बाद 1942 में इलाहाबाद उच्च न्यायालय में की गई अपील का सहारा लेते हुए, याचिकाकर्ताओं ने कहा कि अदालत ने उस समय पाया था कि नीचे की भूमि और उसकी कुर्सी वक़्फ़ भूमि थी। इससे साबित हुआ कि मस्जिद और उसके नीचे के हिस्से हमेशा से यहीं थे और प्राचीन काल से कभी भी उनके स्वरुप में कोई परिवर्तन नहीं किया गया था, साथ ही 15 अगस्त, 1947 को भी वे इसी तरह अस्तित्व में थे। अतः उन पर प्रार्थना स्थल अधिनियम के प्रावधान लागू होते थे। इस आधार पर, उनका तर्क था कि राखी सिंह और अन्य द्वारा दायर 1991 के मुकदमा नंबर 610 को कानून के संचालन से प्रतिबंधित कर दिया गया था।

21 अप्रैल 2022 को इलाहाबाद हाई कोर्ट के जस्टिस जे.जे. मुनीर ने मामले की सुनवाई की और इस मामले में ऐतिहासिक फैसला सुनाया।[12] यह एक महत्वपूर्ण मोड़ था और एडवोकेट कमिश्नर सर्वे की बात तो दूर, मुकदमे की वैधता ही प्रश्न के घेरे में आ गई थी। न्यायमूर्ति मुनीर ने कहा कि प्रतिवादियों [मस्जिद-पक्ष] के वरिष्ठ वकील का यह दावा कि जब तक पक्षकारों द्वारा साक्ष्य नहीं दिया जाता, स्थानीय निरीक्षण के लिए कोई आयोग जारी नहीं किया जा सकता, बिल्कुल गलत है। साक्ष्य एकत्र करने के लिए स्थानीय निरीक्षण हेतु एक आयोग जारी किया जा सकता है। इस मामले में, विवादग्रस्त संपत्ति पर नामित देवताओं का अस्तित्व अपने आप में एक प्रकार का साक्ष्य था जो कमीशन जारी करने के सामान्य नियमों के अपवाद के अंतर्गत आएगा। न्यायाधीश ने माना कि किसी भी पक्ष के लिए अपने दावों को लेकर सबूत पेश करना असंभव था। इसलिए, यदि निचली अदालत ने कमीशन जारी करने के लिए अपने विवेक का प्रयोग किया है ताकि मुद्दे से संबंधित तथ्यों के बारे में सबूत एकत्र किए जा सकें, तो यह नहीं कहा जा सकता कि उक्त आदेश अदालत के अधिकार क्षेत्र से परे है। उन्होंने माना कि ऐसा हमेशा नहीं होता कि रिकॉर्ड पर पहले से मौजूद साक्ष्यों को स्पष्ट करने के लिए कोई आयोग निर्धारित किया गया हो। ऐसे मामले भी हो सकते हैं जहां साक्ष्य सुरक्षित करना आवश्यक हो, जो मौके पर उपलब्ध हो और वादी पक्ष इसे प्रस्तुत न कर सकें। यहां जारी आयोग स्पष्ट रूप से उसी श्रेणी में आता है। लेकिन यह प्रतिवादी के अधिकारों का उल्लंघन नहीं करता है, क्योंकि वे (प्रतिवादी) आयुक्त की रिपोर्ट सामग्री पर कभी भी आपत्ति कर सकते हैं। इसलिए, जब प्रतिवादियों के पास अधिवक्ता आयुक्त की रिपोर्ट के किसी भी निष्कर्ष के खिलाफ आपत्ति करने और अपील करने का स्पष्ट अधिकार था, तो न्यायाधीश को पहली बार में सर्वेक्षण पर रोक लगाने का कोई कारण नहीं मिला।

न्यायमूर्ति मुनीर ने अजय कुमार मिश्र के चयन पर मस्जिद पक्ष की आपत्तियों को भी उचित नहीं पाया। उन्होंने कहा कि केवल इस तथ्य से कि उक्त अधिवक्ता आयुक्त का नाम वादी पक्ष द्वारा सुझाया गया था, अपने आप उसे वादी की पसंद का या पक्षपाती आयुक्त नहीं बना देता है। यह अदालत ही है, जिसने अपने विवेक से, आयोग के पिछले कार्य के

इतिहास और उसके बाद उत्पन्न परिस्थितियों को ध्यान में रखते हुए निर्णय लिया है, जहां दो लोग जिन्हें अनुरोध किया गया था, वे व्यक्तिगत कारणों का हवाला देकर पीछे हट गए थे। इसलिए, उन्होंने महसूस किया कि याचिकाकर्ता के पास उपरोक्त विकल्प के बारे में शिकायत करने का कोई कारण नहीं है। अधिवक्ता आयुक्त द्वारा प्रस्तुत की जाने वाली रिपोर्ट केवल साक्ष्य का एक टुकड़ा थी और किसी भी अन्य की तरह प्रतिवादी-याचिकाकर्ताओं द्वारा विवाद के लिए खुली थी।

न्यायाधीश के अनुसार पुलिस बल पर आपत्ति भी उचित नहीं थी। ट्रायल न्यायाधीश ने केवल यह निर्देश दिया था कि यदि विद्वान अधिवक्ता आयुक्त को यह उचित लगता है कि पुलिस बल उनके आयोग के कार्य-निष्पादन में उनकी सहायता करे, तो उन्हें आवश्यक सहायता प्रदान की जाएगी। मामले में या एएसआई सर्वेक्षण पर प्राप्त रोक के बारे में, न्यायमूर्ति मुनीर ने कहा कि ये एक अलग मुकदमे से संबंधित हैं, हालांकि वे एक ही संपत्ति से संबंधित हो सकते हैं और समान मुद्दों को संबोधित कर सकते हैं। उन्होंने महसूस किया कि उक्त आदेश वर्तमान मामले पर बाध्यकारी नहीं है जो विभिन्न मुद्दों को उठा रहा था। इस प्रकार, इन सभी मामलों को ध्यान में रखते हुए, इलाहाबाद उच्च न्यायालय ने 21 अप्रैल 2022 को प्रतिवादियों की याचिका खारिज कर दी।[13] इसने मामले में पहले कदम के रूप में विवादित स्थल पर अदालत की निगरानी में अधिवक्ता आयुक्त सर्वेक्षण के रास्ते की सभी बाधाओं को दूर कर दिया। हिंदू पक्ष के लिए पहले चरण में यह बड़ी मुश्किल से हासिल की गई जीत थी।

एडवोकेट कमिश्नर सर्वे

इलाहाबाद हाई कोर्ट के इस फैसले के बाद वाराणसी के सिविल जज ने एडवोकेट कमिश्नर को 10 मई 2022 से पहले सर्वे पूरा करने का निर्देश दिया। रमज़ान का पवित्र महीना चल रहा था और ईद-उल-फ़ितर 2-3 मई 2022 को निर्धारित था, उसके बाद कार्यवाही शुरू करने का निर्णय लिया गया। तदनुसार, मुस्लिम समुदाय के तीव्र विरोध के बीच, 6 मई 2022 को एडवोकेट कमिश्नर अजय कुमार मिश्र ने दोनों पक्षों के अधिवक्ताओं के साथ विवादित स्थल का दौरा करने और भौतिक निरीक्षण शुरू करने का निर्णय

लिया। आमतौर पर नमाज़ के बाद कुछ ही लोग मस्जिद में रुकते थे। लेकिन उस दिन, मुस्लिम समुदाय की एक बड़ी भीड़, जो पहले से ही वहां छुपी हुई थी, एडवोकेट कमिश्नर को परिसर में प्रवेश करने से रोकने के लिए परिसर में विरोध प्रदर्शन करने लगी। एडवोकेट कमिश्नर और दोनों पक्षों के वकीलों की कारों को परिसर में प्रवेश करने से रोकने के लिए मस्जिद परिसर के बाहर भी भारी भीड़ जमा हो गई थी।

वादी पक्ष के वकील हरि शंकर जैन और उनके बेटे विष्णु शंकर जैन ने सर्वेक्षण की पूर्व संध्या पर वाराणसी के एक होटल में चेक इन किया था। कुछ ही घंटों में, होटल में उनकी मुलाकात 2-3 हथियारबंद युवाओं से हुई। सख्त लेकिन धमकी भरे स्वर में उन्होंने दोनों को स्पष्ट कर दिया कि किसी भी कीमत पर मस्जिद का सर्वेक्षण नहीं होने दिया जाएगा। उन्होंने जैनियों को चेतावनी दी कि अगर उन्होंने इस धमकी की अनदेखी की और एडवोकेट कमिश्नर के सर्वेक्षण के लिए उकसाया तो उन्हें भयानक परिणाम भुगतने के लिए तैयार रहना होगा। काफी नाटकीय ढंग से, इन अज्ञात पुरुषों द्वारा उन्हें धमकी देने के कुछ ही घंटों के भीतर, हरि शंकर जैन को पांच वादी महिलाओं में से एक का फोन आया। वह पूरी तरह डरी हुई थी और अपनी राय व्यक्त करते हुए बुदबुदा रही थी कि आयुक्त सर्वेक्षण के कारण अनावश्यक परेशानी हो रही है। उस महिला ने इच्छा व्यक्त की कि क्या वे इसे किसी तरह से दूर कर सकते हैं। हरि शंकर जैन ने खुलासा किया कि उसकी बातचीत का स्वर कुछ ही घंटे पहले हथियारबंद लोगों द्वारा दिए गए धमकी के समान था। जैनियों ने उन्हें स्पष्ट रूप से बताया कि मामला अब एक महत्वपूर्ण चरण में पहुंच गया है और अदालत से सर्वेक्षण कराने की स्थिति तक पहुंचने के लिए उन्हें बहुत सारी कठिनाइयों से गुजरना पड़ा है। अब इसे वापस लेना लगभग असंभव था। इस पर, उसने उन्हें अगली सुबह सर्वेक्षण की कार्यवाही से अनुपस्थित रहने का अपना निर्णय सुनाया, क्योंकि वह घटनाओं को लेकर बहुत सहज नहीं थी।[14]

लेकिन यह केवल इतना ही भर नहीं था। अगले दिन, यानी 6 मई 2022, जब दोपहर में सर्वेक्षण शुरू होना था, हरिशंकर जैन को एक बहुत ही गोपनीय स्रोत (जिसे वह स्पष्ट कारणों से गुमनाम रखना पसंद करते हैं) द्वारा सतर्क किया गया था कि पिता-पुत्र को जहरीले इंजेक्शन से मारने के लिए एक बड़ी साजिश रची गई थी, जब वे कार्यवाही के लिए

मस्जिद परिसर में जा रहे थे।[15] प्रशासन ने अधिवक्ताओं को सुरक्षा प्रदान करने की भी जहमत नहीं उठाई। इन चुनौतियों का सामना करते हुए, पिता और पुत्र ने ज्ञान वापी परिसर की ओर रास्ता बनाया।

वे दोनों उस दोपहर वाराणसी के नाटकीय दृश्यों को याद करते हैं, जब वे मस्जिद की ओर जा रहे थे। शहर के आम मुसलमान चौक से लेकर मस्जिद के गेट तक हजारों की संख्या में इकट्ठा हो गए थे, नारे लगा रहे थे और जैन जोड़ी को मस्जिद परिसर में ले जाने वाली कार को रोकने की कोशिश कर रहे थे। हरि शंकर जैन उन तनावपूर्ण क्षणों को याद करते हैं जब उन्होंने स्थानीय मुसलमानों को देखा था, उनकी आँखें गुस्से से चमक रही थीं, वे उन पर सबसे भद्दे अपशब्दों का प्रयोग कर रहे थे, कार की खिड़कियों को पीट रहे थे तथा गालियाँ एवं उनके खिलाफ नारे लगा रहे थे। स्थिति बेहद नाज़ुक थी और विष्णु जैन को स्वाभाविक रूप से अपने और अपने पिता के जीवन को लेकर आशंका उठी। लेकिन धीर और शांतचित्त हरि शंकर जैन ने अपने बेटे से बेपरवाह अंदाज में कहा: ‘अगर आज हम उनके हाथों मारे जाएंगे, तब भी महादेव के दर्शन के लिए ऊपर जाएंगे, अगर इस भीड़ से बचकर परिसर में प्रवेश करेंगे, तो भी महादेव हमें अपने दर्शन देंगे। इसलिए अपनी जिंदगी के लिए मत डरो!’[16] इतनी सारी धमकियों, अभिशापों और गालियों का सामना करते हुए, दोनों किसी तरह दोपहर 3 बजे से पहले ज्ञान वापी मस्जिद परिसर में प्रवेश करने में कामयाब रहे।

इन अपेक्षित बाधाओं के बाद, सर्वेक्षण 6 मई को दोपहर 3 बजे के आसपास शुरू हुआ, जिसमें कानून व्यवस्था बनाए रखने के लिए पर्याप्त पुलिस बल तैनात किया गया था। एआईएम के संयुक्त सचिव एस.एम. यासीन ने अदालती आदेश होने के बावजूद किसी भी वीडियोग्राफी या सर्वेक्षण का पुरजोर विरोध किया। उन्होंने कहा, ‘वीडियोग्राफी और सर्वेक्षण के लिए मस्जिद परिसर में कोई भी प्रवेश अस्वीकार्य है और इसका विरोध किया जाएगा।’[17] उन्होंने दावा किया कि मस्जिद के तर्क पर विचार तक नहीं किया गया। मुस्लिम राष्ट्रीय मंच ने मस्जिद परिसर के अंदर की वीडियोग्राफी को ‘अनैतिक’ बताया।[18] इन टिप्पणियों की वादी के वकील विष्णु शंकर जैन और विश्व हिंदू परिषद ने भी कड़ी निंदा की तथा इसे अदालत की अवमानना का स्पष्ट मामला बताया।[19] हरि शंकर जैन याद करते हैं कि जब चार वादी महिलाएं अदालत के आदेश के

अनुसार कार्यवाही देखने के लिए मस्जिद में आईं, तो हाथों में डंडे लिए बदमाशों ने उनके साथ बेहद असंयमित भाषा में दुर्व्यवहार किया। उनसे कहा गया कि महिलाओं को प्रवेश की अनुमति नहीं दी जाएगी और उन्हें तुरंत वहां से चले जाना चाहिए। 'ऐसा कहने का भी एक तरीका है', हरि शंकर जैन अफसोस जताते हैं, 'लेकिन इस अवसर पर, एक महिला को दी जाने वाली सारी गरिमा और शिष्टाचार या यहां तक कि बुनियादी शिष्टाचार भी इन चार महिलाओं को नहीं दिया गया। यह वास्तव में उनके साहस को दर्शाता है कि ये महिलाएं इन सभी घिनौनी धमकियों और दबाव की रणनीति के सामने डटी रहीं।[20] एडवोकेट कमिश्नर को हस्तक्षेप कर वादी पक्ष को अंदर लाना पड़ा, क्योंकि यह कोर्ट का आदेश था। इन तमाम नाटकीय घटनाक्रमों, धमकियों और विरोध के बावजूद सर्वेक्षण की कार्यवाही पहले दिन चली।

इस अवसर पर, वाराणसी के जिलाधिकारी कौशल राज शर्मा ने कहा कि कार्यवाही के पहले दिन सर्वेक्षण शांतिपूर्ण ढंग से आयोजित किया गया था और विरोध के बावजूद यह जारी रहेगा। मीडियाकर्मियों से बात करते हुए उन्होंने दावा किया: 'हालांकि, कुछ लोगों ने परिसर के बाहर नारे लगाए, जो महत्वहीन था। चूंकि एडवोकेट कमिश्नर अदालत का प्रतिनिधित्व करते हैं, इसलिए जो भी मुद्दा उठेगा, उसका समाधान या तो उनके द्वारा या अदालत द्वारा किया जाएगा।'[21]

इस चरण में, सर्वेक्षण और मुकदमे के लिए नई बाधाएं पैदा की जा रही थीं। एक वादी, जिसने सर्वेक्षण के पहले दिन खुद को शारीरिक उपस्थिति से अलग कर लिया था, ने जैनियों को एक और परेशान करने वाला फोन किया। पूरी तरह से व्यथित स्वर में, उन्होंने हरि शंकर जैन से कहा कि वह मुकदमा वापस लेने की मांग करती हैं, और उनकी अन्य चार सहकर्मी भी यही चाहती हैं। जाहिर है कि इन सभी पर केस वापस लेने का भारी दबाव डाला जा रहा था। हरि शंकर जैन ने खुलासा किया कि केस रद्द करने के लिए सहमत होने पर बड़ी रकम की पेशकश के साथ उन्हें कॉल किए गए थे।[22] जब उन्होंने अन्य चार वादियों से मुलाकात कर उनसे पूछा कि क्या वे भी पीछे हटना चाहती हैं, तो उन सभी ने स्वीकार किया कि उन्हें भी इसी तरह की धमकियाँ मिली थीं और पीछे हटने पर प्रत्येक को 1 करोड़ रुपये तक के आकर्षक मौद्रिक प्रस्ताव भी मिले थे।[23]

लेकिन एक बार फिर, महान नैतिक शक्ति और धार्मिक उद्देश्य के प्रति प्रतिबद्धता का प्रदर्शन करते हुए, न तो महिलाएं और न ही जैन साहब इन धमकियों या प्रलोभनों के आगे झुके। महिलाओं ने हरि शंकर जैन को इस मामले में अपना पूरा समर्थन देने का आश्वासन दिया क्योंकि वे मजबूत इरादों वाली और गौरवान्वित सनातनी थीं जो अपने प्रिय महादेव के मंदिर को मुक्त देखना चाहती थीं।

तब हर जगह अफवाहें फैलाई गईं कि वादी पक्ष ने जैनियों को मुकदमे से हटा दिया है क्योंकि वे उनसे नाखुश थीं। यह अलग बात थी कि यह जैन ही थे जिन्होंने मुकदमे का मसौदा तैयार किया था और फिर इसका प्रतिनिधित्व करने के लिए इच्छुक वादी ढूंढे थे। लेकिन गलत सूचना की ताकत इतनी थी कि प्रेस और मीडिया चैनल इस अफवाह से परेशान थे कि उन्हें मामले को अलविदा कहने के लिए मजबूर किया गया था। हरि शंकर जैन हँसते हुए कहते हैं, 'मैं कई समाचार चैनलों तथा अखबारों को स्पष्टीकरण देते-देते थक गया था कि ऐसा कुछ नहीं हुआ था, और हम मामले में हिंदू पक्ष का प्रतिनिधित्व कर रहे थे।'[24] मनगढ़ंत और बेबुनियाद आरोप भी लीक हुए कि जैन यह सब राजनीतिक उद्देश्यों से कर रहे थे या उन्हें बड़ी रकम का भुगतान किया गया था - जिनमें से किसी में भी कोई सच्चाई नहीं थी।

जब ये घटिया नाटक अदालत के बाहर जारी था, 7 मई 2022 को एआईएम के वकील अभय नाथ यादव ने अदालत में दलील दी कि नियुक्त अधिवक्ता आयुक्त अजय कुमार मिश्र पूरी तरह से पक्षपाती थे और वादी के अधिवक्ताओं के निर्देश पर कार्यवाही कर रहे थे। उन्होंने दावा किया कि कार्यवाही के दौरान उन्हें बैरिकेडिंग के बाहर पश्चिमी तरफ उंगली से खुदाई करते हुए पाया गया, जबकि ऐसा कोई आदेश पारित नहीं किया गया है। ऐसी परिस्थितियों में, उन्होंने दावा किया कि मुद्दे को हल करने के लिए उन पर और उनकी निष्पक्षता पर से उनका सारा भरोसा उठ गया है। इसलिए उन्होंने अदालत से उन्हें हटाने और एक नया अधिवक्ता आयुक्त नियुक्त करने का आग्रह किया।

उनका प्रतिवाद करते हुए, वादी पक्ष ने तर्क दिया कि मस्जिद के अधिकारी लगातार सर्वेक्षण में बाधा उत्पन्न कर रहे थे; इसके अलावा वे आयुक्त के साथ न तो सहयोग कर रहे थे और न ही अदालत के आदेशों को

लागू करने में कोई दिलचस्पी दिखा रहे थे। अधिकारी उन्हें अजीबोगरीब बहाने देकर टरकाते रहे जैसे कि तहखानों को मजबूती से बंद रखने वाले तालों की चाबियाँ नहीं मिल रही, इसलिए उन्हें निरीक्षण के लिए खोलना संभव नहीं होगा। फोटोग्राफी और वीडियोग्राफी पर लगातार आपत्तियों के संबंध में उन्होंने जोर देकर कहा कि विवादित परिसर के भीतर कई पेंटिंग और कलाकृतियाँ थीं। इसलिए, मामले के उचित निर्णय के लिए इसकी वीडियोग्राफी और फोटोग्राफी जरूरी थी।

तब तक एक नई समस्या खड़ी हो गई। अधिवक्ता आयुक्त अजय कुमार मिश्र के पास एक निजी कैमरामैन था जिसे कार्यवाही के लिए तैनात किया गया था। उस पर यह आरोप लगाया गया कि वह प्राप्त निष्कर्षों से संबंधित तस्वीरें और जानकारी मीडिया को लीक कर रहा।[25] विडंबना यह थी कि इस मामले को मिश्रजी के उनके अपने सहयोगी, विशेष अधिवक्ता आयुक्त विशाल सिंह ने उठाया था, जो इस सर्वेक्षण पर उनके साथ काम कर रहे थे। इसके बाद स्वाभाविक रूप से प्रतिवादियों ने अदालत में यह तर्क देते हुए इसे हरी झंडी दिखा दी कि वो आरंभ से ही यह कहते आ रहे थे कि वह व्यक्ति अविश्वसनीय है। सिविल जज (सीनियर डिवीजन) रवि कुमार दिवाकर ने मिश्र के आचरण पर कड़ी आपत्ति जताई। उन्होंने कहा कि कोई भी वकील जिसे अधिवक्ता आयुक्त के रूप में नियुक्त किया गया है, वह एक लोक सेवक की स्थिति में है और उससे गैर-जिम्मेदाराना बयान दिए बिना ईमानदारी और निष्पक्षता से अपने कर्तव्यों का निर्वहन करने की उम्मीद की जाती है। 12 मई 2022 को अपने आदेश में कोर्ट ने कहा, 'एडवोकेट कमिश्नर अजय कुमार मिश्र ने अपने कर्तव्यों के निर्वहन के प्रति गैरजिम्मेदाराना व्यवहार प्रदर्शित किया है। अजय कुमार मिश्र द्वारा तैनात निजी कैमरामैन नियमित रूप से मीडिया को बाइट देता था, जो न्यायिक गरिमा के विपरीत है, इसलिए एडवोकेट कमिश्नर अजय कुमार मिश्र को तत्काल प्रभाव से हटाया जाता है।'[26] कोर्ट ने उनकी जगह विशाल सिंह और सहायक अधिवक्ता आयुक्त अजय प्रताप सिंह को 12 मई 2022 के बाद यह काम करने का निर्देश दिया। मिश्र ने अपनी बेगुनाही बरकरार रखी तथा इस हार के लिए विशाल सिंह को दोषी ठहराया और यह भी दावा किया कि जिस फोटोग्राफर को उन्होंने काम पर रखा था, उसने मीडिया में कुछ अंश लीक करके उन्हें धोखा दिया था।[27]

नया एडवोकेट कमिश्नर

विशाल सिंह के नेतृत्व वाली इस नई टीम ने सर्वेक्षण की रिपोर्ट तैयार की, जिसने इन अड़चनों के बाद 14 मई 2022 को सुबह 8 बजे से अपनी कार्यवाही पुनः आरंभ की।[28] अब तक जिला प्रशासन भी वादी और उनके अधिवक्ताओं को मिल रही धमकियों से अवगत था और शुक्र है कि उन सभी को पर्याप्त पुलिस सुरक्षा प्रदान कर दी गई थी। रिपोर्ट में बताया गया है कि सबसे पहले भूमिगत तहखानों को कैसे खोला गया था। वहां के स्तंभों पर विशिष्ट हिंदू रूपांकन, घंटियाँ, कलश (पवित्र बर्तन), फूल आदि के चित्र थे। तहखाने के एक खम्भे पर प्राचीन हिंदी में कुछ पंक्तियाँ खुदी हुई मिलीं, जो समझ में नहीं आती थीं। फिर उन्होंने नंदी की मूर्ति को पार किया, उसके सामने एक फुटपाथ था। उसके ऊपर की छत पर कई नक्काशी और मूर्तियाँ थीं। फिर समूह ने व्यास जी के तहखाने में प्रवेश किया। यह वर्तमान काशी विश्वनाथ मंदिर के सामने था और इसमें कोई दरवाजा नहीं था। इस कमरे में कई खंभे थे, जिनमें से आठ पत्थर के और दो ईंटों के थे। इनमें भी त्रिशूल, स्वस्तिक, कमल के फूल, मंदिर की घंटियाँ, कलश और हिंदी छंदों की नक्काशी थी। एक तीसरे तहखाने का भी सर्वेक्षण किया गया और उसमें भी समान रूपांकनों को दिखाया गया था। चौथे तहखाने में जब मस्जिद के मुंशी इजाज अहमद ने चाभियाँ खो जाने के कारण ताले खोलने में असमर्थता जताई, तो आयुक्त ने ताले तोड़ने का आदेश दिया और फिर प्रवेश किया। यहां भी ऐसी ही संरचनाएं और ले-आउट देखने को मिले।

विवादित स्थल की पश्चिमी दीवारों पर, टीम ने हाथियों और उनकी सूंडों की टूटी हुई कलाकृतियाँ, स्वस्तिक, त्रिशूल, घंटियाँ आदि के समान रूपांकनों को देखा, जो सभी प्राचीन हिंदू मंदिरों की स्थापत्य शैली के अनुरूप थे। इधर, हरि शंकर जैन ने आयुक्त का ध्यान इस ओर आकर्षित किया कि पश्चिमी दीवार में जो उभार और चाप दिखाई दे रहे हैं, वे ऐश्वर्य मंडप के हैं जो तत्कालीन मंदिर में विश्वेश्वर मंडप के पीछे स्थित थे। ये दो बड़े स्तंभ और मेहराब स्पष्ट रूप से मस्जिद की पश्चिमी दीवार से बाहर निकलते हुए प्रतीत होते थे। वादी के अधिवक्ताओं का कहना था कि ये पुराने मंदिर का हिस्सा थे जिसके उत्तर में भैरव मंदिर और दक्षिण

में गणेश मंदिर था। प्रतिवादी पक्ष ने ऐसे शब्दों के इस्तेमाल पर आपत्ति जताई। हालांकि वादी पक्ष ने इस तरफ पड़े मलबे को हटाने और जांच करने की मांग की, लेकिन इसकी अनुमति नहीं दी गई।

इसके बाद टीम दूसरे तहखाने की ओर बढ़ी, जहां से सीढ़ियां उन्हें मस्जिद की छत तक ले गईं। मई में उत्तर भारत की चिलचिलाती गर्मी में अत्यधिक गर्मी होने के कारण टीम छत पर ज्यादा दूर तक नहीं जा सकी। इसके साथ ही सर्वेक्षण का दिन समाप्त हो गया।

अगले दिन, 15 मई 2022 को, वे सुबह 8 बजे फिर से एकत्र हुए। मस्जिद की छत के ऊपर जाने के बाद टीम ने केंद्रीय गुंबदों का निरीक्षण किया। गुम्बद के अन्दर शंकु के आकार की संरचनाएँ थीं। यहां कमल के फूलों और पत्तियों की भी नक्काशी थी। वादी द्वारा दावा किया गया था कि ये पुराने हिंदू मंदिर के शिखर हैं, जिन्हें आंशिक रूप से ध्वस्त कर दिया गया था और उन पर गुंबद लगाए गए थे। ऐसा प्रतीत होता है कि कुछ मंत्र शिलालेख भी वहां पाए गए।

इसके बाद टीम मस्जिद परिसर में दाखिल हुई। अंदर दीवारों पर, स्विचबोर्ड के नीचे, उन्हें फिर से त्रिशूल की नक्काशी मिली और स्वस्तिक के आकार में एक अलमारी भी मिली, जिसे मुस्लिम पक्ष ने ताखा कहा। पश्चिमी दीवारों की तरह, मस्जिद के अंदर भी हाथी की सूंड आदि की नक्काशी पाई गई। मुख्य गुंबद के नीचे दक्षिणी स्तंभ पर, एक कैलेंडर के पीछे, जो लटका हुआ पाया गया था, स्वस्तिक की नक्काशी पाई गई थी। प्रतिवादियों ने इसका खंडन किया। मस्जिद के मुख्य प्रवेश द्वार से लेकर, वह ऊंचा स्थान जहां मस्जिद के इमाम बैठते थे, वह भी हिंदू रूपांकनों और नक्काशी से भरा हुआ था, जिसमें त्रिशूल, स्वस्तिक और अन्य शामिल थे।

हरि शंकर जैन और विष्णु शंकर जैन ने जेम्स प्रिंसेप द्वारा अपनी पुस्तक में पेश की गई जमीनी योजनाओं के साथ-साथ प्रोफेसर ए.एस. अल्टेकर द्वारा प्रलेखित ध्वस्त मंदिर का विवरण भी सामने लाया। ऐसा प्रतीत होता है कि जमीनी योजनाएँ मौजूदा परिसर से मेल खाती हैं। यह केंद्रीय गुंबद के ठीक नीचे की जगह थी जहां नमाज़ अदा की जाती है। माप भी प्रिंसेप द्वारा दर्ज किये गये माप के समान ही थे। मस्जिद की छत से, वे शंक्वाकार संरचनाओं के उभार को देख सकते थे जो उन्होंने छत के ऊपर और गुंबदों के नीचे देखा था। प्रतिवादी वकीलों ने ज़ोर-शोर से विरोध

किया और इन कहानियों को काल्पनिक, मनगढ़ंत बताया। लेकिन कमिश्नर को प्रिंसेप और अल्टेकर के नक्शे और विवरण तथा परिसर के अंदर जो कुछ देखा गया, के बीच पूरी समानता दिखी। हालाँकि, इसे पुरातत्वविदों और इतिहासकारों की विशेषज्ञ राय पर छोड़ दिया गया था।

जब फर्श पर पड़े कालीन को हटाने का आदेश दिया गया और टीम ने फर्श को थपथपाकर निरीक्षण किया, तो ऐसा प्रतीत हुआ कि फर्श को मलबे के ऊपर उठाया गया था, अन्यथा वह खोखला था, और इसलिए एक गूँजने वाली ध्वनि महसूस हुई। इसे भी विस्तृत जांच के लिए चिह्नित किया गया। बचाव पक्ष के वकील अखलाक अहमद ने कहा कि यह खोखला फर्श नहीं है क्योंकि ऐसी मंजिल पर नमाज़ पढ़ना इस्लाम में अपने आप में प्रतिबंधित है। वादी के अधिवक्ताओं का कहना था कि चारों कोनों पर मंडप थे और कुल मिलाकर अष्ट मंडप की जमीनी योजना वहां स्पष्ट रूप से दिखाई देती थी।

मस्जिद के पहले द्वार पर भगवान शिव के तीन डमरू भी खुदे हुए पाए गए। मस्जिद के भंडारगृह के बाहर की दीवारों पर भी स्वस्तिक की कई नक्काशी की गई थी। मस्जिद में एक और तहखाना मिला जो किसी पुराने मंदिर के अवशेष जैसा लग रहा था। लेकिन टीम को यह अनुमान नहीं था कि वे आगे क्या खोजेंगे। यह पूरे मामले को झकझोर देने वाला और देशभर में सनसनी पैदा करने वाला था।

जैसे-जैसे दिन ढलने लगा, टीम वज़ू खाना पहुंची, जो मस्जिद के पूर्वी हिस्से में स्थित था। वज़ू खाना एक स्नान तालाब है जहां नमाज़ी मस्जिद में नमाज़ पढ़ने से पहले खुद को धोते और कुल्ला करते हैं। वादी पक्ष के अधिवक्ताओं की नजर वजूखाने के मध्य में एक कुएं जैसी संरचना पर पड़ी। वज़ूखाना चारों तरफ से नौ इंच की दीवार से ढका हुआ था। जब उन्होंने मांग की कि वहां पानी का स्तर कम किया जाए ताकि अंदर से इसका निरीक्षण किया जा सके, तो मस्जिद के अधिकारी और प्रतिवादी पक्ष गुस्से में आ गए। 'अब चीजों को ज़्यादा मत खीचिएं। बहुत हो गया, आप हमसे जो भी करने को कहेंगे हम उसका पालन नहीं करेंगे। हमने अब तक काफी सहयोग किया है, अब आगे नहीं', वे चिल्लाए। हरि शंकर जैन रहस्यमयी मुस्कान के साथ कहते हैं, 'हर किसी को यह स्पष्ट हो गया कि वहां कुछ है जिसे वे छिपाना चाहते हैं।'

अन्यथा, अब तक वे बेमन से ही सही, तहखाने के कमरे और यहां तक कि केंद्रीय परिसर भी खोलते रहे थे। लेकिन यह दिन के उजाले की तरह स्पष्ट था कि हमारी यह मांग करते समय कुछ कच्ची नसें छू गई थीं।'[29] वादी ने जोर दिया और दूसरा पक्ष भी अड़ा रहा। मामले को सुलझाने के लिए, अधिवक्ता आयुक्त ने इसे एक दिन के लिए बंद करने तथा अगली सुबह कार्यवाही फिर से शुरू करने का फैसला किया जब दोनों पक्षों में भावनाएं उतनी उत्तेजित नहीं थीं।

और फिर महादेव प्रकट हुए[30]

इस उम्मीद के साथ कि 16 मई 2022 की सुबह कुछ विवेक और शांति लेकर आएगी, टीम ने परिसर का फिर से दौरा किया। पिछले दिनों का तनाव वृद्ध हरि शंकर जैन के लिए बहुत अधिक हो गया था, जिन्हें तब तक तेज़ बुखार हो चला था। उन्होंने अपने होटल के कमरे में आराम करने का फैसला किया और उनके बेटे विष्णु शंकर जैन को उनके स्थान पर नेतृत्व करना था। वादी और उनके वकील वहीं से शुरू करना चाहते थे जहां से वे पिछली शाम को निकले थे- वज़ू खाना। उन्होंने आयुक्त से जल स्तर कम करने का आदेश देने का अनुरोध किया क्योंकि उनका मानना था कि इसमें कोई महत्वपूर्ण वस्तु हो सकती है। प्रतिवादियों ने इसका विरोध करते हुए दावा किया कि इससे तालाब में मौजूद मछलियां मर जाएंगी। इस पर, आयुक्त ने मत्स्य पालन विभाग के अधिकारियों को आदेश दिया कि वे आएं और उन्हें इस मामले में सलाह दें क्योंकि वे उन बेचारी मछलियों के जीवन को खतरे में नहीं डालना चाहते थे। उन्होंने सुझाव दिया कि मछली लगभग दो फीट पानी में भी जीवित रह सकती है।

जैसे ही पानी का स्तर गिरा, तालाब के भीतर से एक काली छवि उभरी जो पूरी तरह से एक शिवलिंग जैसी थी। हिंदू पक्ष भावनाओं से अभिभूत था और अनायास ही उन सभी ने अपने भगवान का अभिवादन करने के लिए काशी शैली में अपने हाथ उठाए, और हवा में 'हर हर महादेव' के नारे गूंज उठें।[31] संरचना लगभग 2.5 फीट ऊंची थी और इसका व्यास लगभग 4 मीटर था। संभवतः यह ज़मीन के अंदर काफी

गहराई में थी। इसके ऊपरी हिस्से को काट दिया गया था और इसमें एक अलग पत्थर में एक सफेद नोजल जैसी संरचना ड्रिल की गई थी। इसमें आधे इंच से भी कम ड्रिलिंग हुई थी और छेद की गहराई करीब 63 सेंटीमीटर थी। इस संरचना में कोई अन्य छेद नहीं किया गया था। पूरा वज़ू तालाब लगभग 33X33 फीट का था। नंदी बैल का मुख इस ओर था और वह लगभग 83 फीट और 3 इंच दूर था। अपने महादेव की खोज, और उससे भी अधिक उस अपमान से, जो मूर्ति को एक स्नान टैंक में छिपाकर किया गया था, जहाँ लोग अपने गंदे पैर धोते थे और थूक देते थे, सभी को अभिभूत कर दिया।

लेकिन प्रतिवादी पक्ष ने इस बात का कड़ा विरोध किया और दावा किया कि यह संरचना कोई शिवलिंग नहीं बल्कि एक फव्वारा है। एआईएम के यासीन ने दावा किया कि मुगल काल की सभी मस्जिदों के वज़ू खाना में फव्वारे होते थे।[32] लेकिन इस मामले में सक्शन के लिए कोई पानी का कनेक्शन या पंप नहीं था जिसके परिणामस्वरूप फव्वारा चालू हो सके। इस पर मस्जिद के अधिकारियों ने बताया कि यह काफी समय से जर्जर हालत में थी। जब मस्जिद के मुंशी इजाज अहमद से पूछा गया कि यह तथाकथित फव्वारा कितने समय से उपयोग में नहीं आ रहा है, तो उन्होंने पहले तो लगभग 20 वर्ष की बात कही और फिर लगभग 12 वर्ष की बात कही। वादी के अधिवक्ताओं ने इजाज अहमद से फव्वारा संचालित करने और उन्हें दिखाने के लिए कहा कि क्या यह वास्तव में फव्वारा है। हालाँकि उन्होंने ऐसा करने में अपनी पूर्ण असमर्थता का दावा किया। स्पष्टतः, शिवलिंग तथा नींव को छिपाने के लिए दीवार खड़ी की गई थी और फिर विशाल गुहा में पानी डाला गया था। चूंकि कई शताब्दियों तक कोई भी तालाब में नहीं गया था, इसलिए शिवलिंग पानी में डूबा हुआ था।

वादी के अधिवक्ताओं ने यह भी दावा किया कि वज़ू खाना के नीचे कहीं एक भूमिगत कमरा था जहां संभवतः मुख्य शिवलिंग की पूजा की जा रही थी। इसके साथ ही इतने उतार-चढ़ाव से गुजरा एडवोकेट कमिश्नर सर्वे समाप्त हो गया। 18 मई 2022 को अदालत को सौंपी गई इस सर्वेक्षण की रिपोर्ट के हिस्से के रूप में, लगभग 1,500 तस्वीरें और 13 घंटे के वीडियो थे जो तीन दिनों में लिए गए थे।[33]

इस सनसनीखेज खोज के बाद पूरे देश में खुशी और सदमे, दोनों की लहर थी। वादी पक्ष के वकील तुरंत उस स्थान को सील करने और खोजे गए शिवलिंग की सुरक्षा की मांग करने के लिए अदालत पहुंचे। हरि शंकर जैन को अदालत में हुई हाथापाई और तीखी बहस के दृश्य भयावह रूप से याद हैं। न केवल प्रतिवादी पक्ष, बल्कि हिंदू पक्ष, संभवतः वादी के प्रतिनिधि, जिन्होंने मामला वापस ले लिया था, ने अदालत परिसर में विवाद किया और विष्णु शंकर जैन को पीट-पीटकर मार डालने की धमकी दी।[34] ऐसा प्रतीत होता है कि किसी ने हिंदू पक्ष के भीतर ही फूट डालने की कोशिश की थी। 'यह स्पष्ट रूप से सदियों से हिंदू समुदाय की कहानी रही है क्योंकि इतिहास गवाह है', हरि शंकर जैन कहते हैं, 'यह हमेशा हिंदू ही होता है जो किसी अन्य हिंदू को नष्ट करने के लिए कड़ी मेहनत करता है, जिसमें एकता या किसी बड़े लक्ष्य की दृष्टि नहीं होती है।[35]

अदालत में शांति बहाल करते हुए सिविल जज (सीनियर डिवीजन) रवि कुमार दिवाकर ने तुरंत आदेश दिया कि पूरे इलाके को तुरंत सील कर दिया जाए और किसी को भी उस स्थान पर प्रवेश करने की अनुमति न दी जाए। मस्जिद समिति के वकील अभय नाथ यादव ने कहा, 'मैं यह देखकर हैरान हूं कि वादी के वकील दावा कर रहे हैं कि ज्ञानवापी परिसर के अंदर एक शिवलिंग पाया गया था, लेकिन तथ्य यह है कि अदालत द्वारा नियुक्त आयुक्तों ने अभी तक अपनी रिपोर्ट जमा नहीं की है।'[36]

हिंदू वादी के वकीलों में से एक, डॉ. सोहन लाल आर्य ने कहा:

> *बाबा मिल गए। जिन खोजा तिन पाइयां, गहरे पानी पैठ...इशारों में पूरी बात समझ लीजिए (हमें भगवान शिव मिल गए। गहरे पानी में प्रवेश करने के बाद हमें वह मिल गया जो हम चाहते थे। कृपया मेरे संदेश को पूरी तरह से समझने का प्रयास करें)। अब सब पता चल गया है। हमें जितनी उम्मीद थी उससे कहीं ज्यादा सबूत मिले हैं...आज हमारे लिए बहुत बड़ा दिन है।' शिवलिंग मिलते ही पूरा परिसर 'हर हर महादेव' से गूंज उठा। लोग नाचने लगे... अब हम 75 फीट लंबी और 30 फीट चौड़ी पश्चिमी दीवार और श्रृंगार गौरी के सामने स्थित 15 फीट ऊंचे 'मलबा' (मलबे) की जांच के लिए एक जांच आयोग की मांग करेंगे। पत्थरों से भरे 15 फीट ऊंचे*

मलबे से हमें हमारे देवी-देवताओं की खंडित मूर्तियां जरूर मिलेंगी।[37]

इसके बाद कई हफ्तों तक भारतीय समाचार चैनलों ने मामले की विभिन्न रूपरेखाओं पर चर्चा की और सर्वेक्षण के लीक हुए वीडियो को उजागर किया, जिसमें वज़ू खाना में कथित शिवलिंग की खोज को दिखाया गया था। देशभर के अखबारों में संपादकीय और ऑप-एड की भरमार हो गई। राजनीतिक दलों और उनके प्रतिनिधियों ने भी एक संभावित विस्फोटक समाचार को लेकर एक-दूसरे के साथ गहन विवाद शुरू कर दिया। एआईएमआईएम (AIMIM) प्रमुख असदुद्दीन औवेसी ने ट्वीट किया, 'यह दिसंबर 1949 में बाबरी मस्जिद मामले की पुनरावृत्ति है। यह आदेश ही मस्जिद के धार्मिक स्वरूप को बदल देता है। यह 1991 के कानून का उल्लंघन है। यह मेरी आशंका थी जो सच हो गई। ज्ञानवापी मस्जिद फैसले के दिन तक मस्जिद थी और रहेगी, इंशाअल्लाह'।[38] उन्होंने एआईएम के दावे को दोहराया कि यह एक फव्वारे का हिस्सा था, न कि शिवलिंग। जम्मू-कश्मीर की पीपुल्स डेमोक्रेटिक पार्टी (पीडीपी) की प्रमुख महबूबा मुफ्ती ने कहा, 'वे अब मस्जिदों में भगवान ढूंढ रहे हैं, इसलिए वे हमारी मस्जिदों के पीछे हैं। पहले उन्होंने अयोध्या में बाबरी मस्जिद ढहाई और अब ज्ञानवापी। वे हमें उन सभी मस्जिदों की सूची दें जिन्हें वे ध्वस्त करना चाहते हैं।'[39] बीजेपी के केंद्रीय ग्रामीण विकास मंत्री गिरिराज सिंह ने उन पर पलटवार करते हुए कहा, 'मैं ज्यादा न बोलूं तो बेहतर होगा। अगर मैं बोलना शुरू करूंगा तो ओवैसी और महबूबा के पास जवाब देने के लिए कुछ नहीं होगा। यदि मस्जिद बनाने के लिए मंदिरों को तोड़ा गया, तो स्वाभाविक रूप से भगवान मस्जिदों के अंदर पाए जाएंगे। अब फिर से कानून का शासन है और हिंदुओं को न्याय मिल रहा है।'[40] अन्य जैसे कि तृणमूल कांग्रेस की सांसद, महुआ मोइत्रा ने अपने मज़ाकिया ट्वीट के माध्यम से विवाद खड़ा कर दिया, उसमें उन्होंने उम्मीद जताई कि भाभा परमाणु अनुसंधान केंद्र, जो कि एक शिवलिंग जैसा दिखता है, खुदाई सूची में अगले स्थान पर नहीं होगा।[41] इसी तरह के असंयमी कटाक्ष जवाहर सरकार, सबा नकवी और कई अन्य लोगों ने भी किए। हालाँकि, उत्साही हिंदू पक्ष को भी वास्तविकता में लाने की कोशिश की गई, जब राष्ट्रीय स्वयंसेवक संघ (आरएसएस) के प्रमुख या

सरसंघचालक डॉ. मोहन भागवत ने चुटकी ली कि हर मस्जिद में एक शिवलिंग की तलाश करने की ज़रूरत नहीं है और आरएसएस जो राम जन्मभूमि की मुक्ति में पहले ही भाग ले चुका है, इन मुद्दों पर कोई अन्य आंदोलन शुरू करने के पक्ष में नहीं था। उन्होंने कहा:

> *ज्ञानवापी का मामला चल रहा है। ज्ञानवापी का एक इतिहास है जिसे हम अब बदल नहीं सकते। हमने वह इतिहास नहीं रचा। न आज के हिंदू ने, न मुसलमान ने। तभी ऐसा हुआ। इस्लाम यहां आक्रमणकारियों के साथ आया था। इन हमलों में, इस देश के लिए आज़ादी चाहने वालों के मनोबल को कम करने के लिए मंदिरों को नष्ट कर दिया गया। ऐसे हजारों मंदिर हैं। हिंदुओं के दिलों में विशेष महत्व रखने वाले मंदिरों के मुद्दे अब उठाए जा रहे हैं।*[42]

कानूनी लड़ाई जारी

राजनीतिक, सामाजिक और मीडिया क्षेत्रों में इन सभी विचारों और प्रतिवादों के प्रबल होने के बावजूद, मुस्लिम पक्ष ने तुरंत 17 मई 2022 को एक स्पेशल लीव पीटिशन (एसएलपी) के साथ भारत के सर्वोच्च न्यायालय का दरवाजा खटखटाया।[43] भारत के माननीय मुख्य न्यायाधीश और उनके साथी न्यायाधीशों को संबोधित करते हुए, याचिकाकर्ताओं ने इलाहाबाद उच्च न्यायालय के 21 अप्रैल 2022 के आदेश के खिलाफ प्रार्थना की, जिसने सर्वेक्षण के माध्यम से क्षेत्र में प्रचलित सांप्रदायिक शांति और सद्भाव को बिगाड़ने के साथ-साथ प्रार्थना स्थल अधिनियम के प्रावधानों के खिलाफ भी जाने की अनुमति दी थी। अधिवक्ता आयुक्त से जुड़े सभी मुद्दों को गिनाते हुए, उन्होंने उन्हें इलाहाबाद उच्च न्यायालय के 21 अप्रैल 2022 के विवादित फैसले और आदेश के खिलाफ अपील करने की विशेष अनुमति देने का अनुरोध किया। उन्होंने सुप्रीम कोर्ट से 21 अप्रैल 2022 के फैसले और 2021 के सिविल सूट संख्या 693 पर अंतरिम और एकपक्षीय रोक लगाने का भी अनुरोध किया।

19 मई 2022 को, हरि शंकर जैन और विष्णु शंकर जैन ने भारत के उच्चतम न्यायालय में अपनी विस्तृत विशेष अनुमति याचिका दायर की।[44] उनकी याचिका में विभिन्न प्रासंगिक हिंदू ग्रंथों का व्यापक रूप से हवाला

देते हुए काशी और विश्वेश्वर ज्योतिर्लिंग के महत्व को स्थापित किया गया। इसमें सदियों से किए गए अपवित्रीकरणों का ऐतिहासिक विवरण भी दिया गया है। 1936 के गैर-प्रतिनिधि मुकदमे का भी संदर्भ दिया गया, जो हिंदुओं पर बाध्यकारी नहीं था क्योंकि उन्हें इसमें कभी भी पक्षकार नहीं बनाया गया था। 1936 के मुकदमे के फैसले में, तत्कालीन सरकार ने न्यायपालिका को दिए अपने लिखित बयान में स्वीकार किया था कि यह स्थल सरकारी संपत्ति थी तथा इसे कभी भी वक़्फ़ के रूप में समर्पित नहीं किया गया था और न ही इसे मस्जिद को समर्पित किया जा सकता था। लिखित बयान में गवाही दी गई थी कि मूर्तियाँ भारत में मुस्लिम शासन के आगमन से बहुत पहले से थीं और यह भी कि इस स्थल पर वक़्फ़ भूमि के रूप में मुहर नहीं लगाई गई थी, क्योंकि इसके लिए कोई रिकॉर्ड नहीं थे।

याचिकाकर्ताओं ने दावा किया कि हिंदू कानून यह मानता है कि देवता के अधिकार में निहित संपत्ति उनकी संपत्ति बनी रहती है और मंदिर ने किसी भी समय अपना धार्मिक चरित्र नहीं खोया है। सर दिनशॉ फरदुनजी मुल्ला द्वारा संकलित 'मोहम्मडन कानून के सिद्धांत' का हवाला देते हुए, उन्होंने जोर देकर कहा कि एक वक़्फ़ केवल एक वक़िफ़ द्वारा समर्पित भूमि द्वारा बनाया जा सकता है जो भूमि का मालिक है। इस ज़मीन का कोई मालिकाना हक नहीं था। यहां यह स्पष्ट है कि पूरी भूमि देवता भगवान आदि विश्वेश्वर में निहित थी, और वह विचाराधीन संपत्ति के मालिक हैं, जिसे औरंगज़ेब ने एक शासक के रूप में हड़प लिया था। न तो यह संपत्ति औरंगज़ेब की थी, न ही इसका कोई सबूत है कि यह अल्लाह को समर्पित थी।

प्रतिवादियों द्वारा प्रार्थना स्थल अधिनियम का सहारा लेने के संबंध में, याचिकाकर्ताओं ने आग्रह किया कि अदालत को यह कल्पना करनी होगी कि 15 अगस्त 1947 को संबंधित स्थान का धार्मिक चरित्र क्या था। क्या यह स्थान हिंदू या मुस्लिम पूजा का स्थान था या केवल एक अधिरचना के निर्माण ने एक पवित्र, जीवित मंदिर को मस्जिद में बदल दिया था या इसके विपरीत? विचाराधीन संपत्ति के धार्मिक चरित्र का पता लगाने के लिए, पूरे अविमुक्त क्षेत्र की ऐतिहासिक और धार्मिक पृष्ठभूमि तथा उस स्थान पर मुसलमानों द्वारा किए गए निर्माण की प्रकृति को भी ध्यान में

रखना होगा। इसमें उन निर्विवाद तथ्यों को भी ध्यान में रखना था कि भवन परिसर के भीतर देवता मौजूद थे और भक्तों द्वारा उनकी पूजा की जा रही थी जो उनसे भावनात्मक रूप से जुड़े हुए थे। इसके अलावा, श्रद्धालु पूरी इमारत के चारों ओर दैनिक पंच कोशी परिक्रमा कर रहे हैं और सभी अनुष्ठान कर रहे हैं। उन्होंने अदालत का ध्यान इस तथ्य की ओर आकर्षित किया कि प्रार्थना स्थल अधिनियम की धारा 4 में स्पष्ट रूप से कहा गया है कि मंदिर, मस्जिद, चर्च आदि का निर्माण किसी अन्य धर्म की भूमि पर अतिक्रमण किए बिना उस धर्म के सिद्धांतों के अनुसार किया जाना चाहिए। उन्होंने तर्क दिया कि जब यह संरचना हड़पी गई भूमि पर मस्जिद न बनाने के इस्लामी आदेशों के बिल्कुल विपरीत बनाई गई प्रतीत होती है, तो क्या यह उसी अधिनियम के तहत पूजा स्थल माने जाने के लिए अयोग्य नहीं है। याचिका में आगे कहा गया कि महज तोड़फोड़ और अधिरचना खड़ा करने से उस स्थान का धार्मिक चरित्र नहीं बदला जा सकता। दीन मोहम्मद मामले (1936) के अनगिनत गवाहों ने भी गवाही दी थी कि ये देवता मस्जिद परिसर में मौजूद थे और उनके द्वारा प्रतिदिन परिक्रमा की जाती थी। मस्जिद के अंदर और बाहर की दीवारों पर दिखाई देने वाले प्रतीक, पश्चिमी खंडहर, परिसर में छिपी हुई (अदृश्य) मूर्तियाँ सभी इस बात की गवाही देते थे कि यह एक मंदिर था। दक्षिण का तहखाना भी हिंदुओं के कब्जे में था। 1936 की इन गवाहियों को मुस्लिम पक्ष ने चुनौती नहीं दी। इससे स्पष्ट रूप से संकेत मिलता है कि 15 अगस्त 1947 से आज तक, यह विचाराधीन संपत्ति एक हिंदू धार्मिक पूजा स्थल रही है। हिंदू पक्ष ने जोर देकर कहा कि कोई अतिक्रमणकर्ता कभी भी अपने अवैध कार्य का लाभ नहीं उठा सकता है और अवैधता को कायम रखने की अनुमति नहीं दी जा सकती है। इन सभी तथ्यों के आधार पर, याचिकाकर्ताओं ने दृढ़ता से तर्क दिया कि विचाराधीन संपत्ति हमेशा से निर्बाध रूप से एक हिंदू पूजा स्थल रही है। अतः प्रार्थना स्थल अधिनियम की धारा 4 मंदिर और उसके भक्तों के पक्ष में लागू होती है।

दोनों पक्षों को सुनने के बाद, 20 मई 2022 को सुप्रीम कोर्ट ने निर्देश दिया कि सिविल जज (सीनियर डिवीजन), वाराणसी के समक्ष लंबित मुकदमे की सुनवाई अब उत्तर प्रदेश उच्च न्यायिक सेवा के एक वरिष्ठ और अनुभवी न्यायिक अधिकारी के समक्ष की जानी चाहिए। इसमें मुकदमे

को सुनवाई के लिए सिविल जज (सीनियर डिवीजन) से जिला जज की अदालत में स्थानांतरित करने का निर्देश दिया गया। इसने वज़ू खाना को सील करने और सुरक्षा देने का आदेश दिया ताकि सर्वेक्षण के दौरान खोजी गई कथित संरचना जो कि एक शिवलिंग है, सुरक्षित रहे।

ये दो सप्ताह जैनियों और चार महिला वादियों के लिए अत्यधिक मानसिक अशांति और पीड़ा से भरे रहे। उन्हें जान से मारने की धमकियों से लेकर पैसे का प्रलोभन, उनके बीच मतभेद पैदा करना, व्यापक आरोप और निरर्थक अफवाहें फैलाना- उनके संकल्प को कमजोर करने के लिए किताब में दी गई हर चाल का इस्तेमाल किया गया। हालाँकि, वे अपने विरोधियों को यह साबित करने में सफल रहे कि वे एक अलग धातु और ठोस तत्व से निर्मित थे, जिनकी रीढ़ की हड्डी इतनी आसानी से मोड़ी नहीं जा सकती थी।

मुकदमा संख्या 610 की त्वरा

जैसा कि पहले उल्लेख किया गया है, 1991 की मूल वाद संख्या 610 आरक्षित कर दी गई थी। जस्टिस प्रकाश पाडिया ने[35] सुनवाई के बाद मार्च 2021 में पहली बार इस मामले में फैसला सुरक्षित रखा था। अगले 12 महीनों तक मामले की सुनवाई नहीं हुई और 28 नवंबर 2022 को मामला फिर से आरक्षित कर दिया गया। जुलाई 2023 में मामला फिर से आरक्षित कर दिया गया। इस प्रकार, मामला तीन बार सुरक्षित रखा गया था और अदालत ने कोई भी निर्णय देने से इनकार कर दिया था। इस मुकदमे में मामला बहुत सीमित था और इसके लिए एक-दो सुनवाई से अधिक की आवश्यकता नहीं थी। हालाँकि, रिकॉर्ड 75 सुनवाई होने के बावजूद, मामले पर फैसला नहीं सुनाया गया था। आख़िरकार, इलाहाबाद उच्च न्यायालय के समक्ष एक गुमनाम शिकायत की गई। आरक्षित मामलों में फैसले छह महीने की अवधि के भीतर सुनाए जाने चाहिए, ऐसा न होने पर मामले को नए सिरे से बहस के लिए दूसरी पीठ के समक्ष रखा जाना चाहिए।

इस शिकायत के जवाब में 11 अगस्त 2023 को इलाहाबाद उच्च न्यायालय के मुख्य न्यायाधीश जस्टिस प्रीतिंकर दिवाकर ने इस मामले

को जस्टिस प्रकाश पाडिया की बेंच से दूसरे जज को ट्रांसफर कर दिया, जिनके पास अब मास्टर ऑफ द रोस्टर के अनुसार मामले पर अधिकार क्षेत्र नहीं था। एक महत्वपूर्ण कारण यह बताया गया कि ऐसा 'न्यायिक औचित्य और न्यायिक अनुशासन के हित में और साथ ही मामलों की लिस्टिंग में पारदर्शिता हेतु' किया गया।[45] ऐसा करते समय, उन्होंने उच्च न्यायालय के न्यायाधीश के संबंध में दिनांक 28 अगस्त 2023 के अपने आदेश में इस मामले में प्रक्रियात्मक कमियों के बारे में भी बहुत कड़ी टिप्पणियां कीं:

> *मामलों को सूचीबद्ध करने में प्रक्रिया का पालन न करना, निर्णय को सुरक्षित रखने के लिए क्रमिक आदेश पारित करना और मामलों को फिर से सुनवाई के लिए विद्वत न्यायाधीश के समक्ष सूचीबद्ध करना, हालांकि विद्वत न्यायाधीश के कक्ष से प्राप्त निर्देशों के तहत रोस्टर के अनुसार मामले में उनकी अधिकारिता नहीं थी, कार्यालय में मूल अनुभाग को इन मामलों के रिकॉर्ड तक पहुंच की अनुमति दिए बिना मामलों को सूचीबद्ध करने और सुनवाई के लिए तय की गई प्रक्रिया का पालन न करने के उदाहरण हैं।*[46]

अंजुमन के वकीलों ने मुख्य न्यायाधीश द्वारा एक गुमनाम शिकायत का संज्ञान लेने और उस आधार पर मामले को स्थानांतरित करने पर आपत्ति जताई। लेकिन अपने आदेश में, मुख्य न्यायाधीश ने इन आपत्तियों को यह कहते हुए खारिज कर दिया कि 'किस पक्ष ने सुनवाई के संचालन में प्रक्रियात्मक अनुचितता के लिए मुख्य न्यायाधीश का ध्यान आकर्षित किया या किसने आवेदन दायर किया, इसका कोई महत्व नहीं है। अब जब सही तथ्यों पर ध्यान दिया गया है और प्रशासनिक पक्ष पर मुख्य न्यायाधीश से आवश्यक आदेश प्राप्त किए गए हैं...तो इस अदालत के लिए मामलों की सुनवाई आगे नहीं बढ़ाने का कोई कारण नहीं है।'[47] इसने मामले को इलाहाबाद उच्च न्यायालय के मुख्य न्यायाधीश की एकल पीठ के समक्ष रखा।

मस्जिद पक्ष ने इस मसले पर विशेष अनुमति याचिका के जरिए सुप्रीम कोर्ट में अपील की। मुख्य न्यायाधीश डी.वाई. चंद्रचूड़, न्यायमूर्ति जे.बी.

पारदीवाला और न्यायमूर्ति मनोज मिश्र की पीठ ने उच्च न्यायालय के मुख्य न्यायाधीश के स्थानांतरण आदेश को चुनौती देने वाली एआईएम द्वारा दायर एसएलपी पर सुनवाई की। शुरुआत में ही सुप्रीम कोर्ट ने हाई कोर्ट के मुख्य न्यायाधीश के आदेशों में हस्तक्षेप करने में अनिच्छा व्यक्त की। भारत के मुख्य न्यायाधीश ने बताया कि पिछले न्यायाधीश ने 2021 में फैसला सुरक्षित रखने और 75 सुनवाई करने के बावजूद फैसला नहीं सुनाया था। मस्जिद समिति के वरिष्ठ वकील हुज़ेफ़ा अहमदी ने इस देरी को यह कहकर उचित ठहराया कि यह एक 'संवेदनशील मुद्दा' था और इलाहाबाद उच्च न्यायालय के मुख्य न्यायाधीश का नवीनतम आदेश 'प्रक्रिया का दुरुपयोग' था।[48]

न्यायमूर्ति डी.वाई. चंद्रचूड़ ने इस बारे में कुछ सख़्त टिप्पणियाँ कीं:

> *देखिए विद्वान मुख्य न्यायाधीश ने आखिरी तीन पंक्तियों में क्या कहा- हम इसे खुली अदालत में नहीं पढ़ना चाहते। आपको पता होना चाहिए कि हमारे साथ क्या तौला गया। विशेषकर अंतिम वाक्य। यह असाधारण है। ऐसा कभी नहीं हुआ। यह रजिस्ट्री में वापस चला जाता है, न्यायाधीश के चैंबर में नहीं हो सकता। मुख्य न्यायाधीश के पास आधार हैं। हम इसे वहीं छोड़ देंगे... अगर हम एचसी [उच्च न्यायालयों] में प्रभारी व्यक्तियों पर भरोसा नहीं करेंगे तो सिस्टम कहां जाएगा?*[49]

सुप्रीम कोर्ट ने मस्जिद समिति की चुनौती को खारिज कर दिया और इस तरह यह मामला एक महत्वपूर्ण मील के पत्थर के रूप में इलाहाबाद उच्च न्यायालय के मुख्य न्यायाधीश की पीठ के पास चला गया।

19 दिसंबर 2023 को इस मामले की सुनवाई करते हुए, इलाहाबाद उच्च न्यायालय के न्यायमूर्ति रोहित रंजन अग्रवाल ने मस्जिद समिति और सुन्नी वक़्फ़ बोर्ड की पांच याचिकाओं को खारिज कर दिया, जिसमें मस्जिद स्थल पर एक मंदिर की बहाली की मांग करने वाले सिविल मुकदमों की वैधता को चुनौती दी गई थी। उच्च न्यायालय ने वाराणसी अदालत को मामले की सुनवाई छह महीने के भीतर पूरी करने का आदेश दिया। प्रभावी रूप से, उच्च न्यायालय ने एक ऐतिहासिक टिप्पणी की थी कि मुकदमा प्रार्थना स्थल अधिनियम

द्वारा वर्जित नहीं था। अदालत ने कहा कि साइट पर या तो मुस्लिम चरित्र हो सकता है या हिंदू चरित्र हो सकता है। लेकिन अभी मुद्दे निर्धारित करने के स्तर पर इसका निर्णय नहीं किया जा सकता। अदालत ने कहा, 'मुकदमा देश के दो प्रमुख समुदायों को प्रभावित करता है... हम ट्रायल कोर्ट को 6 महीने के भीतर मुकदमे का शीघ्र फैसला करने का निर्देश देते हैं।'[50]

अदालत ने इस प्रकार माना था कि ज्ञान वापी परिसर को तब तक मस्जिद या मंदिर नहीं कहा जा सकता जब तक कि संरचना का धार्मिक चरित्र निर्धारित नहीं हो जाता। और यह फिर से बुनियादी बातों पर वापस चला गया - उस धार्मिक संरचना को निर्धारित करने के लिए, एकमात्र तरीका पुरातात्विक सर्वेक्षण करना था जिसे इतने लंबे समय से रोकने की कोशिश की जा रही थी।

एएसआई सर्वेक्षण की ओर

जैसा कि स्पष्ट है, दो मुख्य मामले समानांतर में चल रहे हैं- मूल 1991 का मुकदमा और पांच महिलाओं द्वारा दायर 2021 का मुकदमा। आइए अब महिलाओं द्वारा दायर किए गए मामले पर लौटते हैं। 22 सितंबर 2022 को, वादी ने वाराणसी की जिला अदालत में एक आवेदन दायर कर वज़ू खाना क्षेत्र का एएसआई सर्वेक्षण करने की मांग की, ताकि कार्बन डेटिंग और अन्य वैज्ञानिक जांचों के माध्यम से खोजे गए शिवलिंग के नीचे निर्माण की सटीक प्रकृति का पता लगाया जा सके, बिना संरचना को कोई नुकसान पहुंचाए।[51] याचिका में यह भी कहा गया कि 'संबंधित संपत्ति के धार्मिक चरित्र का पता लगाने के लिए ज्ञानवापी, 'शिवलिंग' को छोड़कर संरक्षित/सील क्षेत्र के एएसआई सर्वेक्षण की आवश्यकता है क्योंकि एएसआई के चल रहे सर्वेक्षण से संरक्षित हिस्से को कोई नुकसान नहीं होगा'।[52]

हालांकि, जिला न्यायाधीश अजय कृष्ण विश्वेश का मानना था कि वज़ू खाना का सर्वेक्षण मई 2022 में सुप्रीम कोर्ट के आदेश का उल्लंघन है। शीर्ष अदालत ने वाराणसी के जिला मजिस्ट्रेट को यह सुनिश्चित करने का निर्देश दिया था कि वज़ू टैंक के भीतर मौजूद शिवलिंग सुरक्षित रहे। इसलिए,

एएसआई सर्वेक्षण के लिए उनकी याचिका 14 अक्टूबर 2022 को खारिज कर दी गई। इसके बाद याचिकाकर्ताओं ने इलाहाबाद उच्च न्यायालय का दरवाजा खटखटाया। वैज्ञानिक जांच के आवेदन को 12 मई 2023 को इलाहाबाद उच्च न्यायालय ने अनुमति दे दी। तब तक, एएसआई ने 11 मई 2023 को एक प्रारंभिक रिपोर्ट प्रस्तुत कर दी थी कि शिवलिंग को नुकसान पहुंचाए बिना एक सर्वेक्षण संभव था। लेकिन सुप्रीम कोर्ट ने 19 मई 2023 को आदेश पर रोक लगा दी। जुलाई 2023 में, भारत के माननीय मुख्य न्यायाधीश, न्यायमूर्ति डी.वाई. चंद्रचूड़ ने कहा कि अदालत माँ श्रृंगार गौरी और अन्य देवी-देवताओं की पूजा के लिए पांच महिलाओं द्वारा दायर मुकदमे पर वाराणसी जिला न्यायाधीश के फैसले का इंतजार करेगी।

एएसआई से हरी झंडी मिलने के बाद, 18 मई 2023 को वादी ने न केवल वज़ू खाना बल्कि बैरिकेड क्षेत्र के भीतर पूरे परिसर का एएसआई सर्वेक्षण करने के लिए एक और आवेदन दायर किया। इस याचिका पर सुनवाई करते हुए, 21 जुलाई 2023 को, जिला न्यायाधीश ने परिसर के सर्वेक्षण के लिए आवेदन की अनुमति दी, जिसमें वज़ू खाना शामिल नहीं था जिसे सुप्रीम कोर्ट के आदेश द्वारा सील कर दिया गया था। इस सर्वेक्षण में निर्णायक रूप से यह निर्धारित करने के लिए जहां भी आवश्यक हो वहां खुदाई भी शामिल की जानी थी कि क्या मस्जिद उस स्थान पर बनाई गई थी जहां पहले एक मंदिर मौजूद था। मुस्लिम पक्ष ने सितंबर 2022 में उच्च न्यायालय द्वारा एएसआई सर्वेक्षण पर इसी तरह की रोक का हवाला देते हुए इसे इलाहाबाद उच्च न्यायालय में चुनौती दी। लेकिन 3 अगस्त 2023 को, उच्च न्यायालय ने भी परिसर के एएसआई सर्वेक्षण के लिए निचली अदालत के निर्देश की पुष्टि की। एएसआई के अतिरिक्त निदेशक (पुरातत्व) आलोक त्रिपाठी ने एक हलफनामे के माध्यम से मस्जिद पक्ष की आशंकाओं को दूर किया और आश्वासन दिया कि सर्वेक्षण के दौरान पवित्र स्थल को कोई नुकसान नहीं होगा।[53] मस्जिद समिति की याचिका को खारिज करते हुए, इलाहाबाद उच्च न्यायालय के मुख्य न्यायाधीश प्रीतिंकर दिवाकर ने वाराणसी अदालत के आदेश को सही ठहराया। उन्होंने कहा:

> *एक बार जब पुरातत्व विभाग और विभाग का प्रतिनिधित्व करने वाले विद्वान वरिष्ठ वकील ने अपना रुख स्पष्ट कर दिया है कि*

संपत्ति को कोई नुकसान नहीं होने वाला है, तो इस अदालत के पास उनके बयानों पर संदेह करने का कोई कारण नहीं है और सबसे महत्वपूर्ण बात यह है कि एएसआई के अधिकारी द्वारा दायर हलफनामे में परिस्थितियों की व्याख्या की गई है... इसके अलावा, यह कानून का एक स्थापित प्रस्ताव है कि इस स्तर पर एक कमीशन जारी करना स्वीकार्य है।[54]

उच्च न्यायालय ने इस बात पर जोर दिया कि न्याय की प्राप्ति के लिए एएसआई द्वारा वैज्ञानिक सर्वेक्षण आवश्यक है। हालाँकि, यह स्पष्ट कर दिया गया था कि सर्वेक्षण में परिसर के भीतर किसी भी प्रकार की खुदाई शामिल नहीं होगी।[55] असहमत मुस्लिम पक्ष ने अंतिम अदालत, सुप्रीम कोर्ट में अपील करने का फैसला किया। एआईएम के संयुक्त सचिव ने कहा:

21 जुलाई की रात को शीर्ष अदालत के समक्ष एक ऑनलाइन एसएलपी [विशेष अनुमति याचिका] दायर की गई थी जिसके बाद सोमवार को सीजेआई की अदालत में इस पर सुनवाई होनी थी। एसएलपी ने जिला अदालत के इस आदेश को मस्जिद के प्रक्षालन तालाब में फव्वारे (जिसे हिंदू याचिकाकर्ताओं ने 'शिवलिंग' होने का दावा किया है) की कार्बन डेटिंग की मांग पर उच्चतम न्यायालय के स्थगन आदेश की अवमानना करार दिया है।[56]

अंततः, 4 अगस्त 2023 को, सुप्रीम कोर्ट की तीन न्यायाधीशों की पीठ, जिसमें न्यायमूर्ति डी.वाई. चंद्रचूड़, न्यायमूर्ति जे.बी. पारदीवाला और न्यायमूर्ति मनोज मिश्र शामिल थे, ने अपील पर सुनवाई की। मस्जिद समिति के वकील हुज़ेफ़ा अहमदी ने तर्क दिया कि सर्वेक्षण अतीत के पुराने घावों को ताज़ा कर देगा और प्रार्थना स्थल अधिनियम ने यही रोकने की कोशिश की थी। जब अहमदी ने सर्वेक्षण की मांग को तुच्छ बताया तो मुख्य न्यायाधीश चंद्रचूड़ ने उनसे कहा, 'जो चीज आपके लिए तुच्छ है वह दूसरे पक्ष के लिए आस्था है।' यह कहते हुए कि एएसआई रिपोर्ट दोनों पक्षों के सर्वोत्तम हित में थी, सुप्रीम कोर्ट ने इलाहाबाद उच्च न्यायालय के फैसले को रोकने से इनकार कर दिया, जिसने पुरातात्विक जांच की अनुमति दी थी।

इस तरह के सर्वेक्षण के महत्व पर जोर देते हुए, सुप्रीम कोर्ट ने उल्लेख किया कि अयोध्या फैसले में भी, इसी तरह की रिपोर्ट ने उस मामले के अंतिम चरण में अनाज को भूसी से अलग करने में मदद की थी। राम जन्मभूमि मामले में अपना ऐतिहासिक फैसला सुनाते हुए, सुप्रीम कोर्ट ने पुरातात्विक सर्वेक्षण के साक्ष्य मूल्य का पूर्ण संज्ञान लिया था।[57] हालाँकि, अदालत ने एएसआई को ऐसी वैज्ञानिक जाँच करने का निर्देश दिया जो 'गैर-आक्रामक' हो और इस प्रक्रिया में, दोनों समुदायों के धार्मिक अधिकारों में हस्तक्षेप न किया जाए। रिपोर्ट को सीलबंद लिफाफे में जमा करने का आदेश देने की मस्जिद पक्ष की याचिका के बावजूद, सुप्रीम कोर्ट ने एएसआई को वाराणसी में ट्रायल कोर्ट के समक्ष उस तरीके से रिपोर्ट जमा करने का आदेश देने से इनकार कर दिया।

इससे ज्ञान वापी परिसर के पूरे परिसर के उचित, वैज्ञानिक और पुरातात्विक सर्वेक्षण का रास्ता साफ हो गया। उसी दिन से, 4 अगस्त 2023 को, लगभग 40-45 एएसआई अधिकारियों की एक टीम ने सर्वेक्षण कार्य शुरू कर दिया।[58] शुरुआत में एएसआई सर्वेक्षण आदेश का बहिष्कार करने के बाद, मस्जिद के अधिकारियों और कार्यवाहकों ने सर्वेक्षण में सहयोग करने का फैसला किया क्योंकि कुछ ही विकल्प शेष बचे थे, खासकर देश की शीर्ष अदालत ने एएसआई सर्वेक्षण की मांग को बरकरार रखा था। हालाँकि, जैसा कि उन्होंने वादी के साथ किया था, जब एक वरिष्ठ महिला वकील ने एएसआई टीम के हिस्से के रूप में मस्जिद परिसर में प्रवेश करने की कोशिश की, तो उन्हें भी परेशान किया गया और उनके साथ घृणित दुर्व्यवहार किया गया।[59] इन असभ्य हमलों की परवाह न करते हुए, वह अदालत की एक प्रामाणिक प्रतिनिधि के रूप में दाखिल हुई थी।

सबका ध्यान अब एएसआई पर केंद्रित था। देश अब यह देखने के लिए बेसब्री से इंतजार कर रहा है कि क्या निष्कर्ष सामने आएंगे और वे अंततः हिंदुओं के इस सदियों पुराने पवित्र स्थान के भविष्य को कैसे निर्धारित करेंगे, जिस पर इतने लंबे समय से लगातार विवाद चल रहा है। प्रतिष्ठित काशी विश्वनाथ मंदिर के लंबे, तूफानी इतिहास में अब एक नया अध्याय खुलने वाला था।

उपसंहार

जब इस पुस्तक की पांडुलिपि को मुद्रण के लिए अंतिम रूप दिया जा रहा था, मीडिया इस खबर से उत्साहित था कि अदालत के आदेश के अनुसार भारतीय पुरातत्व सर्वेक्षण (एएसआई) की रिपोर्ट आने की संभावना है। ज्ञान वापी मस्जिद के परिसर के नीचे क्या है, इसका पता लगाने के लिए ग्राउंड पेनेट्रेटिंग रडार (जीपीआर), कार्बन डेटिंग और पुरातत्व की अन्य आधुनिक वैज्ञानिक तकनीकों के माध्यम से सर्वेक्षण कार्य 4 अगस्त 2023 को शुरू हुआ। यह जानना आवश्यक था कि प्रार्थना स्थल अधिनियम के अनुसार, 15 अगस्त 1947 तक परिसर का 'धार्मिक चरित्र' वास्तव में क्या था। शिवलिंग की खोज के बाद सील किए गए वजूखाने को छोड़कर, मस्जिद की आंतरिक और बाह्य दीवारों, तहखानों और बाकी परिसरों का भी सर्वेक्षण किया गया था। कई तकनीकी आधारों पर सात बार कार्यकाल विस्तार की मांग करने के बाद, एएसआई ने अंततः 18 दिसंबर 2023 को वाराणसी जिला न्यायाधीश अजय कृष्ण विश्वेश के समक्ष दो सीलबंद लिफाफे में अपनी रिपोर्ट प्रस्तुत की। ऐसा कहा जाता है कि एक लिफाफे में रिपोर्ट थी, जबकि दूसरे में मस्जिद परिसर के आसपास के मलबे में पाई गई वस्तुओं की सूची थी। अंजुमन इंतेज़ामिया मस्जिद (एआईएम) ने न्यायाधीश के समक्ष अपने आवेदन में अनुरोध किया कि रिपोर्ट की पूरी गोपनीयता सुनिश्चित करने वाले हलफनामे के बिना किसी भी पक्ष के साथ रिपोर्ट साझा न की जाए। एआईएम की ओर से पेश वकील अखलाक अहमद ने उल्लेख किया कि यह मीडिया में किसी भी तरह की लीक या मामले की संवेदनशीलता को देखते हुए की जा सकने वाली किसी भी अन्य टिप्पणी/घटना को रोकने के लिए था।[1] हिंदू पक्ष की चार महिला वादियों के वकील विष्णु शंकर जैन ने इस अनुरोध का विरोध किया,

उन्होंने इस बात पर जोर दिया कि एएसआई रिपोर्ट को सीलबंद कवर में दाखिल करने का कोई प्रावधान नहीं था क्योंकि यह भारत के सर्वोच्च न्यायालय द्वारा आदेशित नहीं था।

भले ही एक उत्सुक राष्ट्र इस गाथा के सामने आने का बेसब्री से इंतजार कर रहा था, लेकिन मामले में सुनवाई की अगली तारीख, जो कि 3 जनवरी 2024 थी, पर एएसआई ने एक बार फिर चार सप्ताह की मोहलत मांगी। उसने दलील दी कि उसे इलाहाबाद उच्च न्यायालय ने 1991 के मूल मुकदमे 610 के लिए फास्ट-ट्रैक अदालत में सर्वेक्षण रिपोर्ट जमा करने के लिए कहा गया था जो उसके समक्ष लंबित था। यह एएसआई द्वारा 19 जनवरी 2024 तक किया जाना था। चूंकि उस सबमिशन के लिए उनकी ओर से कुछ अतिरिक्त समय और प्रयास की आवश्यकता होगी, इसलिए एएसआई ने अनुरोध किया कि रिपोर्ट को सार्वजनिक नहीं किया जाना चाहिए।[2] तत्पश्चात न्यायाधीश अजय कृष्ण विश्वेश ने 6 जनवरी 2024 को अपने आदेश कहा कि 24 जनवरी तक उन्हें आवेदन का निपटारा हो जाने की उम्मीद है।[3]

जब अदालत में ये स्थगन चल रहे थे, तब भी पूरे देश में भक्ति एवं उत्साह की एक अभूतपूर्व लहर देखी जा रही थी क्योंकि अयोध्या में राम मंदिर की प्राण प्रतिष्ठा की तारीख (22 जनवरी 2024) तेजी से नजदीक आ रही थी। भारत के प्रधानमंत्री नरेंद्र मोदी को देश के भीतर और बाहर से आए कई गणमान्य व्यक्तियों तथा मशहूर हस्तियों के बीच इस समारोह की अध्यक्षता करनी थी। ऐसे उत्सव के क्षण में, रिपोर्ट से कीड़ों का पिटारा खुलने की संभावना ने सरकार को एक सतर्क कदम उठाने पर मजबूर कर दिया। मथुरा में श्रीकृष्ण जन्मस्थान और शाही ईदगाह मस्जिद पक्षकारों के बीच विवाद का मामला भी धीरे-धीरे तूल पकड़ रहा है। भक्तों के लिए, फिलहाल सबसे अच्छा विकल्प थोड़ा धैर्य रखना और अपने महादेव के निवास के बारे में सच्चाई की प्रतीक्षा करना है। इस पांडुलिपि के प्रेस में जाने से पहले, यदि रिपोर्ट सार्वजनिक डोमेन में आती है, तो इसके चयनित अंश पुस्तक के परिशिष्ट का हिस्सा बनेंगे। अन्यथा, इस खंड के भविष्य के संस्करण में, रिपोर्ट को एक अलग अध्याय के रूप में विस्तार से प्रस्तुत किया जाएगा।

प्रतीक्षा अक्सर निराशाजनक हो सकती है। यदि आप पर्याप्त रूप से दृढ़ नहीं हैं तो यह आपको और वास्तव में आपके विश्वास को कमजोर कर

सकती है। इस मामले में भी, प्रतीक्षा अत्यंत कष्टकारी लगती है। शायद, हमें दिव्य बैल और भगवान शिव के वाहन नंदी से प्रेरणा लेने की आवश्यकता है। सद्‌गुरु इस शाश्वत प्रतीक्षा और धैर्य के गूढ़ अर्थ को खूबसूरती से समझाते हैं, जिसका प्रतीक नंदी हैं:

> *नंदी शाश्वत प्रतीक्षा का प्रतीक है, क्योंकि भारतीय संस्कृति में प्रतीक्षा को सबसे बड़ा गुण माना गया है। जो व्यक्ति बस बैठना और प्रतीक्षा करना जानता है वह स्वाभाविक रूप से ध्यानमग्न होता है। उसे उम्मीद नहीं है कि शिव कल बाहर आएंगे। वह सदैव प्रतीक्षा करेगा। वह गुण ग्राहिता का सार है। नंदी शिव के सबसे करीबी साथी हैं क्योंकि वे ग्रहणशीलता का सार हैं। किसी मंदिर में जाने से पहले, आपके अंदर नंदी का गुण होना चाहिए - बस बैठे रहने का गुण। आप स्वर्ग जाने की कोशिश नहीं कर रहे हैं; आप इसे या उसे पाने की कोशिश नहीं कर रहे हैं - आप अंदर जाएं और बस बैठे रहें। इसलिए, वह यहां बैठे-बैठे ही आपसे कह रहे हैं, 'जब आप अंदर जाएं, तो अपनी काल्पनिक बातें न करें। यह या वह मत मांगिए। बस जाइए और मेरी तरह बैठे रहिए।'*[4]

और इसलिए हम प्रतीक्षा करते हैं, और धैर्य तथा दृढ़ विश्वास के साथ प्रतीक्षा करते हैं कि अंततः जीत सत्य की ही होगी। उस देश में और भी अधिक जिसने 1950 में गणतंत्र बनने के बाद मुंडकोपनिषद् के सूत्र वाक्य 'सत्यमेव जयते' (सत्य की ही जीत होती है) को अपने राष्ट्रीय आदर्श वाक्य के रूप में चुना है। ऐतिहासिक, शास्त्रीय, पुरातात्विक और कानूनी साक्ष्य इसके पक्ष में हैं। आशा है कि देवों के देव महादेव का पवित्र स्थान उनके वास्तविक उपासकों को पुनः प्राप्त होगा। किसी को यह भी उम्मीद है कि राम मंदिर के आसपास का उत्सव और सकारात्मक माहौल अदालतों तथा टेलीविजन समाचार कक्षों में कड़वे टकराव या बदसूरत विवादों के लिए जगह के बजाय सुलह के लिए एक सुंदर जगह बनायेगा। आख़िरकार, भाईचारा और सद्भाव क्या है अगर दोनों पक्षों की ओर से उदारतापूर्वक लेन-देन न किया जाए?

जब तक ऐसा नहीं होता, जैसा कि लेखक और वैज्ञानिक आनंद रंगनाथन ने नंदी की ओर से कहा है, हम सभी को धैर्यपूर्वक अपने शिव की प्रतीक्षा करनी चाहिए:

उसके पैर झुक गए, उसकी आँखें गीली हो गई
पत्थरों में नक्काशी की गई है,
लेकिन दिल परेशान है
वह कान खड़े करके बाहर बैठा है
400 वर्षों से धैर्यपूर्वक इंतजार कर रहा है
उसने राक्षस और उसकी भीड़ को
अपने स्वामी पर जंग लगी तलवारों से हमला करते देखा
उसने उन्हें धोते हुए देखा, उन्हें थूकते हुए देखा
गड्ढे के उस पानी में वह उनकी चीखें सुनता था,
उनकी पुकार सुनता था
वह इन सबसे गुजरा है,
उसने यह सब कुछ देखा लेकिन कोई फुसफुसाहट नहीं, कोई कराह नहीं
वह जीवन तो था किन्तु किसी के ऋण की तरह
और फिर, सदियों की यातना के बाद
जब उसके आनंद का क्षण आया
उसने उन्हें दावा करते देखा
यह सिर्फ एक फव्वारा था।[5]

APPENDIX

Selected Excerpts from the Report of the Archaeological Survey of India (ASI) Presented As-Is

Scientific Investigation/Survey at Settlement Plot No. 9130, Varanasi conducted by Prof. Alok Tripathi, with contributions from Dr. Goutami Bhattacharya, Dr. Shubha Majumder, Dr. Raj Kumar Patel, Dr. Abinash Mohanty, Dr. Izhar Alam Hashmi, Dr. Aftab Hussain, Dr. Niraj Kumar Mishra and Dr. Vinay Kumar Roy.

- Volume 1 talks of Structures at the site 9130 (Cellars, Existing Structure i.e. mosque, Pillars and pilasters, Western Wall, Inscriptions, Mason's marks & measurements).
- Volume 2 talks of the Scientific studies (Ground Penetration Radar Survey, X-Ray Fluorescence report, Condition Report, Field Laboratory, Relative Humidity and Temperature).
- Volume 3 discusses the Objects: retrieved objects and architectural members.

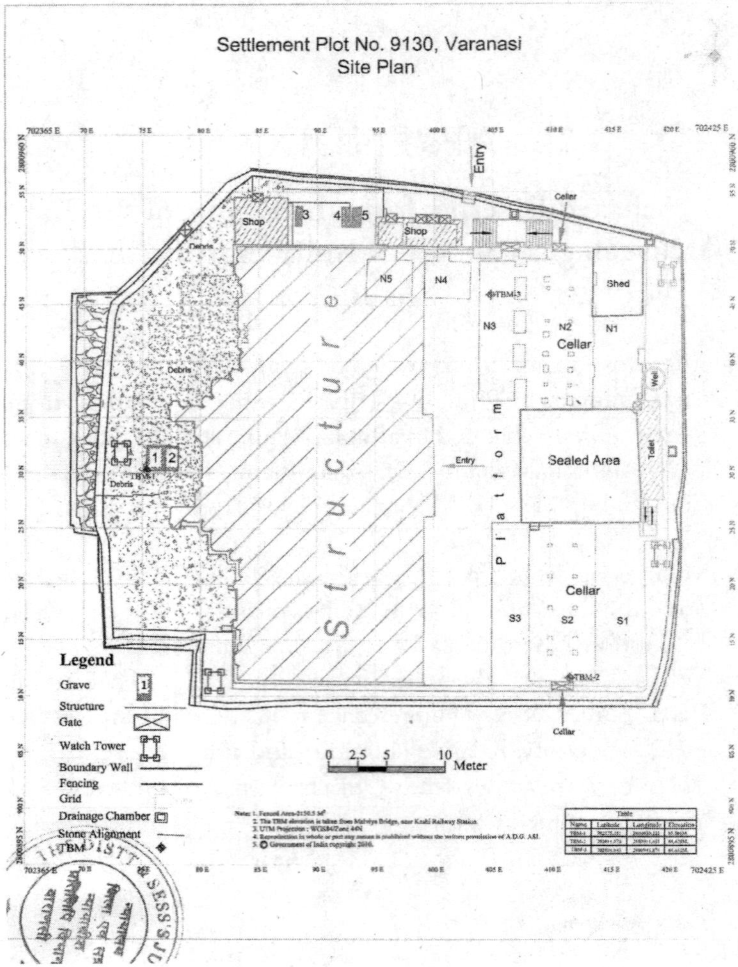
Settlement Plot No. 9130, Varanasi
Site Plan
Entry
Cellar
Shop
3
4
5
Shop
Debris
N5
N4
TBM-3
Shed
N3
N2
N1
Cellar
Well
Structure
Platform
Entry
Sealed Area
Toilet
1
2
Debris
Cellar
S3
S2
S1
TBM-2
Cellar
Legend
Grave
Structure
Gate
Watch Tower
Boundary Wall
Fencing
Grid
Drainage Chamber
Stone Alignment
TBM
0 2.5 5 10 Meter

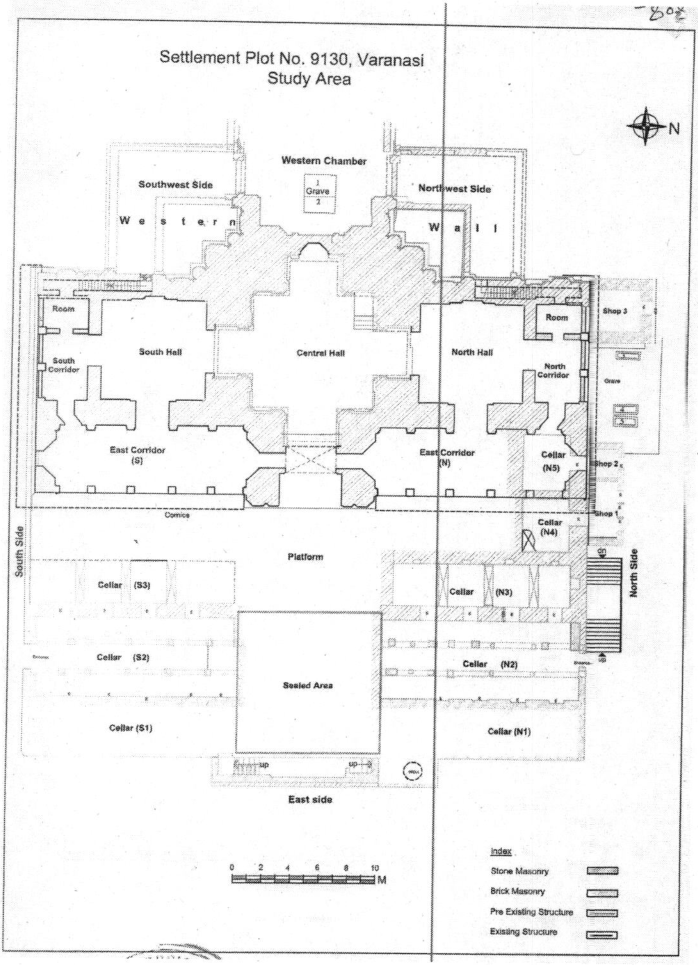
Settlement Plot No. 9130, Varanasi
Study Area
N
Western Chamber
Southwest Side
Grave
Northwest Side
Western Wall
Room
South Hall
Central Hall
North Hall
Room
Shop 3
South Corridor
North Corridor
Grave
East Corridor (S)
East Corridor (N)
Cellar (N5)
Shop 2
Shop 1
Comice
Cellar (N4)
South Side
Platform
North Side
Cellar (S3)
Cellar (N3)
Cellar (S2)
Cellar (N2)
Sealed Area
Cellar (S1)
Cellar (N1)
up
up
East side
0 2 4 6 8 10
M
Index
Stone Masonry
Brick Masonry
Pre Existing Structure
Existing Structure

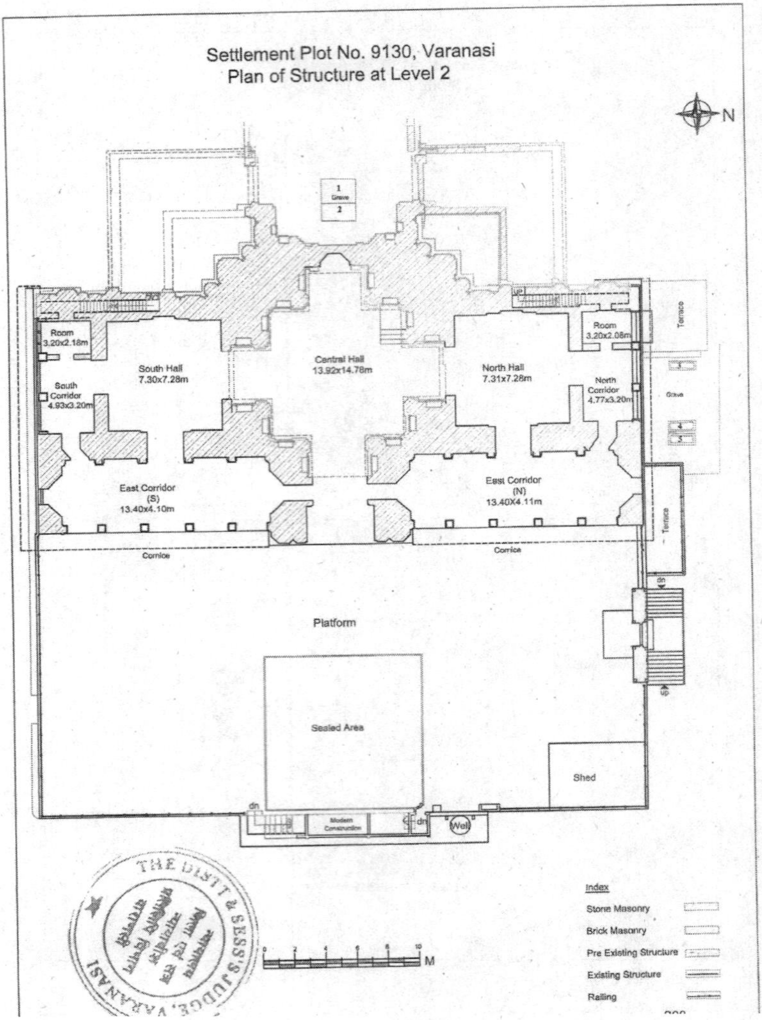
Settlement Plot No. 9130, Varanasi
Plan of Structure at Level 2
N
Grave
Room 3.20x2.18m
South Hall 7.30x7.28m
Central Hall 13.92x14.78m
North Hall 7.31x7.28m
Room 3.20x2.08m
South Corridor 4.93x3.20m
North Corridor 4.77x3.20m
Terrace
East Corridor (S) 13.40x4.10m
East Corridor (N) 13.40X4.11m
Cornice
Cornice
Terrace
dn
up
Platform
Sealed Area
Shed
dn
Modern Construction
dn
Well
THE DISTT & SESS'S JUDGE, VARANASI
M
Index
Stone Masonry
Brick Masonry
Pre Existing Structure
Existing Structure
Railing

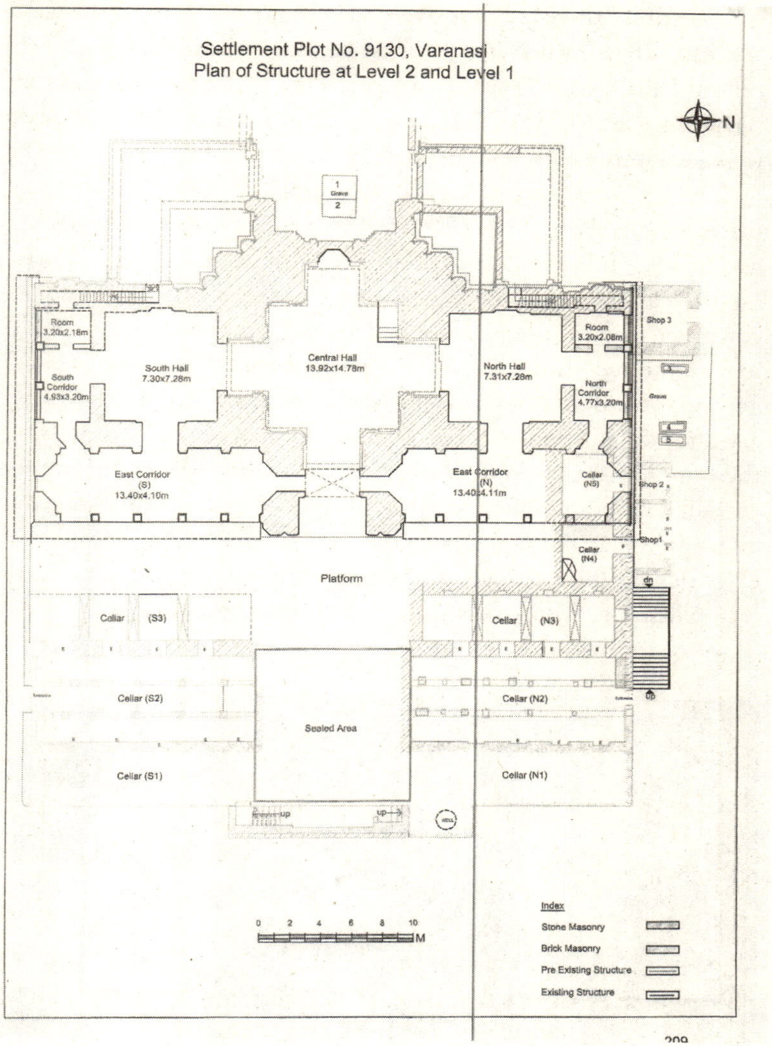

Cellars and existing structure

The survey found that some four cellars (termed as N3, N4, N5, S3) were of an earlier vintage, while two (N1, S1) were contemporary, as suggested by the almost exclusive use of *lakhauri* bricks in their construction. There are thus two parallel rows of cellars to the west and east. They opened into an open central space in between. Two central halls (N2, S2) were constructed to bring the two rows of cellars in a single unit. Building material from earlier structures were generously used to erect these.

Existing structure [mosque] was built at Level 2, a raised platform facing east with the *qibla* to the west. The raised platform divides itself into two distinct functional zones - the open platform on the eastern half and the mosque to the west. The mosque, constructed on the pre-existing western wall, comprises of three halls interconnected with each other, a pillared corridor in front (east), and two corridors along the north and south sides. On the terrace are three double domes corresponding to the three halls below. On the four corners are four small pillared chhatris. The main central entrance to the mosque is an imposing structure with minarets on either side that rise high above the terrace culminating in pillared chhatris. The intervening space between the two minarets is bridged by a pillared corridor. The entire facade effectively curtails the view of the central dome.

Cellar N2: Nave, before cleaning

Cellar N2: Eastern aisle, before

Cellar N2: Inscriptions on ceiling

Cellar N3: View from south

In front of the mosque and extending eastwards is a large open space evidently to accommodate large gatherings for prayer. The open platform is framed on the three open sides by dwarf parapet wall. This wall comprises of slender pillars with finial and plain slabs that were mortised into the pillars. The access to the platform is through an opening on its northern side. Two stairs, from east and west, lead onto the common landing in front of the seven domed entrance. This entrance is a relatively recent addition to the structure.

The open platform has a provision for the '*vazukhana*' along the eastern parapet wall and extending inwards. This roughly rectangular area is covered with a tin-shed and iron *jali* all around, and the same is sealed by the order of Hon'ble Supreme Court. As per the order of the Hon'ble District Court this area was excluded from the present scientific investigation/ survey.

The entire structure measures 18.90 m east to west, and 38.80 m from north to south. It has an average height of 3 m from surrounding working level, which varies at certain locations on account of variation in the surrounding topography. Further the front of platform is also different on each side.

Cellar S1: Blocked entrances in west wall

Observations on the structure

- The existing structure of the mosque was constructed against the eastern face of the western wall. It was not erected in a single phase.
- As per inscriptional record, the mosque was built in the 20th regnal year of Aurangzeb Alamgir (1676-77 CE).
- In the second structural phase the corridor and other parts were constructed and/ or repaired in 1792-93 CE.
- For the construction of the *sahan* carried out in the second phase, foundation was provided below in the form of cellars--N4 and N5. GPR survey has indicated of such cellars along the southern side as well.

The extension of the open platform eastwards was also carried out in a phased manner over a period of time.

- The cellars N3 and S3, oriented in north-south axis, are contemporary to N4 and N5 as suggested by the similarity in their construction styles.
- This suggests that the open platform extended eastwards till the edge of the cellars N3 and S3. The cellars had their openings to the east as well on the ground level.
- In subsequent phase, the open platform was extended further eastwards by bridging the open space between the cellars N1 and N3 and S1 and S3. This brought into existence the central cellars N2 and S2 whose ceiling was raised on pillars.

Pillars and pilasters

The existing structure [mosque] has 12 pillars (numbered 1-12). These pillars are used in north corridor (1-2), east corridor (3-6 - N half, and 7-10 -S half) and south corridor (11-12). These pillars have three major components, starting from the bottom, the pillar base, the main shaft or column and crowned by the capital.

Cellar N2: Pillar base. after cleaning

Cellar N2: Decorated pillar

Cellar N2: Inscription on pillar

There are 18 pilasters (1-18) and 4 corner pilasters in different parts of the structure.

Two pilasters (1 and 2) are in *situ* in pre-existing structure [old temple], on either side of the western chamber. The remaining pilasters provide essential support to the walls along the east, north and south corridors. 8 pilasters are placed along the exterior face of the inner wall of east corridor (5-8 north and 11-14 south). These groups of 4 pilasters are framed by corner pilasters, 2 each on the north and south. 4 pilasters are also present along the exterior face of the east corridor framing the row of pillars. The two on the north are numbered 9 and 10 and those on the south are numbered 15 and 16. 2 pilasters are also present on the north (3-4) and south (17-18) corridors.

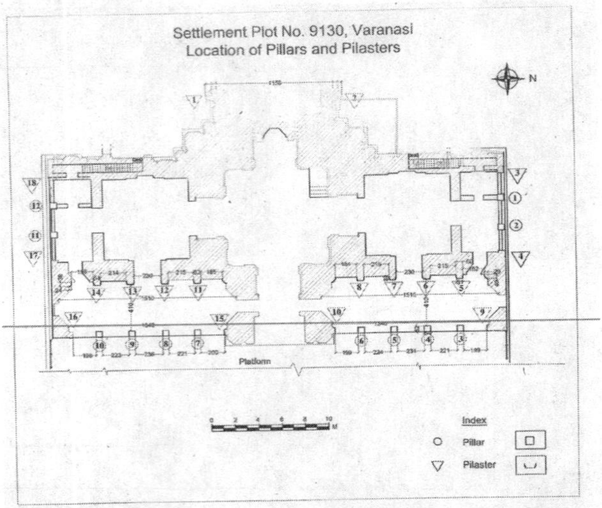

The pilaster 1 has a pair of bulbous dome-like motif with six-petalled flower stenciled in the centre. Immediately adjoining it within a demarcated frame is a depiction of a *vyala*[1] (leogryph). Above and below this depiction is a vertical series of flower buds, 9 on each section. The depiction of vyala on this pilaster is the

1 A popular motif in Indian art, consisting of a composite leonine creature with the head of a tiger, elephant, bird or some other animal, frequently shown in combat with humans or pouncing upon an elephant. It represents the triumph of the spirit over matter and is a common feature in several Hindu and Buddhist temple architectures since c. 50 BCE.

most complete surviving specimen of four such depictions noted elsewhere. The depiction of the vyala is on the recessed corner of the pilaster. The vyala is depicted standing on its lower limbs. The lower part of the figure shows two conjoined limbs. Two tails are depicted on either side of the figure. The upper half depicts the upright torso and the head, facing front. The upper limbs of vyala are depicted going across the body, one above the other. The right limb is on top and the left one below it. The most notable is the head of the animal. The most prominent is the overflowing mane on either side of the head. The face is characterized by protruding eyes and upraised ears. The muzzle of the animal is mutilated however, its rounded profile is extant on the right side.

Vyala figures in other pilasters were chopped off or damaged.

Western Chamber
Pilaster No. 2
(Facing North)

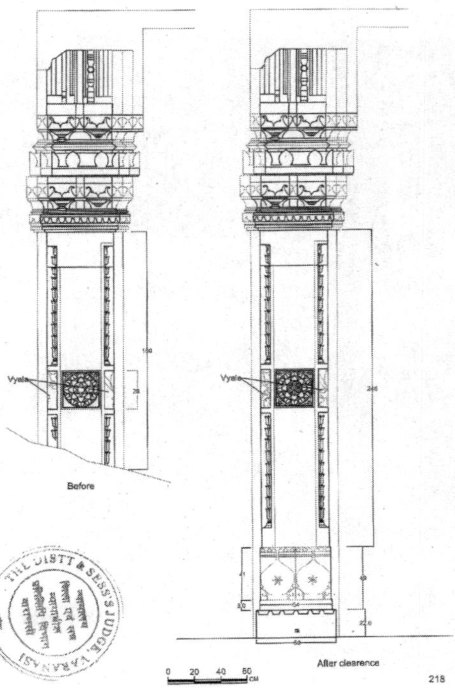

Observations on pillars and pilasters

Upon careful examination of the pillars and pilasters within the existing structure, it becomes evident that some of these architectural elements serve a secondary purpose. This secondary application is particularly noticeable on a number of pillars and pilasters, specifically around the central area of the shafts. On careful observation, it becomes apparent that the vyala figure which is found intact on two *in situ* pilasters in western chamber had been chopped off and the stone mass was recarved as lotus buds, as carved above and below. In several cases, the recessed corner originally featuring the vyala motif was modified and replaced with the repetitive flower bud chain. This replacement is identifiable by the difference in the execution of the later additions which are usually different in size and shapes from those carved originally. This observation finds reinforcement from specific instances, such as Pillar 5 and Pilaster 7.

Cellar S2: Exposed sculptures

Pillar and Pilaster: *Vyala* figure

Pillar and Pilaster: *Vyala* figure, mutilated

Upon comprehensive analysis, it can be concluded that parts of pillars and pilasters reused in existing structure have been recarved later, seemingly in a hurried manner. This is especially evident in cases where the sides of lotus medallions are reworked which fail to meet the established standards.

At the either side of lotus medallion of the pillars and pilasters, there is a decorative flower bud chain carved which is running from top to bottom of the column. On the basis of depiction of vyala near the lotus medallion on the extant pilasters of the western chamber, it may be said that the other pillars and pilasters also had similar depiction. Close inspection of the pillars and pilasters of the east corridor revealed, in several places, that the buds carved near the lotus medallion are irregular in shape and size as well as in their execution. These disconformities in what should have been uniform styles of execution suggest that the vyala were meant to be integral part of the decorative motif of the pillars and pilasters and that subsequently these depictions were removed and replaced with series of buds at the time of their reuse in the existing structure.

Pillar and Pilaster: Roughly carved flower buds

Pillar and Pilaster: Irregular shape and sizes of flower buds

Pillar and Pilaster: *Vyala* figure (*in situ*)

Pillar and Pilaster: *Vyala* figure (*in situ*)

Pillar and Pilaster: *Vyala* figure, mutilated

Western wall and western elevation

Western wall can be divided in three distinct parts on the basis of the extant architectural features. The central part or the western chamber comprises of the blocked entrance incorporated within

Northwest corner of pre-existing structure

Western Chamber: Northern wall with arched gateway

a true arch frame, the accompanying wall surface with corner niches and its northern and southern arms incorporating the extant halves of the cusped arched entrances. This central part effectively divides the lateral extensions of the western wall into northwest and southwest sides. As in the case of the central part, two subsidiary blocked entrances exist on the northern and southern extensions of the western wall. On plan the entrances at north and south exist in the same alignment while the central one is projected further westwards beyond the straight line of the west wall.

The western chamber, the middle part of the western wall, houses the main entrance of the central chamber. The wall portion on either side turns at right angle to form corners having single niche on each wall surface. The walls to the north and south then give way to cusped arch entrances. Only the eastern halves of these entrances are extant. The extant architectural features suggest that this would have been the entrance porch to the pre-existing structure. The superstructure of western half of the architectural arrangement is missing.

Central Hall: Western arch

Central Hall: Western arch, southwest corner

Framing the rectangular entrance is an elaborate *torana*[2]. The vertical uprights of this torana frame the sides in the form of a tri-faceted pilaster.

Though chopped off, some animal representations are noted at different places on the wall portion. Outline and impressions of two elephant heads with trunks each side of the faceted pilaster can be

2 An ornamental or arched gateway in Indian architecture.

clearly made out. In upraised, one on addition, impressions of two flanking birds, probably peacocks, are seen below the torana arch. Similarly, impression of bird like figures are noted on the inside of the vertical uprights above the decorative rope motif.

The rectangular entrance with the torana has been blocked by stones, bricks, lime mortar and stone slabs. Some of the missing slabs reveal parts of the concealed doorframe. Part of the l*alatbimba*[3] and the *patra-sakha* on top can be seen. The central figure on the lalatbimba has been chopped off.

The doorsill of the entrance revealed animal figures which have also been chopped off, leaving only a few remaining parts in various stages of preservation. Two of the figures towards the northern half of the sill are a bird figure, looking like a cock from the extant feathers and a seated animal looks like lion from the extant hind side and outline. The single extant specimen on the southern half of the sill survives only in the form of a upraised stone matrix which cannot be identified.

Above this wall rises the largely missing super structure. The ornamental band existing above the wall is octagonal in plan - only three faces surviving at present. This must have formed the base from which shikhara would have risen as a superstructure over the western chamber. The extant decorative band comprises of horizontal bands of lotus medallions placed within cusped niches. Pendants in groups of three on single pieces adorn the joints of two niches at the base.

The inner face of the south side entrance has the only surviving example of the kneeling elephant that forms the base of the decorative band of the arch. This specimen is extant on the second tier of semi-circular arch. It depicts the fore part of a kneeling elephant with its trunk upraised. Another similar but broken specimen was found amidst the debris just below this entrance.

The removal of garbage and debris dumped in the western chamber brought to light certain other features of the internal plan of the chamber. Below the doorsill of the blocked entrance

---

3 Door jamb

was revealed another basal stone alignment. This stone alignment evidently is the load bearing stone over which rests the entire entrance. At either corner it turns at right angle to form the northern and southern arm of the western chamber. The southern arm of the chamber could be traced westwards till a little distance before the grill fence. The western arm of the same could not be traced on account of space limitations and presence of security check post.

Western Chamber: Main entrance to central hall

Northwest Side: General view of exposed structures

The northern arm of this stone alignment could not be traced further westwards beyond the corner stone which turned at right angle. Interestingly, another stone alignment at the upper level was also found. These decorated stone blocks were placed in a secondary context along the outer (southern) edge of the basal stone alignment. Three such blocks were placed in east-west axis. The inner side of these blocks had series of trefoil motifs. Similar decorative blocks kept in secondary context were also found continuing along the western arm. One complete block and a partial one were found.

This basal stone alignment in primary context was at the same level as the skirting stone around the base of the interior wall portion of the western chamber and continuing through the cusped arch entranced on either side. Admittedly, some of the skirting stones, especially around the inner corners are either missing or replaced with random pieces suggestive of subsequent repair.

Other courses of this basal stone alignment and associated features were also traced below the cusped arch entrance on the north side. Below the first level of skirting stone of the entrance was another stone alignment that continued below the pilaster base, extending northwards. On the same level, another stone block was found below the arch in east-west axis. Thereafter are two rectangular stone blocks, extending beyond the line of the east-west stone, was found. These blocks are notable for having the engraving of the base of the western arm of the cusped entrance with its central pilaster. This engraving of the outline of the pilaster base revealed that width of the entrance was 2.40 m.

The northwest and southwest side of the western wall are marked by wall surfaces and blocked entrances to the north and south halls. The extant wall portion of the western wall has vertical offsets and horizontal mouldings throughout the exterior face. These vertical and horizontal members are distinctive feature of Hindu temple architecture and conform to construction and existence of a Hindu temple [emphasis mine].

The entire elevation of the wall surface may be horizontally divided into three distinct parts - the lower series of mouldings (*adhisthana*), the middle wall (*jangha*) portion and the upper series of decorative mouldings leading up to the level of the shikara.

The adhisthana mouldings, from bottom to top, comprise of the lower band known

as *khura* measuring about 22 cm and having small sized leaf like decoration on upper portion. This is followed by the *kumbha* portion. It is divided into two horizontal parts by a decorative band known as the *antarpatta.* The antarpatta contains two types of floral decoration, a circular motif alternating with a diamond-shaped motif. Above the *kumbha* is the *kalasa* moulding. The two are separated by a recessed antarpatta. Above the plain kalasa is a series of decorative bands (3 in numbers) forming the *kapotavali.* Between each decorative band is a plain recessed antarpatta. The lower band of kapotavali depicts upward lotus motif, while the middle one depicts two rows of leaf motifs, pointed upwards and downwards, the third and uppermost row has a single row of downward leaf motif.

Above the kapotavali begins the jangha. The plain wall surface is divided into two horizontal sections by a decorative antarpatta. The decorative motif on this band is similar to that observed in the kumbha moulding mentioned above.

The crowning element of the extant wall portion is the brackets which support the overhanging cornice or *chajja.* On the top of the exterior bands the provision of beautifully carved and richly decorated stone brackets has been made to give the support to the chhajja provided on it. Both the brackets as well as the underside of the chajjas have decorative motifs.

Above the chajjas, some extant part of the western wall is seen along the inner corner of the northwest side. The extant single tier may have formed part of the superstructure.

Subsequent to the destruction of the pre-existing structure and before its reuse in the existing structure, certain parts of the western wall were modified to adhere to its new usage.

The wall portions above the now blocked entrances to the north and south halls and elsewhere above the mouldings were modified using bricks and lime mortar. This brick made portion is then plastered over with lime. The top of the wall was surmounted by a series of merlons. The presence of merlons made by using bricks and lime mortar stands out in sharp contrast to the original architectural pattern of the pre-existing structure, which is made of stones [emphasis mine].

The blocked entrances to the north hall and the south hall on the northwest and southwest sides respectively also underwent major structural changes. Both the entrances were blocked off with use of stone and mortar. The architectural design of facades of the entrances were completely razed.

Internally, keeping intact the outer and inner shells of the entrances and the adjoining walls the inner core was repurposed. The core was cut away to make provision for a flight of stairs giving access to the flat roof of the existing structure. The internal surfaces have been plastered over with thick lime plaster making it difficult to discern the original features of the pre-existing structure.

Currently, a small opening is functional in the western blocked entrance of the north hall, which gives access to the flight of stairs. A similar opening in the western blocked entrance of the south hall was blocked subsequently. However, access to the flight of steps in the southwest side from the top is still available. Two inscriptions were found on two faces of an architectural member used to block the western entrance of the south hall from inside. In addition, mason's marks were also found on the ceiling above the stairs in the southern entrance. On the blocked up external facade in southwest side are also found inscribed

Inscriptions

During the scientific investigations/ survey of existing structure a number of Sanskrit and Dravidian inscriptions were noticed on the pre-existing structure and existing structure. Most of these inscriptions which can be dated from 12th to 17th century have been reused in the structure, suggesting that the earlier structures were destroyed and their parts were reused in construction/ repair later [emphasis mine].

The team of the Archaeological Survey of India took estampages of 32 stone inscriptions engraved in various locations on the structure under investigation. Apart from these stone inscriptions, 2 more inscriptions were also noticed, for which estampage could not be taken due to their inaccessible location. One inscription, engraved beneath the inscribed block located in the steps, could not be copied. The content of this inscription appears almost similar to Inscription no.29.

Of the 32 inscriptions, which were copied, only one inscription gives date as Samvat 1669, which corresponds to 1613 CE, January 1, Friday. All the other inscriptions can be dated on the basis of palaeography. Of the 34 inscriptions, 1 each can be dated to 12th and 15th century CE, 2 inscriptions to 16th century CE and 30 inscriptions to 17th century CE.

Majority of the inscriptions are in damaged or fragmentary or worn-out condition and some are painted, hence illegible. Of the 34 inscriptions, only 3 are in good state of preservation. From a comprehensive analysis of the data collected from these Inscriptions it can be known that they were mainly engraved by the pilgrims visiting the place spanning over three centuries (i.e. from 15th to 17th century [emphasis mine]. From the information preserved in the inscriptions, four kinds of activities of the pilgrims can be noticed—

1. To offer obeisance to the deity (5 inscriptions).
2. To do some pious work, exact nature is not clear (3 inscriptions).
3. To make provision for burning a lamp (1 Inscription) and
4. To burn a perpetual lamp (1 Inscription).

The inscriptions provide a mine of information on personal names. Total 14 personal names have been identified: Sajalla (Insc. No. 1), Aryavati (Insc. No. 2), Sumbhaji, Sonaji (Insc. No. 5), Mallana-bhatlu, Narayana-bhatlu (Insc. No. 6), Jivantadeva (Insc. No. 8), Narayanan Raman (Insc. No. 9), Pandita Malavidhara (Insc. No. 17),

Raghunatha (Insc. No. 18), Dddarasayya, Narasaramna (Insc. No. 26), Kasi (Insc. No. 27), Kanha (Insc. No. 28).

Three names of deities such as Janardhana (Insc. No. 08), Rudra (Insc. No. 16) and Umesvara (Insc. No. 32) are also found mentioned. One epithet Paramamaniyakadeva is known from inscription no. 24.

The term *Maha-muktimandapa* is mentioned in three inscriptions (i.e., no. 4, 8 and 29). This is of great significance as it helps in establishing existence of the famous abode of Shiva, as mentioned in ancient texts. These inscriptions also provide architectural terms such as temple and dipamolaka from inscription no. 18. This again indirectly help in inferring this

information to relate it with famous Shiva temple. Names of territorial division such as Lashumadesha and Kumkalamandala is known from inscription no. 28.

Inscription No.	01
Date/ Period	17th Century CE
Location	NW (N) / I 01 / S/14
Measurement of Stone slab	32 x 23 cm
Language	Local dialect
Script	Nagari
Text	1. . . . तमनर . . 2. . सि सजात्ल
Gist	Mentions the name of a person Sajālla. Palaeographically datable to 17th century CE.

70

Inscription No.	02
Date / Period	17th Century CE
Location	NW(N) / I 02 / J/15
Measurement of Stone slab	37 x 172 cm
Language	Sanskrit
Script	Nagari
Text	1-4. lines are damaged 5. मो . . . 6. . . . ज 7. . . . ना 8. . मे वर्षे 9. . . . 10. . . स 11. आर्यवतीनामु . 12. उनवी जय- 13. दामो तेषां 14. आजीस . 15. स . . . ज 16. . . . . .
Gist	Worn-out. Mentions the name of a person Āryāvati. Other details are not clear. Palaeographically datable to 17th century CE.

Inscription No.	03
Date / Period	17th Century CE
Location	W(S) / I 03 / L/16
Measurement of Stone slab	81 x 19 cm
Language	Local dialect
Script	Nagari
Text	1. म . . . 2- 5 lines are damaged 6. अन . . . 7. . . . . . . 8. ना . . . . . 9 to 13 lines are damaged 14. . . . .ल्लन ॥
Gist	Damaged and worn-out. Purport not clear. Palaeographically datable to 17th century CE.

Inscription No.	04
Date / Period	17th Century CE
Location	W(N) / I 04 / I/19
Measurement of Stone slab	152 x 16 cm
Language	Sanskrit
Script	Nagari
Text	1. [मं]हामुक्तिमंड[पें] 2. त्रोमै(नौमि) जाने-
Gist	Worn-out. Records the obeisance made by an individual (name not mentioned) in Mahā-mukti maṇḍapa. Palaeographically datable to 17th century CE.

Inscription No.	05
Date / Period	17th Century CE
Location	W(N) / I 05 / Q/20
Language	Local dialect
Script	Nagari
Text	Top*: 1. . . . 2. . म देवो Bottom*: 1. शुंभाजी व . . . 2. सोनाजी सो . . *Engraved vertically
Gist	Worn-out. Mentions names of two individuals i.e., Śuṁbhājī and Sōnājī. Other details are not clear. Palaeographically datable to 17th century CE.

Inscription No.	06
Date / Period	17th Century CE
Location	W(N) / I 06 / P/20
Language	Telugu
Script	Telugu
Text	1. వరుకు 2. నారాయ- 3. ణభట్ల కొడు- 4. కు మల్లన భ- 5. ట్లు వి(శ్వే)సిమ్మ- 6. రిన్ని 7. . . . . . 8. . . . . (ధని) Transliteration: 1.वरुकु 2. नाराय- 3. णभट्ल कोडु- 4. कु मलन भ- 5. ट्लु वि[श्वे]सिवा]- 6. रिन्नि . . . 7. . . . . . 8 . . . . [धनि]
Gist	Damaged and incomplete. It mentions some individuals namely Mallana-bhaṭlu, son of Nārāyaṇa-bhaṭlu. Palaeographically datable to 17th century CE.

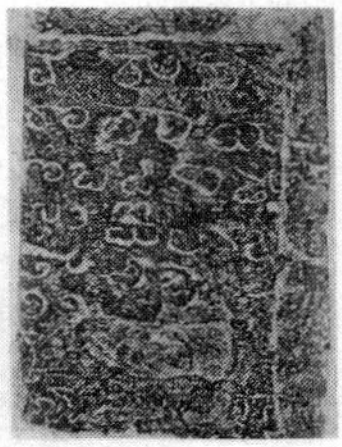

76

Inscription No.	07
Date / Period	17th Century CE
Location	W(N) / I 07 / M/20
Script	Nagari
Text	1. . . . 2 . . नी . . 3. . . . सा 5-10 lines are damaged.
Gist	Purport not clear. Damaged and worn-out. Palaeographically datable to 17th century CE.

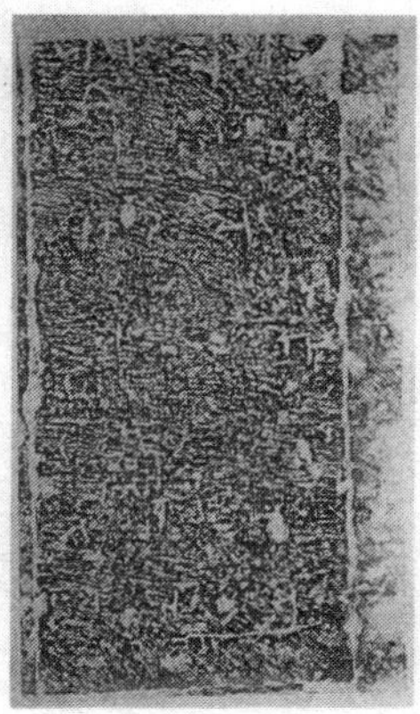

Inscription No.	08
Date / Period	17th Century CE
Location	W(N) / I 08 / J/20
Language	Sanskrit
Script	Nagari
Text	1. [म॰]हामुक्ति- 2. मंडप(पे) दत्तो 3. मरा(रु)र्लोकि 4. मेगो(को) ज- 5. नार्धन 6. श्री जिवान्तदेव
Gist	Worn-out. Records the obeisance to Janārdhana (i.e., Vishṇu) made by an individual Jivāntadēva in Mahā-mukti maṇḍapa. Palaeographically datable to 17th century CE.

77

Inscription No.	09
Date / Period	17th Century CE
Location	SW(S)/I 09-A / K/22
Language	Tamil
Script	Grantha
Text	1. नारायण्[ण] 2. रामण् स-
Gist	Worn-out. Seems to refer some charity instituted by Nārayāṇaṉ Rāmaṉ. Palaeographically datable to about 16th-17th century CE.

78

Inscription No.	10
Date / Period	17th Century CE
Location	SW(S)/I 09-B / K/22
Language	Local dialect
Script	Nagari
Text	1. . . . हेमोज . 2. . . . च
Gist	Damaged and worn-out. Mentions the name of a person hēmōja. Other details are not clear. Palaeographically datable to about 17th century CE.

79

Inscription No.	11
Date / Period	17th Century CE
Location	SW(E)/I 10 / M/24
Script	Nagari
Text	1. . . . 2. श्र . .
Gist	Damaged and worn-out. Purport not clear. Palaeographically datable to 17th century CE.

Inscription No.	12
Date / Period	17th Century CE
Location	SW(E)/I 11 / M/33
Language	Local dialect
Script	Nagari
Text	1. . . . राद्या . पसराडे न.
Gist	Worn-out. Purport not clear. Palaeographically datable to 17th century CE.

Inscription No.	13
Date / Period	16th Century CE
Location	SC(E)/I 12 / P5(D)
Language	Sanskrit
Script	Nagari
Text	1. . . . श्रीमच्छा 2. . . . पा भृगुवास- 3. . . . वद्विजातिह 4. . . . ज्ञाप अर्जानी 5. . . . मरायैः परोप 6. . . . जातिभिः धर्मज्ञः।
Gist	Fragmentary. Mentions Bhriguvāsara (i.e. Thursday) in line no. 2 and Dharmajña in line no. 6. Other details are not clear. Palaeographically datable to 16th century CE.

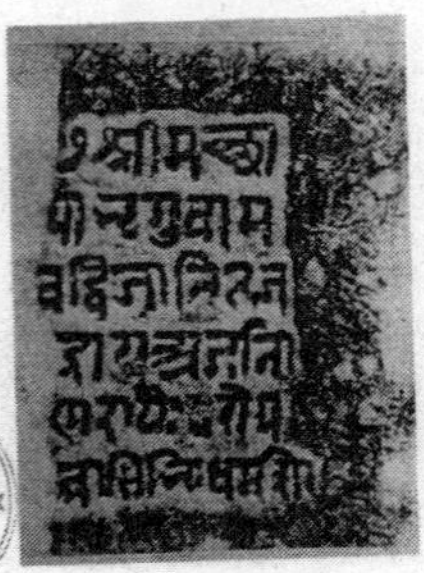

Inscription No.	14
Date / Period	17th Century CE
Location	SC(E)/I 13 / WC
Script	Nagari
Text	1. जु 2. प 3. . 4. . The inscription is engraved indifferently.
Gist	Worn-out. Purport not clear. Palaeographically datable to 17th century CE.

Inscription No.	15
Date / Period	17th Century CE
Location	NC(Door)/I 14 / LC-1
Language	Local dialect
Script	Nagari
Text	1. . . . . अ . 2. श्री . केसु ना . 3. . न .
Gist	Worn-out. Mentions the name of a person . kesu. Other details are not clear. Palaeographically datable to 17th century CE.

Inscription No.	16
Date / Period	17th Century CE
Location	NC(W)/ I 15/P3/C1
Language	Sanskrit
Script	Nagari
Text	1. रुद्राद्या 2. श्रावना
Gist	Incomplete. Seems to mention Rudrā (i.e. Śiva) in line 1 and name of the month Śrāvaṇā in line 2. It is written in Sanskrit language and Nagari characters. Palaeographically datable to 17th century CE.

Inscription No.	17
Date / Period	Saṁvat 1669, Pushya vadi 5 (1613 CE, January 1, Friday)
Location	NC(W)/I 16/ P3/C2
Language	Sanskrit
Script	Nagari
Text	1. सं[व°]त् १६६९ समये पौष्य वदी पंच- 2. मी श्री पं- 3. मल- 4. वीधर 5. श्रवल(ण) 6. सानीध्य
Gist	Seems to record some pious work in the temple by Paṁ (i.e. Paṁḍita) Malavidhara on the 5th day of the dark half of the month of Pushya in the year Saṁvat 1669, which corresponds to 1613 CE, January 1, Friday. It is written in Sanskrit language and Nagari characters.

Inscription No.	18
Date / Period	17th Century CE
Location	NC(W)/I 17/ P3/C3
Language	Sanskrit
Script	Nagari
Text	1. रु(रौ)द्रोदे 2. वरसे 3. दीपमो- 4. ळकेन 5. श्रीरघुनाथ * Line 5 is engraved in between inscription no. 16 and 17.
Gist	This inscription is engraved near inscription no. 16. It seems to record the making of provision for burning a lamp by Raghunātha in the cyclic year Raudra. Palaeographically datable to 17th century CE .

Inscription No.	19
Date / Period	17th Century CE
Location	NC(W)/I 18/ P3/B
Script	Nagari
Text	1. का. 2. भ . . 3. . . .
Gist	Damaged and Worn-out, Purport not clear. Palaeographically datable to 17th century CE.

Inscription No.	20
Date / Period	17th Century CE
Location	NC/ I 19/RS 25(i)
Language	Local dialect
Script	Nagari
Text	1. चीमाई 2. चीमाई 3. . . .
Gist	Worn-out. Purport not clear. Palaeographically datable to 17th century CE.

Inscription No.	21
Date / Period	17th Century CE
Location	NC/ I 20/RS 25(ii)
Language	Telugu
Script	Telugu
Text	1. ఆన [ఎ] తిన గొవి Transliteration आन वि(ए)तिन गोवि
Gist	Incomplete. Purport not clear. Palaeographically datable to 17th century CE.

90

Inscription No.	22
Date / Period	17thCentury CE
Location	NC/ I 21/RS 28(i)
Language	Local dialect
Script	Nagari
Text	1. के . . . मा .
	2. उदासी . .
Gist	Worn-out. Purport not clear. Palaeographically datable to 17th century CE.

91

Inscription No.	23
Date / Period	17th Century CE
Location	NC/ I 22/RS 28(ii)
Language	Local dialect
Script	Nagari
Text	1. . . . नस
	2. ये . . . . .
	3. सामी . सपेत
Gist	Worn-out. Purport not clear. Palaeographically datable to 17th century CE.

Inscription No.	24
Date / Period	17th Century CE
Location	NC/ I 23/RS 32
Language	Sanskrit
Script	Nagari
Text	1. श्रीपरममानीयकदेव 2. . . पुण्यैकरः 3. . . पुरजन . . . .
Gist	Worn-out. Seems to record some pious work in the temple by a person (name lost) and it mentions an epithet "Paramamānīyakadēva". Other details are lost. Palaeographically datable to 17th century CE.

Inscription No.	25
Date / Period	17th Century CE
Location	NC(W)/ I 24/P6 – P7 - Beam
Language	Local dialect
Script	Nagari
Text	1. . . . . ननब्ज . . . . .
Gist	Worn-out. Purport not clear. Palaeographically datable to 17th century CE.

Inscription No.	26
Date / Period	16th Century CE
Location	NWC(N)/ I 25/(i) Beam
Language	Kannada
Script	Kannada
Text	1. ದೊಡರಸಯ್ಯನ 2. ನರಸಂಣನಭಿಂನಹ Transliterations: 1. दोडरसय्यन 2. नरसंणनभिंनह
Gist	It records the obeisance by two individuals, viz. Dōḍarasayya and Narasaṁṇa. Palaeographically datable to 16th century CE .

Inscription No.	27
Date / Period	17th Century CE
Location	NWC(N)/ I 26/(ii) Beam
Language	Local dialect
Script	Nagari
Text	1. कासी
Gist	Mentions Kāsī. Palaeographically datable to 17th century CE.

Inscription No.	28
Date / Period	17th Century CE
Location	NM(E)/ I 27/19th step.
Language	Sanskrit
Script	Nagari
Text	1. . . . स्याकस्य 2. . . . . . लये 3. कान्होलषुम- 4. देशोकुंकाल* मंड- 5. त्यांकमा. . 6. . . . . ता 7. . . . .

* काल engraved below the fourth line.

Gist	Worn-out and damaged. Seems to record some pious work in the temple by a person Kānha, who hailed from Lashumadēśa and Kuṁkālamaṇḍala. Other details are lost. Palaeographically datable to 17th century CE .

Inscription No.	29
Date / Period	17th Century CE
Location	SN(E)/ I 28/ wall steps / C
Language	Sanskrit
Script	Nagari
Text	1. [म*]हामुक्ति 2. मंडप(पे)दत्तो 3. मैरोर्लो- 4. केता . .
Gist	Worn-out and damaged. It seems to records the obeisance made by an individual (name not mentioned) in Mahā-muktimaṇḍapa. Other details are lost. Palaeographically datable to 17th century CE..

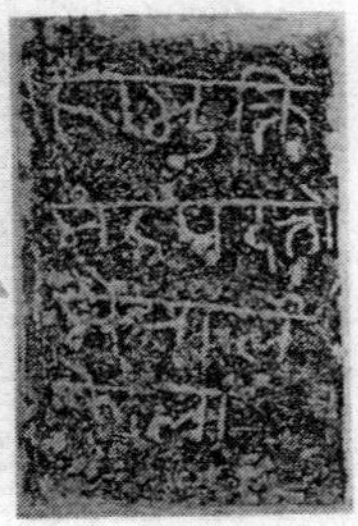

Inscription No.	30
Date / Period	15th Century CE
Location	Main Entrance /north side (S) / I 29
Language	Telugu
Script	Telugu

Text

1. మహా........
2. ....
3. ....
4. .....[శి]. న...
5. ....[దీపను]..
6. ....
7. ....ంకును .
8. ....హద . మ
9. ......మవి [రతి]
10. ......డుహచ్చ .
11. ....ర .

12 - – 14 lines are completely worn-out.

Transliteration

1. महा.......
2. ....
3. ....
4. .....[शि] .न...
5. ....[दीपनु]..
6. ....
7. ....कुनु .
8. ....हद .म
9. ....मवि[रति]
10. ....डुहच्च .
11. ....र .

12 - – 14 lines are completely worn-out.

Gist: Pairited, damaged and worn out. Seems to record some gift for burning a perpetual lamp. Other details are lost. Palaeographicallly datable to 15th century CE.

Inscription No.	31
Date / Period	17th Century CE
Location	NH(N) / I 30 / Inside A2
Script	Nagari
Text	1-4 Lines are damaged. 5.....ग... 6 – 10 lines are illegible.
Gist	Painted, damaged and worn out. Purport not clear. Palaeographically datable to 17th century CE.

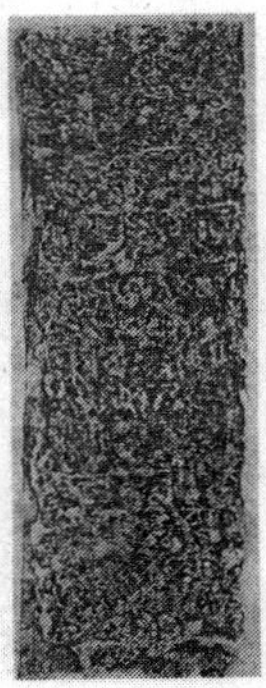

Inscription No.	32
Date / Period	17th Century CE
Location	NH(S) / I 31 / Inside A4
Language	Sanskrit
Script	Nagari
Text	1. उमेश्वर 2. . . . . 3. . . . य
Gist	Painted, damaged and worn out. It mentions Umēśvara in line no. 1. Other details are lost. Palaeographically datable to 17th century CE.

Inscription No.	33
Date / Period	12th Century CE
Location	N3/ D3/ Lintel
Language	Sanskrit
Script	Nagari
Text	. . . . यो . . . न . . मा महाचद . . .
Gist	Engraved surface is facing inwards with narrow space,insufficie to either read or take estampage. Rubber cast helps in readin some of the words. Other details are lost. Palaeographically datable to 12th century CE.

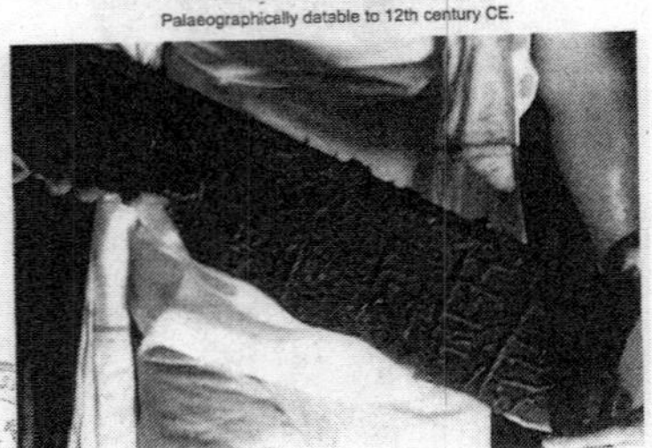

Arabic and Persian inscription

A loose slab lying in the lower store room made in south corridor of the existing structure was copied and compared with the previous record available with the ASI. Inked estampage of the loose slab, curvilinear in shape was prepared after proper cleaning.

<u>Location</u>
Provenance: loose slab (with curve on top) lying in lower store room made in south corridor of the existing structure.

Nature of Stone: Sandstone

<u>Size of Stone</u>
Length: 106 cm
Thickness: 20 cm
Central width: 50 cm

<u>Text</u>
6 lines (lower 2 line are mutilated/ damaged)
Language: Arabic and Persian
Script: Nashkh and Nastailiq
Prototype: Un-dynastic

<u>Dates</u>

1. Sana Julus 20 of Alamgir (Mughal Emperor Aurangzeb) = Regnal year 20 (A.H. 1087)= 1676-77 CE
2. A.H. 1207 = 1792-93 CE

<u>Transliteration of the Inscription</u>

(1) Allahu Akbar
(2) Bismillahi - Ar-Rahman-Ar-Rahim
(3) Ashadu anna La ilah ilallah waha duhu
(4) La Sharika lahu wa Ashadu anna Muhammadan abduhu wa rasuluhu

(5) Dar Sana 20 Julus Hadrat Alamgir een Jami masjid tayyar Shuda . darsana 1207 Hijri al Muqadas
(6) muruthi masjid a musufa murammate sahna waghaire numudeh

Translation
(1) God is great
(2) In the name of God (Allah), most merciful most compassionate
(3) I witness that there is no God but Allah who is one and alone.
(4) He is without partner and I witness that Muhammad is his slave and messenger.
(5) in the 20th regnal year of the Hadrat Alamgir i.e. Mughal Emperor Aurangzeb, this mosque was built… In 1207 Hijri (1792-93 CE)
(6) the said mosque came to be repaired with Verandah and like that.

Gist of the Inscription
This Arabic and Persian inscription comes from a loose slab and runs in 6 lines of which last two lines have been mutilated purposefully. The inscription states that this mosque was constructed in the 20 regnal year of Aurangzeb Alamgir corresponding to 1676-77 CE and was repaired with Verandah and other parts in 1207 Hijri corresponding to 1792-93 CE. The above description and decipherment of the said inscription is done by direct observation of loose slab lying in the lower store room of the existing structure.

Previous Record (1965-66)
Office of the Director Epigraphy, Arabic and Persian inscription, Archaeological Survey of India, Nagpur had copied this inscription in 1965-66. Its estampage is preserved in ASl records and the transcript and gist were published in Annual Report on Indian Epigraphy, Appendix - D, no. 611, 1965-66.

Earlier copy undamaged read as follows:

Transcript
(1) Allahu Akbar

(2) Bismillahi - Ar-Rahman-Ar-Rahim
(3) Ashadu anna La ilah ilallah waha duhu
(4) La Sharika lahu wa Ashadu anna Muhammadan abduhu wa rasuluhu
(5) Awwal be hukam e wala Dar Sana 20 Julus Hadrat Alamgir een Jami masjid tayyar Shuda baduhu dar sana 1207 Hijri al Muqadas
(6) Sayyid Mirath Ali mutawalli muruthi masjid e musufa murammat e sahna waghaire numudeh.

Translation

(1) God is great
(2) In the name of Allah (God), most merciful most compassionate
(3) I witness that there is no god but Allah who is one and alone.
(4) He is without partner and I witness that Muhammad is his slave and messenger.
(5) By the order in the 20th regnal year of the Hadrat Alamgir i.e. Mughal Emperor Aurangzeb, this mosque was built. In 1207 Hijri (1792-93 CE)
(6) the said mosque came to be repaired with Verandah and like that by Sayyid Mirath Ali Mutawalli.

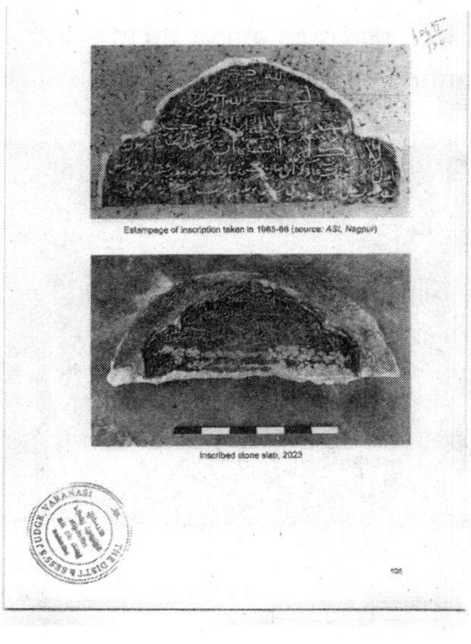

<u>Mason's marks</u>

A variety of symbols/marks or small epigraphs are found engraved on different parts of ancient structures. They are unique, individual marks to identify the owner/ professional mark of the master craftsman. These marks are known as mason's marks. There are different opinion among the scholars about the exact purpose of these marks. These engraved symbols/ letters on dressed stone blocks used in the construction of ancient buildings and structures are classified in three broad groups. The Banker marks - to identify the mason who had prepared the stones blocks to their paymaster; the Assembly marks - to ensure the correct installation of important pieces of stonework; and the Quary stone marks - to identify the source of a stone, or occasionally the quality.

In Indian context, mason's marks are common in secular buildings as well as in religious structures of different pantheon. During the medieval period these mason's marks were very common on all types of structures. Not only the mason's marks but some of the specific symbols used in building are also common and found on all types of structures belonging to different periods.

During the course of scientific survey of the structures standing on the Settlement Plot No. 9130 at Varanasi, various types of symbols have been found on the wall surface. Seven different types of symbols have been recorded out of them Trident and Swastik are maximum in number.

Cellar S2: Swastik on pillar

Western Wall: Trident marks

Western Wall: Swastik marks

Trident have further three to four sub-types and similarly Swastik is also having many sub-types. The majority of marks (symbols) are found on the western wall, which is mostly undisturbed part of the pre-existing structure and forms part of the existing structure. Marks are also noticed on other parts of the existing structure - central hall, north hall, south hall, all corridors and cellars. On careful examination of the exterior surface of the western wall, it is observed that the concentration of marks in different parts of the same wall are varying in terms of its type, which suggest that architectural components used in the construction of western wall would have been prepared by different groups of masons, deployed for this purpose.

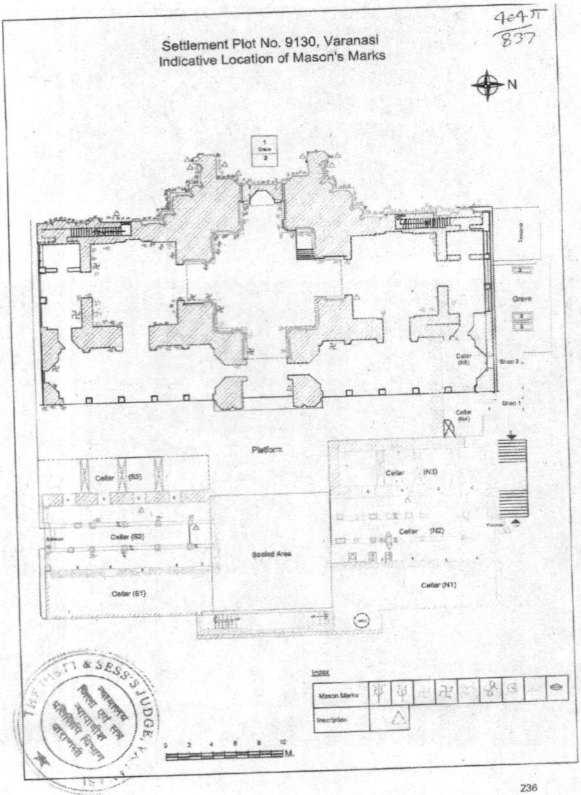

Reply of ASI to observations of the Honourable Court

In compliance of the order of Hon'ble Court, the Archaeological Survey of India carried out scientific investigation/ survey at the Settlement Plot No. 9130 excluding the areas sealed by the order of the Hon'ble Supreme Court. Archaeologists, and other Research Institute (NGRl), Hyderabad carried out the investigations and collected data, which was systematically analysed. Epigraphists, Chemists, Engineers, Surveyors, Photographers, officials of the ASI and the scientists of the National Geophysical Scientific studies were carried out in 2150.5 square meter area, fenced by steel grill around the existing structure. Area outside the fence has been recently developed under Shri Kashi Vishvanath Corridor Project and therefore there was no possibility of finding anything through surface study.

Representatives of both the parties and administration, besides security personnel on duty, observed all the activities of the survey team and desired co-operation was received from all during the entire operation.

In compliance of the order of Hon'ble Court, the Archaeological Survey of India carried out investigation to find out the constructional phases of the structure. Based on the studies carried out, observations made on the existing structures, exposed features, and artefacts studied, it can be concluded that there existed a large Hindu temple prior to the construction of the existing structure. This temple had a big central chamber and based on the study of the existing structures and available evidence it can be concluded that it had at least one chamber to the north, south, east and west respectively. Remains of three chambers to the north, south and west can still be seen but the remains of the chamber to the east and any further extension of it cannot be ascertained physically, as the area to the east is covered under solid functional platform with stone flooring.

Entrance to the central chamber of the temple was from the west which has been blocked by stone masonry. Its western chamber was also connected with north and south chambers through a corridor accessible from its north and south entrances respectively. Main entrance to the central chamber was tastefully decorated with carvings of animals and birds and an ornamental torana. Figure carved on the lalatbimba has been chopped off and most of it is covered with stones, bricks and mortar which is used to block the entrance. Remains of a bird figure carved on the door sill, and part of which survived at the northern side appears to be of a cock.

An inscription kept in the lower room made in south corridor of the existing structure records the construction of the mosque in the 20th regnal year of the Hadrat Alamgir, i.e. Mughal Emperor Aurangzeb (corresponding to A.H. 1087 =1676-77 CE). The same inscription also records that in the year A.H. 1207 (1792-93 CE) the mosque was repaired with sahan, etc.

Comparison of the inscription found in the lower room inside the existing structure, with a copy which was made by the ASI in 1965-66, establishes that attempt was made to erase last two lines of the inscription mentioning about the construction and expansion of the mosque. In the 17th century, part of the pre-existing structure was modified and reused in the existing structure. Animal figures carved on the pre-existing structure were not suitable for this purpose and therefore they were removed. A part of the pre-existing structure was utilised as the core of the existing structure.

For the enlargement of the mosque and constructing sahan, pillared verandah, parts of the pre-existing temple such as pillars, pilasters, etc. were reused with little modifications as per the requirement of the changed use.

During this expansion of the structure a series of cellars were also constructed to the east, north and south to create additional space and to make a large platform in front of the mosque for accommodating large number of people for prayers.

A row of chambers to the east of it was also later merged with the platform by covering and converting the open corridor in cellars with entrances from north and south.

Based on scientific studies/ survey carried out, study of architectural remains, exposed features and artefacts, inscriptions, art and sculptures, it can be said that there existed a Hindu temple prior to the construction of the existing structure [emphasis mine].

The western wall, which is made of stones and decorated with mouldings, is remaining part of an earlier Hindu temple. Western wall of the central hall and two halls on its north and south form the western wall of the existing structure. Central chamber attached to the wall still exists unchanged whereas major modifications have been made to both the side chambers. Remains of another chamber which existed towards west are still attached to it with major components preserved on plan and elevation.

All three halls had an opening towards west through decorated arched entrances. Arched entrances of north and south halls have been blocked and converted into stairs leading to the roof. Stairs made in north side entrance are still in use. Stairs made through the south side entrance have been permanently blocked using stone masonry but one can still enter it from the roof. A large decorated entrance to the central chamber through the western chamber has also been blocked by stone masonry. Remaining parts of all these pre-existing structures collectively form the western wall.

Art and architecture of any building not only indicate its date but also its nature. *Karna-ratha* and *prati-ratha* of central chamber visible on either side of western chamber, a large decorated entrance gateway on the eastern wall of the western chamber, a smaller entrance with destroyed image on lalatbimba, birds and animals carved for decoration, suggest that the western wall is remaining part of a pre-existing Hindu temple.

In compliance of the order of Hon'ble Court GPR Survey was conducted under three domes of the existing building by experts from National Geophysical Research Institute (NGRI). The survey of the hall areas covered south corridor, south hall, central hall, east corridor, north hall, and north corridor. Analysis of collected data indicate that - the three-layered stratigraphy is distinctly observed in the north hall and north corridor with >1 m thick Layer-1, which is <0.5 m in central and south halls. The 3-D profile reveals invariably the Layer-1 thickness is higher towards the wall margin as fill material. Layer-2 has a domal shape with a higher heap in the middle and tapering towards margins; a typical geometry of fill material. Layer-3 is a largely undeformed foundation bed. The minarets and foundation walls are rooted in Layer-3.

The basement platform is prominently observed at ~4.5-5 m depth under south and central halls and a feeble signature under north hall. In the north hall, the contact between Layer-1 and Layer-2 has some disturbances. The floor is being frequently repaired, leading to a larger accumulation of mortar bed thickness.

A small sinkhole-type cavity in the floor of northern hall at 1 -2 m depth is observed towards the northern door. A steep and deep narrow cavity is also observed in the north hall adjacent to the central hall passage. The presence of a rectangular gravel fill passage, akin to a side opening/ door, towards the south, is observed at a depth of ~4-6 m at the basement level in the south corridor. A similar opening at a shallower level down to ~3 m is observed in the north corridor, north of the north hall and west of cellar N5.

In compliance of the order of Hon'ble Court GPR Survey was conducted along the western wall of the existing structure by experts from National Geophysical Research Institute (NGRI). The survey indicated that the western wall area has three platforms adjacent to the individual halls. The northern platform is filled with >2 thick deposit, which was subsequently cleaned for a repeat GPR data generation. Additionally, the platforms on the western wall side are traversed by remnants of walls, whose subsurface extension was imaged.

The platform on the western wall has a three-layered structure but Layer-1 is very thin and occasionally present. The Layer-2 extends down to about ~2.5 m depth underlined by largely un-deformed Layer-3. The walls of the old structures including two arched entrances extend down to >4 m depth and are rooted in Layer-3.

Other marginal walls are extending >4 m depth and are rooted in Layer-3. The tomb-like platform between the central arch is superficial with <0.5 m depth of affected subsoil. The inclined reflectors in Layer-3 are only observed in the profiles extending to the metallic compound wall suggesting it to be the edge effect.

In compliance of the order of Hon'ble Court, GPR Survey was conducted beneath the ground of cellars at south (S2 and S3) and north (N2, N3, N4 and N5) by experts from National Geophysical Research Institute (NGRI). The survey indicated that the platform area is the roof of cellars, which are filled with Layer-2 debris with ~1 m air column at the top. This suggests a subsequent filling and settlement of Layer-2 debris.

The cellars are of two principal dimensions. The eastern side of the platform has 3-4 cellars (S1, S2, N1, N2) of ~2 m width with variable wall thickness. Two rows of 3-4 m wide cellars (S3, S4, N3 and N4) are observed on the western side of the platform, adjacent to the corridor area.

The south cellars (S2) have three 2 m wide and 14 m long corridors, whereas the north cellars (N2 and N3) have four ~2 m wide and ~14 m long corridors. The eastern part of the south cellar (SI) is 4 m thick where a 2 m wide corridor and well is concealed. The concealed well, within cellar SI is 2 m wide with an additional ~1 m wide vertical opening towards the southern side.

GPR scanning of the walls of the S2 cellar from inside and outside also reveals the existence of the concealed well and corridor in cellar SI. The base of the south cellars (S2), adjacent to the concealed well (SI), has reworked, and disturbed soil columns with shallow cavities up to a depth of uneven 3-5 m in the comparable stratigraphy to the Layer-3 level. It acts as a subsurface water flow zone. This suggests the concealed well was functional in the past.

The southwestern side of the platform (adjacent to the corridor area) has several hollow or partially filled 3 m wide cellars with 3 x 3 m size compartments/ rooms separated by ~1 m thick walls (S3 and S4). These larger cellars have opening towards the southern wall, which are now sealed, as 1-2 m wide distinct patches are observed in the GPR signals. The complementary larger cellars of identical dimensions are observed towards the northern side (N3 and N4) with some having open functional entrances.

In compliance of the order of Hon'ble Court, the Archaeological Survey of India conducted scientific investigation/ survey in entire complex and all the objects which were noticed during the investigation were documented and listed. Objects listed during the scientific investigation/ survey include inscriptions, sculptures, coins, pottery, architectural fragment and objects of terracotta, stone, metal and glass. Objects which required first aid treatment were treated at the site and these objects were systematically documented. In compliance of the order dated 13.09.2023 these objects have been handed over to the district administration on 06.11.2023 for their safe custody.

In compliance of the order of Hon'ble Court, pillars used in existing structure studied systematically and scientifically. From the minute study of these pillars, it is found that pillars with square section having lotus medallion in the centre and flower bud chains on the corners, were part of the pre-existing Hindu temple. These pillars and pilasters are used in the existing structure after removing *vyala* figures and converting that space in floral design. This observation is supported by two similar pilasters still existing on the northern and southern wall of the western chamber in their original place. This similarity is established on the basis of scientific study, art and design.

As far as plinth is concerned, it was covered under thick plaster, garbage, soil, debris and later date platforms from all the sides. After removal of garbage, soil, debris, etc. from the western side, a small part of the plinth became visible which was studied systematically. From the scientific investigation/ survey it becomes clear that the area being uneven, height of the plinth would have been different in different directions.

In compliance of the order of Hon'ble Court, the Archaeological Survey of India insured that during the entire investigation/ survey no damage to the structure standing on the disputed land is caused and it remains intact and unharmed. Special precautions were taken while working in areas where structure is damaged/ fragile and even while garbage, soil, debris, etc. from open areas was removed small domestic and garden tools were used so that no harm is caused to any existing structure in anyway. During all these investigations/ survey operations it was ensured that no damage is caused to the existing structure.

Brief findings of the survey

GPR Survey in the north hall indicated a small sinkhole-type cavity in the floor at 1-2 m depth towards the northern door, a steep and deep narrow cavity adjacent to the central hall passage, and the floor having a larger accumulation of mortar bed thickness.

The presence of a rectangular gravel fill passage, akin to a side opening/door, towards the south, is observed at a depth of ~4-6 m at the basement level in the south corridor. A similar opening at a shallower level down to ~3 m is observed in the north corridor, north of the north hall and west of cellar N5.

Rows of 3-4 m wide cellars (S3, S4) are observed adjacent to the corridor area, and a 2 m wide well is concealed in cellar S1.

Pre-existing structure

Based on the scientific studies and observations on -

- Central chamber and main entrance of the pre-existing structure in existing structure
- Western chamber and western wall
- Reuse of pillars and pilasters of pre-existing structure in existing structure
- Inscriptions on the existing structure
- Arabic and Persian inscription on the loose stone
- Sculptural remains in cellars, etc.

it can be said that there existed a large Hindu temple, prior to the construction of the existing structure.

<u>Central chamber and main entrance</u>

Central Hall: Central arch in northern wall

Central Hall: Northwest corner

This temple had a big central chamber and at least one chamber to the north, south, east and west respectively. Remains of three chambers to the north, south and west still exist but the remains of the chamber to the east and any further extension of it could not be ascertained physically, as the area is covered under a platform with stone flooring.

Central chamber of the pre-existing structure forms the central hall of the existing structure. This structure with thick and strong walls, along with all architectural components and floral decorations was utilised as the main hall of the mosque. Animal figures carved at the lower ends of decorated arches of the pre-existing structure were mutilated, and inner part of dome is decorated with geometric designs.

Main entrance to the central chamber of the temple was from the west which was blocked by stone masonry. This entrance was decorated with carvings of animals and birds and an ornamental torana. This large arched gateway had another smaller entrance. Figure carved on the lalatbimba of this small entrance has been chopped off. A small part of it is visible as most of it is covered with bricks, stone and mortar which were used to block the entrance.

Remains of a bird figure carved on the doorsill appears to be of a cock.

On the other side of the blocked main entrance quibla was made. It is simple without any decoration as such and pilasters on either side are also damaged unevenly.

Western chamber and western wall

Eastern half of the western chamber still exists whereas the superstructure of western half has been destroyed. This chamber was also connected with north and south chambers through a corridor accessible from its north and south entrances respectively. Remains of this corridor in the northwest side came to light on removal of garbage and debris.

The western wail of the existing structure is the remaining part of a pre-existing Hindu temple. This wall, made of stones and decorated with horizontal mouldings, is formed by remaining parts of western chamber, western projections of the central chamber and western walls of the two chambers on its north and south. Central chamber attached to the wall still exists unchanged whereas modifications have been made to both the side chambers.

All these chambers had an opening in all the four directions. Decorated arched entrances of central, north and south chambers towards west have been blocked. The arched openings of north and south halls were converted into steps leading to the roof. Steps made in arched entrance of the north hall are still in use. Steps made in arched entrance of the south hall were blocked by stone masonry at some later date, however one can still enter them from the roof. A large decorated entrance to the central chamber through the western chamber was blocked by stone masonry.

Pillars and pilasters

The pillars and pilasters used in the existing structure were studied systematically and scientifically. For the enlargement of the mosque and constructing sahan, parts of the pre-existing temple Including pillars and pilasters were reused with little modifications. Minute study of the pillars and pilasters in corridor suggest that they were originally part of the pre-existing Hindu temple. For their reuse in the existing structure, vyala figures carved on either side of lotus medallion were mutilated and after removing the stone mass from the corners that

space was decorated with floral design. This observation is supported by two similar pilasters still existing on the northern and southern wall of the western chamber in their original place.

Inscriptions

During the survey, a number of inscriptions were noticed on the existing and pre-existing structures. A total of 34 inscriptions were recorded during the present survey and 32 estampages were taken. These are, in fact, inscriptions on the stones of the pre-existing Hindu temples, which have been re-used during the construction/

repair of the existing structure. They include inscriptions in Devanagari, Grantha, Telugu and Kannada scripts. Reuse of earlier inscriptions in the structure, suggest that the earlier structures were destroyed and their parts

were reused in construction/ repair of the existing structure. Three names of deities such as Janardhana, Rudra, and Umesvara are found in these inscriptions. Terms such as Maha-muktimandapa mentioned in three inscriptions is of great significance.

Inscription on loose stone

ASI had in its custody record of an inscription engraved on a loose stone which recorded construction of the mosque in the 20th regnal year of Hadrat Alamgir i.e., Mughal Emperor Aurangzeb corresponding to A.H. 1087 (1676-77 CE). This inscription also recorded that in the year A.H. 1207 (1792-93 CE), the mosque was repaired with sahan, etc. The photograph of this stone inscription was recorded in ASI records in the year 1965-66.

During the recent survey, this stone with inscription was recovered from a room in the mosque. However, the lines relating to construction of the mosque and its expansion have been scratched out.

This is also brought out by the biography of Emperor Aurangzeb, *Maasir-i-Alamgiri*, which mentions that Aurangzeb "issued orders to the governors of all the provinces to demolish the schools and temples of the infidels" (Jadu Nath Sarkar (tr.) 1947, Maasir-i-Alamgiri, pp. 51-52). On 2nd September, 1669 "it was reported that, according to the Emperor's command his officers had demolished the temple of Viswanath at Kashi" (Jadu-Nath Sarkar (tr.) 1947, Maasir-i-Alamgiri, p. 55).

Sculptural remains in cellars

A series of cellars were also constructed to the east to create additional space and a large platform in front of the mosque for accommodating large number of people for prayers. Pillars from earlier temples were reused while making cellars in eastern part of the platform. A pillar decorated with bells, niches for keeping lamps on all four sides, and bearing an inscription of Samvat 1669 (corresponding to 1613 CE January 1, Friday) is reused in cellar N2. Sculptures of Hindu deities and carved architectural members were found buried under the dumped soil in cellar S2.

Cellar S2: Exposed sculpture

Nature and age

Existing architectural remains, decorated mouldings on the walls, karna-ratha and prati-ratha of central chamber, a large decorated entrance gate with torana on the eastern wall of the western chamber, a small entrance with mutilated image on lalatbimba, birds and animals carved for decoration in and outside suggest that the western wall is remaining part of a Hindu temple. Based on art and architecture, this pre-existing structure can be identified as a Hindu temple. The Arabic-Persian inscription found inside a room mentions that the mosque was built in the 20th regnal year of Aurangzeb (1676-77 CE). Hence, the pre-existing structure appears to have been destroyed in the 17th century, during the reign of

Aurangzeb, and part of it was modified and reused in the existing structure. Based on scientific studies/ survey carried cut, study of architectural remains exposed features and artefacts, inscriptions, art and sculptures, it can be said that there existed a Hindu temple prior to the construction of the existing structure.

Objects found on clearance of debris

During debris clearance good numbers of artefacts and objects were also recovered. One decorated *Yonipatt*a of a Shiva linga was found in front of the blocked entrance to the central hall. In addition, terracotta figurines of Hanuman, human and animal figurines and other artefacts were also recovered from the debris. An important object retrieved from the debris was a fragmentary kneeling stone elephant, detached from the pre-existing structure. It was found below the southern cusped arch entrance of the western chamber. This sculptural fragment was part of the decorative motif of the arch on the entrance. Some important architectural members were also recovered from the western chamber. Debris in the northwest side was equally varied and was accumulated against the western wall covering its architectural features. The debris included brickbats, broken terracotta tiles, potsherds, lime concrete material, cement mortar, sand bags, plastic bottles, plastic bags, tobacco packets and other various type of modern waste materials. The artefacts recovered from this part include the terracotta figurines, stone sculptural fragments, copper coins of late medieval period, coins of East India Company and the British period and modern Indian coins. A number of architectural members were also exposed during debris cleaning.

Removal of debris from along the western side of S2 exposed several antiquities including sculptures of Vishnu, Shaiva Dwarpala, miniature temple, Hanuman and other stone objects as well as terracotta figurines. A number of potteries were found within the soil matrix of the platform. A coin hoard of 64 British India coins was found near the third entrance of the S3. Several pieces of architectural members, brickbats, lakhauri and modern bricks were also found from the cellar S2.

Stone objects are the largest in number. The stone objects include architectural members, sculptural fragments, pestle, bowl, etc. A large number of architectural members were found from different locations. The architectural members include pilasters of different sizes and styles found from the west wall, cellar N2, east as well as the south sides. Dwarf parapet pillars of varying size with or without finials another sub-group. Different decorated bracket was also found along with the four decorated *amalaka*. Finials of varying size and styles were another group. Stylistically, they appear to belong to different time-frames. Some heavy stone slabs were retrieved and they bear decoration of trefoil motifs as well as *pandasa*

motifs which are also noticed in the existing as well as the pre-existing structures. The pandasa motifs were also found used in the cellars. One large stone block, though broken and chopped off, appears to have been part of a torana. Some niches with cusped arch decoration were also found during the debris clearance. A *pranala* was also found from the debris of the northwest side.

Apart from architectural members, good numbers of stone sculptural remains were also found from different locations within the fenced area. The sculptural representations of Vishnu, Shaiva Dwarpala, Shiva linga, Yonipatta without Shiva linga, Krishna, Ganesh, Hanuman, attendant figures, vyala, Nandi, etc. have been identified. Several specimens could not be identified with certainty as they were either too fragmentary like body parts or defaced and worn out. A miniature shrine with sculptural depiction of deities is another noteworthy find. Among the different sculptural specimens Shiva linga and Yonipatta were in good number and mostly found from the cellar S2 and western wall area. Two sculptures of Vishnu were also recorded from cellar S2. Among the two, one is a complete image and another one is only the *parikara* part of an image depicting the figure of seated Vishnu. Two fragmentary images of Krishna were also found from cellar S2. A head of Ganesh made of marble was found from the cellar S2. Two damaged sculptures of Nandi were also found during the debris clearance in the western chamber. One schist stone sculptural fragment of a head of an image was also found from the cellar N3. Lower part of the Varaha image was found from the debris in the cellar N2. In addition, more than 25 different sculptural fragments of different deities were recorded from study area. Some household items like pestles of different sizes and shapes, mortar, saddle quern, stone bowl and *chakla* were found from the different locations.

Different type of terracotta objects were also found during the survey. These include deities, male and female figures, bricks with dates, tiles, sling balls, etc. Fragmentary figures of Hanuman and Ganesh were found from western wall area. Male and female figures were mainly found from the western wall though some figurines were also found from the cellars N2, S2 and east side.

During debris clearance within the area, a good number of potteries of different types were found from the deposit. The large concentration of pottery was from two specific areas - the entire stretch before the western wail from north to south and from southern cellar, more specifically S2 and S3. Almost the entire repertoire of recovered pottery falls within the general category of common red ware. The major type identified from the group are of miniature pots, *ghara, lota, chillum*, hookah-base and pipe both, spouted pots, *surahis,* V-shaped bowls of various sizes locally known as *parai,* terracotta cups locally known as *purwa*, miniature tumblers, *ghara,* lamps of various size, etc.

A total of 86 coins of different periods have been documented. Of them, three coins belong to the Shah Alam and these coins have legends in Persian scripts. Numbers of British-India coins were found including a hoard of 64 coins. These include coins belonging to the East India Company, Queen Victoria, Edward VII and George V, some were indecipherable due to surface corrosion and thick incrustation. One copper coin of Madhav Rao Scindhia was also found. Modern Indian currency of varying denominations like 2 paisa, 3 paisa, 5 paisa, 10 paisa and 25 paisa were also documented. One foreign coin of 1 Dirham denomination of United Arab Emirates was also found.

	Acc. No.	**003**
1.	**Object**	Terracotta Figurine
2.	**Material**	Terracotta
3.	**Date / Period**	Medieval
4.	**Location**	Cellar S2
5.	**Measurement**	**Height:** 5 cm **Width:** 2.5 cm **Thickness:** 1.5 cm
6.	**Description**	Broken piece of an unidentified terracotta figurine. It has a small hole on one side. The figurine is made from mould as it is hollow within.
7.	**Condition**	Good

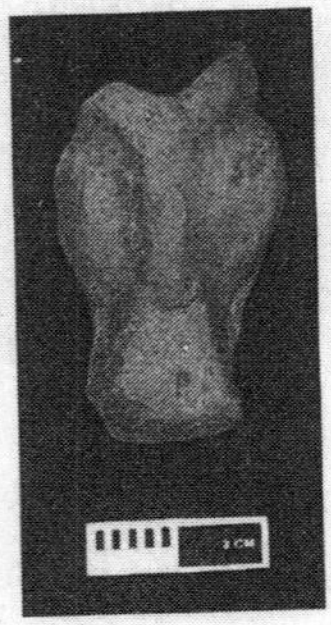

	Acc. No.	**004**
1.	**Object**	Inscribed Slab
2.	**Material**	Marble
3.	**Date / Period**	Modern
4.	**Location**	Cellar S2
5.	**Measurement**	**Height:** 16 cm **Width:** 9 cm **Thickness:** 2.5 cm
6.	**Description**	Broken part of a marble slab inscribed two letters. One is not clear and another one is written 'Shri' (श्री) in Devnagari script.
7.	**Condition**	Good

	Acc. No.	010
1.	Object	*Yonipatta*
2.	Material	Sandstone
3.	Date / Period	Medieval
4.	Location	Eastern side of the Cellar S2
5.	Measurement	**Length**: 24 cm **Height**: 6 cm **Width**: 16 cm
6.	Description	*Yonipatta* is circular at one end and tapering on the other end. There is a circular depression towards the circular end for the placement of the Shiva *linga*. A snake figure is depicted length wise on the tapering end. There are two tenons on either side of the tapering sides for fixing.
7.	Condition	Good.

	Acc. No.	012
1.	Object	*Makara*
2.	Material	Stone
3.	Date / Period	Late Medieval
4.	Location	Eastern raised platform of the Cellar S2
5.	Measurement	**Length**: 42 cm **Height**: 24 cm **Width**: 12 cm
6.	Description	The *makara* is depicted in seated posture on a pedestal with its raised snout. Scales on the body shown are similar to fish scales. The partially open mouth depicts pointed canines and teeth. The upraised tail is broken. The right foreleg and the pedestal below is also broken.
7.	Condition	Good

	Acc. No.	021
1.	**Object**	Sculptural fragment
2.	**Material**	Sandstone
3.	**Date / Period**	Early Medieval
4.	**Location**	Western part of the Cellar S2
5.	**Measurement**	**Height**: 43 cm [with pillar part] / 24 cm [without pillar part] **Width**: 34 cm **Thickness**: 16 cm
6.	**Description**	The extant part depicts two human busts. The figure on the right appears to hold aloft a parasol depicted over the head of the crowned figure to the left. The features are severely abraded and hampers identification.
7.	**Condition**	Abraded and chipped off

	Acc. No.	026
1.	**Object**	Sculpture of Hanuman
2.	**Material**	Marble
3.	**Date / Period**	Modern
4.	**Location**	Northwest side
5.	**Measurement**	**Height**: 21.5 cm **Width**: 16 cm **Thickness**: 5 cm
6.	**Description**	The extant part depicts the bottom half of a sculpture of Hanuman. The left leg bent at the knee is placed on a rock. The right leg is firmly planted on the ground.
7.	**Condition**	Good

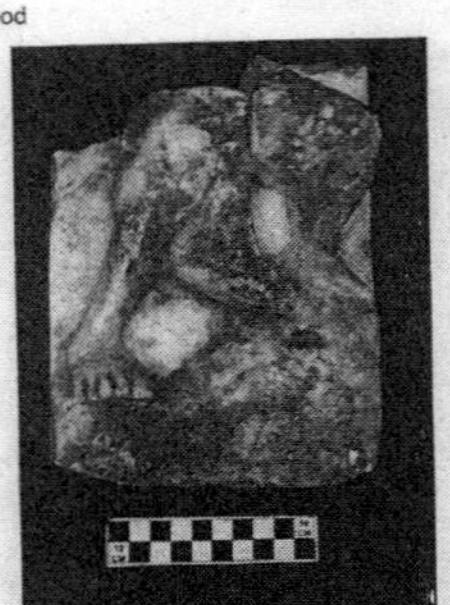

	Acc. No.	029
1.	**Object**	Sculpture of *Apasmarapurusha*
2.	**Material**	Sandstone
3.	**Date / Period**	Early Medieval
4.	**Location**	Northwest side
5.	**Measurement**	**Height**: 7 cm **Width**: 9 cm
6.	**Description**	The extant fragment depicts the *apasmarapurusha* part of a sculpture. The left foot is over the body of the *apasmarapurusha*. A lotus pedestal is depicted below. His head faces front and his hair is delineated with parallel incised lines. He is depicted crouching on the lotus pedestal below. The base of the pedestal has a rectangular tenon for fixing.
7.	**Condition**	Good

	Acc. No.	030
1.	**Object**	Quern
2.	**Material**	Sandstone
3.	**Date / Period**	Medieval
4.	**Location**	Eastern platform of the Cellar S2
5.	**Measurement**	**Height**: 18 cm **Diameter**: 30 cm
6.	**Description**	An oval concave quern used for grinding purpose. It has smooth finish inside.
7.	**Condition**	Good

	Acc. No.	035
1.	**Object**	Female figurine
2.	**Material**	Terracotta
3.	**Date / Period**	Modern
4.	**Location**	Southeast side
5.	**Measurement**	**Height**: 8 cm **Width**: 5.5 cm **Thickness**: 2.5 cm
6.	**Description**	Terracotta figurine of a female sitting in cross-legged posture. She is adorned with necklace and garland. She also has decorated halo around her head. The cushions and pedestal are broken.
7.	**Condition**	Good

	Acc. No.	040
1.	**Object**	Pestle
2.	**Material**	Sandstone
3.	**Date / Period**	Late Medieval
4.	**Location**	Northwest side
5.	**Measurement**	**Height**: 11 cm **Width**: 6 cm
6.	**Description**	Cylindrical pestle, broken at one end. Cross–section is plano–convex.
7.	**Condition**	Good

	Acc. No.	**042**
1.	**Object**	Sculpture of *Bhu-Varaha*
2.	**Material**	Sandstone
3.	**Date / Period**	Early Medieval
4.	**Location**	On the western side of the Cellar N2
5.	**Measurement**	**Height**: 35 cm **Width**: 22 cm
6.	**Description**	The extant part depicts the lower part of a sculpture. A half human half snake figure is depicted on the pedestal. He is depicted holding the left leg of the central figure possibly *Varaha avatara*. The right leg is placed on the tail of the snake. Two square sockets are seen on the pedestal for fixing.
7.	**Condition**	Good

	Acc. No.	**044**
1.	**Object**	Shiva *linga*
2.	**Material**	Sandstone
3.	**Date / Period**	Modern
4.	**Location**	Western Chamber
5.	**Measurement**	**Height**: 6.5 cm **Diameter**: 3.5 cm
6.	**Description**	A broken piece of a cylindrical stone object with convex top, most probably a Shiva *linga*. It is broken at the base and some chipping marks can be seen on the top and side.
7.	**Condition**	Good

	Acc. No.	**046**
1.	**Object**	Sculpture of Vishnu
2.	**Material**	Sandstone
3.	**Date / Period**	Early Medieval
4.	**Location**	Western side of the Cellar S2
5.	**Measurement**	**Height:** 27 cm **Width:** 17 cm **Thickness:** 15 cm
6.	**Description**	Broken part of a back-slab (*parikara*) of an Brahmanical image. The extent part exhibits the image of four-handed crowned and bejewelled Vishnu seated in *ardhyaparyanksana* posture. The upper right hand holds the gada, the lower right hand is broken at the palm. The upper left hand has a chakra and lower left hand has shankha. Flying vidyadhara couple is seen on the top and a standing attendant figure to the extreme left. His right hand is raised above the head. Right leg is bent at the knee and upraised.
7.	**Condition**	Good

	Acc. No.	**047**
1.	**Object**	Sculpture of Ganesha
2.	**Material**	Marble
3.	**Date / Period**	Late Medieval
4.	**Location**	Western side of the Cellar S2
5.	**Measurement**	**Height:** 12 cm **Width:** 8 cm **Thickness:** 5 cm
6.	**Description**	The extant part depicts the crowned head of Ganesha. The trunk is turned to the right. The eyes are visible. Part of the left tusk is also extant.
7.	**Condition**	Good

	Acc. No.	048
1.	**Object**	Sculpture of a female deity
2.	**Material**	Sandstone
3.	**Date / Period**	Late Medieval
4.	**Location**	Western Chamber
5.	**Measurement**	**Height**: 13 cm **Width**: 8 cm **Thickness**: 4 cm
6.	**Description**	Image of female (deity) seated on a high pedestal. The two hands are placed before the chest. Head is no more extant. A crouching animal figure is depicted on the pedestal in the centre.
7.	**Condition**	Good

	Acc. No.	049
1.	**Object**	Fragment of an Elephant
2.	**Material**	Sandstone
3.	**Date / Period**	Medieval
4.	**Location**	Western Chamber
5.	**Measurement**	**Height**: 13 cm **Width**: 13 cm **Thickness**: 10 cm
6.	**Description**	The extant defaced fragment of a kneeling elephant. It is the end piece of decorative floral motif depicted on the underside of the cusped arch of the south entrance facing north. It was found with the debris accumulated directly below the arch.
7.	**Condition**	Good.

	Acc. No.	050
1.	**Object**	Sculpture of Hanuman
2.	**Material**	Marble
3.	**Date / Period**	Late Medieval
4.	**Location**	Western side of the Cellar S2
5.	**Measurement**	**Height**: 10 cm **Width**: 20 cm **Thickness**: 7 cm
6.	**Description**	The extant part depicts the lower part of the image of Hanuman. Only the two feet are present. The left one is placed on a rock and the right is placed on the ground.
7.	**Condition**	Good

	Acc. No.	054
1.	**Object**	Female figurine
2.	**Material**	Terracotta
3.	**Date / Period**	Late Medieval
4.	**Location**	Northwest side
5.	**Measurement**	**Height**: 8 cm **Width**: 3 cm **Thickness**: 7 cm
6.	**Description**	A broken portion of a female figurine. She is wearing a *sari* and ornaments. The head of the figurine is covered with *sari*. The face is weathered. The hollow figurine is broken below the waist. The right hand is broken at the shoulder while the outstretch left hand broken below the elbow.
7.	**Condition**	Good

	Acc. No.	**055**
1.	**Object**	Coins (2)
2.	**Material**	Copper
3.	**Date / Period**	1835 CE
4.	**Location**	Northwest side
5.	**Measurement**	**Diameter**: 2.5 cm (both the coins)
6.	**Description**	Two copper coins. One completely weathered and another one is British period coin. Obverse - Coat of arms of East India Company, a shield quartered with escutcheon of France and England in the first quarter; crest of a lion rampant guardant holding between his forepaws the imperial crown proper; with supporters two lions rampant guardant each supporting a banner charged with a cross and written 1835 date of the issue of this coin. Reverse - One Quarter Anna and around above written East India Company.
7.	**Condition**	Good

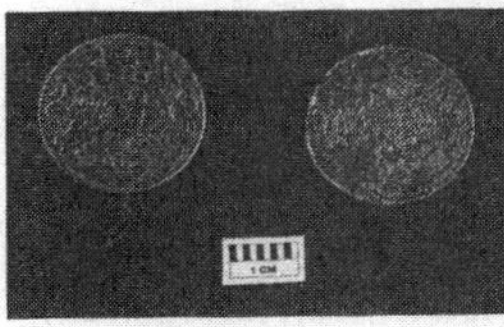

	Acc. No.	**058**
1.	**Object**	Male figurine
2.	**Material**	Terracotta
3.	**Date / Period**	Late Medieval
4.	**Location**	Northwest side
5.	**Measurement**	**Height**: 7 cm **Width**: 2.5 cm **Thickness**: 4 cm
6.	**Description**	Seated male figurine with outstretched leg. The left leg is missing. The forehead is adorned with a beaded ornament. Both the arms are broken at the shoulder.
7.	**Condition**	Good

	Acc. No.	**060**
1.	**Object**	Shiva *linga*
2.	**Material**	Sandstone
3.	**Date / Period**	Late Medieval
4.	**Location**	Eastern part of the Cellar S2
5.	**Measurement**	**Height**: 7 cm **Diameter**: 3.5 cm
6.	**Description**	Broken part of a Shiva *linga*. The extent is cylindrical top part of Shiva *linga*.
7.	**Condition**	Good

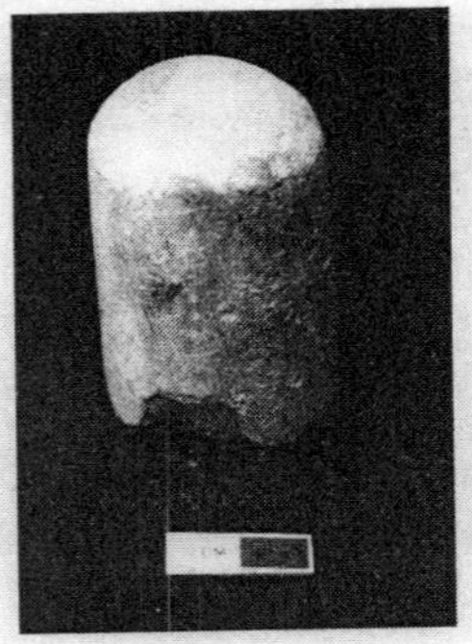

	Acc. No.	**061**
1.	**Object**	Shiva *linga*
2.	**Material**	Glass
3.	**Date / Period**	Late Medieval
4.	**Location**	Western part of the Cellar S2
5.	**Measurement**	**Height**: 3 cm **Width**: 3 cm **Thickness**: 7.5 cm
6.	**Description**	Shiva *linga* with *yonipatta*. The *linga* and the *yonipatta both are partially damage.*
7.	**Condition**	Good

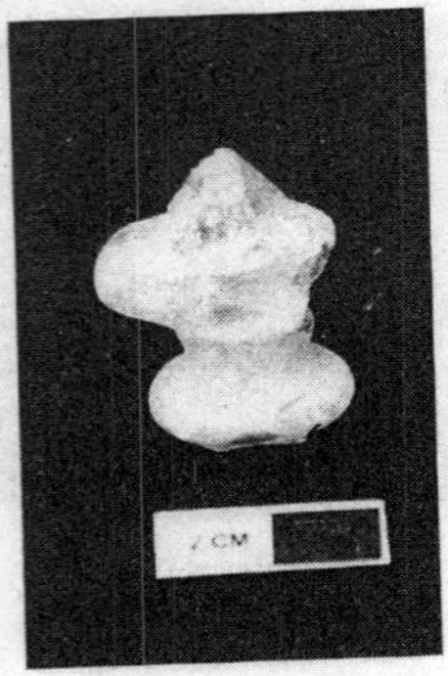

	Acc. No.	**066**
1.	**Object**	*Dwarpala*
2.	**Material**	Sandstone
3.	**Date / Period**	Early Medieval
4.	**Location**	Western side of the Cellar S2
5.	**Measurement**	**Height**: 58 cm **Width**: 28 cm **Thickness**: 16 cm
6.	**Description**	The image is carved on one side of a *dwarashakha*. The central figure is standing in *tribhanga* pose. The right hand is in *abhaya mudra* while the left hand is akimbo. Hair is arranged in *jatajuta* and flows down to the shoulder. The figure is adorned with ear ornament beaded necklace. The waist band is depicted in a tangent from right to left. The left side of the face of central figure is mutilated. Near the right leg is depicted a smaller image whose face is mutilated. A *gana* figure is depicted near the left leg. There are two sockets in the front of the pedestal for fixing. On the adjacent face of the right is the depiction of *purnaghata* motif.
7.	**Condition**	Good

	Acc. No.	**067**
1.	**Object**	Sculpture of Vishnu
2.	**Material**	Sandstone
3.	**Date / Period**	Early Medieval
4.	**Location**	Western side of the Cellar S2
5.	**Measurement**	**Height**: 50 cm **Width**: 30 cm **Thickness**: 18 cm
6.	**Description**	The four-armed deity stands in *samapadasthanaka* posture on *triratha* pedestal. Out of four, three hands of the Vishnu and the face is badly damaged. In the remaining lower left hand, he holds the *gada*. He is wearing usual ornaments and *vanamala* is clearly visible. Attendant is depicted to the left of the central deity and has a *vanamala*. To the right of the deity is a devotee standing with folded hands.
7.	**Condition**	Good

	Acc. No.	**068**
1.	**Object**	Coin
2.	**Material**	Copper
3.	**Date / Period**	1835 CE
4.	**Location**	Northwest side
5.	**Measurement**	**Diameter:** 2.5 cm
6.	**Description**	Obverse - Coat of arms of East India Company arms, a shield quartered with escutcheon of France and England in the first quarter; crest of a lion rampant guardant holding between his forepaws the imperial crown proper; with supporters two lions rampant guardant each supporting a banner charged with a cross and written 1835 date of the issue of this coin. Reverse - Not clear.
7.	**Condition**	Good

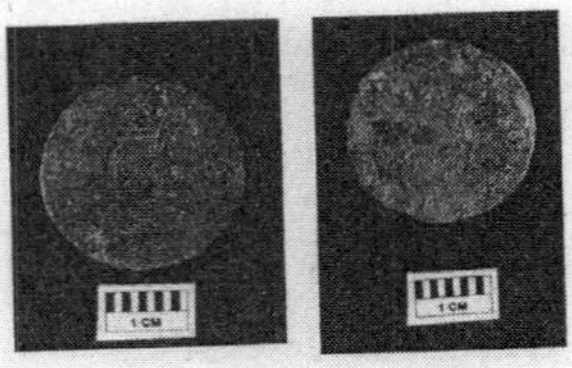

	Acc. No.	**070**
1.	**Object**	Shiva *linga*
2.	**Material**	Marble
3.	**Date / Period**	Late Medieval
4.	**Location**	Northwest side
5.	**Measurement**	**Height:** 5 cm
6.	**Description**	This is a broken part of Shiva *linga*. It is cylindrical in shape. Only the base of the Shiva *linga* is missing.
7.	**Condition**	Good

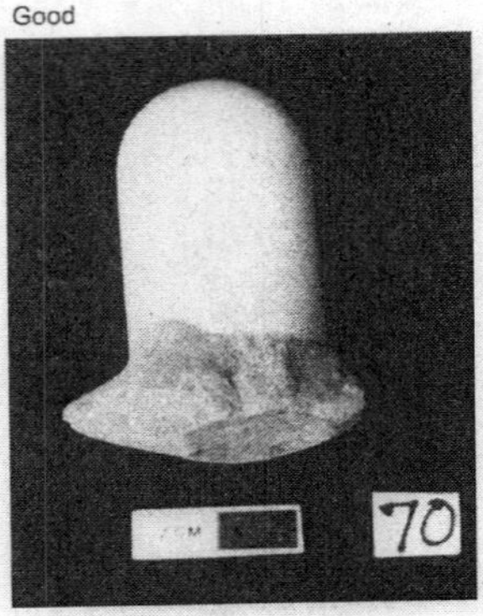

	Acc. No.	075
1.	**Object**	Shiva *linga*
2.	**Material**	Sandstone
3.	**Date / Period**	Medieval
4.	**Location**	Western side of the Cellar S2
5.	**Measurement**	**Length**: 3 cm
6.	**Description**	The Shiva *linga* is cylindrical in shape with convex top. It s broken at the bottom.
7.	**Condition**	Good

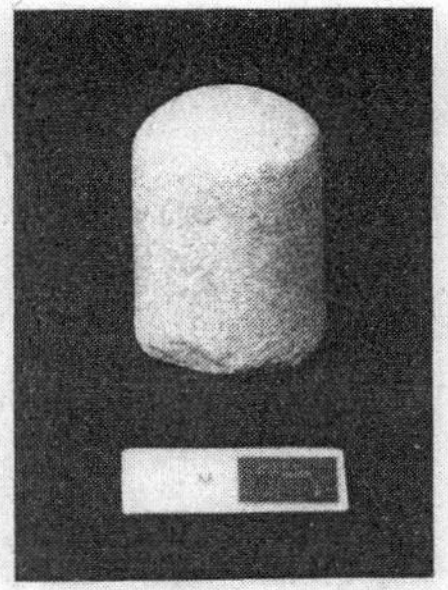

	Acc. No.	076
1.	**Object**	Sculpture of Ganesha
2.	**Material**	Terracotta
3.	**Date / Period**	Late Medieval
4.	**Location**	Western side of the Cellar S2
5.	**Measurement**	**Height**: 8.5 cm **Width**: 3.5 cm **Thickness:** 2 cm
6.	**Description**	Four handed terracotta figure of Ganesh. The deity is seated in *padmasana* posture and upper two hands are damaged. The trunk turned towards the right of the image. The two lower hands are placed on the knee of the folded legs. The deity is seated on an oval pedestal.
7.	**Condition**	Good

	Acc. No.	**077**
1.	**Object**	*Yonipatta*
2.	**Material**	Soft stone
3.	**Date / Period**	Late Medieval
4.	**Location**	Western side of the Cellar S2
5.	**Measurement**	**Height:** 3 cm **Diameter:** 3 cm
6.	**Description**	A decorated *damru* shape *yonipatta*. The upper part of this *yonipatta* is decorated with snake design. There is a round depression in the centre for *linga*. In front of the *yonipatta* a devotee is depicted in *anjali* mudra. The figure is mutilated.
7.	**Condition**	Good

	Acc. No.	**079**
1.	**Object**	Sculpture of Bala Krishna
2.	**Material**	Sandstone
3.	**Date / Period**	Late Medieval
4.	**Location**	Northwest side
5.	**Measurement**	**Height:** 9 cm **Width:** 4 cm **Thickness:** 5 cm
6.	**Description**	Extant portion depicts a nude headless torso of a deity. The right leg is slightly in front. Both the legs are broken at the thigh portion. Based on the iconographic features, it appears to be the figure of Bala Krishna.
7.	**Condition**	Good

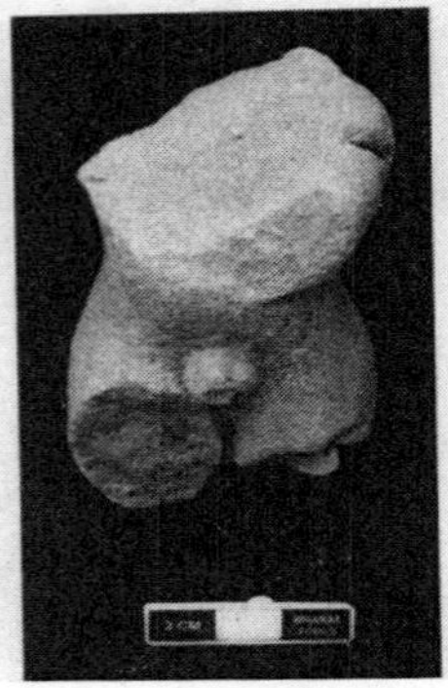

	Acc. No.	080
1.	Object	Sculpture of Hanuman
2.	Material	Terracotta
3.	Date / Period	Late Medieval
4.	Location	Western Chamber
5.	Measurement	**Height:** 7.5 cm
		Width: 3 cm
		Thickness: 2 cm
6.	Description	The extant portion depicts the upper half of the body of Hanuman. Right hand holds the *gada*, left hand is broken. The figure is broken from the waist part. The deity is adorned with a high crown.
7.	Condition	Good

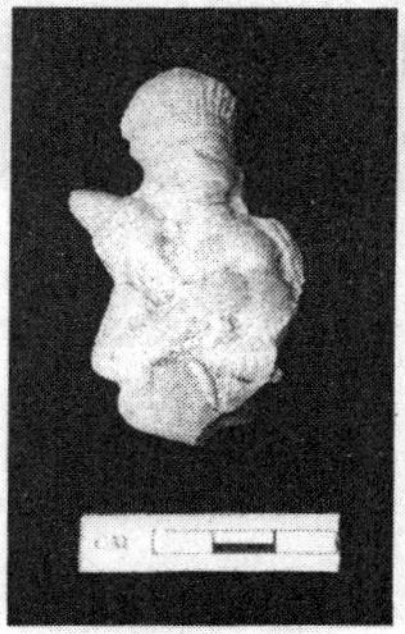

	Acc. No.	082
1.	Object	*Yonipatta*
2.	Material	Sandstone
3.	Date / Period	Late Medieval
4.	Location	Eastern side of the Cellar S2
5.	Measurement	**Height:** 2 cm
		Width: 2 cm
		Thickness: 5 cm
6.	Description	The extant part is the tapering part of the *Yonipatta*. The lower part of this fragment has also some decoration.
7.	Condition	Good

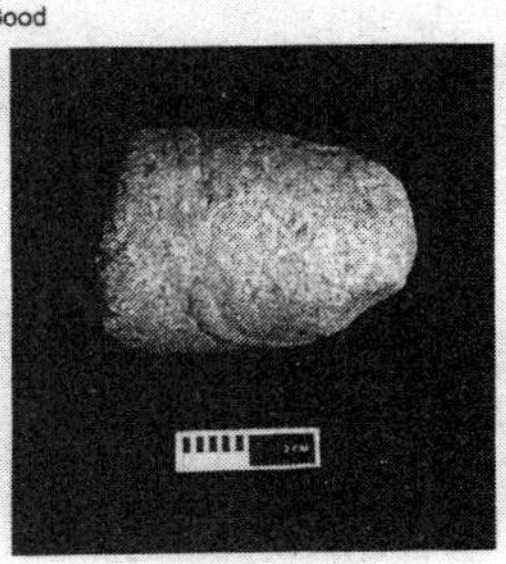

	Acc. No.	087
1.	Object	*Yonipatta*
2.	Material	Marble
3.	Date / Period	Late Medieval
4.	Location	Eastern side of the Cellar S2
5.	Measurement	**Length:** 8 cm
		Thickness: 1.5 cm
6.	Description	A broken portion of a *yonipatta*. The circular part has two round grooves. The one in the centre is for the *linga*. The outer groove continues on either side of the tapering portion.
7.	Condition	Good

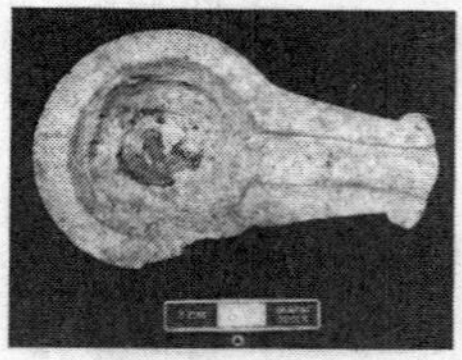

59

	Acc. No.	092
1.	Object	Horse shoe
2.	Material	Iron
3.	Date / Period	Late Medieval
4.	Location	Northwest side
5.	Measurement	**Length:** 6 cm
		Width: 6 cm
		Thickness: 3 cm
6.	Description	The horse shoe has central groove running on one side. Back side is plain.
7.	Condition	Good

	Acc. No.	**096**
1.	**Object**	*Yonipatta*
2.	**Material**	Sandstone
3.	**Date / Period**	Medieval
4.	**Location**	Western Chamber
5.	**Measurement**	**Height**: 23.5 cm **Width**: 9 cm **Thickness**: 18.5 cm
6.	**Description**	Square shape *yonipatta* having hole in the centre. Deep grooves along with outer line. It was found lying up side down just in front of entrance of main *mandapa*.
7.	**Condition**	Good.

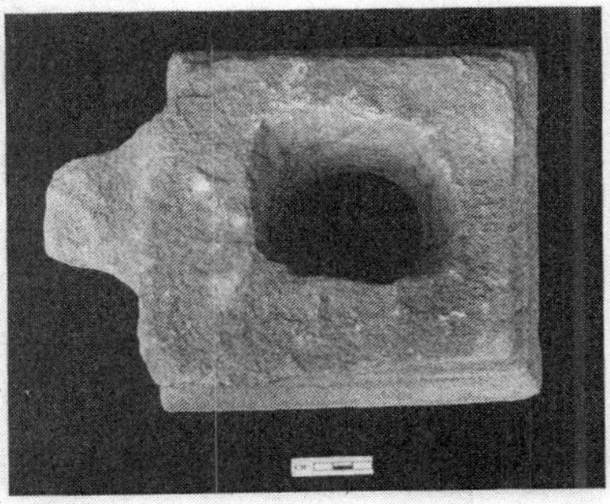

	Acc. No.	**111**
1.	**Object**	*Vyala*
2.	**Material**	Sandstone
3.	**Date / Period**	Early Historical
4.	**Location**	In the right side of the Cellar S2
5.	**Measurement**	**Height**: 23 cm **Thickness**: 8 cm
6.	**Description**	Square stone is having circular medallion with mythical animal depicted within. The animal has face of lion with horns. The lower part is like fish tail with depiction of scale. Its one paw-like forelimbs is noticeable.
7.	**Condition**	Good

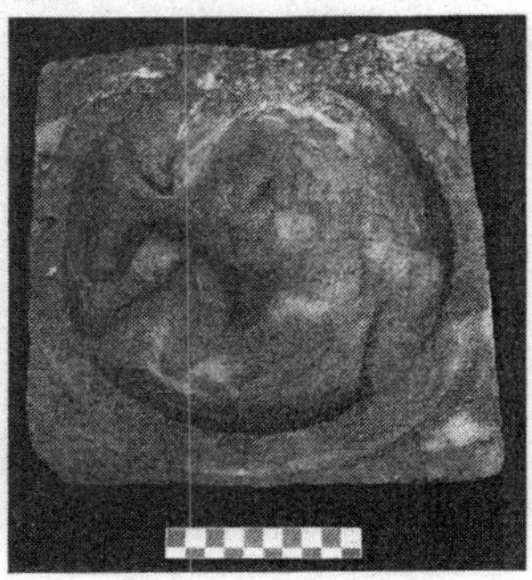

	Acc. No.	**112**
1.	**Object**	*Yonipatta*
2.	**Material**	Sandstone
3.	**Date / Period**	Medieval
4.	**Location**	Cellar S2
5.	**Measurement**	**Height**: 21 cm **Width**: 6 cm **Diameter**: 14 cm
6.	**Description**	The circular part of the *yonipatta* has a round socket for the *linga*. A snake figure is depicted on the tapering side.
7.	**Condition**	Good

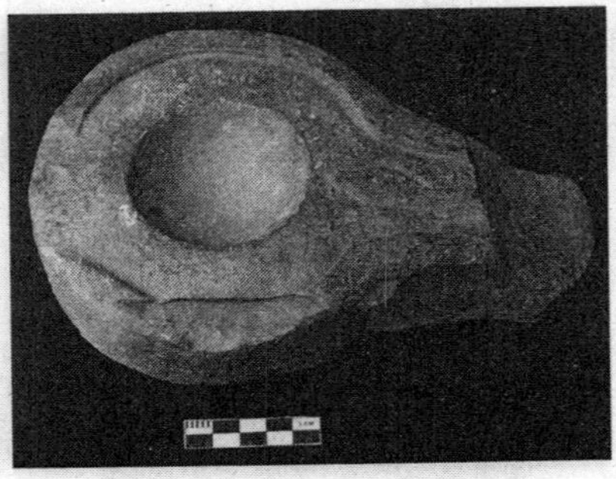

	Acc. No.	**161**
1.	**Object**	*Gada*
2.	**Material**	Marble
3.	**Date / Period**	Modern
4.	**Location**	Cellar N4
5.	**Measurement**	**Length**: 2.3 cm **Thickness**: 1.8 cm
6.	**Description**	The extant part depicts only the mace head. Finial at the top is partially broken. The globular part is broken and has concentric rings.
7.	**Condition**	Good

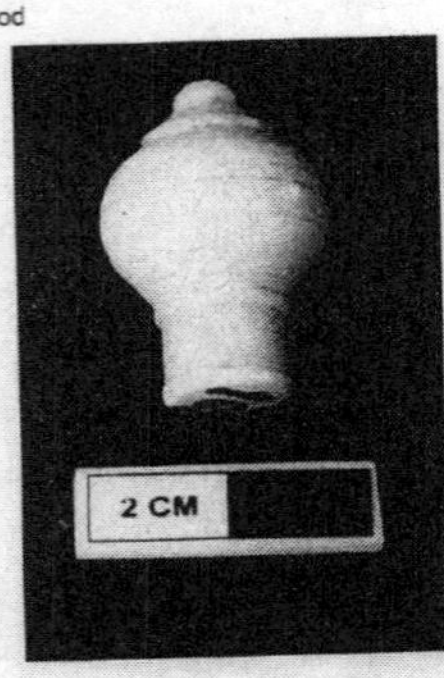

	Acc. No.	183
1.	**Object**	Human figurine
2.	**Material**	Terracotta
3.	**Date / Period**	Late Medieval
4.	**Location**	Western Chamber
5.	**Measurement**	**Length**: 4.8 cm **Width**: 4.5 cm **Diameter**: 3.8 cm
6.	**Description**	The extant part is the human face. Facial features are well delineated. Hair frames the forehead and depicted in fine lines.
7.	**Condition**	Good

	Acc. No.	184
1.	**Object**	Coin
2.	**Material**	Copper
3.	**Date / Period**	Late Medieval
4.	**Location**	Western Chamber
5.	**Measurement**	**Diameter**: 2.3 cm
6.	**Description**	Coin having Persian legend on both the sides. Obverse - Shah Alam Badshah sana 37 Julus Translation - King Shah Alam II issued this coin in regnal year 37 corresponding to 1794 CE. Reverse - Verse not clear.
7.	**Condition**	Good

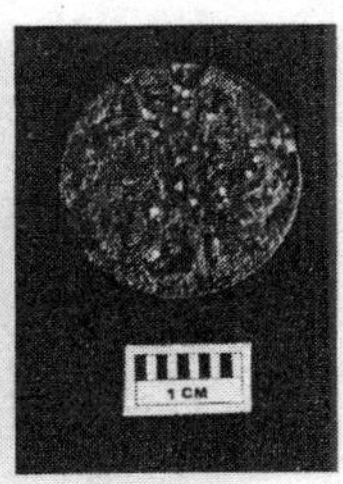

Acc. No. **187**

1. **Object** Sculptural fragment
2. **Material** Sandstone
3. **Date / Period** Medieval
4. **Location** Western Chamber
5. **Measurement** **Length**: 15.5 cm
   Width: 13 cm
   Height: 7.5 cm
6. **Description** The extant part depicts a female figure with hands folded in *anjali mudra* in front. The figure is adorned with ear ornament, necklace and bangles. Head is mutilated.
7. **Condition** Good

Acc. No. **189**

1. **Object** Nandi
2. **Material** Schist stone
3. **Date / Period** Medieval
4. **Location** Western Chamber
5. **Measurement** **Length**: 8.5 cm
   Width: 4 cm
   Height: 5.5 cm
6. **Description** Headless figure of Nandi is in seated posture. A cloth is depicted placed on the back while a band is shown passing below the tail. The right foreleg is suggestive of motion.
7. **Condition** Good

	Acc. No.	205
1.	**Object**	Shiva *linga*
2.	**Material**	Sandstone
3.	**Date / Period**	Medieval
4.	**Location**	Western Chamber
5.	**Measurement**	**Length**: 10.5 cm **Diameter**: 8 cm
6.	**Description**	Shiva *linga* (broken) length wise. Bottom portion of the *linga* is damaged and *yonipatta* is missing.
7.	**Condition**	Good

	Acc. No.	206
1.	**Object**	Nandi
2.	**Material**	Sandstone
3.	**Date / Period**	Late Medieval
4.	**Location**	Western Chamber
5.	**Measurement**	**Length**: 4.5 cm **Width**: 4.2 cm **Height**: 4.2 cm
6.	**Description**	The extant part depicts the forepart of the Nandi. The left foreleg is extant. Beaded garland is seen adorning the neck.
7.	**Condition**	Good.

	Acc. No.	**207**
1.	**Object**	Shiva *linga*
2.	**Material**	Marble
3.	**Date / Period**	Late Medieval
4.	**Location**	Western Chamber
5.	**Measurement**	**Length:** 2.5 cm **Width:** 3.5 cm **Diameter:** 2 cm
6.	**Description**	Miniature Shiva *linga* with *Yonipatta* on a tiered pedestal. Lower part of the pedestal is damaged. The Shiva *linga* is also partially broken.
7.	**Condition**	Good

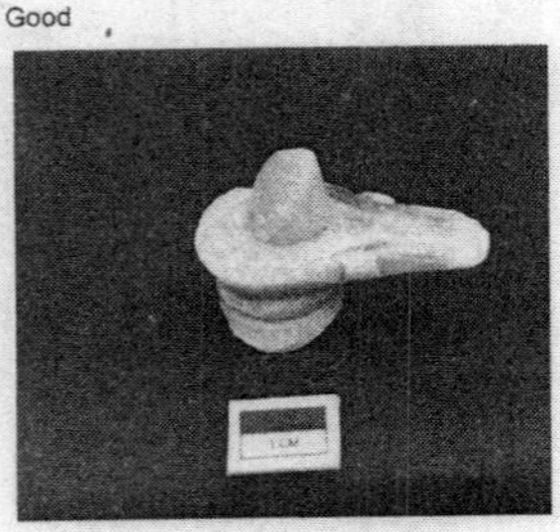

	Acc. No.	**208**
1.	**Object**	Elephant rider
2.	**Material**	Terracotta
3.	**Date / Period**	Late Medieval
4.	**Location**	Western Chamber
5.	**Measurement**	**Length:** 10 cm **Height:** 7 cm **Thickness:** 4 cm
6.	**Description**	The hollow terracotta figurine depicts an elephant rider. The upper part of the rider and the head of the animal is lost. The rider appears to wear a long coat like garment. The left fore leg of the animal is raised. Vegetation is suggested by dots and lines.
7.	**Condition**	Good

Acc. No.		233
1.	**Object**	Votive shrine
2.	**Material**	Sandstone
3.	**Date / Period**	Early Medieval
4.	**Location**	Cellar S2
5.	**Measurement**	**Height**: 57 cm **Width**: 22 cm
6.	**Description**	The votive shrine has a tower in three tiers of receding height and topped by an *amalaka*. The tiers are decorated with *chaitya* arch motif. The square base below the tower is hollow from within. Only two sides are extant and depict a two handed standing Surya image and a four handed seated image of Ganesha. The Surya standing in *samapadasthanaka* posture and holding two full bloomed lotus in his both the hands. The image of Ganesha is seated in *ardhyaparyanksana* posture holding the usual attribute.
7.	**Condition**	Good

Acc. No.		237
1.	**Object**	Sculpture of Ganesha
2.	**Material**	Sandstone
3.	**Date / Period**	Medieval
4.	**Location**	Western Chamber
5.	**Measurement**	**Length**: 12 cm **Width**: 15 cm **Thickness**: 8 cm
6.	**Description**	Headless bust of the Ganesha. Only the belly portion is available in this image. It is adorned with strings of necklace and other decorative bands across the chest. The *sarpbandhana* is also visible in the belly portion of the extant image.
7.	**Condition**	Good

	Acc. No.	259
1.	**Object**	Human figurine
2.	**Material**	Terracotta
3.	**Date / Period**	Late Medieval
4.	**Location**	Western Chamber
5.	**Measurement**	**Length**: 10 cm **Width**: 9.3 cm **Diameter**: 3.5 cm
6.	**Description**	The extant part depicts the upper part of a male figure. The conical head is adorned with a high crown. Facial features are well delineated. Ears are adorned with ornament. A necklace adorns the neck. Drapery like a band is seen on both the shoulders. The right hand is bent at the elbow and broken above the wrist . The left hand is broken at the elbow.
7.	**Condition**	Good

	Acc. No.	260
1.	**Object**	Human figurine
2.	**Material**	Terracotta
3.	**Date / Period**	Late Medieval
4.	**Location**	Western Chamber
5.	**Measurement**	**Length**: 7.3 cm **Width**: 3.5 cm **Diameter**: 3 cm
6.	**Description**	The extant piece depicts a male figure seated on a high backed chair. The back side of the chair has criss-cross decoration. The head of the image is missing. The hand rests on the sloping shoulder of the high backed chair.
7.	**Condition**	Good

	Acc. No.	267
1.	**Object**	*Yonipatta*
2.	**Material**	Sandstone
3.	**Date / Period**	Late Medieval
4.	**Location**	Cellar S2
5.	**Measurement**	**Length:** 11.5 cm **Width:** 39 cm **Diameter:** 28 cm
6.	**Description**	The stone slab containing *yonipatta* which is fixed within the socket in said slab. The socket is also *yonipatta* shaped. The *linga* is missing.
7.	**Condition**	Good

	Acc. No.	279
1.	**Object**	Mortar
2.	**Material**	Sandstone
3.	**Date / Period**	Late Medieval
4.	**Location**	Cellar S2
5.	**Measurement**	**Length**: 13.4 cm **Diameter**: 23.5 cm
6.	**Description**	Cylindrical in shape with a slight taper and a shallow depression. It has rough texture.
7.	**Condition**	Good

	Acc. No.	**287**
1.	**Object**	Shiva *linga*
2.	**Material**	Sandstone
3.	**Date / Period**	Late Medieval
4.	**Location**	Eastern side
5.	**Measurement**	**Height**: 3 cm **Diameter**: 2.3 cm
6.	**Description**	Miniature Shiva *linga* with *Yonipatta* on a tiered pedestal. *Yonipatta* is partially damaged and the *pranal* part is also missing.
7.	**Condition**	Good

	Acc. No.	**296**
1.	**Object**	*Gada*
2.	**Material**	Sandstone
3.	**Date / Period**	Medieval
4.	**Location**	Western Chamber
5.	**Measurement**	**Length**: 9 cm **Diameter**: 10.3 cm
6.	**Description**	Mace head (semi spherical). The central band has vertical grooves of rounding profile. Top and bottom are broken.
7.	**Condition**	Good

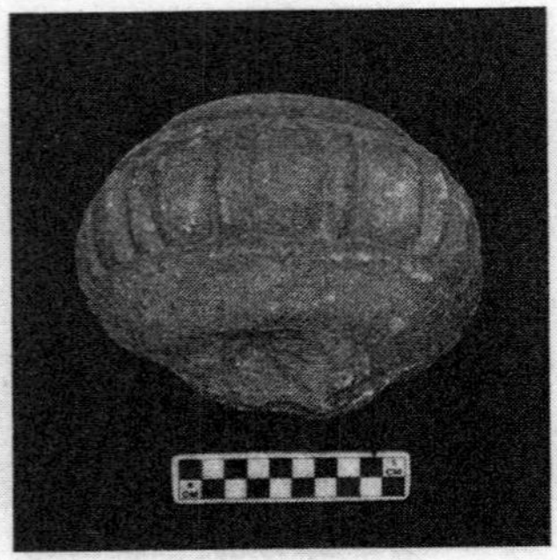

	Acc. No.	**311**
.	**Object**	Sculptural fragment
.	**Material**	Sandstone
.	**Date / Period**	Early Medieval
.	**Location**	Western Chamber
.	**Measurement**	**Length:** 87.5 cm **Width:** 23.5 cm
.	**Description**	The extant specimen is the part of a doorjamb of which two faces are visible. The lower part has three horizontal mouldings. Above them are depictions of two male demi-gods depicted standing on pedestals. Though much mutilated, right hand of one figure holds trident. The left hand hangs down. Among other bodily ornaments are necklace and *vanamala*. The standing male figure on the adjacent side holds a bow in his left hand. The right hand hangs down. He is embellished with crown waist band and *vanamala*. The other sides of the visible portion shows a depiction of a miniature shrine on the top, is a decorative band.
.	**Condition**	Good

	Acc. No.	**302**
1.	**Object**	Coins (2)
2.	**Material**	Copper
3.	**Date / Period**	1943 CE
4.	**Location**	Northwest side
5.	**Measurement**	**Diameter:** 1.8 cm (both the coins)
6.	**Description**	Obverse - King George VI crowned head left, English legend (George VI King Emperor). Reverse - Half Anna and date (1943) within decorative outline, Value in 4 Indian languages outside border Urdu, Bengali, Telu and Hindi within a toothed rim.
7.	**Condition**	Good

	Acc. No.	005
1.	Object	Inscribed Slab
2.	Material	Marble
3.	Date / Period	Modern
4.	Location	Cellar S2
5.	Measurement	**Height:** 15.5 cm **Width:** 9 cm **Thickness:** 2 cm
6.	Description	Broken part of a marble slab inscribed with 'Ram' (राम) in Devnagari script and painted with black.
7.	Condition	Good

	Acc. No.	006
1.	Object	Sculpture of Hanuman [3 parts]
2.	Material	Marble
3.	Date / Period	Modern
4.	Location	Eastern side of the Cellar S2
5.	Measurement	**Height:** 36 cm **Width:** 23 cm **Thickness:** 2 cm
6.	Description	The top piece depicts the crowned head of Hanuman and the mace head. The second piece depicts the body, except the feet. The right hand folded at the elbow holds the mace, left hand is missing. The neck is adorned with necklace. Waist band, sash and shawl is clearly seen. The third piece depicts the left feet broken at the ankle.
7.	Condition	Good

	Acc. No.	**008**
1.	**Object**	Bust of deity
2.	**Material**	Marble
3.	**Date / Period**	Modern
4.	**Location**	Eastern side of the Cellar S2
5.	**Measurement**	**Height**: 6 cm **Width**: 9.5 cm **Thickness**: 5 cm
6.	**Description**	The extant part depicts the headless torso of four armed deity with left hands in various stages of breakage. The lower left hand is broken at the elbow, the upper left is bent at the elbow and raised up. The palm is broken.
7.	**Condition**	Good

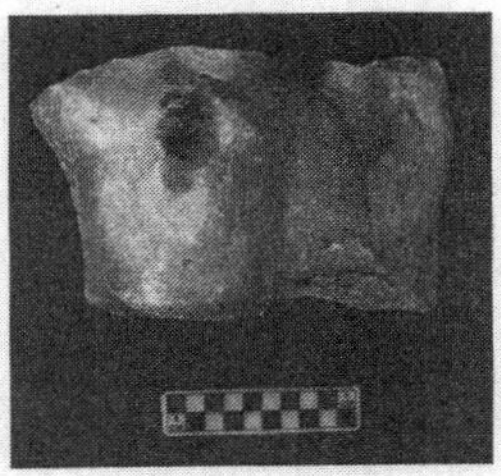

	Acc. No.	**009**
1.	**Object**	Sculpture of Krishna
2.	**Material**	Sandstone
3.	**Date / Period**	Late Medieval
4.	**Location**	Eastern side of the Cellar S2
5.	**Measurement**	**Height**: 15 cm **Width**: 8 cm **Thickness**: 5 cm
6.	**Description**	The extant part depicts a headless male deity. Both the hands are broken, but the right hand appears to be raised. The left hand appears to go over the body. The right leg is extant above the knee. The left leg is broken at the hip. Based on the posture and iconographic features, it appears to be an image of Lord Krishna. He is depicted wearing necklace, *yajnopavita* and *dhoti*.
7.	**Condition**	Good

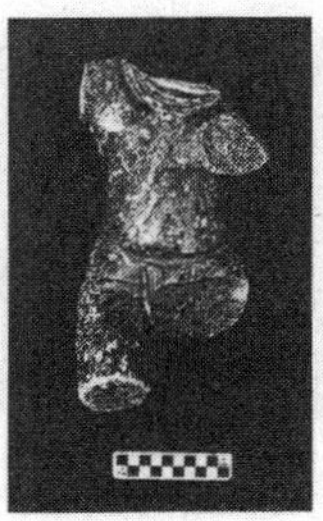

Scientific methods used

In the preparation of report, Ground Penetrating Radar (GPR) played a pivotal role as a widely acclaimed geophysical method known for its non-invasive and non-destructive attributes in the realm of archaeological site characterization. With the presence of favourable surface soil and rock conditions, GPR boasts the highest resolution among geophysical techniques, facilitating precise subsurface mapping. Application of Ground Penetrating Radar (GPR) has proven to be a successful technique in archaeological investigations, specifically for the identification and

cartographic representation of buried foundation walls within ancient ruins. They enable meticulous planning of excavation operations, thereby reducing the risk of inadvertent disturbance to ancient buried structures. This knowledge is pivotal for securing excavation clearance and guiding the development of comprehensive archaeological investigation plans.

The Differential Global Positioning Systems (DGPS) represent an advanced and highly precise satellite-based navigation technology used for determining accurate positions on the Earth's surface. DGPS is an enhanced version of the Global Positioning System (GPS), designed to mitigate the inherent inaccuracies that can affect standard GPS measurements. DGPS assists archaeologists in heritage management and planning excavation operations with precision. It enables them to mark excavation boundaries and record the exact locations of trenches and test pits, ensuring that they remain within designated archaeological zones.

The utilization of Total Station Survey in archaeological research Is of significant importance as it serves as a highly precise and modern surveying technique. Its widespread adoption is primarily geared towards the meticulous documentation and analysis of historical sites and monuments, thereby furnishing archaeologists with a potent tool for comprehending the spatial and architectural attributes inherent therein. This method is characterized by its remarkable precision, and combines electronic theodolite and electronic distance measuring (EDM) instruments. This amalgamation empowers archaeologists with the means to undertake precise measurements of angles and distances, thereby facilitating the creation of meticulous and accurate maps and plans of archaeological sites. An indispensable facet of Total Station instruments is their ability to record data in three dimensions. This entails the capture of not only horizontal and vertical coordinates but also elevation or height data. This holistic approach is pivotal in comprehending the three-dimensional layout of archaeological sites and monuments. A distinct advantage of Total Station Survey Is its non-invasive nature, distinguishing it from some traditional methods that necessitate physical contact with the site. This attribute enhances the preservation of delicate archaeological features.

Handheld X-Ray Fluorescence Spectrometer (XRF) is used for non-destructive in-situ studies. In order to conduct the in-situ as well as non-destructive studies of structural components the hand-held XRF method has been used. It provides the mineral composition of any object.

The Thermo-hygrometer has been used for recording of humidity and temperature during working hours.

Radio-carbon Dating (C-14), for organic objects Thermoluminescence (TL)/ Optically Stimulated Luminescence (OSL) dating for inorganic objects, Isotopic dating of mainly rocks, Typological Dating for artefacts were all used to determine the age of objects.

Detailed scientific calculations of all parts of the existing structure based on these different methods and parameters have been documented in the Report.

टिप्पणियाँ

प्रस्तावना

1

2. आगे की चर्चा के लिए आनंद रंगनाथन, हिंदूज़ इन हिंदू राष्ट्र (नोएडा: ब्लूवन इंक, 2022), पृष्ठ 7-8 देखें।
3. https://www.deccanchronicle.com/current-affairs/150116/left-historians-left-babri-festring-dr-kk-mohammad.html
4. https://bharatabharati.in/2016/08/30/v-s-naipaul-interviewed-by-dileep-padgaonkar-rahul-singh-sadanand-menon-media/

1. प्रकाशमान शहर

1. मार्क ट्वेन, फॉलोइंग द इक्वेटर: ए जर्नी अराउंड द वर्ल्ड (नई दिल्ली: एम्पायर बुक्स, 2011), पृ. 480.
2. मैथ्यू एटमोर शेरिंग, द सेक्रेड सिटी ऑफ द हिंदूज: एन अकाउंट ऑफ बनारस इन एंशिएंट एंड मॉडर्न टाइम्स (लंदन: ट्रुबनेर एंड कंपनी, 1868), पृ. V.
3. जेम्स प्रिंसेप, बनारस इलस्ट्रेटेड इन ए सीरीज ऑफ ड्रॉइंग्स (नई दिल्ली: ज्ञान पब्लिशिंग हाउस, 2023), पृ. 13.
4. मैथ्यू एटमोर शेरिंग, द सेक्रेड सिटी ऑफ़ द हिंदूज़: एन अकाउंट ऑफ़ बनारस इन एंशिएंट एंड मॉडर्न टाइम्स (लंदन: ट्रुबनेर एंड कंपनी, 1868), पृ. 1.
5. कुबेर नाथ सुकुल, वाराणसी डाउन द एजेस (पटना: के.एन. सुकुल, 1974), पृ. 161.
6. लिंग पुराण, भाग 1 (नई दिल्ली: मोतीलाल बनारसीदास पब्लिशर्स प्राइवेट लिमिटेड, 1951), अध्याय 92, छंद 42-48, पृ. 490-491.
7. स्कंद पुराण - भाग 10, पुस्तक-IV 'काशी खंड' के भाग-I, पूर्वार्द्ध में शामिल (नई दिल्ली: मोतीलाल बनारसीदास पब्लिशर्स प्राइवेट लिमिटेड, 1953), अध्याय 25, छंद 72-73, पृ. 233.

8. के.वी. रंगास्वामी अयंगर, सं. तीर्थ विवेचना कांड, भट्ट श्री लक्ष्मीधर द्वारा कृत्यकल्पतरु पुस्तक-8 (बड़ौदा: ओरिएंटल इंस्टीट्यूट, 1942), पृ. lxii.
9. लिंग पुराण भाग 1 (नई दिल्ली: मोतीलाल बनारसीदास पब्लिशर्स प्राइवेट लिमिटेड, 1951), अध्याय 92, छंद 11-34, पृ. 486-490.
10. स्कंद पुराण - भाग 10, पुस्तक-IV 'काशी खंड' के भाग-I, पूर्वार्द्ध में शामिल (नई दिल्ली: मोतीलाल बनारसीदास पब्लिशर्स प्राइवेट लिमिटेड, 1953), अध्याय 30, छंद 98-102, पृ. 321.
11. स्कंद पुराण - भाग 10, पुस्तक-IV 'काशी खंड' के भाग-I, पूर्वार्द्ध में शामिल (नई दिल्ली: मोतीलाल बनारसीदास पब्लिशर्स प्राइवेट लिमिटेड, 1953), अध्याय 30, छंद 103-104, पृ. 321.
12. डायना इक, बनारस: सिटी ऑफ लाइट (गुरुग्राम: पेंगुइन रैंडम हाउस इंडिया, 1983), पृ. 23.
13. के.वी. रंगास्वामी अयंगर, सं. तीर्थ विवेचना कांड, भट्ट श्री लक्ष्मीधर द्वारा कृत्यकल्पतरु पुस्तक-8 (बड़ौदा: ओरिएंटल इंस्टीट्यूट, 1942), प्रस्तावना, पृ. lix.
14. के.वी. रंगास्वामी अयंगर, सं. तीर्थ विवेचना कांड, भट्ट श्री लक्ष्मीधर द्वारा कृत्यकल्पतरु पुस्तक-8 (बड़ौदा: ओरिएंटल इंस्टीट्यूट, 1942), प्रस्तावना, पृ. lxix.
15. स्कंद पुराण - भाग 10, पुस्तक-IV 'काशी खंड' के भाग-I, पूर्वार्द्ध में शामिल (नई दिल्ली: मोतीलाल बनारसीदास पब्लिशर्स प्राइवेट लिमिटेड, 1953), अध्याय 33, छंद 10-16, पृ. 352-353.
16. स्कंद पुराण - भाग 10, पुस्तक-IV 'काशी खंड' के भाग-I, पूर्वार्द्ध में शामिल (नई दिल्ली: मोतीलाल बनारसीदास पब्लिशर्स प्राइवेट लिमिटेड, 1953), अध्याय 33, छंद 31-35, पृ. 354.
17. स्कंद पुराण - भाग 10, पुस्तक-IV 'काशी खंड', के भाग-I, पूर्वार्द्ध में शामिल (नई दिल्ली: मोतीलाल बनारसीदास पब्लिशर्स प्राइवेट लिमिटेड, 1953), अध्याय 33-34.
18. स्कंद पुराण - भाग XI, पुस्तक-IV 'काशी खंड' के भाग-II उत्तरार्ध में शामिल (नई दिल्ली: मोतीलाल बनारसीदास पब्लिशर्स प्राइवेट लिमिटेड, 1955), अध्याय 97, छंद 51-54, पृ. 448.
19. मैथ्यू एटमोर शेर्रिंग, द सेक्रेड सिटी ऑफ द हिंदूज: एन अकाउंट ऑफ बनारस इन एंशिएंट एंड मॉडर्न टाइम्स (लंदन: ट्रुबनेर एंड कंपनी, 1868), पृ. 6.
20. स्तूप एक टीले जैसी, अर्धगोलाकार संरचना होती है जिसमें आमतौर पर अवशेष रखे होते हैं। इसमें एक प्रदक्षिणा पथ होता है और बौद्ध धर्म में

इसका उपयोग ध्यान तथा आध्यात्मिक गतिविधियों के लिए एक स्थान के रूप में किया जाता है।

21. कुबेर नाथ सुकुल, वाराणसी डाउन द एजेस (पटना: के.एन. सुकुल, 1974), पृ. 19.
22. कुबेर नाथ सुकुल, वाराणसी डाउन द एजेस (पटना: के.एन. सुकुल, 1974), पृ. 19.
23. डायना इक, बनारस: सिटी ऑफ़ लाइट (गुरुग्राम: पेंगुइन रैंडम हाउस इंडिया, 1983), पृ. 57.
24. विहार बौद्ध मठ हैं, जो भिक्षुओं के रहने के स्थान हैं।
25. सैमुअल बील, बुद्धिष्ट रिकॉर्ड्ज़ ऑफ़ द वेस्टर्न वर्ल्ड, पुस्तक-VII (लंदन: ट्रुबनेर एंड कंपनी, 1884), पीपी. 44-45.
26. सैमुअल बील, बुद्धिष्ट रिकॉर्ड्ज़ ऑफ़ द वेस्टर्न वर्ल्ड, पुस्तक-VII (लंदन: ट्रुबनेर एंड कंपनी, 1884), पीपी. 44-45.
27. ई.बी. हैवेल, बनारस द सेक्रेड सिटी: स्केचेज ऑफ हिंदू लाइफ एंड रिलिजन, द्वितीय संस्करण (कलकत्ता: ठाकर, स्पिंक एंड कंपनी, 1905), पृ. 7.
28. मत्त या मठ संस्कृत में एक संस्थान या महाविद्यालय को संदर्भित करता है, और एक हिंदू विहार है।
29. https://sanskritdocuments.org/sites/snsastri/Manishapanchakam.pdf
30. तीर्थंकर का शाब्दिक अर्थ है, नेक मार्ग या धर्म का रक्षक या आध्यात्मिक गुरु; और जिसने तीर्थ की स्थापना की।
31. डायना इक, बनारस: सिटी ऑफ लाइट (गुरुग्राम: पेंगुइन रैंडम हाउस इंडिया, 1983), पृ. 57.
32. मैथ्यू एटमोर शेरिंग, द सेक्रेड सिटी ऑफ द हिंदूज: एन अकाउंट ऑफ बनारस इन एंशिएंट एंड मॉडर्न टाइम्स (लंदन: ट्रुबनेर एंड कंपनी, 1868), पीपी. 7-8.

2. ऐतिहासिक नगर

1. कुबेर नाथ सुकुल, वाराणसी डाउन द एजेस (पटना: के.एन. सुकुल, 1974), पृष्ठ 21.
2. मैथ्यू एटमोर शेरिंग, द सेक्रेड सिटी ऑफ द हिंदूज: एन अकाउंट ऑफ बनारस इन एंशिएंट एंड मॉडर्न टाइम्स (लंदन: ट्रुबनेर एंड कंपनी, 1868), पीपी. 3-6.
3. भदंत आनंद कौसल्यायन, अनु. अंगुत्तर निकाय, खंड I एकाकनिपातपाली (कलकत्ता: महाबोधि सभा, 1912), पृष्ठ 213; भिक्कु जगदीश कश्यप, अनु.

अंगुत्तर निकाय, खंड IV तिकानीपतपाली (बिहार: पाली प्रकाशन बोर्ड, 1930), पृष्ठ 252, 256, 260.

4. कुबेर नाथ सुकुल, वाराणसी डाउन द एजेस (पटना: के.एन. सुकुल, 1974), पृ. 21.
5. डायना इक, बनारस: सिटी ऑफ़ लाइट (गुरुग्राम: पेंगुइन रैंडम हाउस इंडिया, 1983), पृ. 45.
6. एच एम इलियट और जॉन डाउसन, द हिस्ट्री ऑफ इंडिया एज़ टोल्ड बाइ इट्स ओन हिस्टोरियंस: द मुहम्मडन पीरियड, खंड-2 (लंदन: ट्रबनेर एंड कंपनी, 1869), पृ. 24 (अल-उतबी के तारिक-ए-यामिनी का हवाला देते हुए)
7. मुहम्मद नाज़िम, द लाइफ़ एंड टाइम्स ऑफ सुल्तान महमूद ऑफ़ ग़ज़ना (कैम्ब्रिज: कैम्ब्रिज यूनिवर्सिटी प्रेस, 1931) पृ. 29.
8. तारीख़-ए-फ़रिश्ता, पृ. 18.
9. नियोगी, गहड़वाल राजवंश का इतिहास (कलकत्ता: कलकत्ता ओरिएंटल बुक एजेंसी, 1959), पृ. 5.
10. अलेक्जेंडर डॉव, अनु. द हिस्ट्री ऑफ हिंदोस्तान: फ्रॉम द अर्लीएस्ट अकाउंट ऑफ टाइम टू द डेथ ऑफ अकबर, खंड-1 (लंदन: टी. बेकेट और पी.ए. डी. होंड्ट, 1768), पृष्ठ 73.
11. वही, पृ. 75.
12. कुबेर नाथ सुकुल, वाराणसी डाउन द एजेस (पटना: के.एन. सुकुल, 1974), पृ. 153.
13. वही.
14. अलेक्जेंडर डॉव, अनु. द हिस्ट्री ऑफ हिंदोस्तान: फ्रॉम द अर्लीएस्ट अकाउंट ऑफ टाइम टू द डेथ ऑफ अकबर, खंड-1 (लंदन: टी. बेकेट और पी.ए. डी. होंड्ट, 1768), पृष्ठ 86.
15. हंस बेकर, 'कन्स्ट्रक्शन एंड री-कन्स्ट्रक्शन ऑफ सेक्रड स्पेस इन वाराणसी,' नुमेन (जनवरी 1996), पृष्ठ 38.
16. रोमा नियोगी, गहड़वाल राजवंश का इतिहास (कलकत्ता: कलकत्ता ओरिएंटल बुक एजेंसी, 1959), पृष्ठ 13.
17. एच.एम.इलियट और जॉन डाउसन, द हिस्ट्री ऑफ इंडिया एज टोल्ड बाइ इट्स ओन हिस्टोरियंस, खंड-II (लंदन: ट्रबनेर एंड कंपनी, 1869), पीपी. 123-124.
18. वी. श्वेरिन, के. ग्रेफिन, 'सेंट वर्शिप इन इंडियन इस्लाम: द लेजेंड ऑफ द मार्टर सालार मसूद ग़ाज़ी' इन इम्तियाज अहमद; एड, रिचुअल एंड

रिलिजन अमंग मुस्लिम्स इन इंडिया (नई दिल्ली: मनोहर, 1984), पृष्ठ 146.

19. कुबेर नाथ सुकुल, वाराणसी डाउन द एजेस (पटना: के.एन. सुकुल, 1974), पृष्ठ 153.
20. वी.एस. 1148 का चंद्रावती शिलालेख, एपिग्राफिका इंडिका, IX, पृष्ठ 302-305.
21. एच.एम.इलियट और जॉन डाउसन, द हिस्ट्री ऑफ इंडिया एज टोल्ड बाइ इट्स ओन हिस्टोरियंस, खंड-II (लंदन: ट्रुबनेर एंड कंपनी, 1869), पीपी. 523-524.
22. हंस बेकर, 'कन्स्ट्रक्शन एंड री-कन्स्ट्रक्शन ऑफ सेक्रड स्पेस इन वाराणसी,' नुमेन (जनवरी 1996), पृष्ठ पीपी. 32-55, पृ. 39.
23. एपिग्राफिका इंडिका, खंड XIV, पृ. 197.
24. रोमा नियोगी, गहड़वाल राजवंश का इतिहास (कलकत्ता: कलकत्ता ओरिएंटल बुक एजेंसी, 1959), पृष्ठ 78.
25. वही, पृ. 61-62.
26. के.वी. रंगास्वामी अयंगर, सं. तीर्थ विवेचना कांड, भट्ट श्री लक्ष्मीधर द्वारा कृत्यकल्पतरु पुस्तक-8 (बड़ौदा: ओरिएंटल इंस्टीट्यूट, 1942), प्रस्तावना, पृ. xvii.
27. वही, पृ. xviii.
28. रोमा नियोगी, गहड़वाल राजवंश का इतिहास (कलकत्ता: कलकत्ता ओरिएंटल बुक एजेंसी, 1959), पृष्ठ 181.
29. ए.एस. अल्टेकर, हिस्ट्री ऑफ बनारस: फ्रॉम द अर्लीएस्ट टाइम्स डाउन टू 1937 (वाराणसी: बनारस हिंदू यूनिवर्सिटी, 1937), पृ. 26.
30. एडवर्ड सी. सचाऊ, सं. अल्बरूनीज़ इंडिया, खंड-2 (लंदन ट्रुबनेर एंड कंपनी, 1910), पीपी. 146-147.
31. नाथ सुकुल, वाराणसी डाउन द एजेस (पटना: के.एन. सुकुल, 1974), पृ. 178.
32. एच.एम.इलियट और जॉन डाउसन, द हिस्ट्री ऑफ इंडिया एज टोल्ड बाइ इट्स ओन हिस्टोरियंस, खंड-II (लंदन: ट्रुबनेर एंड कंपनी, 1369), पीपी. 250–251.
33. वही, पृ. 222-224.
34. एच.आर. नेविल, बनारस: ए गजेटियर, खंड XXVI (इलाहाबाद: गवर्नमेंट प्रेस, 1909), पृष्ठ 190.

35. रोमा नियोगी, गहड़वाल राजवंश का इतिहास (कलकत्ता: कलकत्ता ओरिएंटल बुक एजेंसी, 1959), पृष्ठ 127.
36. एंटोन फ्यूहरर, द शर्की आर्किटेक्चर ऑफ जौनपुर (लंदन: ट्रबनेर एंड कंपनी, 1889), पृष्ठ 51.
37. कुबेर नाथ सुकुल, वाराणसी डाउन द एजेस (पटना: के.एन. सुकुल, 1974), पृ. 155.
38. वही.; ए.एस. अल्टेकर, हिस्ट्री ऑफ बनारस: फ्रॉम द अर्लीएस्ट टाइम्स डाउन टू 1937 (वाराणसी: बनारस हिंदू यूनिवर्सिटी, 1937), पृष्ठ 34.
39. एंटोन फ्यूहरर, द मॉन्यूमेंटल एंटिक्विटीज़ एंड इंस्क्रिप्शन्स इन द नॉर्थ-वेस्टर्न प्रोविंसेज एंड अवध (इलाहाबाद: गवर्नमेंट प्रेस, 1891), पृष्ठ 181.
40. कुबेर नाथ सुकुल, वाराणसी डाउन द एजेस (पटना: के.एन. सुकुल, 1974), पृ. 156.
41. एच.आर. नेविल, बनारस: ए गजेटियर, खंड XXVI (इलाहाबाद: गवर्नमेंट प्रेस, 1909), पृष्ठ 34.
42. कुबेर नाथ सुकुल, वाराणसी डाउन द एजेस (पटना: के.एन. सुकुल, 1974), पृष्ठ 156.
43. ए.एस. अल्टेकर हिस्ट्री ऑफ बनारस: फ्रॉम द अर्लीएस्ट टाइम्स डाउन टू 1937 (वाराणसी: बनारस हिंदू विश्वविद्यालय, 1937), पृ. 33.
44. रोजालिंड ओ'हैनलॉन, 'शिव के मंदिर से बोलते हुए: बनारस के विद्वान परिवार और मुगल भारत के ब्राह्मण "इकुमेने", दक्षिण एशियाई इतिहास और संस्कृति 2:2 (मार्च 2011), पीपी. 254-256.
45. वही, पृ. 254.
46. स्कंद पुराण - भाग X, पुस्तक-IV 'काशी खंड' के भाग-I पूर्वार्द्ध में शामिल (नई दिल्ली: मोतीलाल बनारसीदास पब्लिशर्स प्राइवेट लिमिटेड, 1955), अध्याय 44 छंद 61-63, पृष्ठ 490-491
47. वही, अध्याय 43, 44, 45.
48. स्कंद पुराण - भाग XI, पुस्तक-IV 'काशी खंड' के भाग-II, उत्तरार्ध में शामिल (नई दिल्ली: मोतीलाल बनारसीदास पब्लिशर्स प्राइवेट लिमिटेड, 1953), अध्याय 58.
49. एच.आर. नेविल, बनारस: ए गजेटियर, खंड XXVI (इलाहाबाद: गवर्नमेंट प्रेस, 1909), पृष्ठ 184.
50. सरस्वती गंगाधर, श्री गुरु चरित्र (मुंबई: धार्मिक प्रकाशन संस्था, 2022), अध्याय 41, श्लोक 40-54, पृष्ठ 326-327.

51. ए.एस. अल्टेकर, हिस्ट्री ऑफ बनारस: फ्रॉम द अर्लीएस्ट टाइम्स डाउन टू 1937 (वाराणसी: बनारस हिंदू यूनिवर्सिटी, 1937), पृष्ठ 39-41.
52. गणेश शास्त्री, सं. नारायण भट्ट का त्रिस्थली सेतु (पूना: आनंदाश्रम, 1915), पृ. 208.
53. एच.आर. नेविल, बनारस: ए गजेटियर, खंड XXVI (इलाहाबाद: गवर्नमेंट प्रेस, 1909), बनारस गजेटियर, पृ. 195.
54. क्रम सं. 42, सं. 35-7-ए-जजमेंट, 1936 का सिविल सूट नंबर 62
55. ए.एस. अल्टेकर, हिस्ट्री ऑफ़ बनारस: फ्रॉम द अर्लीएस्ट टाइम्स डाउन टू 1937 (वाराणसी: बनारस हिंदू यूनिवर्सिटी, 1937), पृ. 48.
56. वही, पृ.50.
57. जेम्स प्रिंसेप, बनारस इलस्ट्रेटेड इन ए सीरीज ऑफ ड्रॉइंग्स (नई दिल्ली: ज्ञान पब्लिशिंग हाउस, 2023), पीपी. 93-94.
58. ए.एस. अल्टेकर, हिस्ट्री ऑफ़ बनारस: फ्रॉम द अर्लीएस्ट टाइम्स डाउन टू 1937 (वाराणसी: बनारस हिंदू यूनिवर्सिटी, 1937, पृ. 47-48)
59. वही, पृ. 49.
60. गजानन भास्कर मेहेंडेल, शिवाजी: हिज लाइफ एंड टाइम्स (ठाणे: परम मित्र प्रकाशन, 2012), पृ. 480.
61. वही, पृ. 487-488.
62. वी. बॉल और विलियम क्रुक, संपा. ट्रेवल्स इन इंडिया बाई जीन-बैप्टिस्ट टैवर्नियर, खंड 2, द्वितीय संस्करण (लंदन: ऑक्सफोर्ड यूनिवर्सिटी प्रेस, 1925), पृ. 179.
63. रिचर्ड कार्नैक टेम्पल, द ट्रेवल्स ऑफ पीटर मुंडी इन यूरोप एंड एशिया 1608-1667, खंड 2 (लंदन: हक्लुयट सोसाइटी, 1914), पृष्ठ 122.
64 वही, पृ. 122-124.
65. विलियम इरविन, अनु. पेप्स ऑफ मुगल इंडिया 1653-1708 (लंदन: जॉन मरे, 1913), पृष्ठ 114.
66. डायना इक, बनारस: सिटी ऑफ लाइट (गुरुग्राम: पेंगुइन रैंडम हाउस इंडिया, 1983), पृष्ठ 83.
67. हरप्रसाद शास्त्री, 'दक्षिणी पंडित एट बनारस', द इंडियन एंटिक्वेरी, 41 (1912), पृष्ठ 11
68. वही, पृ.12.
69. कैथरीन रिओर की अप्रकाशित थीसिस देखें, द ब्रिटिश एडमिनिस्ट्रेशन ऑफ हिंदूइज्म इन नॉर्दन इंडिया, 1780-1900, डॉक्टरेट थीसिस के लिए कैम्ब्रिज विश्वविद्यालय को प्रस्तुत, 1990, पृष्ठ 50, एफएन 155.

70. कुबेर नाथ सुकुल, वाराणसी डाउन द एजेस (पटना: के.एन. सुकुल, 1974), पृष्ठ 185.

70A. जेम्स जी. लोशेफेल्ड ने अपनी पुस्तक 'द इलस्ट्रेटेड इनसाइक्लोपीडिया ऑफ हिंदूइज्म' में इसे 'ज्ञान वापी का युद्ध' कहा है। महानिर्वाणी अखाड़े के अभिलेखागार में एक हस्तलिखित पुस्तक का हवाला देते हुए, उन्होंने दावा किया कि नागा संन्यासियों ने औरंगज़ेब की सेना के खिलाफ, जो 1664 में इसे ध्वस्त करने के लिए निकले थे, से काशी विश्वनाथ मंदिर की रक्षा के लिए खुद को शस्त्रों से सुसज्जित किया था। इस प्रकरण का अन्य औपनिवेशिक अभिलेखों या मुगल दस्तावेजों में कोई स्पष्ट प्रमाण नहीं मिलता है, लेकिन इतना स्पष्ट है कि 16वीं शताब्दी से ही, विभिन्न संप्रदायों में सशस्त्र तपस्वी या संन्यासी वर्ग थे, जिन्होंने मुस्लिम अत्याचारों (और बाद में अंग्रेजों के खिलाफ भी) के विरुद्ध प्रतिरोध उत्पन्न किया। वे आम तौर पर गोसाईं (गोस्वामी या मवेशियों के रक्षक) और दसनामिया (दस नामों के क्रमिक सदस्य) के रूप में जाने जाते थें।

71. एच.एम. इलियट और जॉन डाउसन, हिस्ट्री ऑफ इंडिया एज़ टोल्ड बाइ इट्स ओन हिस्टोरियन्स, खंड VII (लंदन: ट्रुबनेर एंड कंपनी, 1877), पृष्ठ 184.

72. वही.

73. कुबेर नाथ सुकुल, वाराणसी डाउन द एजेस (पटना: के.एन. सुकुल, 1974), पृष्ठ 181.

74. ए.एस. अल्टेकर, हिस्ट्री ऑफ़ बनारस: फ्रॉम द अर्लीएस्ट टाइम्स डाउन टू 1937 (वाराणसी: बनारस हिंदू यूनिवर्सिटी, 1937), पृष्ठ 55-56.

75. वही, पृ.57.

76. कुबेर नाथ सुकुल, वाराणसी डाउन द एजेस (पटना: के.एन. सुकुल, 1974), पृष्ठ 183।

77. वही.

78. जेम्स प्रिंसेप, बनारस इलस्ट्रेटेड इन ए सीरीज ऑफ ड्रॉइंग्स (नई दिल्ली: ज्ञान पब्लिशिंग हाउस, 2023), पीपी.42-43.

79. कुबेर नाथ सुकुल, वाराणसी डाउन द एजेस (पटना: के.एन. सुकुल, 1974), पृष्ठ 182.

80. एच.आर. नेविल, बनारस: ए गजेटियर, खंड XXVI (इलाहाबाद: गवर्नमेंट प्रेस, 1909), पृष्ठ 197.

81. उदय एस. कुलकर्णी, द मास्टरी ऑफ हिंदुस्तान: ट्राइंफ्स एंड ट्रैवेल्स ऑफ माधवराव पेशवा (पुणे: मुला मुथा पब्लिशर्स, 2022), पृष्ठ 492.

82. उदय एस. कुलकर्णी, द एक्स्ट्राऑर्डिनरी एपोच ऑफ़ नानासाहेब पेशवा (पुणे: मुला मुथा पब्लिशर्स, 2020), पीपी. 77-78.
83. उदय एस. कुलकर्णी, सोलस्टाइस एट पानीपत (पुणे: मुला मुथा पब्लिशर्स, 2011), पृष्ठ 66.
84. जदुनाथ सरकार (अनुवाद), दिल्ली क्रॉनिकल: 1738-1798 (सीतामऊ: एन.पी., 1940), पृष्ठ 69.
85. 1755 में मंदिर के विध्वंस के बारे में इस दुर्लभ और अज्ञात तथ्य के बारे में मुझे सूचित करने के लिए मैं डॉ. उदय कुलकर्णी का बहुत आभारी हूं। उन्होंने मेरा ध्यान सर जदुनाथ सरकार द्वारा अनुवादित एक दुर्लभ प्रकाशन, दिल्ली क्रॉनिकल (1738-1798) की ओर आकर्षित किया। इसका उल्लेख डॉ. कुलकर्णी की पुस्तक सोलस्टाइस एट पानीपत (पुणे: मुला मुथा पब्लिशर्स, 2011), पृष्ठ 66 में भी किया गया है; इसके अलावा, आशीर्वादी लाल श्रीवास्तव, शुजा-उद-दौला, खंड 1 (कलकत्ता: एस.एन. सरकार, 1939), पृष्ठ 30 में.
86. आशीर्वाददी लाल श्रीवास्तव, शुजा-उद-दौला, खंड 1 (कलकत्ता: एस.एन. सरकार, 1939), पृष्ठ 30-31.
87. वही, पृ. 492-493.
88. गोविंद सखाराम सरदेसाई, न्यू हिस्ट्री ऑफ द मराठास, खंड 3, (बॉम्बे: फीनिक्स प्रकाशन, 1948), पृष्ठ 184.
89. सोमनाथ (गुजरात), मल्लिकार्जुन (श्रीशैलम, आंध्र), महाकाल (उज्जैन), ओंकारेश्वर (ओंकार, मप्र), केदारनाथ (हिमालय), भीमाशंकर (खेड़), विश्वेश्वर (काशी), त्र्यंबकेश्वर (नासिक), वैद्यनाथ (बीड), नागेश (दारुकावन, महाराष्ट्र), रामेश्वरम (तमिलनाडु) और ग्रुशनेश्वर (वेरुल, महाराष्ट्र)।
90. बद्रीनाथ (उत्तर), द्वारका (पश्चिम), रामेश्वरम (दक्षिण), और पुरी जगन्नाथ (पूर्व)।
91. अयोध्या, मथुरा, काशी, हरिद्वार (माया), कांचीपुरम, उज्जैन (अवंतिका), और द्वारका जैसा कि गरुड़ पुराण में कहा गया है: अयोध्या मथुरा माया काशी कांची अवंतिका पुरी द्वारावती चैव सतैता मोक्ष दायिका।
92. मैथ्यू एटमोर शेरिंग, द सेक्रेड सिटी ऑफ द हिंदूज: एन अकाउंट ऑफ बनारस इन एंशिएंट एंड मॉडर्न टाइम्स (लंदन: ट्रुबनेर एंड कंपनी, 1868), पीपी. 31-32

93. मीनाक्षी जैन, फ्लाइट ऑफ डाइटिज एंड रिबर्थ ऑफ टेम्पल्स: एपिसोड्स फ्रॉम इंडियन हिस्ट्री (नई दिल्ली: आर्यन बुक्स इंटरनेशनल, 2019), पीपी. 97-98.
94. मैथ्यू एटमोर शेरिंग, द सेक्रेड सिटी ऑफ द हिंदूज: एन अकाउंट ऑफ बनारस इन एंशिएंट एंड मॉडर्न टाइम्स (लंदन: ट्रुबनेर एंड कंपनी, 1868), पीपी. 50-52.
95. शेरिंग, पृ. 31.

3. शिवलिंग की अवधारणा

1. *इसके लिए, मैं कुदाली श्रृंगेरी शंकराचार्य महासंस्थान दक्षिणाम्नाय मूला श्री शारदा पीठ के 72वें पीठाधिपति परमपूज्य श्री अभिनव शंकर भारती स्वामीजी को अपनी विनम्र श्रद्धांजलि और आभार व्यक्त करता हूं, जिन्होंने इस गहन आध्यात्मिक विषय के कई गूढ़ पहलुओं को धैर्यपूर्वक इस तरह से समझाया कि मैं उन्हें समझ कर आत्मसात कर सका।*
2. कुबेर नाथ सुकुल, वाराणसी डाउन द एजेस (पटना: के.एन. सुकुल, 1974), पृ.162.
3. देखें - https://www.esalq.usp.br/lepse/imgs/conteudo_thumb/mini/At-the-Roots-of-PlantT-Neurobiology-A-Brief-History-of-the-Biophysical-Research-of-J-C--Bose.pdf
4. स्कंद पुराण - भाग XI, पुस्तक-IV 'काशी खंड' के भाग-II उत्तरार्ध में शामिल (नई दिल्ली: मोतीलाल बनारसीदास पब्लिशर्स प्राइवेट लिमिटेड, 1955), अध्याय 73, छंद 20-26, पृ. 231-232.
5. वही, पृ. 232-233.
6. गणेश शास्त्री, नारायण भट्ट की सं. त्रिस्थली सेतु (पूना: आनंदाश्रम, 1915), पृ. 182.
7. वही, पृ.184.
8. वही, पृ.101.
9. गणेश शास्त्री, सं. नारायण भट्ट की त्रिस्थली सेतु (पूना: आनंदाश्रम, 1915), पृष्ठ 103.
10. डायना इक, बनारस: सिटी ऑफ़ लाइट (गुरुग्राम: पेंगुइन रैंडम हाउस इंडिया, 1983), पृष्ठ 351.
11. देखें, राणा पी.बी.सिंह, टुवर्ड्स द पिलग्रिमेज आर्केटाइप: द पंचक्रोशी यात्रा ऑफ बनारस (वाराणसी: इंडिका बुक्स, 2002).

12. मैथ्यू एटमोर शेरिंग, द सेक्रेड सिटी ऑफ द हिंदूज: एन अकाउंट ऑफ बनारस इन एंशिएंट एंड मॉडर्न टाइम्स (लंदन: ट्रुबनेर एंड कंपनी, 1868), पृष्ठ 47.
13. स्कंद पुराण - भाग 10, पुस्तक-IV 'काशी खंड' के भाग-I, पूर्वार्द्ध में शामिल (नई दिल्ली: मोतीलाल बनारसीदास पब्लिशर्स प्राइवेट लिमिटेड, 1953), अध्याय 33, छंद 167-172.
14. गणेश शास्त्री, सं. नारायण भट्ट की त्रिस्थली सेतु (पूना: आनंदाश्रम, 1915), पृ 166.
15. वही, पृ. 167.
16. स्कंद पुराण - भाग 10, पुस्तक-IV 'काशी खंड' के भाग-I, पूर्वार्द्ध में शामिल (नई दिल्ली: मोतीलाल बनारसीदास पब्लिशर्स प्राइवेट लिमिटेड, 1953), अध्याय 39, छंद 77-78, पृष्ठ 437
17. वही, श्लोक 93, पृ. 439.
18. गणेश शास्त्री, सं. नारायण भट्ट की त्रिस्थली सेतु (पूना: आनंदाश्रम, 1915), पृ. 183.
19. वही, पृ. 185.
20. वही, पृ. 208.
21. विष्णुप्रसाद शर्मा, सं. तीर्थ प्रकाश, मित्र मिश्र द्वारा वीर मित्रोदय की पुस्तक VII (वाराणसी: चौखंबा संस्कृत श्रृंखला, 2044वीएस.), पृष्ठ 182-183.
22. वही, पृ.186.
23. कुबेर नाथ सुकुल, वाराणसी डाउन द एजेस (पटना: के.एन. सुकुल, 1974), पृ. 178.
24. हंस बेकर, 'कन्स्ट्रक्शन एंड री-कन्स्ट्रक्शन ऑफ सेक्रड स्पेस इन वाराणसी,' नुमेन (जनवरी 1996), पृष्ठ 42.
25. बेलुरु तालुक में कॉपर प्लेट संख्या 298, छंद 45-50, एपिग्राफिका कर्नाटक खंड XV (मैसूर: मैसूर पुरातत्व सर्वेक्षण, 1943), पृष्ठ 71.
26. मोती चन्द्र, काशी का इतिहास, 6वाँ संस्करण (वाराणसी: विश्वविद्यालय प्रकाशन, 2022), पृष्ठ 190.
27. अध्याय 38, जिन विजय का वाराणसी नागरी कल्प, सं. जिन प्रभा सूरी का विविध तीर्थ कल्प (शांतिनिकेतन: सिंघी जैन ग्रंथमाला, 1986), पृ. 72-74.
28. के.वी. रंगास्वामी अयंगर, सं. तीर्थ विवेचना कांड, भट्ट श्री लक्ष्मीधर द्वारा कृत्यकल्पतरु पुस्तक-8 (बड़ौदा: ओरिएंटल इंस्टीट्यूट, 1942), पृष्ठ 93.

29. के.वी. रंगास्वामी अयंगर, सं. तीर्थ विवेचना कांड, भट्ट श्री लक्ष्मीधर द्वारा कृत्यकल्पतरु पुस्तक-8 (बड़ौदा: ओरिएंटल इंस्टीट्यूट, 1942), पृष्ठ 108-109.
30. कमलाकृष्ण स्मृतितीर्थ, सं. वाचस्पति मिश्र की तीर्थ चिंतामणि (कलकत्ता: एशियाटिक सोसाइटी, 1912), पृष्ठ 360.
31. गणेश शास्त्री, सं. नारायण भट्ट की त्रिस्थली सेतु (पूना: आनंदाश्रम, 1915), पृष्ठ 296.
32. विष्णुप्रसाद शर्मा, सं. तीर्थ प्रकाश, मित्र मिश्र द्वारा वीर मित्रोदय की पुस्तक VII (वाराणसी: चौखंबा संस्कृत श्रृंखला, 2044वीएस.), पृष्ठ 187.
33. वही, पृष्ठ 219.
34. कुबेर नाथ सुकुल, वाराणसी डाउन द एजेस (पटना: के.एन. सुकुल, 1974), पृष्ठ 181.
35. अतीत के कई विद्वान और समकालीन विद्वान, जैसे कि माधुरी देसाई, नारायण भट्ट जैसे 'स्व-प्रेरित ब्राह्मण कार्यकर्ताओं' की कुछ कल्पित और षडयंत्रकारी साजिशों की ओर इशारा करती हैं, ताकि विश्वेश्वर के लिए एक भव्य मंदिर के निर्माण की परियोजना को आगे बढ़ाया जा सके। देसाई जैसे विद्वान मूर्तिभंजन की पूरी तरह से उपेक्षा करती हैं और यहां तक कि 'शहर के साथ औरंगज़ेब के रिश्ते को, कम से कम, जटिल' घोषित करती हैं। भयावह रूप से, वह औरंगज़ेब को भी श्रेय देती है, जिसने मंदिर के निराकरण के माध्यम से विश्वेश्वर के महत्व को एक निर्विवाद केंद्रीय, आधार छवि में बदल दिया। वह नए मंदिर को 'विजयी मुगल विश्वव्यापीवाद' के पुनरुत्थान केंद्र के रूप में देखती है! सच्चाई से दूर तथा इससे ज्यादा हास्यास्पद कुछ नहीं हो सकता, जैसा कि इस और पिछले अध्यायों के जटिल तथ्यों से पता चलता है। होयसल राजा, गुजराती व्यापारी, या बंगाल सेन शासक, सभी मुगलों या नारायण भट्ट से पहले के थे और फिर भी विश्वेश्वर की पूजा करते थे। बड़े-बड़े बयान दिए गए हैं कि मुगल राज्य ने अंतरगृह क्षेत्र में मंदिर के आसपास वाणिज्यिक केंद्रों के विकास को प्रोत्साहित किया था - इनमें से कोई भी प्रमाण या साक्ष्य द्वारा समर्थित नहीं है और केवल पक्षपातपूर्ण अनुमान तथा उपजाऊ कल्पना है। यह कई पश्चिमी विद्वानों के पैटर्न का अनुसरण करता है जिन्होंने विशेष रूप से काशी पर अपनी विद्वता और लेखन का समावेश किया है; साथ ही इसके महत्व को कम करने की कोशिश की है, और मुगलों की बर्बरता तथा विनाश के दृश्य प्रतीकों के बावजूद उनका महिमामंडन करते हैं।
36. कुबेर नाथ सुकुल, वाराणसी डाउन द एजेस (पटना: के.एन. सुकुल, 1974), पृष्ठ 175.

37. गणेश शास्त्री, सं. नारायण भट्ट की त्रिस्थली सेतु (पूना: आनंदाश्रम, 1915), पृष्ठ 150.
38. वही, पृ.149.
39. मंदिर निर्माण के इन पहलुओं में मेरा मार्गदर्शन करने के लिए मैं प्रोफेसर के.एस. कन्नन और डॉ. मीरा एच.आर. का बहुत आभारी हूं।
40. दामोदर गुप्ता, कुट्टनीमतम् (वाराणसी: कृष्णदास अकादमी, 1991), छंद 3-18.
41. सैमुअल बील, बुद्धिस्ट रिकॉर्ड्स ऑफ द वेस्टर्न वर्ल्ड, पुस्तक-VII (लंदन: ट्रुबनेर एंड कंपनी, 1884), पीपी 44-45.
42. कुबेर नाथ सुकुल, वाराणसी डाउन द एजेस (पटना: के.एन. सुकुल, 1974), पृ.178.
43. यह अर्घ मूल विश्वेश्वर मंदिर का था जिसे ऐबक ने 1194 ई. में नष्ट कर दिया था और जिसका उपयोग नारायण भट्ट द्वारा निर्मित मंदिर में भी किया गया था, लेकिन पुनः 1669 में औरंगज़ेब द्वारा ध्वस्त कर दिया गया। लेखक को इस बात की जानकारी काशी के आदि विश्वेश्वर मंदिर के वर्तमान पुजारी पं. सिद्धार्थ दवे ने दी।
44. पं. सिद्धार्थ दवे के साथ लेखक का साक्षात्कार। यह भी देखें, https://pragyata.com/do-you-know-where-the-original-idol-of-shringar-gauri-is/.
45. मैथ्यू एटमोर शेरिंग, द सेक्रेड सिटी ऑफ द हिंदूज: एन अकाउंट ऑफ बनारस इन एंशिएंट एंड मॉडर्न टाइम्स (लंदन: ट्रुबनेर एंड कंपनी, 1868), पीपी. 54-55.
46. डायना इक, बनारस: सिटी ऑफ लाइट (गुरुग्राम: पेंगुइन रैंडम हाउस इंडिया, 1983), पृष्ठ 133.
47. कुबेर नाथ सुकुल, वाराणसी डाउन द एजेस (पटना: के.एन. सुकुल, 1974), पृ.177.
48. नंबर 42, नंबर 35-7-ए-जजमेंट, सिविल सूट नंबर 62, 1936.
49. स्कंद पुराण - भाग XI, पुस्तक-IV 'काशी खंड' के भाग-II उत्तरार्ध में शामिल (नई दिल्ली: मोतीलाल बनारसीदास पब्लिशर्स प्राइवेट लिमिटेड, 1955), अध्याय 97, छंद 51-54, पृ. 448.

4. टिंडरबॉक्स में चिंगारी

1. कैथरीन रिओर की अप्रकाशित थीसिस देखें, द ब्रिटिश एडमिनिस्ट्रेशन ऑफ हिंदूइज्म इन नॉर्दन इंडिया, 1780-1900, डॉक्टरेट थीसिस के लिए कैम्ब्रिज विश्वविद्यालय को प्रस्तुत, 1990, पृष्ठ 57.

2. एच.आर. नेविल, बनारस: ए गजेटियर, खंड XXVI (इलाहाबाद: गवर्नमेंट प्रेस, 1909), पृष्ठ 207.
3. डायना इक, बनारस: सिटी ऑफ लाइट (गुरुग्राम: पेंगुइन रैंडम हाउस इंडिया, 1983), पृष्ठ.196.
4. मैथ्यू एटमोर शेरिंग, द सेक्रेड सिटी ऑफ द हिंदूज: एन अकाउंट ऑफ बनारस इन एंशिएंट एंड मॉडर्न टाइम्स (लंदन: ट्रूबनेर एंड कंपनी, 1868), पृष्ठ 191.
5. फिल रॉबिन्सन, 'द बनारस रायट्स ऑफ 1809-1811', कलकत्ता रिव्यू (जुलाई 1877), पीपी. 92-119, पृष्ठ 96.
6. वही, पृष्ठ 98.
9. मैथ्यू एटमोर शेरिंग, द सेक्रेड सिटी ऑफ द हिंदूज: एन अकाउंट ऑफ बनारस इन एंशिएंट एंड मॉडर्न टाइम्स (लंदन: ट्रूबनेर एंड कंपनी, 1868), पीपी. 193-195.
10. फिल रॉबिन्सन, 'द बनारस रायट्स ऑफ 1809-1811', कलकत्ता रिव्यू (जुलाई 1877), पीपी. 92-119, पृष्ठ 100.
11. फिल रॉबिन्सन, पृष्ठ 100.
12. फिल रॉबिन्सन, पृष्ठ 101.
13. फिल रॉबिन्सन, पीपी. 110-111.
14. फिल रॉबिन्सन, पीपी. 103-104.
15. फिल रॉबिन्सन, पृष्ठ 112.
16. फिल रॉबिन्सन, पीपी 113-114.
17. फिल रॉबिन्सन, पृष्ठ 105.
18. नंबर 42, नंबर 35-7-ए-जजमेंट, 1936 का सिविल सूट नंबर 62.
19. 1942 एससीसी ऑनलाइन इलाहाबाद 56: ए.आई.आर.1942 इलाहाबाद 353, पैरा 5.
20. नंबर 42, नंबर 35-7-ए-जजमेंट, 1936 का सिविल सूट नंबर 62.
21. 1942 एससीसी ऑनलाइन इलाहाबाद 56: ए.आई.आर.1942 इलाहाबाद 353, पैरा 5.
22. नंबर 42, नंबर 35-7-ए-जजमेंट, 1936 का सिविल सूट नंबर 62.
23. नंबर 42, नंबर 35-7-ए-जजमेंट, 1936 का सिविल सूट नंबर 62.
24. नंबर 42, नंबर 35-7-ए-जजमेंट, 1936 का सिविल सूट नंबर 62.
25. मैथ्यू एटमोर शेरिंग, द सेक्रेड सिटी ऑफ द हिंदूज: एन अकाउंट ऑफ बनारस इन एंशिएंट एंड मॉडर्न टाइम्स (लंदन: ट्रूबनेर एंड कंपनी, 1868), पीपी. 52-53.

26. नंबर 42, नंबर 35-7-ए-जजमेंट, 1936 का सिविल सूट नंबर 62
27. इस्लाम में वह अधिकारी जो मुसलमानों को प्रार्थना करने के लिए बुलाता है।
28. नंबर 42, नंबर 35-7-ए-जजमेंट, 1936 का सिविल सूट नंबर 62.
29. नंबर 42, नंबर 35-7-ए-जजमेंट, 1936 का सिविल सूट नंबर 62.
30. नंबर 42, नंबर 35-7-ए-जजमेंट, 1936 का सिविल सूट नंबर 62.
31. नंबर 42, नंबर 35-7-ए-जजमेंट, 1936 का सिविल सूट नंबर 62.
32. नंबर 42, नंबर 35-7-ए-जजमेंट, 1936 का सिविल सूट नंबर 62.
33. नंबर 42, नंबर 35-7-ए-जजमेंट, 1936 का सिविल सूट नंबर 62.
34. नंबर 42 नंबर 35-7-ए-जजमेंट, 1936 का सिविल सूट नंबर 62.
35. नंबर 42, नंबर 35-7-ए-जजमेंट, 1936 का सिविल सूट नंबर 62.
36. नंबर 42, नंबर 35-7-ए-जजमेंट, 1936 का सिविल सूट नंबर 62.

5. कानूनी विवाद का आरंभ

1. 1936 के सिविल सूट संख्या 62 का वाद, पैरा 7.
2. 1936 के सिविल सूट संख्या 62 का वाद, पैरा 4.
3. वही, पैरा 13.
4. 1936 के सिविल सूट नंबर 62, पैरा 2 में प्रतिवादी 1 का डब्ल्यूएस.
5. वही, पैरा 5 एवं 8.
6. वही, पैरा 12.
7. वही, पैरा 12.
8. परिशिष्ट ए-4; गौरी शंकर का साक्ष्य, 1936 का सिविल सूट नंबर 62.
9. परिशिष्ट ए-5; बी. मंगला प्रसाद का साक्ष्य, 1936 का सिविल सूट नंबर 62.
10. वही.
11. परिशिष्ट ए-6; पंडित माधो राम साद का साक्ष्य, 1936 का सिविल सूट नंबर 62.
12. परिशिष्ट ए-7; आर.बी. जगन्नाथ प्रसाद मेहता का साक्ष्य, 1936 का सिविल सूट नंबर 62.
13. परिशिष्ट ए-15; रघुनंदन उपाध्याय का साक्ष्य, 1936 का सिविल सूट नंबर 62.
14. नंबर 111-ए-2-पी.डब्ल्यू. 17- मिर्जा असगर हुसैन की गवाही, 1936 का सिविल सूट नंबर 62.
15. क्रमांक 143-ए-2-पी.डब्लू. 24- मोहम्मद अमानत उल्लाह की गवाही, 1936 का सिविल सूट नंबर 62.

16. क्रमांक 362-सी: शाह गियास आलम के उत्तरों के साथ पूछताछ, 1936 का सिविल सूट नंबर 62.
17. क्रमांक 158-ए-2-पी.डब्लू. 35: एम. अब्दुल अज़ीज़ की गवाही, 1936 का सिविल सूट नंबर 62.
18. नंबर 94-ए-2: मोहम्मद इकराम खान की गवाही, 1936 का सिविल सूट नंबर 62.
19. नंबर 98-ए-2: मिर्जा नजीर-उद्दीन अहमद का बयान, 1936 का सिविल सूट नंबर 62.
20. परिशिष्ट पी-16; डॉ. परमात्मा सरन का साक्ष्य, 1936 का सिविल सूट नंबर 62.
22. जहीरुद्दीन फारुकी, औरंगज़ेब एंड हिज टाइम्स (बॉम्बे: डी.बी. तारापोरवाला एंड संस, 1935), पृष्ठ 127.
23. वही, पृ.128.
24. जहीरुद्दीन फारुकी, औरंगज़ेब एंड हिज टाइम्स (बॉम्बे: डी.बी. तारापोरवाला एंड संस, 1935), पृष्ठ 129.
25. वही, पृ.130.
26. नंबर 42, नंबर 35-7-ए- जजमेंट, 1936 का सिविल सूट नंबर 62.
27. नंबर 42, नंबर 35-7-ए- जजमेंट, 1936 का सिविल सूट नंबर 62.
28. ई.बी. हैवेल, बनारस द सेक्रेड सिटी: स्केचेस ऑफ हिंदू लाइफ एंड रिलिजन, द्वितीय संस्करण (कलकत्ता: ठाकर, स्पिंक एंड कंपनी, 1905), पीपी. 201-202.
29. नंबर 42, नंबर 35-7-ए- जजमेंट, 1936 का सिविल सूट नंबर 62.
30. नंबर 42, नंबर 35-7-ए- जजमेंट, 1936 का सिविल सूट नंबर 62.
31. नंबर 42, नंबर 35-7-ए- जजमेंट, 1936 का सिविल सूट नंबर 62.
32. 1942 एससीसी ऑनलाइन इलाहाबाद 56: ए.आई.आर. 1942 इलाहाबाद 353, पैरा 11.
33. 1942 एससीसी ऑनलाइन इलाहाबाद 56: ए.आई.आर. 1942 इलाहाबाद 353, पैरा 14.
34. 1942 एससीसी ऑनलाइन इलाहाबाद 56: ए.आई.आर. 1942 इलाहाबाद 353, पैरा 15.
35. 1942 एससीसी ऑनलाइन इलाहाबाद 56: ए.आई.आर. 1942 इलाहाबाद 353, पैरा 17.

6. स्वतंत्र भारत में

1. महात्मा गांधी के संकलित कार्य, खंड XIII, पृष्ठ 210-216.
2. के.एम.मुंशी, पिल्ग्रिमेज टू फ्रीडम, खंड 1, द्वितीय संस्करण (दिल्ली: भवन, 2018), पीपी. 227-228.

3. सलेक्टेड वर्क्स ऑफ जवाहरलाल नेहरू, द्वितीय श्रृंखला खंड XVI, भाग I (नई दिल्ली: जे.एल.नेहरू मेमोरियल फंड, 1994), पृष्ठ 603.
4. वही, पृ.610.
5. देखें, आर.एल. हांडा, राजेंद्र प्रसाद: ट्वेल्व इयर्स ऑफ ट्रायम्फ एंड डेस्पेयर (नई दिल्ली: स्टर्लिंग पब्लिशर्स प्राइवेट लिमिटेड, 1978), पीपी. 50-51
6. वही, पृ.51; के.एम.मुंशी, पिल्ग्रिमेज टू फ्रीडम, खंड 1, पृष्ठ 288.
7. के.एम. मुंशी, सोमनाथ: द श्राइन इटरनल, तृतीय संस्करण (बॉम्बे: भारतीय विद्या भवन, 1965), पृष्ठ 178.
8. के.एम.मुंशी, सोमनाथ: द श्राइन इटरनल, तृतीय संस्करण (बॉम्बे: भारतीय विद्या भवन, 1965), पृष्ठ 178.
9. आनंद रंगनाथन, हिंदूज़ इन हिंदू राष्ट्र, (नोएडा: ब्लूवन इंक, 2022), पृष्ठ 7.
10. आनंद रंगनाथन, हिंदूज़ इन हिंदू राष्ट्र, (नोएडा: ब्लूवन इंक, 2022), पृष्ठ 7.
11. बी.एन.पांडे, इस्लाम एंड इंडियन कल्चर (पटना: खुदा बख्श ओरिएंटल पब्लिक लाइब्रेरी, 1987), पृष्ठ 44-45.
12. कोएनराड एल्स्ट, अयोध्या, द केस अगेंस्ट द टेम्पल (नई दिल्ली: वॉयस ऑफ इंडिया, 2002), पृष्ठ 68.
13. वही.
14. पट्टाभि सीतारमैया, फेदर्स एंड स्टोन्स (बॉम्बे: पद्मा प्रकाशन, 1946), पृष्ठ 178.
15. जी. चक्रवर्ती, "बीजेपी/आरएसएस एंड डिसटॉर्शन ऑफ हिस्ट्री", प्रतुल लाहिड़ी सं. 'सलेक्टेड राइटिंग्स ऑन कम्युनलिज्म' में संकलित, (दिल्ली: पीपल्स पब्लिशिंग हाउस, 1994), पृष्ठ 168.
16. के.एन.पणिक्कर, "व्हाट इज कम्युनलिज्म टुडे?", प्रतुल लाहिड़ी सं. 'सलेक्टेड राइटिंग्स ऑन कम्युनलिज्म' में संकलित, (दिल्ली: पीपल्स पब्लिशिंग हाउस, 1994), पृष्ठ 73.
17. उत्तर प्रदेश श्री काशी विश्वनाथ मन्दिर अधिनियम, 1983, अध्याय 1, खण्ड 4(9).
18. 1954 एससीआर 1005: एआईआर 1954 एससी 282.
19. एससीसी 606(1997), पैरा 33.
20. 1991 का सूट नंबर 610, पैरा 13.
21. 1991 का सूट नंबर 610, पैरा 27-ए.
22. https://swarajyamag.com/ideas/the-places-of-worship-act-a-historical-wrong
23. https://swarajyamag.com/ideas/the-places-of-worship-act-a-historical-wrong

24. अतिरिक्त दलील पैरा 32, यूपी सुन्नी सेंट्रल वक़्फ़ बोर्ड की ओर से लिखित बयान, 1991 का मुकदमा संख्या 610.
25. पैरा 20, यूपी सुन्नी सेंट्रल वक़्फ़ बोर्ड की ओर से लिखित बयान, 1991 का मुकदमा संख्या 610.
26. पैरा 27-ए, यूपी सुन्नी सेंट्रल वक़्फ़ बोर्ड की ओर से लिखित बयान, 1991 का मुकदमा संख्या 610.
27. मुकदमा संख्या 637, 1996: 6-12-2014 को डिफ़ॉल्ट रूप से खारिज कर दिया गया।
28. https://www.indiatoday.in/india/story/kashi-vishwanath-dham-varanasi-witnesses-record-crore-devotees-in-2-years-2474115-2023-12-10
29. https://www.ndtv.com/india-news/what-is-kashi-vishwanath-corridor-project-explained-in-5-points-2648407
30. https://www.thehindu.com/news/national/other-states/kashi-demolitions-reveal-faultlines/article26039411.ece
31. देखें- https://fiftytwo.in/story/believers/
32. https://www.business-standard.com/article/pti-stories/demolition-of-temples-in-varanasi-figures-in-up-legislature-118122000606_1.html
33. https://www.myind.net/Home/viewArticle/brouhaha-over-kashi-vishwanath-corri dor
34. https://www.firstpost.com/india/in-narendra-modis-constituency-of-varanasi-demolition-of-250-year-old-buildings-for-religious-corridor-creates-resentment-6452181.html
35. https://swarajyamag.com/culture/kashi-liberating-vishwanath-temple-from-the-recent-past-that-imprisoned-its-eternal-presence
36. https://www.myind.net/Home/viewArticle/brouhaha-over-kashi-vishwanath-corridor
37. https://www.narendramodi.in/prime-minister-narendra-modi-inaugurates-renovated-kashi-vishwanath-dham-corridor-558893
38. https://www.indiatoday.in/india/story/kashi-vishwanath-dham-varanasi-witnesses-record-crore-devotees-in-2-years-2474115-2023-12-10

7. तीव्र विधिक संघर्ष

1. आवेदन संख्या 266-ग का निस्तारण, मूल वाद संख्या 610/1991.
2. आवेदन संख्या 266-ग का निस्तारण, मूल वाद संख्या 610/1991; आदेश पैरा VI.

3. अधिक जानकारी के लिए देखें, https://www.nrcs.usda.gov/sites/default/files/2022-12/GPR%20Fact%20Sheet_2022%2011%202022.pdf
4. देखें काशी खंड (उत्तरार्ध), अध्याय 100, श्लोक 67-73, पृष्ठ 456.
5. आदेश 7, नियम 11 (डी), सीपीसी, पैरा 15 (i) के तहत प्रतिवादी संख्या 4 द्वारा आवेदन पर वादी द्वारा आपत्ति/उत्तर।
6. आदेश 7, नियम 11 (डी), सीपीसी, पैरा 15 (iii) के तहत प्रतिवादी संख्या 4 द्वारा आवेदन पर वादी द्वारा आपत्ति/उत्तर।
7. श्री हरि शंकर जैन के साथ लेखक का साक्षात्कार
8. दिनांक 8-4-2021 को न्यायाधीश रवि कुमार दिवाकर का आदेश 693/2021.
9. श्री हरि शंकर जैन के साथ लेखक का साक्षात्कार
10. देखें, प्रबंधन समिति, एआईएम, वाराणसी द्वारा 2022 की याचिका 2946.
11. प्रबंधन समिति, एआईएम, वाराणसी द्वारा याचिका 2946/2022, पैरा 31-33.
12. देखें, माननीय न्यायाधीश जे.जे. मुनीर, इलाहाबाद उच्च न्यायालय में अनुच्छेद 227 के तहत, मामला संख्या 2946/2022.
14. श्री हरि शंकर जैन के साथ लेखक का साक्षात्कार।
15. श्री हरि शंकर जैन के साथ लेखक का साक्षात्कार।
16. श्री हरि शंकर जैन एवं श्री विष्णु शंकर जैन के साथ लेखक का साक्षात्कार।
17. https://timesofindia.indiatimes.com/city/varanasi/advocate-commissioner-begins-survey-of-gyanvapi-premises-amid-tight-security/articleshow/91380688.cms
18. https://www.timesnownews.com/india/varanasi-advocate-commissioner-to-survey-maa-shringar-gauri-sthal-at-kashi-vishwanath-gyanvapi-complex-today-article-91362189
19. https://www.timesnownews.com/india/varanasi-advocate-commissioner-to-survey-maa-shringar-gauri-sthal-at-kashi-vishwanath-gyanvapi-complex-today-article-91362189
20. श्री हरि शंकर जैन के साथ लेखक का साक्षात्कार।
21. https://timesofindia.indiatimes.com/city/varanasi/advocate-commissioner-begins-survey-of-gyanvapi-premises-amid-tight-security/articleshow/91380688.cms
22. श्री हरि शंकर जैन के साथ लेखक का साक्षात्कार।
23. श्री हरि शंकर जैन के साथ लेखक का साक्षात्कार।

24. श्री हरि शंकर जैन के साथ लेखक का साक्षात्कार।
25. https://www.hindustantimes.com/india-news/varanasi-court-removes-gyanvapi-survey-s-commissioner-101652815960736.html
26. https://www.hindustantimes.com/india-news/varanasi-court-removes-gyanvapi-survey-s-commissioner-101652815960736.html
27. एनडीटीवी पर मिश्रा का साक्षात्कार देखें: https://www.ndtv.com/india-news/have-done-no-wrong-says-officer-who-led-filming-in-gyanvapi-mosque-2984122 और https://www.deccanherald.com/india/i-hired-photographer-he-cheated-says-dismissed-gyanvapi-mosque-survey-commissioner-1110260.html
28. यह खंड, दिनांक 14 मई 2022 को अदालत में प्रस्तुत आयोग की रिपोर्ट (हिंदी में) 693/2021 में से लिया गया है।
29. श्री हरि शंकर जैन के साथ लेखक का साक्षात्कार।
30. यह खंड भी काफी हद तक दिनांक 14 मई 2022 को अदालत में प्रस्तुत आयोग की रिपोर्ट (हिंदी में) 693/2021 में से लिया गया है।
31. श्री विष्णु शंकर जैन के साथ लेखक का साक्षात्कार।
32. https://www.firstpost.com/india/explained-what-is-a-wazukhana-Which-is-at-the-centre-of-the-gyanvapi-mosque-dispute-10697591.html
33. https://www.deccanherald.com/india/gyanvapi-mosque-survey-varanasi-court-removes-ajay-mishra-as-advoate-commissioner-1110039.html
34. श्री हरि शंकर जैन के साथ लेखक का साक्षात्कार।
35. श्री हरि शंकर जैन के साथ लेखक का साक्षात्कार।
36. https://www.indiatvnews.com/news/india/opinion-gyanvapi-mosque-how-shivling-was-found-inside-wazukhana-ablution-pod-aaj-ki-baat-blog-post-2022-05-17-777229
37. https://www.indiatvnews.com/news/india/opinion-gyanvapi-mosque-how-shivling-was-found-inside-wazukhana-ablution-pod-aaj-ki-baat-blog-post-2022-05-17-777229
38. https://twitter.com/asadowaisi/status/1526125167394422784?lang=en
39. https://www.indiatvnews.com/news/india/opinion-gyanvapi-mosque-how-shivling-was-found-inside-wazukhana-ablution-pod-aaj-ki-baat-blog-post-2022-05-17-777229
40. https://www.indiatvnews.com/news/india/opinion-gyanvapi-mosque-how-shivling-was-found-inside-wazukhana-ablution-pod-aaj-ki-baat-blog-post-2022-05-17-777229

41. https://economictimes.indiatimes.com/news/politics-and-nation/tmc-mp-mahua-moitra-lands-in-a-controversy-after-tweeting-picture-of-barc/articleshow/9166230.cms
42. https://indianexpress.com/article/cities/mumbai/rss-chief-mohan-bhagwat-no-more-andolan-shivling-mosque-7949964/
43. भारत के माननीय मुख्य न्यायाधीश और भारत के सर्वोच्च न्यायालय के उनके साथी न्यायाधीशों के लिए भारत के संविधान के अनुच्छेद 136 के तहत सर्वोच्च न्यायालय नियम, 2013 के आदेश XXI नियम 3 (1) (ए) के साथ पठित विशेष अनुमति याचिका (स्पेशल लीव पीटिशन)।
44. भारत के सर्वोच्च न्यायालय में 2022 की विशेष अनुमति याचिका (सी) संख्या 9388.
45. https://www.livelaw.in/high-court/allahada-high-court/allahada-high-court-gyanvapi-title-dispute-cases-rejects-anjuman-masjid-committee-defer-hearing-october-4-238766
46. देखें, इलाहाबाद उच्च न्यायालय के मुख्य न्यायाधीश के दिनांक 28 अगस्त 2023 के आदेश का पैरा 17; यह भी देखें https://www.livelaw.in/high-court/allahabad-high-court/allahabad-high-court-gyanvapi-kashi-title-procedural-aberration-jurisdictional-impropriety-withdrawal-cases-237535
47. https://www.livelaw.in/high-court/allahabad-high-court/allahabad-high-court-gyanvapi-title-dispute-cases-rejects-anjuman-masjid-committee-defer-hearing-october-4-238766
48. https://www.livelaw.in/top-stories/gyanvapi-dispute-supreme-court-dismisses-mosque-committees-challenge-to-allahabad-hc-cj-transferring-case-to-himself-from-another-bench-241518
49. https://www.livelaw.in/top-stories/gyanvapi-dispute-supreme-court-dismisses-mosque-committees-challenge-to-allahabad-hc-cj-transferring-case-to-himself-from-another-bench-241518
50. https://www.ndtv.com/india-news/allahabad-high-court-rejects-mosque-committee-plea-allows-civil-suits-seeking-restoration-of-temple-at-varanasis-gyanvapi-4701299
51. देखें,https://www.livemint.com/news/india/gyanvapi-mosque-controversy-why-archaeological-survey-of-the-religious-site-was-requested-11690179229101.html
52. https://www.thehindu.com/news/national/gyanvyapi-mosque-court-rejects-plea-seeking-asi-survey-inside-wazukhana/article67447065.ece

53. https://theprint.in/judiciary/necessary-for-justice-allahabad-hc-rejects-gyanvapi-mosque-committees-appeal-against-asi-survey/1698751/
54 .https://theprint.in/judiciary/necessary-for-justice-allahabad-hc-rejects-gyanvapi-mosque-committees-appeal-against-asi-survey/1698751/
55. https://www.livemint.com/news/india/gyanvapi-mosque-masjid-temple-mandir-news-asi-case-11691459605455.html
56. https://timesofindia.indiatimes.com/india/gyanvapi-plea-against-survey-likely-in-supreme-court-today/articleshow/102064447.cms?from=mdr
57. https://theprint.in/judiciary/whats-frivolous-to-you-is-faith-to-other-side-sc-junks-mosque-panel-plea-to-stop-gyanyapi-survey/1700777/
58. https://www.livemint.com/news/india/gyanvapi-mosque-masjid-temple-mandir-news-asi-case-11691459605455.html
59. श्री हरि शंकर जैन के साथ लेखक का साक्षात्कार।

उपसंहार

1. https://timesofindia.indiatimes.com/india/after-7-extensions-asi-submits-survey-report-on-gyanvapi/articleshow/106103544.cms?from=mdr
2. https://www.deccanherald.com/india/uttar-pradesh/gyanvapi-mosque-survey-court-to-announce-on-jan-5-when-asi-report-will-be-made-public-2835527
3. https://timesofindia.indiatimes.com/india/court-verdict-on-asi-gyanvapi-report-petition-on-january-24/articleshow/106602905.cms?from=mdr
4. https://isha.sadguru.org/mahashivratri/shiva/what-makes-nandi-a-meditative-bull/
5. आनंद रंगनाथन, हिंदूज़ इन हिंदू राष्ट्र (नोएडा: ब्लूवन इंक, 2022), पृष्ठ 65.

ग्रंथ सूची

अहमद, इम्तियाज; सं., रिचुअल एंड रिलिजन अमंग मुस्लिम्स इन इंडिया (नई दिल्ली: मनोहर, 1981)।

अहमद, कयामुद्दीन, सं., इंडिया बाई अल-बिरूनी (नई दिल्ली: नेशनल बुक ट्रस्ट इंडिया, 1983)।

अल्टेकर, ए.एस., हिस्ट्री ऑफ़ बनारस: फ्रॉम द अर्लीएस्ट टाइम्स डाउन टू 1937 (वाराणसी:

बनारस हिंदू विश्वविद्यालय, 1937)।

बॉल वी. और क्रुक, विलियम, सं. ट्रेवल्स इन इंडिया बाई जीन-बैप्टिस्ट टैवर्नियर, खंड 2, द्वितीय संस्करण (लंदन: ऑक्सफोर्ड यूनिवर्सिटी प्रेस, 1925)।

बेकर, हंस, 'कन्स्ट्रक्शन एंड री-कन्स्ट्रक्शन ऑफ सेक्रड स्पेस इन वाराणसी,' नुमेन (जनवरी 1996)।

बील, सैमुअल, बुद्धिष्ट रिकॉड्र्ज़ ऑफ़ द वेस्टर्न वर्ल्ड, पुस्तक-VII (लंदन: ट्रुबनेर एंड कंपनी, 1884)।

बर्नियर, फ्रांकोइस, ट्रेवल्स इन द मुगल एम्पायर: ए.डी. 1668-1656 (लंदन: ऑक्सफोर्ड यूनिवर्सिटी प्रेस, 1916)।

बायर्स, विलियम, रिकलेक्शंस ऑफ नॉर्दर्न इंडिया (लंदन: जॉन स्नो, 1848)।

चंद्रा, मोती, काशी का इतिहास, छठा संस्करण (वाराणसी: विश्वविद्यालय प्रकाशन, 2022)।

कलेक्टेड वर्क्स ऑफ महात्मा गांधी, खंड XIII (नई दिल्ली: प्रकाशन प्रभाग, 1964)।

कनिघम, अलेक्जेंडर, रिपोर्ट्स ऑफ टूअर्स इन द गंगेटिक प्रोविन्सेस फ्रॉम बदायूँ टू बिहार इन 76-1875 एंड 78-1877, खंड XI (कलकत्ता: भारतीय पुरातत्व सर्वेक्षण, 1880)।

डेविडसन, सी.जे.सी., डायरी ऑफ़ ट्रेवल्स एंड एडवेंचर्स इन अपर इंडिया (लंदन: हेनरी कोलबर्न, 1843)।

देसाई, माधुरी, बनारस रिकंस्ट्रक्टेड: आर्किटेक्चर एंड सेक्रेड स्पेस इन अ हिंदू होली सिटी (सिएटल और लंदन: वाशिंगटन विश्वविद्यालय प्रेस, 2017)।

डॉव, अलेक्जेंडर, अनु. द हिस्ट्री ऑफ हिंदोस्तान: फ्रॉम द अर्लीएस्ट अकाउंट ऑफ टाइम टू द डेथ ऑफ अकबर, खंड1- (लंदन: टी. बेकेट और पी.ए. डी. होंड्ट, 1768)।

इक, डायना, बनारस: सिटी ऑफ लाइट (गुरुग्राम: पेंगुइन रैंडम हाउस, 1983)।

इलियट, एच.एम. एंड डाउसन, जॉन, द हिस्ट्री ऑफ इंडिया एज टोल्ड बाइ इट्स ओन हिस्टोरियंस, खंड-II (लंदन: ट्रुबनेर एंड कंपनी, 1869)।

इलियट, एच.एम. एंड डाउसन, जॉन, द हिस्ट्री ऑफ इंडिया एज टोल्ड बाइ इट्स ओन हिस्टोरियंस, खंड-III (लंदन: ट्रुबनेर एंड कंपनी, 1871)।

इलियट, एच.एम. एंड डाउसन, जॉन, द हिस्ट्री ऑफ इंडिया एज टोल्ड बाइ इट्स ओन हिस्टोरियंस, खंड-IV (लंदन: ट्रुबनेर एंड कंपनी, 1872)।

इलियट, एच.एम. एंड डाउसन, जॉन, द हिस्ट्री ऑफ इंडिया एज टोल्ड बाइ इट्स ओन हिस्टोरियंस, खंड-VII (लंदन: ट्रुबनेर एंड कंपनी, 1877)।

एपिग्राफिका कार्नेटिका, खंड XV (मैसूर: मैसूर पुरातत्व सर्वेक्षण, 1943)।

एपिग्राफिका इंडिका, खंड IX, 08-1907 (नई दिल्ली: भारतीय पुरातत्व सर्वेक्षण, 1981)।

एपिग्राफिका इंडिका, खंड XIV, 18-1917 (कलकत्ता: भारतीय पुरातत्व सर्वेक्षण, एन.डी.)।

फारुकी, जहीरुद्दीन, औरंगज़ेब एंड हिज टाइम्स (बॉम्बे: डी.बी. तारापोरवाला एंड संस, 1935)।

फॉसबोल, वी., एड., द जातक (लंदन: केगन पॉल ट्रेंच ट्रबनर एंड कंपनी, 97-1875)।

फ़ुहरर, एंटोन, द शर्की आर्किटेक्चर ऑफ जौनपुर (लंदन: ट्रुबनेर एंड कंपनी, 1889)।

———, द मोनुमेंटल एंटीक्विटीज एंड, इंस्क्रिपशंस इन द नार्थ-वेस्टर्न प्रोविन्सेस एंड; अवध (इलाहाबाद: गवर्नमेंट प्रेस, 1891)।

ग्रीव्स, एडविन, काशी द सिटी इलस्ट्रियस ऑर बनारस (इलाहाबाद: द इंडियन प्रेस, 1909)।

हांडा, आर.एल., राजेंद्र प्रसाद: ट्वेल्व इयर्स ऑफ ट्राइंफ एंड डेस्पेयर (नई दिल्ली: स्टर्लिंग पब्लिशर्स प्राइवेट लिमिटेड, 1978)।

हैनलॉन, रोज़ालिंड ओ', 'लेटर्स होम: बनारस पंडित्स एंड द मराठा रीजन्स इन अर्ली मॉडर्न इंडिया,' मॉडर्न एशियन स्टडीज़ 2010) 2 :44), पृष्ठ 240-201।

———, 'स्पीकिंग फ्रॉम शिवा'ज टेम्पल: बनारस स्कॉलर हाउसहोल्ड्स एंड द ब्राह्मण "एक्यूमेने" ऑफ मुगल इंडिया', साउथ एशियन हिस्ट्री एंड कल्चर 2:2 (मार्च 2011), पृष्ठ 277-253।

हैवेल, ई.बी., बनारस द सेक्रेड सिटी: स्केचेज़ ऑफ हिंदू लाइफ एंड रिलिजन, (लंदन: ब्लैकी एंड सन लिमिटेड, 1905)।

हेबर, रेगिनाल्ड, नैरेटिव ऑफ ए जर्नी थ्रू द अपर प्रोविंसेज ऑफ इंडिया, वॉल्यूम 1 (लंदन: जॉन मरे, 1856)।

———, नैरेटिव ऑफ ए जर्नी थ्रू द अपर प्रोविंसेज ऑफ इंडिया, वॉल्यूम 2 (लंदन: जॉन मरे, 1844)।

———, नैरेटिव ऑफ ए जर्नी थ्रू द अपर प्रोविंसेज ऑफ इंडिया, वॉल्यूम 3 (लंदन: जॉन मरे, 1827)।

हर्बर्ट, जीन, बनारस गाइड टू पंचक्रोशी यात्रा (कलकत्ता: सैटरडे मेल प्रकाशन, 1957)।

इरविन, विलियम, अनु., स्टोरिया डो मोगोर निकोलाओ मनुची खंड 1 और 2 (लंदन: जॉन मरे, 1907)।

———, पेप्स ऑफ़ मुगल इंडिया 1708-1653 (लंदन: जॉन मरे, 1913)।

जैन, मीनाक्षी, फ्लाइट ऑफ डाइटिज एंड रिबर्थ ऑफ टेम्पल्स: एपिसोड्स फ्रॉम इंडियन हिस्ट्री (नई दिल्ली: आर्यन बुक्स इंटरनेशनल, 2019)।

कुलकर्णी, बी.वी., के.एम. मुंशी: बिल्डर्स ऑफ मॉडर्न इंडिया (नई दिल्ली: प्रकाशन प्रभाग, 1959)।

कुलकर्णी, उदय एस., सोलस्टाइस एट पानीपत (पुणे: मुला मुथा पब्लिशर्स, 2011)।

———, द एक्स्ट्राऑर्डिनरी एपोच ऑफ़ नानासाहेब पेशवा (पुणे: मुला मुथा पब्लिशर्स, 2020)।

———, द मास्टरी ऑफ हिंदुस्तान: ट्राइंफ्स एंड ट्रैवेल्स ऑफ माधवराव पेशवा (पुणे: मुला मुथा पब्लिशर्स, 2022)।

लाहिड़ी, प्रतुल, सं., 'सलेक्टेड राइटिंग्स ऑन कम्युनलिज्म' (दिल्ली: पीपल्स पब्लिशिंग हाउस, 1994)।

मजूमदार, आर.सी., द हिस्ट्री एंड कल्चर ऑफ द इंडियन पीपल, खंड I-V (बॉम्बे: भारतीय विद्या भवन, 57-1951)।

मेहेंडेल, गजानन भास्कर, शिवाजी: हिज लाइफ एंड टाइम्स (ठाणे: परम मित्र प्रकाशन, 2012)।

मुंशी, के.एम., सोमनाथ: द श्राइन इटरनल, तृतीय संस्करण (बॉम्बे: भारतीय विद्या भवन, 1965)।

———, पिल्ग्रिमेज टू फ्रीडम, खंड 1, द्वितीय संस्करण (दिल्ली: भवन्स, 2018)।

नाजिम, मुहम्मद, द लाइफ़ एंड टाइम्स ऑफ सुलतान महमूद ऑफ ग़ज़ना। (कैम्ब्रिज: कैम्ब्रिज यूनिवर्सिटी प्रेस, 1931)।

नेविल, एच.आर., बनारस: ए गजेटियर, खंड XXVI (इलाहाबाद: गवर्नमेंट प्रेस, 1909)।

नेवेल, मेजर एच.ए., बनारस: द हिंदूज़ होली सिटी (बॉम्बे: कैक्सटन प्रिंटिंग वर्क्स, एन.डी.)।

नियोगी, रोमा, गहड़वाल राजवंश का इतिहास (कलकत्ता: कलकत्ता ओरिएंटल बुक एजेंसी, 1959)।

प्रसाद पुष्पा, संस्कृत इंस्क्रिपशंस ऑफ डेल्ही सल्तनत 1526-1191 (दिल्ली: ओयूपी, 1990)।

प्रिंसेप, जेम्स, बनारस इलस्ट्रेटेड इन ए सीरीज़ ऑफ ड्रॉइंग्स (नई दिल्ली: ज्ञान पब्लिशिंग हाउस, 2023)।

रंगनाथन, आनंद, हिंदूज़ इन हिंदू राष्ट्र (नोएडा: ब्लूवन इंक, 2022)।

रॉबिन्सन, फिल, 'द बनारस रायट्स ऑफ़ 1811-1809', कलकत्ता रिव्यू (जुलाई 1877), पृष्ठ 119-92।

सचाऊ, एडवर्ड सी., सं., अल्बरूनीज़ इंडिया, खंड 1 (लंदन: ट्रुबनेर एंड कंपनी, 1871)।

———, अलबरूनीज़ इंडिया, खंड 2 (लंदन: ट्रुबनेर एंड कंपनी, 1910)।

सरदेसाई, गोविंद सखाराम, न्यू हिस्ट्री ऑफ द मराठाज़, खंड 3, (बॉम्बे: फीनिक्स प्रकाशन, 1948)।

सरकार, जदुनाथ, हिस्ट्री ऑफ औरंगज़ेब का इतिहास, खंड 3 (कलकत्ता: एम.सी. सरकार एंड संस., 1928)।

———, दिल्ली क्रॉनिकल: 1798-1738 (सीतामऊ: एन.पी., 1940)।

———, मासिर-ए-आलमगिरी: अ हिस्ट्री ऑफ द एम्परर औरंगज़ेब-आलमगीर बाई साकी मुस्तद खान (कलकत्ता: रॉयल एशियाटिक सोसाइटी ऑफ बंगाल, 1947)।

सेन, रजनी रंजन, द होली सिटी (बनारस) (चटगांव: मिंटो प्रेस, 1912)।

शास्त्री, हरप्रसाद, 'दक्षिणी पंडित्स एट बनारस' इन द इंडियन एंटिक्वेरी, 1912) 41), पृ.16-7 (दिल्ली: स्वाति प्रकाशन, 1985)।

शेरिंग मैथ्यू एटमोर, द सेक्रेड सिटी ऑफ़ द हिंदूज़: एन अकाउंट ऑफ़ बनारस इन एंशिएंट एंड मॉडर्न टाइम्स (लंदन: ट्रुबनेर एंड कंपनी, 1868)।

सलेक्टेड वर्क्स ऑफ जवाहरलाल नेहरू, द्वितीय श्रृंखला खंड XVI, भाग I (नई दिल्ली: जे.एल. नेहरू मेमोरियल फंड, 1994)।

सिंह, राणा पी.बी., 'वाटर सिंबोलिज्म एंड सेक्रेड लैंडस्केप इन हिंदूइज्म: ए स्टडी ऑफ, बनारस (वाराणसी),' एर्डकुंडे (जुलाई-सितंबर 1994), पीपी. 227-210।

———, *टुवर्ड्स द पिलग्रिमेज आर्केटाइप: द पंचक्रोशी यात्रा ऑफ बनारस* (वाराणसी: इंडिका बुक्स, 2002)।

———, *बनारस: मेकिंग ऑफ इंडियाज़ हेरिटेज सिटी* (न्यूकैसल: कैम्ब्रिज स्कॉलर्स पब्लिशिंग, 2009)।

स्मिथ, विंसेंट ए., *अकबर: द ग्रेट मुगल 1605-1542* (ऑक्सफोर्ड: द क्लेरेंडन प्रेस, 1917)।

श्रीवास्तव, आशिरबादी, लाल, *शुजा-उद-दौला, खंड 1* (कलकत्ता: एस.एन. सरकार, 1939)।

सुकुल, कुबेर नाथ, *वाराणसी डाउन द एजेस* (पटना: के.एन. सुकुल, 1974)।

———, *वाराणसी वैभव* (पटना: बिहार राष्ट्रभाषा परिषद, 1977)।

ट्वेन, मार्क, *फॉलोइंग द इक्वेटर: ए जर्नी अराउंड द वर्ल्ड* (नई दिल्ली: एम्पायर बुक्स, 2011/प्रथम प्रकाशन 1897 में)।

टेम्पल, रिचर्ड कार्नैक, *द ट्रेवल्स ऑफ पीटर मुंडी इन यूरोप एंड एशिया -1608 1667, खंड 1* (लंदन: हक्लूइट सोसाइटी, 1907)।

———, *द ट्रेवल्स ऑफ पीटर मुंडी इन यूरोप एंड एशिया 1667-1608, खंड 2* (लंदन: हक्लूइट सोसाइटी, 1914)।

संस्कृत स्रोतः

अयंगर, के.वी. रंगास्वामी, सं. *तीर्थ विवेचना कांड, भट्ट श्री लक्ष्मीधर द्वारा कृत्यकल्पतरु पुस्तक8-* (बड़ौदा: ओरिएंटल इंस्टीट्यूट, 1942)।

गुप्ता, दामोदर, *कुट्टनीमतम* (वाराणसी: कृष्णदास अकादमी, 1991)।

काशी रहस्य (ब्रह्मवैवर्तपुराण परिशिष्ट) खंड-III (कलकत्ता: गुरुमंडल ग्रंधालय, 1957)।

शर्मा, विष्णुप्रसाद, सं., *तीर्थ प्रकाश, मित्र मिश्रा द्वारा वीर मित्रोदय की पुस्तक VII* (वाराणसी: चौखम्बा संस्कृत श्रृंखला, 2044वीएस)।

शास्त्री, गणेश, संपा., *नारायण भट्ट की त्रिस्थली सेतु* (पूना: आनंदाश्रम, 1915)।

शास्त्री, जे.एल., संस्करण, *द शिव पुराण, खंड 4-1* (नई दिल्ली: मोतीलाल बनारसीदास पब्लिशर्स प्राइवेट लिमिटेड, 1969)।

स्मृतितीर्थ, कमलाकृष्ण, सं., *वाचस्पति मिश्र की तीर्थ चिंतामणि* (कलकत्ता: एशियाटिक सोसायटी, 1912)।

लिंग पुराण भाग-I (नई दिल्ली: मोतीलाल बनारसीदास पब्लिशर्स प्राइवेट लिमिटेड, 1951)।

स्कंद पुराण - भाग 10, पुस्तक-IV 'काशी खंड' का भाग-I, पूर्वार्द्ध (नई दिल्ली: मोतीलाल बनारसीदास पब्लिशर्स प्राइवेट लिमिटेड, 1953)।

स्कंद पुराण - भाग XI, पुस्तक-IV 'काशी खंड' का भाग-II, उत्तरार्ध (नई दिल्ली: मोतीलाल बनारसीदास पब्लिशर्स प्राइवेट लिमिटेड, 1955)।

जैन स्रोत:

विजय, जीना, संपा., जीना प्रभा सूरी का विविध तीर्थ कल्प (शांतिनिकेतन: सिंघी जैन ग्रंथमाला, 1986)।

बौद्ध स्रोत:

कश्यप, भिक्कु जगदीश, अनु. अंगुत्तर निकाय, खंड IV तिकानिपातापली (बिहार: पाली प्रकाशन बोर्ड, 1930)।

कौसल्यायन भदंत आनंद, अनुवाद अंगुत्तर निकाय, खंड 1 एकाकनिपातपली (कलकत्ता: महाबोधि सभा, 1912)।

मराठी स्रोत:

गंगाधर, सरस्वती, श्री गुरु चरित्र (मुंबई: धार्मिक प्रकाशन संस्था, 2022)।

कानूनी स्रोत:

1825 का सूट नंबर 7886

1936 का सिविल सूट नंबर 62।

1942 एससीसी ऑनलाइन इलाहाबाद 56: ए.आई.आर.1942 इलाहाबाद 353।

उत्तर प्रदेश श्री काशी विश्वनाथ मंदिर अधिनियम, 1983।

1954 एससीआर 1005: एआईआर 1954 एससी 282।

एससीसी 1997)606)।

प्रार्थना स्थल अधिनियम, 1991।

1991 का सूट नंबर 610।

2021 का सिविल सूट नंबर 693।

2021 का सिविल सूट नंबर 839।

2021 का सिविल सूट नंबर 840।

2021 का सिविल सूट नंबर 350।

2021 का सिविल सूट नंबर 245।

2021 का सिविल सूट नंबर 358।

अप्रकाशित स्रोत:

पांडे, सचिन्द्र, मध्यकालीन बनारस का इतिहास: 1761-1206; डॉक्टरेट थीसिस, इलाहाबाद विश्वविद्यालय, 2002।

रिओर, कैथरीन, द ब्रिटिश एडमिनिस्ट्रेशन ऑफ हिंदूइज्म इन नॉर्दन इंडिया, -1780 1900; डॉक्टरेट थीसिस, कैम्ब्रिज विश्वविद्यालय, 1990।

शब्दावली

पाठ में प्रयोग किए गए संस्कृत शब्द, सामान्य एवं लोकप्रचलित शब्द हैं। इन शब्दों का उच्चारण किस प्रकार किया जाए, इसके बारे में शब्दावली में विस्तार से बताया गया है, साथ ही उन शब्दों के देवनागरी लिप्यंतरण को भी दर्शाया गया है।

Common Spelling	**With Diacritics**	**Devanāgarī**
aasura	āsura	आसुर
aarsha	ārṣa	आर्ष
achamana	ācamana	आचमन
Adi Shankaracharya	Ādi Śaṅkarācārya	आदिशङ्कराचार्य
agama	āgama	आगम
Aghoreshwara	Aghoreśvara	अघोरेश्वर
Aishwarya	Aiśvarya	ऐश्वर्य
Ajatashatru	Ajātaśatru	अजातशत्रु
Ambalika	Ambālikā	अम्बालिका
Ambika	Ambikā	अम्बिका
Ananda	Ānanda	आनन्द
Ananda Kanana	Ānanda Kānana	आनन्दकानन
Mahatmya	Māhātmya	माहात्म्य
Anandapala	Ānandapāla	आनन्दपाल
Anguttara Nikaya	Aṅguttara Nikāya	अङ्गुत्तर-निकाय
Antargriha	Antargṛha	अन्तर्गृह
anumana	Anumāna	अनुमान

Common Spelling	With Diacritics	Devanāgarī
Ardha-Nareeshwara	Ardhanārīśvara	अर्धनारीश्वर
arthavada	Arthavāda	अर्थवाद
ashta mandapas	aṣṭamaṇḍapa	अष्टमण्डप
ashwamedha	Aśvamedha	अश्वमेध
Badarayana	Bādarāyaṇa	बादरायण
Bhagavad Gita	Bhagavadgītā	भगवद्गीता
Bhagiratha	Bhagīratha	भगीरथ
bhandari	bhaṇḍāri	भण्डारि
Bharabhuta	Bhārabhūta	भारभूत
Bhatta	Bhaṭṭa	भट्ट
Bhattoji Dikshita	Bhaṭṭoji Dīkṣita	भट्टोजिदीक्षित
Bhima	Bhīma	भीम
Bhishma	Bhīṣma	भीष्म
Bimbisara	Bimbisāra	बिम्बिसार
Brahma	Brahmā	ब्रह्मा
Brahmana	Brāhmaṇa	ब्राह्मण
Brahma Sutra	Brahmasūtra	ब्रह्मसूत्र
Brahmesha	Brahmeśa	ब्रह्मेश
Brahmi	Brāhmī	ब्राह्मी
Brihadratha	Bṛhadratha	बृहद्रथ
Chahamana	Cāhamāna	चाहमान
Chandala	Cāṇḍāla	चाण्डाल
Chandravati	Candrāvatī	चन्द्रावती
Chandresha	Candreśa	चन्द्रेश
Chaulukya Solanki	Cālukya Solaṅkī	चालुक्य-सोलङ्की
Chedi	Cedi	चेदि
Chidambaranatha	Cidambaranātha	चिदम्बरनाथ
Chintamani	Cintāmaṇi	चिन्तामणि
Damodar	Dāmodara	दामोदर
Danaharavali	Dānahārāvalī	दानहारावली

Common Spelling	With Diacritics	Devanāgarī
Dandapani	Daṇḍapāṇi	दण्डपाणि
Darshana	Darśana	दर्शन
Dattaka Mimamsa	Dattaka-mīmāṁsā	दत्तक-मीमांसा
Devi Bhagavata	Devī-bhāgavata	देवी-भागवत
Dhanwantri	Dhanvantari	धन्वन्तरि
Dharmadhikari	Dharmādhikāri	धर्माधिकारि
Dharmashastra	Dharmaśāstra	धर्मशास्त्र
Dharmeshwara	Dharmeśvara	धर्मेश्वर
Dhritarashtra	Dhṛtarāṣṭra	धृतराष्ट्र
Dhundiraj	Ḍhuṇḍhirāja	ढुण्ढिराज
Divodasa	Divodāsa	दिवोदास
Dushyanta	Duṣyanta	दुष्यन्त
dwarapal	dvārapāla	द्वारपाल
Gadhipuradhipati	Gādhipurādhipati	गाधिपुराधिपति
Gopala	Gopāla	गोपाल
Gadhivamshanucharita	Gādhivaṁśānucarita	गाधिवंशानुचरित
Gagabhatt	Gāgābhaṭṭa	गागाभट्ट
Ganapatya	Gāṇapatya	गाणपत्य
Gandhara	Gāndhāra	गान्धार
Ganesha	Gaṇeśa	गणेश
Ganga	Gaṅgā	गङ्गा
Gangeyadeva	Gāṅgeyadeva	गाङ्गेयदेव
garbha griha	garbhagṛha	गर्भगृह
Garuda Purana	Garuḍa Purāṇa	गरुडपुराण
Gaya	Gayā	गया
Gokarna	Gokarṇa	गोकर्ण
Gurjara-Pratiharas	Gurjara-pratīhāra	गुर्जर-प्रतीहार
Haihaya-Kalachuris	Haihaya-kālacūri	हैहय-कालचूरि
Harischandreshwara	Hariścandreśvara	हरिश्चन्द्रेश्वर
idạ	iḍā	इडा

Common Spelling	With Diacritics	Devanāgarī
Indrasthaniyaka	Indrasthānīyaka	इन्द्रस्थानीयक
Indreshwara	Indreśvara	इन्द्रेश्वर
Ishana	Īśāna	ईशान
Jabala Upanishad	Jābāla Upaniṣad	जाबाल उपनिषद्
Jaigishavya	Jaigīṣavya	जैगीषव्य
Jataka	Jātaka	जातक
Jayapala	Jayapāla	जयपाल
Jayapida	Jayāpīḍa	जयापीड
Jnana	Jñāna	ज्ञान
Jnana Vapi	Jñāna-vāpī	ज्ञानवापी
Jnana-Tīrtha/Gyan Vapi	Jñāna-Tīrtha	ज्ञानतीर्थ
Jyaistha	Jyeṣṭhā	ज्येष्ठा
Jyeshteshwara	Jyeṣṭheśvara	ज्येष्ठेश्वर
jyotirlinga	jyotirliṅga	ज्योतिर्लिङ्ग
Kalavati	Kalāvatī	कलावती
Kalhana	Kalhaṇa	कल्हण
Kameshwara	Kāmeśvara	कामेश्वर
Kanishka	Kaniṣka	कनिष्क
Kansa	Kaṁsa	कंस
Kanyakubja	Kānyakubja	कान्यकुब्ज
Kapalika	Kāpālika	कापालिक
Kapardishwara	Kapardīśvara	कपर्दीश्वर
Kapisha	Kapiśa	कपिश
Karkota	Kārkoṭa	कार्कोट
Kasahrada	Kāsahrada	कासह्रद
Kash	Kāś	काश्
Kasha	Kāśa	काश
Kashi	Kāśī	काशी
Kashi Khanda	Kāśī-khaṇḍa	काशीखण्ड

Common Spelling	With Diacritics	Devanāgarī
Kashi Rahasya	Kāśī-rahasya	काशीरहस्य
Kashika	Kāśikā	काशिका
Kavindra Acharya Saraswati	Kavīndra Ācārya Sarasvatī	कवीन्द्र आचार्य सरस्वती
Kedara	Kedāra	केदार
Koshala	Kosala	कोसल
Krittivaseshwara	Kṛttivāseśvara	कृत्तिवासेश्वर
Krityakapataru	Kṛtyakalpataru	कृत्यकल्पतरु
krosha	krośa	क्रोश
Krttivasas	Kṛttivāsas	कृत्तिवासस्
kshetra	kṣetra	क्षेत्र
Kulottunga	Kulottuṅga	कुलोत्तुङ्ग
Kumaradevi	Kumāradevī	कुमारदेवी
Kumarila Bhatta	Kumārila Bhaṭṭa	कुमारिलभट्ट
Kushana	Kuṣāṇa	कुषाण
Kuttanimatam	Kuṭṭanīmatam	कुट्टनीमतम्
Lakshmidhara	Lakṣmīdhara	लक्ष्मीधर
linga	liṅga	लिङ्ग
Linga Lakshana Patala	Liṅga Lakṣaṇa Paṭala	लिङ्ग-लक्षण-पटल
Linga Purana	Liṅga Purāṇa	लिङ्गपुराण
lingatmaka	liṅgātmaka	लिङ्गात्मक
linga-vedi	liṅga-vedī	लिङ्गवेदी
Lingopasana	Liṅgopāsanā	लिङ्गोपासना
Lolarka	Lolārka	लोलार्क
Madhyameshwar	Madhyameśvara	मध्यमेश्वर
Maha Sandhi Vigrahika	Mahāsāndhivigrahika	महासान्धिविग्रहिक
Mahabharata	Mahābhārata	महाभारत
Mahabhashya	Mahābhāṣya	महाभाष्य

Common Spelling	With Diacritics	Devanāgarī
Mahadeva	Mahādeva	महादेव
Mahakala	Mahākāla	महाकाल
Mahasmashana	Mahāśmaśāna	महाश्मशान
Mahavira	Mahāvīra	महावीर
Maheshvara	Maheśvara	महेश्वर
Manikarnika	Maṇikarṇikā	मणिकर्णिका
Manikarnisha	Maṇikarṇīśa	मणिकर्णीश
Manikarnishwara	Maṇikarṇīśvara	मणिकर्णीश्वर
Manisha Panchakam	Manīṣā Pañcakam	मनीषा-पञ्चकम्
Manusha	Mānuṣa	मानुष
Manusmriti	Manusmṛti	मनुस्मृति
Mathura	Mathurā	मथुरा
maya	Māyā	माया
Mlecchaadi Dushta Raja	Mlecchādi-duṣṭa-rāja	म्लेच्छादि-दुष्ट-राज
Mukti Mandapa	Mukti Maṇḍapa	मुक्ति-मण्डप
Muthuswamy Dikshitar	Muttusvāmi Dīkṣitar	मुत्तुस्वामि-दीक्षितर्
Naimisharanya	Naimiṣāraṇya	नैमिषारण्य
Nagabhatta	Nāgabhaṭṭa	नागभट्ट
Naradiya Purana	Nāradīya Purāṇa	नारदीय-पुराण
Narayana Bhatta	Nārāyaṇa Bhaṭṭa	नारायणभट्ट
Nilakantha	Nīlakaṇṭha	नीलकण्ठ
nitya yatra	Nityayātrā	नित्ययात्रा
Nyaya	Nyāya	न्याय
Omkara	Oṁkāra	ओङ्कार
Omkareshwara	Oṁkāreśvara	ओङ्कारेश्वर
paani peetha	pāṇipīṭha	पाणिपीठ
Padma Purana	Padma Purāṇa	पद्मपुराण
Padmesvara	Padmeśvara	पद्मेश्वर

Common Spelling	With Diacritics	Devanāgarī
Panchala	Pañcāla	पञ्चाल
Panchanada	Pañcanada	पञ्चनद
Pandu	pāṇḍu	पाण्डु
Paramara	Paramāra	परमार
Paramashiva	Paramaśiva	परमशिव
parardha	Parārdha	परार्ध
Parashurama Prakasha	Paraśurāma Prakāśa	परशुराम-प्रकाश
parishishta	pariśiṣṭa	परिशिष्ट
Parshvanatha	Pārśvanātha	पार्श्वनाथ
Pashupata	Pāśupata	पाशुपत
pathashalas	pāṭhaśālā	पाठशाला
Paundraka	Pauṇḍraka	पौण्ड्रक
pingala	piṅgalā	पिङ्गला
pooja	Pūjā	पूजा
Praana Pratishtha	prāṇa-pratiṣṭhā	प्राणप्रतिष्ठा
Prabhasa	Prabhāsa	प्रभास
pradakshina	pradakṣiṇa	प्रदक्षिण
pratyaksha	pratyakṣa	प्रत्यक्ष
Prayaga	Prayāga	प्रयाग
Punyakriti	Puṇyākṛtī	पुण्याकृति
Purana	Purāṇa	पुराण
purusharthas	puruṣārtha	पुरुषार्थ
Purva Mimamsa	Pūrva Mīmāṁsā	पूर्वमीमांसा
Pururavas	Purūravas	पुरूरवस्
Pushkara	Puṣkara	पुष्कर
Pushyamitra	Puṣyamitra	पुष्यमित्र
Rajabhishekaprayoga	Rājābhiṣeka-prayoga	राजाभिषेक-प्रयोग
Rajasuya	Rājasūya	राजसूय
Rajatarangini	Rājataraṅgiṇī	राजतरङ्गिणी

Common Spelling	With Diacritics	Devanāgarī
Rajyapala	Rājyapāla	राज्यपाल
Rama Mantra	Rāma Mantra	राम-मन्त्र
Ramananda	Rāmānanda	रामानन्द
Ramanuja	Rāmānuja	रामानुज
Ramayana	Rāmāyaṇa	रामायण
Rangamandapa	Raṅgamaṇḍapa	रङ्गमण्डप
Rashtrakuta	Rāṣṭrakūṭa	राष्ट्रकूट
Rasmanjari Parimala	Rasamañjarī-Parimala	रसमञ्जरी-परिमल
Ratnesha	Ratneśa	रत्नेशा
Ravana	Rāvaṇa	रावण
rishi	ṛṣi	ऋषि
Rudravasa	Rudrāvāsa	रुद्रावास
sadhana	sadhana	साधना
samadhi	samādhi	समाधि
Samarabhata	Samarabhaṭa	समरभट
sampradayas	sampradāya	सम्प्रदाय
Sanatkumara Samhita	Sanatkumāra-Saṁhitā	सनत्कुमारसंहिता
sandhyavandana	sandhyāvandana	सन्ध्यावन्दन
sandhyopasana	sandhyopāsanā	सन्ध्योपासना
Sankhya	Sāṅkhya	साङ्ख्य
Shaiva	Śaiva	शैव
Shakta	Śākta	शाक्त
Shakuntala	Śakuntalā	शकुन्तला
Shanaishchareshwar	Śanaiścareśvar	शनैश्चरेश्वर
Shanishwar	Śanīśvar	शनीश्वर
Shankara	Śaṅkara	शङ्कर
Shanti Parvan	Śānti Parvan	शान्तिपर्वन्
shastra	śāstra	शास्त्र
Shesha	Śeṣa	शेष
Shesha Vishnu	Śeṣa Viṣṇu	शेषविष्णु

Common Spelling	With Diacritics	Devanāgarī
shista	śiṣṭa	शिष्ट
Shiva	Śiva	शिव
Shiva Purana	Śiva-Purāṇa	शिवपुराण
Shivaprashasti	Śivapraśasti	शिवप्रशस्ति
Shodasha Mahajanapada	Ṣoḍaśa Mahājanapada	षोडश-महाजनपद
shraddha	Śrāddha	श्राद्ध
Shri Chakra Lingeshwara	Śrī Cakra Liṅgeśvara	श्रीचक्रलिङ्गेश्वर
Shri Nrusimha Saraswati	Śrī Nṛsiṁha Sarasvatī	श्रीनृसिंहसरस्वती
Shringara	Śṛṅgāra	शृङ्गार
Shunga	Śuṅga	शुङ्ग
Shushka Nadi	śuṣka nadī	शुष्कनदी
Siddhantakaumudi	Siddhāntakaumudī	सिद्धान्तकौमुदी
Simhabhata	Siṁhabhaṭa	सिंहभट
Skanda Purana	Skānda Purāṇa	स्कान्दपुराण
sparsha dosha	sparśa-doṣa	स्पर्शदोष
sparshana	Sparśana	स्पर्शन
Srinatha	Śrīnātha	श्रीनाथ
Srutisvara	Śrutīśvara	श्रुतीश्वर
Sthan Mahatmya	Sthāna Māhātmya	स्थानमाहात्म्य
stupa	stūpa	स्तूप
Sujata	Sujāta	सुजात
Sukreshwara	Śukreśvara	शुक्रेश्वर
Suparshva	Supārśva	सुपार्श्व
Surya	Sūrya	सूर्य
Suta Saṃhita	Sūta-saṁhitā	सूत-संहिता
Svapneshwara	Svapneśvara	स्वप्नेश्वर
swayambhu	svayambhū	स्वयम्भू

Common Spelling	With Diacritics	Devanāgarī
Taraka	Tāraka	तारक
Taraka Brahman	Tāraka Brahman	तारकब्रह्मन्
Tirtha Chintamani	Tīrtha Cintāmaṇi	तीर्थ-चिन्तामणि
Tirtha Prakasha	Tīrtha Prakāśa	तीर्थ-प्रकाश
Tīrtha Vivechana Kanda	Tīrtha Vivecana Kāṇḍa	तीर्थविवेचनकाण्ड
tirthankara	tīrthaṅkara	तीर्थङ्कर
tirtha-yatra	tirtha-yātrā	तीर्थयात्रा
Trilochanapala	Trilocanapāla	त्रिलोचनपाल
Trilochaneshwara	Trilocaneśvara	त्रिलोचनेश्वर
Tristhali Setu	Tristhalī Setu	त्रिस्थलीसेतु
Trivistapa	Triviṣṭapa	त्रिविष्टप
Turushka	Turuṣka	तुरुष्क
Turushkadanda	Turuṣkadaṇḍa	तुरुष्कदण्ड
Uttara Koshala	Uttara Kośala	उत्तरकोशल
Uttara Mimamsa	Uttara Mīmāṁsā	उत्तरमीमांसा
Vachaspati Mishra	Vācaspati Miśra	वाचस्पतिमिश्र
Vaishnava	Vaiṣṇava	वैष्णव
Vajji	Vajjī	वज्जी
Vajrayana	Vajrayāna	वज्रयान
Vallabhacharya	Vallabhācārya	वल्लभाचार्य
vamshavali	vaṁśāvalī	वशावली
Varana	Varaṇā	वरणा
Varanasi	Vārāṇasī	वाराणसी
Varanasi Nagari Kalpah	Vārāṇasī Nagarī Kalpaḥ	वाराणसी-नगरी-कल्पः
Varanasi Nagari Varnanam	Vārāṇasī Nagarī Varṇanam	वाराणसी-नगरी-वर्णनम्
Vasudeva Krishna	Vāsudeva Kṛṣṇa	वासुदेव कृष्ण
Vayu Purana	Vāyu-Purāṇa	वायुपुराण

Common Spelling	With Diacritics	Devanāgarī
Vedanga	Vedāṅga	वेदाङ्ग
Vedeshwara	Vedeśvara	वेदेश्वर
Vedi	Vedī	वेदी
Veerachara	Vīrācāra	वीराचार
Veerashaiva	Vīraśaiva	वीरशैव
Vichitravirya	Vicitravīrya	विचित्रवीर्य
Vijnanakaumudi	Vijñānakaumudī	विज्ञानकौमुदी
Viresha	Vīreśa	वीरेश
Vishakarmeshwara	Viśvakarmeśvara	विश्वकर्मेश्वर
Vishnu	Viṣṇu	विष्णु
Vishwanatha	Viśvanātha	विश्वनाथ
Vishweshwara	Viśveśvara	विश्वेश्वर
Vrishabha	Vṛṣabha	वृषभ
Vrishabhadhwaja	Vṛṣabhadhvaja	वृषभध्वज
Vyavahara Mayukha	Vyavahāra-Mayūkha	व्यवहारमयूख
Vysheshika	Vaiśeṣika	वैशेषिक
Yadava	Yādava	यादव
Yagnya khaṇḍa	Yajña-khaṇḍa	यज्ञखण्ड
Yasha	Yaśa	यश
yogini	yogini	योगिनी

विश्वेश्वर दरशन कर चल मन तुम काशी
विश्वेश्वर दरशन जब कीन्हो बहु प्रेम सहित
काटे करुणानिधान जनन मरण फाँसी
बहती जिनकी पुरी मो गङ्गा पय के समान
वा के तट घाट घाट भर रहे सन्यासी
भस्म अङ्ग भुज त्रिशूल उर में लसे नागमाल
गिरिजा अर्धाङ्ग धरे त्रिभुवन जिन दासी
पदुमनाभ कमलनयन त्रिनयन शम्भू महेश
भज ले इन दो स्वरूप रहिए अविनासी

इन्द्रियैर्गृह्यते यद् यत् तत्तद् व्यक्तिमिति स्थितिः ।
अव्यक्तमिति विज्ञेयं लिङ्गग्राह्यमतीन्द्रियम् ॥ 189/15

येन लिङ्गेन यो देशो युक्तः समुपलक्ष्यते ।
तेनैव नाम्ना तं देशं वाच्यमाहुर्मनीषिणः ॥ 1.2.8

लिङ्गवेदी महादेवी लिङ्गं साक्षान्महेश्वरः ।
तयोः सम्पूजनान्नित्यं देवी देवश्च पूजितौ ॥ 1.73.19-20.

प्राणं च लिङ्गं प्रवदन्ति केचित् शरीरमन्ये प्रवदन्ति लिङ्गम् ।
वागादि-खानि प्रवदन्ति केचित् समूहम् अन्ये परमेश्वरस्य ॥ 28-17

यदस्ति यन्नास्ति महेश्वरस्य समास्तम् एतत् प्रवदन्ति लिङ्गम् ।
विशुद्धविद्याः परयोगिनोऽस्य स्वयंप्रभस्यैव न लिङ्गम् ऊचुः ॥ 28

लयनाल्लिङ्गम् इत्याहुरपरे वेदवित्तमाः ।
तदाऽपि लिङ्गं भगवान् स्वयम् एव महेश्वरः ॥ 28

लोके लिङ्गात्मकं ज्ञात्वा लिङ्गे योऽर्चयते हि माम् ।
न मे तस्मात् प्रियतरः प्रियो वा विद्यते क्वचित् ॥ 1.9.43-44

मूले ब्रह्मा तथा मध्ये विष्णुस्त्रिभुवनेश्वरः ।
रुद्रोपरि महादेवः प्रणवाख्यः सदाशिवः ॥ 1.73.19

अयोध्या मथुरा माया काशी काञ्ची अवन्तिका ।
पुरी द्वारावती चैव सप्तैता मोक्षदायिकाः ॥

लेखक के बारे में

डॉ. विक्रम संपत बेंगलुरु स्थित एक प्रसिद्ध इतिहासकार हैं। वह आठ प्रशंसित पुस्तकों के लेखक हैं, जिनमें स्प्लेंडर्स ऑफ रॉयल मैसूर: द अनटोल्ड स्टोरी ऑफ द वोडेयार्स, वॉइस ऑफ द वीणा: एस बालाचंदर, वीमेन ऑफ द रिकॉर्ड्स और इंडियन क्लासिकल म्यूजिक एंड द ग्रामोफोन, 1900-1930 शामिल हैं। वी.डी. सावरकर की उनकी दो खंडों वाली जीवनी, सावरकर: इकोज़ फ्रॉम ए फॉरगॉटेन पास्ट, 1881-1924 और सावरकर: ए कंटेस्टेड लिगेसी, 1924-1966, तथा उनकी नवीनतम पुस्तक, ब्रेवहार्ट्स ऑफ भारत: विग्नेट्स फ्रॉम इंडियन हिस्ट्री, पूरे राष्ट्रीय स्तर पर बेस्टसेलर बन गई हैं।

2021 में विक्रम को प्रतिष्ठित रॉयल हिस्टोरिकल सोसाइटी का फेलो चुना गया। उन्हें अंग्रेजी साहित्य में साहित्य अकादमी के पहले युवा पुरस्कार तथा उनकी पुस्तक माई नेम इज गौहर जानः द लाइफ एंड टाइम्स ऑफ ए म्यूजिशियन के लिए न्यूयॉर्क में ऐतिहासिक शोध में उत्कृष्टता हेतु एआरएससी अंतर्राष्ट्रीय पुरस्कार से सम्मानित किया गया। इस पुस्तक को 'गौहर' नाटक के रूप में लिलेट दुबे द्वारा मंचित भी किया गया है। विक्रम 2015 में राष्ट्रपति भवन में राइटर-इन-रेजिडेंस के रूप में चुने गए चार लेखकों और कलाकारों में से एक हैं।

विक्रम ने ऑस्ट्रेलिया के क्वींसलैंड विश्वविद्यालय से इतिहास और संगीत में डॉक्टरेट की उपाधि प्राप्त की है, और नेहरू मेमोरियल संग्रहालय और पुस्तकालय, नई दिल्ली (2017-2019) में एक वरिष्ठ रिसर्च फेलो रहे हैं। वह एस्पेन ग्लोबल लीडरशिप नेटवर्क और आइज़नहावर (Eisenhower) फ़ेलोशिप 2020 के फेलो तथा 2010 में विसेंशाफ्ट्सकोलेग ज़ू (Wissenschaftskolleg zu) बर्लिन में विजिटिंग

फेलो भी रह चुके हैं। वर्तमान में, वह मोनाश यूनिवर्सिटी, ऑस्ट्रेलिया में एक सहायक वरिष्ठ अध्येता हैं। वे बिट्स (BITS) पिलानी से इंजीनियरिंग और गणित के डिग्रीधारक हैं। आपने एस.पी. जैन इंस्टीट्यूट ऑफ मैनेजमेंट एंड रिसर्च, मुंबई से फाइनेंस में एमबीए भी किया है। विक्रम एक प्रशिक्षित कर्नाटक गायक हैं। उन्होंने भारतीय इतिहास पर मूल, प्राथमिक स्रोत-आधारित शोध को बढ़ावा देने के लिए भारतीय ऐतिहासिक और सांस्कृतिक अनुसंधान फाउंडेशन की स्थापना की। विंटेज रिकॉर्डिंग के लिए भारत का पहला डिजिटल साउंड आर्काइव, द आर्काइव ऑफ इंडियन म्यूजिक भी उनके द्वारा स्थापित किया गया है। वह बैंगलोर लिटरेचर फेस्टिवल के संस्थापक-निदेशक होने के साथ ही ज़ी (ZEE) ग्रुप के सांस्कृतिक उत्सव 'अर्थ' का संचालन भी करते हैं।

अनुवादक का परिचय

अनुवादक: **अच्युत सिंह** अनुवाद के साथ-साथ समसामयिक मुद्दों, इतिहास तथा साहित्य के विविध विषयों पर लेखन करते हैं। जनसत्ता, दैनिक जागरण जैसे प्रतिष्ठित दैनिक अखबारों में लेख प्रकाशित होने के अलावा ऑल इंडिया रेडियो के लिए स्क्रिप्ट राइटिंग तथा दूरदर्शन के यूथ एक्सप्रेस एवं गुड इवनिंग इंडिया जैसे विभिन्न कार्यक्रमों में शामिल रहे हैं। **संप्रति:** केंद्रीय हिंदी निदेशालय, शिक्षा मंत्रालय में सहा. अनुसंधान अधिकारी के पद पर कार्यरत हैं।

अनुवादक की ओर से

एक अविनाशी महाश्मशान भूमि से अतीत के बिखरे हुए कणों को चुनकर डॉ. विक्रम संपत ने इतिहास का यह जीवंत दस्तावेज तैयार किया है। इस पुस्तक से होकर गुजरना भारत के आध्यात्मिक और सांस्कृतिक इतिहास को अपनी आंखों के सामने घटित होते हुए देखने जैसा है। काशी के इतिहास, इसमें रचे-बसे महादेव और उनके मंदिरों के साथ ही शिवलिंग की अवधारणा को समझाते हुए पुस्तक सभी सभ्य तथा बर्बर किरदारों एवं अदालती दांवपेचों को बड़े रोचक अंदाज़ में रूपायित करती है। प्रमाणिक तथ्यों और तर्कों के साथ अंततः पाठक इस निष्कर्ष पर पहुंचता है कि समय के साथ हुए प्रत्येक दारुण उथल-पुथल के बावजूद काशी और ज्ञान वापी को हिंदुओं के इस्पाती मनमानस से विलग नहीं किया जा सकता। इस मोड़ पर आकर यह बात भी स्पष्ट हो जाती है कि इतिहास भले ही समाज की संचित स्मृतियां हो, परंतु इन स्मृतियों को अगली पीढ़ी तक पहुंचाने वाले इतिहासकार की दृष्टि का निष्पक्ष, तार्किक तथा तथ्य आधारित होना कितना आवश्यक है! इतिहासकार डॉ. संपत निश्चित रूप से इस दृष्टि के धनी है।

ऐसी बहुआयामी कृति के अनुवाद की अपनी चुनौतियां हैं। जितना जटिल बनारस का भूगोल है, उतना ही पेचीदा उसका इतिहास भी है। ऐसे में मूल कृति के कथ्यों और भावों की रक्षा करते हुए उसे अनुवाद के माध्यम से अपनी भाषा की रचना बनाना आसान काम नहीं है। अगर ईमानदारी से कहूं तो मैंने इस रचना को महज अनुवाद कार्य न समझ कर, इसे अपनी मातृभाषा 'हिंदी' में पुनर्रचने का प्रयास किया है। मुझे इस बात का भी एहसास है कि मेरे इस प्रयास में बहुत-सी खामियां रह गई होंगी जिन्हें आपके सुझावों द्वारा अगले संस्करण में ठीक कर लिया

जाएगा। इसके अलावा ज्ञान वापी परिसर के संबंध में भारतीय पुरातत्व सर्वेक्षण (ASI) की नवीनतम रिपोर्ट को समय की कमी तथा एएसआई द्वारा आधिकारिक अनुवाद उपलब्ध न हो पाने की स्थिति में मूल अंग्रेजी भाषा में ही, परिशिष्ट के रूप में प्रकाशित किया जा रहा है। आधिकारिक अनुवाद उपलब्ध हो जाने के पश्चात इसे सहज तथा सरल भाषा के साथ अगले संस्करण में उपलब्ध करा दिया जाएगा। अंत में डॅ. विक्रम संपत तथा ब्लूवन इंक के श्री प्रवीण तिवारी जी का अत्यंत आभार कि उन्होंने मुझ पर भरोसा करते हुए यह पुस्तक अनुवाद हेतु सौंपी।

मार्च, 2024 **अच्युत**